E-Book inside.

Mit folgendem persönlichen Code können Sie die E-Book-Ausgabe dieses Buches downloaden.

```
2018b-dy6p5-
6r114-800ji
```

Registrieren Sie sich unter
www.hanser-fachbuch.de/ebookinside
und nutzen Sie das E-Book auf Ihrem Rechner*, Tablet-PC und E-Book-Reader.

Der Download dieses Buches als E-Book unterliegt gesetzlichen Bestimmungen bzw. steuerrechtlichen Regelungen, die Sie unter www.hanser-fachbuch.de/ebookinside nachlesen können.
* Systemvoraussetzungen: Internet-Verbindung und Adobe® Reader™

Lang / Scherber
**Der Weg zum agilen Unternehmen –
Wissen für Entscheider**

BLEIBEN SIE AUF DEM LAUFENDEN!

Hanser Newsletter informieren Sie regelmäßig über neue Bücher und Termine aus den verschiedenen Bereichen der Technik. Profitieren Sie auch von Gewinnspielen und exklusiven Leseproben. Gleich anmelden unter
www.hanser-fachbuch.de/newsletter

Michael Lang
Stefan Scherber

Der Weg zum agilen Unternehmen – Wissen für Entscheider

HANSER

Die Herausgeber:
Michael Lang, Fürth
Stefan Scherber, Nürnberg

Bibliografische Information der Deutschen Nationalbibliothek:

Die Deutsche Nationalbibliothek verzeichnet diese Publikation in der Deutschen Nationalbibliografie; detaillierte bibliografische Daten sind im Internet über <http://dnb.ddb.de> abrufbar.

Print-ISBN 978-3-446-45743-0
E-Book-ISBN 978-3-446-45759-1
ePub-ISBN 978-3-446-45888-8

Die Wiedergabe von Gebrauchsnamen, Handelsnamen, Warenbezeichnungen usw. in diesem Werk berechtigt auch ohne besondere Kennzeichnung nicht zu der Annahme, dass solche Namen im Sinne der Warenzeichen- und Markenschutzgesetzgebung als frei zu betrachten wären und daher von jedermann benutzt werden dürften.

Alle in diesem Buch enthaltenen Verfahren bzw. Daten wurden nach bestem Wissen dargestellt. Dennoch sind Fehler nicht ganz auszuschließen.

Aus diesem Grund sind die in diesem Buch enthaltenen Darstellungen und Daten mit keiner Verpflichtung oder Garantie irgendeiner Art verbunden. Autoren und Verlag übernehmen infolgedessen keine Verantwortung und werden keine daraus folgende oder sonstige Haftung übernehmen, die auf irgendeine Art aus der Benutzung dieser Darstellungen oder Daten oder Teilen davon entsteht.

Dieses Werk ist urheberrechtlich geschützt.

Alle Rechte, auch die der Übersetzung, des Nachdruckes und der Vervielfältigung des Buches oder Teilen daraus, vorbehalten. Kein Teil des Werkes darf ohne schriftliche Einwilligung des Verlages in irgendeiner Form (Fotokopie, Mikrofilm oder einem anderen Verfahren), auch nicht für Zwecke der Unterrichtsgestaltung – mit Ausnahme der in den §§ 53, 54 URG genannten Sonderfälle –, reproduziert oder unter Verwendung elektronischer Systeme verarbeitet, vervielfältigt oder verbreitet werden.

Die Rechte aller Grafiken und Bilder liegen bei den Autoren.

© 2019 Carl Hanser Verlag GmbH & Co. KG, München
www.hanser-fachbuch.de
Lektorat: Lisa Hoffmann-Bäuml
Herstellung und Satz: le-tex publishing services GmbH
Coverrealisation: Stephan Rönigk
Druck und Bindung: Friedrich Pustet GmbH & Co. KG, Regensburg
Printed in Germany

Vorwort

Unternehmen stehen vor großen Herausforderungen: digitale Transformation, zunehmende Komplexität und disruptive Veränderungen. Nur flexible und anpassungsfähige Unternehmen können unter diesen neuen Rahmenbedingungen dauerhaft erfolgreich sein. Somit wird Agilität immer mehr zum Wettbewerbsvorteil und entscheidenden Erfolgsfaktor.

Dabei reicht es heute nicht mehr aus, sich auf einzelne agile Projekte oder Unternehmensbereiche zu beschränken. Stattdessen sind agile Denk- und Vorgehensweisen im gesamten Unternehmen erforderlich.

Diese agile Transition schreitet in Unternehmen oftmals nicht so erfolgreich wie geplant voran, weil sich die Unternehmen lediglich auf die Umsetzung der Vorgehensmodelle, Prozesse und Methoden konzentrieren, die sich in den letzten Jahren im agilen Kontext etabliert haben. Vielmehr sollten die Entscheidungsträger in Unternehmen aber berücksichtigen: Ein erfolgreicher Weg zum agilen Unternehmen erfordert auch geeignete Werte und Prinzipien, bis hin zu einem kompletten Wandel der Unternehmenskultur. Und dazu bedarf es in der Regel Veränderungen in der Organisation des kompletten Unternehmens sowie bei der Form der Führung und Zusammenarbeit.

Erst dadurch können die vollen Potenziale von Agilität ausgeschöpft werden. Für das Unternehmen, seine Mitarbeiter, seine Partner und seine Kunden.

Daher freue ich mich, dass in diesem Buch ausgewiesene Experten wertvolle Hinweise und innovative Ansätze für die Vorgehensweise und die erforderlichen Veränderungen bei einer agilen Transition vorstellen.

Ich wünsche Ihnen viel Spaß beim Lesen des Buches und viel Erfolg beim Umsetzen der dabei gewonnenen Erkenntnisse auf Ihrem Weg zum agilen Unternehmen!

Dr. Robert Mayr
Vorsitzender des Vorstands
DATEV eG

Wissen für die Ohren
Der Podcast von HANSER

Jetzt Podcasts zu diesem Buch hören und abonnieren unter:
https://soundcloud.com/user-436278995

Inhalt

1	**Wozu agil?**	1
	Peter Rößler	
1.1	Herausfordernde Realitäten	2
	1.1.1 Realität 1: Fachkräftemangel nimmt zu	2
	1.1.2 Realität 2: Keine kundenzentrierten Produkte und zu lange Entwicklungsdauer	3
	1.1.3 Realität 3: Mangelnde Innovationskraft und Bedrohung durch disruptive Technologien	5
1.2	Der Realität mit Agilität begegnen	7
	1.2.1 Realität 1: Attraktiv für die Generation Y	8
	1.2.2 Realität 2: Kundenzentrierte Produktentwicklung	8
	1.2.3 Realität 3: Innovationskraft ermöglichen	10
2	**The Lean Startup – die Methode für die Entwicklung von Geschäftsmodellen**	13
	Judith Grummer	
2.1	Lean-Startup-Grundlagen und -Prinzipien	15
	2.1.1 Entrepreneure gibt es überall	15
	2.1.2 Entrepreneurship ist Management	15
	2.1.3 Validiertes Lernen	17
	2.1.4 Bauen, Messen, Lernen!	18
	2.1.5 Innovation bilanzieren	27
2.2	Lean Startup – die große Klammer um agile Innovationsmethoden	31
2.3	Lean Startup im Einsatz bei Unternehmen	33

3 Soziokratische Prinzipien und Werte – die Voraussetzung der Zusammenarbeit ... 39
Stephan Lobodda

3.1 Was bedeutet Soziokratie? ... 40
3.2 Die wichtigsten Prinzipien des soziokratischen Ansatzes ... 42
    3.2.1 Prinzip 1: Die soziokratische Kreisstruktur ... 42
    3.2.2 Prinzip 2: Entscheidungen im Konsent treffen ... 44
3.3 Mit soziokratischen Werten zum agilen Netzwerk ... 46
    3.3.1 Wertschätzende Führung mit Körper, Geist und Seele ... 47
    3.3.2 Wertschätzende Führung mit Herz und Verstand ... 48
    3.3.3 Motivation durch wertschätzende Führung ... 49
3.4 Soziokratie und Unternehmenskultur ... 50
    3.4.1 Soziokratie als Mittel zum Zweck ... 50
    3.4.2 Der kollaborative Führungsstil in der Soziokratie ... 51
3.5 Soziokratie in der praktischen Umsetzung ... 51
    3.5.1 Schritt 1: Überzeugungsarbeit bei sich selbst leisten ... 51
    3.5.2 Schritt 2: In Kick-off-Veranstaltung Konzept, Vor- und Nachteile darstellen ... 52
    3.5.3 Schritt 3: Mit überschaubarem Projekt beginnen und Regeln festlegen ... 53
    3.5.4 Schritt 4: Erfolge feiern und Aufgabenbereiche erweitern ... 54

4 Agile Skalierung – das Werkzeug für eine unternehmensweite Übertragung ... 57
Valentin Nowotny

4.1 Zentrale Regeln ... 59
    4.1.1 Nur loslegen, wenn wirklich erforderlich ... 59
    4.1.2 Sich an agile Prinzipien halten ... 60
    4.1.3 Nur gemeinsam funktionierts ... 61
4.2 Zentrale Skalierungs-Frameworks ... 62
    4.2.1 SAFe – die komfortable Limousine ... 63
    4.2.2 LeSS – der Rennwagen ... 66
    4.2.3 Scrum@Scale – das Tandem ... 69
    4.2.4 Nexus – das Rennrad ... 70
    4.2.5 Disciplined Agile Delivery (DAD) – Vorsprung durch Technik! ... 72
4.3 Ein eigenes Framework entwickeln? ... 74

5	Agiles Change Management – der Weg einer erfolgreichen Veränderung	81
	Hans-Joachim Gergs, Lars C. Schatilow, Marc Vincent Thun	
5.1	Mythen des „klassischen" Change Managements	82
	5.1.1 Mythos 1: Veränderungsprozesse müssen systematisch vorgeplant werden	82
	5.1.2 Mythos 2: Grundlegende Veränderungsprozesse müssen immer von der Spitze eines Unternehmens initiiert und umgesetzt werden	83
	5.1.3 Mythos 3: Tief greifende Veränderungsprozesse müssen schnell und in episodischen Schritten betrieben werden	84
5.2	Prinzipien des agilen Change Managements	85
	5.2.1 Erstes Prinzip: Denke in Kreisen – Reagieren auf Veränderung steht über dem Befolgen eines Plans	68
	5.2.2 Zweites Prinzip: Liefere „funktionierende" Veränderungen regelmäßig innerhalb kurzer Zeitspannen ab	86
	5.2.3 Drittes Prinzip: Beteilige die Betroffenen und errichte Change-Projekte rund um motivierte Individuen	87
	5.2.4 Viertes Prinzip: Kommuniziere rechtzeitig und schaffe ein hohes Maß an Transparenz	87
	5.2.5 Fünftes Prinzip: Individuen und Interaktionen gelten mehr als Dokumentationen, Prozesse und Werkzeuge	88
	5.2.6 Sechstes Prinzip: Hole regelmäßig Feedback ein und reflektiere den Veränderungsprozess selbstkritisch	88
	5.2.7 Siebtes Prinzip: Betrachte Veränderung als Daueraufgabe	89
5.3	Agiles Change Management – Vorgehensweise und Methoden	90
	5.3.1 Step 1: Start with the WHY	91
	5.3.2 Step 2: Prioritize and design	91
	5.3.3 Step 3: Experiment and implement	92
	5.3.4 Step 4: Inspect and adapt	93
5.4	Agiles Change Management – Rollen und Zuständigkeiten	93
	5.4.1 Der Change Owner	94
	5.4.2 Der Change Master	94
	5.4.3 Das Change Team	95

6 Vertragsgestaltung – eine besondere Herausforderung 99
Björn Schotte

6.1 „Time and Material" auf Basis eines hinreichend stabilen Teams 101
6.2 Vertrauen aufbauen 103
6.3 You get what you measure for 104
6.4 Controlling an agiles Arbeiten anpassen 105

7 Agiles Human Resources Management – der entscheidende Katalysator 107
André Häusling und Martin Kahl-Schatz

7.1 Agile Organisation und agile Transformation 108
    7.1.1 Die sechs Dimensionen der agilen Organisation 109
    7.1.2 Die fünf Reifegrade in der agilen Transformation 113
7.2 Konsequenzen für den HR-Bereich 117
    7.2.1 Agile HR-Instrumente 117
    7.2.2 Die agile HR-Organisation 122

8 Führung – der entscheidende Erfolgsfaktor 129
Judith Andresen

8.1 Führen, leiten und managen 131
    8.1.1 Führung auf drei Ebenen bedienen 132
    8.1.2 Teams sich selbst organisieren lassen 134
    8.1.3 Motivation der Teammitglieder fördern 135
8.2 Lernen ermöglichen und fördern 136
    8.2.1 Retrospektiven mit allen Beteiligten durchführen 139
    8.2.2 PDCA-Zyklen auf allen Ebenen etablieren 140
    8.2.3 Umgang mit Misserfolgen lernen 142
8.3 Selbstorganisation ermöglichen 144
    8.3.1 Keine Grenzverletzungen tolerieren 146
    8.3.2 Mit Mehrdeutigkeit und Beweglichkeit umgehen lernen 147
    8.3.3 Teams interdisziplinär ausbauen 148
8.4 Mittels „Target and Track" führen 149
    8.4.1 Laterale Führung anerkennen 149
    8.4.2 Entscheidungsformen klären 150
    8.4.3 In coachender Haltung führen 151

9 Agiles Coaching – die notwendige Unterstützung 153
Judith Andresen

- 9.1 Organisationen entwickeln 156
  - 9.1.1 Inkremente liefern 157
  - 9.1.2 Iterativ arbeiten 159
  - 9.1.3 Lernen ermöglichen 160
- 9.2 Organisationsentwicklung agil vorantreiben 163
  - 9.2.1 Agile Reifegrade anstreben 167
  - 9.2.2 SWBLM: So wie beim letzten Mal 167
  - 9.2.3 AR-D: Echt im Team arbeiten 168
  - 9.2.4 AR-C: Im großen Team liefern 169
  - 9.2.5 AR-B: Führung an Teams ausrichten 171
  - 9.2.6 AR-A: In und mit der Organisation lernen 172
  - 9.2.7 Scrum Master und agile Coaches erfolgreich einsetzen 173
- 9.3 Wirksamkeit agiler Coaches überprüfen 175
  - 9.3.1 Die Chemie muss stimmen 176
  - 9.3.2 Effiziente agile Coaches finden 177
- 9.4 Geeignete agile Coaches auswählen 178

10 Management-3.0 – die zukunftsweisende Strategie 181
Valentin Nowotny

- 10.1 Der grundlegende Ansatz von Management 3.0 184
- 10.2 Die Themenfelder 185
  - 10.2.1 Energize people – Menschen mit Energie ausstatten 186
  - 10.2.2 Empower teams – Teams erfolgreich in die Selbstorganisation führen 187
  - 10.2.3 Align constraints – einen Erfolgsrahmen schaffen 187
  - 10.2.4 Develop competence – Kompetenzen entwickeln 188
  - 10.2.5 Grow structure – Teamstrukturen intelligent skalieren 190
  - 10.2.6 Improve everything – das System nachhaltig verbessern 190
- 10.3 Beispiele für typische Management-3.0-Tools 191
  - 10.3.1 Personal Maps – die Besonderheiten der Menschen kennenlernen, auch auf Distanz 191
  - 10.3.2 Kudo Cards – Teammitglieder verstärken wechselseitig positives Feedback 192
  - 10.3.3 Moving Motivators – Reflexion über Lebensmotive im Change-Prozess nutzen 192
  - 10.3.4 Delegation Poker – gemeinsam die zentralen Leitplanken der Teams definieren 194

  10.3.5 Team Competence Matrix – spielerisch erforderliche Kompetenzen erarbeiten 195
  10.3.6 Meddlers Game – neue Strukturen gemeinsam aufstellen und mit Leben füllen 196
  10.3.7 Happiness Index/Happiness Door 196
  10.3.8 Mit Improvu Cards Storytelling für den Verbesserungsprozess nutzen 197
  10.3.9 Change Agent Game 198
10.4 Kritik und Würdigung des Management-3.0-Ansatzes 199
  10.4.1 Feedback als Schlüssel der Weiterentwicklung 199
  10.4.2 Bedeutung von Metaphern und Geschichten 200
  10.4.3 Alles eine große Marketingidee? 200
  10.4.4 Frischzellenkur für Traditionsunternehmen? 201

11 Scrum – die zentrale Herangehensweise **205**
Sven Winkler

11.1 Scrum im Überblick 207
  11.1.1 Ein Paradigmenwechsel 208
  11.1.2 Flaccid Scrum 209
  11.1.3 Cargo Cult 210
11.2 Prinzipien 211
  11.2.1 Empirische Prozesskontrolle und faktenbasierte Entscheidungsfindung 211
  11.2.2 Potenziell auslieferungsfähiges Produktinkrement 212
  11.2.3 Timeboxing 213
  11.2.4 Pull-Prinzip 213
  11.2.5 Selbstorganisation 214
  11.2.6 Crossfunktionale Teams 214
11.3 Rollen 215
  11.3.1 Das Scrum Team 215
  11.3.2 Product Owner 217
  11.3.3 Development Team 221
  11.3.4 Scrum Master 223
11.4 Product Backlog und Product Backlog Item 225
11.5 Der Sprint 228
  11.5.1 Forecast und Velocity 229
  11.5.2 Forecasts und Burndowns 230
  11.5.3 Der Sprintabbruch 230
  11.5.4 Einführung 231
  11.5.5 Sprint 0 232
  11.5.6 Umgang mit Fehlern im Sprint 232

11.6	Sprint Backlog	233
	11.6.1 Einführung	233
	11.6.2 Skalierung	234
11.7	Definition of Done	235
	11.7.1 Einführung	236
	11.7.2 Skalierung	236
11.8	Die Events bzw. Meetings	237
	11.8.1 Einführung der Events	238
	11.8.2 Refinement	238
	11.8.3 Sprint Planning	240
	11.8.4 Daily	242
	11.8.5 Review	244
	11.8.6 Retrospektive	245
11.9	Allgemeines zur Einführung	246
11.10	Allgemeines zur Skalierung	247
12	**Kanban – der alternative Pfad zu Agilität**	**251**
	Wolfgang Wiedenroth	
12.1	Prinzipien und Praktiken	253
	12.1.1 Veränderungsprinzipien	254
	12.1.2 Serviceprinzipien	256
	12.1.3 Praktiken	258
12.2	Kanban im Einsatz	267
	12.2.1 Kanban auf Team- und Abteilungsebene	267
	12.2.2 Kanban zur Koordination	268
	12.2.3 Kanban auf Portfolio-Ebene	269
	12.2.4 Kanbans drei Agenden	269
13	**Agiles Projektmanagement – alt und neu kombiniert**	**271**
	Sabine Herr und Magdalena Richtarski	
13.1	Klassisches Projektmanagement vs. agiles Projektmanagement – eine Gegenüberstellung	273
13.2	Vision und Ziele	275
	13.2.1 Warum eine klare Vision wichtig ist	276
	13.2.2 Was eine Vision erreichen kann	276
	13.2.3 Eine Vision ist keine Strategie	277
	13.2.4 Von der Vision zur Strategie mit einem agilen Ansatz – Ziele definieren mit Impact Mapping	278
	13.2.5 Von der Strategie zum Ergebnis: Das Richtige messen – Outcome statt Output	280

13.3 Iterativ und inkrementell – die Basismethode für agiles
Projektmanagement 282
    13.3.1 Iteratives Vorgehen und Planung 284
    13.3.2 Inspect and Adapt – mit Feedbackschleifen lernen und Risiken
           minimieren 286
13.4 Selbstorganisation im agilen Projektmanagement 288
    13.4.1 Was ist Selbstorganisation? 289
    13.4.2 Warum braucht agiles Projektmanagement Selbstorganisation? .. 289
    13.4.3 Wie gelingt Selbstorganisation? 291
    13.4.4 Crossfunktionale Teams und die Vorteile des interdisziplinären
           Arbeitens 292
    13.4.5 Welche Art von Führung braucht Selbstorganisation
           und wie sehen die Aufgaben von Führungskräften
           in diesem Kontext aus? 295

14 Agilität in der Softwareentwicklung – praxisbewährt und erfolgreich 301
Fabian Schiller

14.1 Geschichtlicher Rückblick 303
14.2 Was ist Agilität in der Softwareentwicklung? 304
14.3 Wie agil müssen wir sein? 304
14.4 Dimensionen der Agilität 306
14.5 Wie werden wir agil? 307
    14.5.1 Arbeit in Teams 307
    14.5.2 Dialogische Entwicklung mit dem Kunden 308
    14.5.3 Fachübergreifende Zusammenarbeit: Crossfunktionalität 309
    14.5.4 Colokation 309
    14.5.5 Visual Management und Taskboards 310
    14.5.6 Kurze Iterationen und schnelles Liefern 311
    14.5.7 Testautomatisierung 312
    14.5.8 Test First 313
    14.5.9 Pair Working 314
    14.5.10 Agile Architektur 314
    14.5.11 Domain-Driven Design 316
    14.5.12 Retrospektiven 316
    14.5.13 Zusammenfassung und Überblick 316
14.6 Agile Frameworks 317
    14.6.1 Crystal Clear 317
    14.6.2 eXtreme Programming 319
    14.6.3 Scrum 319

	14.6.4 Kanban	321
	14.6.5 Feature-Driven Development	322
	14.6.6 Zusammenfassung und Überblick	322
14.7	Herausforderungen bei der Einführung agiler Methoden und Praktiken	323
	14.7.1 Im Team	323
	14.7.2 In der Organisation	324

15 Agil und Lean – ähnlich, und doch verschieden 327
Albert Schlotter

15.1	Wettbewerb im Methodenmarkt	328
15.2	Das Zwiebelmodell	329
	15.2.1 Sichtbarkeit	330
	15.2.2 Hebelwirkung	332
15.3	Gemeinsamkeiten	334
	15.3.1 Sichtbare Gemeinsamkeiten	334
	15.3.2 Gemeinsame Werte	337
	15.3.3 Gleiche Herausforderungen für Entscheider	338
15.4	Unterschiede	340
	15.4.1 Sichtbare Unterschiede	340
	15.4.2 Unterschiedliche Hebelwirkungen	344
	15.4.3 Unterschiedliche Herausforderungen für Entscheider	347

Index 351

Die Herausgeber und Autoren 357

1 Wozu agil?

Peter Rößler

Dieser Artikel beschreibt drei Realitäten, mit denen sich Unternehmen aktuell konfrontiert sehen, stellt dar, warum Agilität eine logische Entwicklung auf die bestehende Realität ist, und gibt erste Ansatzpunkte, wie Agilität versucht, diesen Realitäten zu begegnen.

In diesem Beitrag erfahren Sie,
- warum Agilität entstanden ist,
- welchen Herausforderungen viele Unternehmen sich aktuell stellen müssen und
- wie Sie diesen Herausforderungen mit Agilität begegnen können.

„Wir müssen agil(er) werden." Es gibt kaum ein Unternehmen, in dem dieser Satz in den letzten Jahren nicht gefallen ist oder in dem „agil(er) werden" nicht bereits auf der aktuellen Agenda steht. Für viele Chefs, Manager oder anderweitig Verantwortliche scheint „agil" eine Art Zauberwaffe zu sein und wird als neueste Managementmethode ausgerufen: Das Unternehmen wird agil, und damit werden die aktuellen Probleme oder Herausforderungen gemeistert.

Umfragen unterstützen das erfolgreiche Bild von Agilität. In der Softwareentwicklung ist agiles Arbeiten inzwischen der neue Standard. Ein Artikel in der *Harvard Business Review* von 2015 nennt eine Verbesserung der Time-to-Market von 18 bis 20 %, eine Produktivitätssteigerung von bis zu 95 % und eine Kostenreduzierung von bis zu 29 %. Der *12th Annual State of Agile Report* (VersionOne 2018) erwähnt, dass 74 % der Befragten angaben, dass mehr als die Hälfte ihrer agilen Projekte erfolgreich gewesen seien.

Agilität gewinnt auch in Bereichen außerhalb der Softwareentwicklung immer mehr an Bedeutung. Unternehmen unterschiedlicher Art merken, dass sie mit ihren zwar etablierten, aber auch verstaubten Vorgehensweisen nicht mehr mithalten können, und wollen das, was in der agilen IT scheinbar so gut funktioniert, auch in ihren Kontext übertragen. Einige stehen bereits mit dem Rücken zur Wand:

Sie merken, dass eine Veränderung nicht nur nützlich, sondern notwendig ist, um mittelfristig konkurrenzfähig zu sein.

Andere Unternehmen merken, dass ihre Prozesse zwar ordentlich dokumentiert und geregelt, gleichzeitig aber auch extrem träge und langsam geworden sind. Selbst kleine (Ver-)Änderungen können nicht einfach und schnell in das System integriert werden, da man nach kurzer Zeit bereits bei internen Hindernissen an „eckt". Fokussiert an einem wichtigen Projekt zu arbeiten oder eine neue Produktentwicklung voranzutreiben, fällt schwer.

 Unter Agilität versteht man die Fähigkeit eines Unternehmens, sich kontinuierlich entlang von Nutzerbedürfnissen an seine komplexe, turbulente und unsichere Umwelt anzupassen, indem es diese Veränderungen möglichst rechtzeitig antizipiert und sein Geschäftsmodell, seine Kultur und seine Arbeitsprozesse entsprechend erneuert. Dadurch werden Menschen in agilen Organisationen sukzessive befähigt, vom Reaktor zum proaktiven Gestalter der unternehmerischen Zukunft zu werden.

■ 1.1 Herausfordernde Realitäten

1.1.1 Realität 1: Fachkräftemangel nimmt zu

Mitarbeiter, die jetzt Anfang 50 oder älter sind, sind als Generation Babyboomer (Geburtsjahr 1955 bis 1968) noch in eine Arbeitswelt hineingewachsen, deren maßgebliches Ziel es war, Arbeitsplatzsicherheit zu finden. Persönliche Entwicklungschancen wurden diesem Ziel eher untergeordnet. Die neuen Generationen suchen oft das Gegenteil: Während die Generation X (Geburtsjahr 1969 bis 1979) bereits auf eine ausgeprägte Work-Life-Balance achtet, ohne die finanzielle Sicherheit zu verlieren, will die Generation Y (Geburtsjahr 1980 bis 1994) den Sinn der Arbeitstätigkeit verstehen und bevorzugt flache Hierarchien, Teamwork und Vernetzung. Über die Generation Z (Geburtsjahr ab 1995), die gerade erst das Arbeitsleben beginnt, wissen wir noch zu wenig, wie sie sich verhalten wird (vgl. Mihovilovic, Knebel 2017).

Auch wenn das Konzept der Kategorisierung in die benannten Generationen gerne kritisiert wird, werden Unternehmen in den nächsten Jahren die Auswirkungen des demografischen Wandels spüren: Während die geburtenstarken Babyboomer ausscheiden, profitiert vor allem die Generation Y von dem dadurch entstehenden Vakuum an fehlenden Fachkräften. Sie können sich ihren Arbeitgeber nach ihren Präferenzen aussuchen.

Arbeitnehmer der Generation Y wollen ein anderes Arbeitsleben: Sie wollen die Sinnhaftigkeit in ihrer Arbeit sehen, anstatt losgelöste Arbeitspakete zu bearbeiten. Sie wollen in einem Team oder Netzwerk mit flacher Hierarchie arbeiten, statt Befehlsempfänger in einer hierarchischen Kette zu sein.

Arbeitgeber müssen sich attraktiv für die Generation Y aufstellen, um nicht in naher Zukunft in die Lage zu geraten, keine passenden Fachkräfte zu bekommen. Oder andersherum: Die heranwachsende Generation an Fachkräften wird sich nicht bei Unternehmen bewerben, die noch in alten Denkmustern agieren. Diese Generation wird sich die Unternehmen aussuchen, die das für sie vielversprechendste Arbeitsleben ermöglichen.

1.1.2 Realität 2: Keine kundenzentrierten Produkte und zu lange Entwicklungsdauer

Strategie- oder Roadmap-Meetings sind in Organisationen weitverbreitet: Auf einem Zeitstrahl ordnen Führungskräfte die gewünschte Fertigstellung verschiedener Projekte oder Produktentwicklungen an, die dann nach Diskussion feierlich beschlossen werden. Der Zweijahresplan steht, und alle haben ein „gutes Gefühl". Der eigentliche Fehler passiert bereits hier: Es werden die vermeintlich richtigen Lösungen beschlossen, ohne zu wissen, ob diese wirklich vom Nutzer benötigt oder angenommen werden.

Dieses Vorgehen ist nicht mehr Erfolg versprechend. Denn wir leben zunehmend in einer VUCA-Welt, die durch *Volatility* (Unberechenbarkeit), *Uncertainty* (Ungewissheit), *Complexity* (Komplexität) und *Ambiguity* (Ambivalenz) geprägt ist.[1] Dahinter steckt, dass unsere Welt durch die Globalisierung und den Einfluss der unterschiedlichsten Faktoren immer weniger vorhersehbar geworden ist (Hofert 2018).

Das *Stacey Landscape Diagram* (Stacey 1996) verdeutlicht diese Situation: Das Diagramm zeigt auf der x-Achse die Sicherheit der Technologie und auf der y-Achse die Klarheit der Anforderungen (vgl. Bild 1.1). Sichere Technologie bedeutet, dass diese von den Umsetzern verstanden und beherrscht wird. Im Gegensatz dazu steht zu wenig oder keine Erfahrung der Umsetzer mit der Technologie, die sich scheinbar jeden Tag anders verhält oder nicht mit der Dokumentation übereinstimmt. Klare Anforderungen können vorab detailliert aufgeschrieben und dann ohne Überraschungen in das System integriert werden, und die beschriebenen

---
[1] VUCA ist eine Strategiemethode, die das amerikanische Militär in den 1990er-Jahren entwickelte, um die multilaterale Welt nach dem Kalten Krieg zu beschreiben. Später wurde das Konzept von Managementexperten aufgegriffen.

Funktionen sind genau so, wie vom Nutzer benötigt. Im Gegensatz dazu können unklare Anforderungen nicht detailliert aufgeschrieben werden oder es stellt sich bei der Fertigstellung heraus, dass eigentlich etwas anderes benötigt wurde.

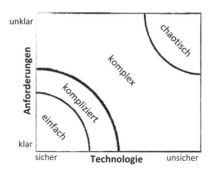

Bild 1.1 *Stacey Landscape Diagram* (Stacey 1996)

Stacey unterscheidet vier Bereiche in seinem Diagramm: *einfach* (klare Anforderungen und beherrschte Technologie), *kompliziert* (unsichere Technologie oder unklare Anforderungen), *komplex* (noch unsicherere Technologie oder noch unklarere Anforderungen) und *chaotisch*. In dem *einfachen* Bereich greifen *Best Practices*: Wir müssen kaum nachdenken und können „einfach machen". In dem *komplizierten* Bereich können wir analysieren und entsprechend einen Plan erstellen, den wir anschließend ausführen. Im *komplexen* Bereich müssen wir anders agieren, denn wir können den Ursache-Wirkungs-Zusammenhang erst im Nachhinein sicher analysieren (retrospektive Kohärenz). Und sind wir im *chaotischen* Bereich, lassen sich Ursache-Wirkungs-Zusammenhänge selbst hinterher nicht analysieren (Roock, Wolf 2016).

Vor ein paar Jahrzehnten befanden wir uns vornehmlich in einem komplizierten Bereich, während wir in der aktuellen VUCA-Welt uns fast ausschließlich im komplexen Bereich aufhalten. Wir wissen im Vorfeld nicht, was der Kunde wirklich will oder benötigt (unklare Anforderungen), und oft wissen wir nicht, mit welcher Technologie wir das umsetzen wollen oder in unserer technologischen Umgebung ermöglichen können (unsichere Technologie). Wir müssen also einen Umgang mit der existierenden Ungewissheit finden, da die traditionelle und von vielen Unternehmen gelernte Vorgehensweise nicht mehr funktioniert.

 Unternehmen sehen sich mit einer immer größer werdenden Schere konfrontiert: Der Markt und der Endnutzer erwarten schnelles und regelmäßiges Liefern des Produkts und werden ungeduldig, wenn das nicht passiert. Das Realisierungsteam in der Produktentwicklung hat (noch) nicht die Fähigkeit, schnell zu entwickeln oder auszuliefern.

1.1.3 Realität 3: Mangelnde Innovationskraft und Bedrohung durch disruptive Technologien

Während es früher kein Problem war, sich längere Analysephasen zu nehmen und entsprechend längere Entwicklungsphasen zu haben, besteht heute immer öfter die Gefahr, dass die Konkurrenz schneller entwickelt und eine Innovation früher auf den Markt bekommt. Eine weitere Gefahr birgt die zunehmende Komplexität mit den sich ständig verändernden Rahmenbedingungen, die bewirkt, dass nicht das geliefert wird, was eigentlich benötigt wird.

Folglich entstehen neben dem „falschen" Produkt und den dadurch entstandenen Entwicklungskosten auch noch unzufriedene Kunden: Der Kunde hat nicht nur lange auf sein Produkt gewartet, sondern auch noch ein Produkt erhalten, das er nicht nutzen kann oder will.

> Werden die Erwartungen der Kunden nicht oder nur ungenügend erfüllt, wechseln sie schnell. Durch die Globalisierung und den rasanten Fortschritt der Technologie hat der heutige Kunde eine Vielzahl an Dienstleistern, die das gewünschte Produkt oder den gewünschten Service besser und schneller anbieten. Die Kundentreue schwindet und die Anforderungen steigen. Und das trifft nicht nur mittelständische Unternehmen, sondern auch gestandene Konzerne.

1996 war Kodak noch die viertwertvollste Marke auf der Welt, 15 Jahre später, 2011, lag die Kodak-Aktie unter einem Dollar und das Unternehmen meldete wenig später Insolvenz an. Wie konnte der Traditionsmarke, die Ende des 19. Jahrhunderts gegründet wurde, das passieren? Kodak war einer der Pioniere der Fotografie, ermöglichte vielen Endverbrauchern preiswert die private Fotografie und hatte in den 1970ern über 80 % Anteil am amerikanischen Fotomarkt. Bereits 1975 erfand Kodak die erste Digitalkamera, doch das Management glaubte nicht an Digitalfotografie. Vor allem, da die Digitalkameras das eigentliche Kerngeschäft von Kodak bedrohen würden: Durch den Verkauf von mehr Digitalkameras würden die Kunden weniger Kodak-Fotofilmrollen kaufen, da diese dann nicht mehr benötigt würden. Durch diese strategische Entscheidung hängt sich Kodak selber ab, denn der Endverbraucher liebte das digitale Fotografieren: Er musste keine teuren Filmrollen mehr kaufen, missglückte Fotos wurden nicht unnötigerweise abgezogen, sondern einfach gelöscht, der Speicherplatz wurde zunehmend unerschöpflich, er konnte sofort die Aufnahme prüfen, sowie weitere für den Endverbraucher nützliche Funktionen.

Beim Thema Digitalfotografie nutzte Kodak also nicht die rasante Entwicklung der Technologie zu deren Vorteil, reagierte nicht auf die Bedürfnisse der Kunden und wurde folglich von der Konkurrenz überholt und abgehängt (vgl. Kehrhan 2012).

Dahinter steckt das Schlagwort Wirtschaftsdarwinismus: Ähnlich der Evolutionstheorie von Darwin überlebt nur dasjenige Unternehmen, das sich an die sich verändernden Gegebenheiten des Marktes oder die Bedürfnisse des Nutzers am schnellsten und besten anpasst (*survival of the fittest*). Unternehmen, die das nicht schaffen, müssen mit erheblichen Konsequenzen rechnen und werden im schlimmsten Fall als Unternehmen nicht überleben.

Das Unternehmen Kodak hat nach dem Insolvenzantrag signifikante Änderungen und Umstrukturierungen durchführen müssen: Unter anderem wurden mehrere Produktionseinheiten eingestellt und man gab schließlich das Kerngeschäft der Fotofilmproduktion komplett auf.

Andere Unternehmen werden durch fehlende oder ähnlich schleppende Innovation von der Konkurrenz überrollt. Zwei Unternehmen, die diese Gegebenheit ausnutzten, sind Airbnb und Uber. Beide konnten den jeweiligen Markt aufmischen und sich inzwischen die Mehrheit der Marktanteile in ihrem Segment sichern. Airbnb erschüttert nicht nur die Ferienwohnungsbranche, sondern auch die Hotelbranche, Uber revolutioniert den Umgang mit Transportdienstleistungen jeglicher Art. Und beide Unternehmen stellen den direkten Kontakt zwischen Endnutzer und Serviceanbieter her, statt wie gewohnt über eine dritte Partei abzuwickeln.

Unternehmen wie Airbnb und Uber sowie andere Unternehmen aus dem Start-up-Bereich werden gerne als disruptiv, also (zer)störend oder auflösend, bezeichnet. Diese Unternehmen zeichnet aus, dass sie Technologieunternehmen sind: Sie haben zahlreiche Ingenieure und Entwickler, die für eine leistungsstarke Plattform mit den neuesten Technologien sorgen und damit bestehende, langjährige Unternehmen in Geschwindigkeit schlagen. Das Produkt stellt den Kunden in den Vordergrund und ist zudem preiswerter, schneller und moderner als vergleichbare Anbieter, die den gleichen Service anbieten.

 Weitere Beispiele disruptiver Innovationen, die viele von uns benutzen und die unsere Gewohnheiten geändert haben oder zukünftig ändern:
- Digitale Buchangebote über z. B. Amazon ersetzen den Besuch im Buchladen.
- Musikdienste wie Spotify ersetzen CDs oder den Kauf digitaler Alben.
- Online-Reisebüros oder Flugbörsen ersetzen den Besuch eines Reisebüros.

Gerne werden diese Innovationen von den Marktführern in dem betroffenen Segment zunächst belächelt und oft erst zu spät ernst genommen, auch weil „man sich zu sehr mit sich selber beschäftigt".

Bestehenden Unternehmen fehlt es häufig an vergleichbarer Innovationskraft. Die Gründe hierfür können vielfältig sein. Oft behindern die selbst aufgebauten Strukturen die Innovation: Das benötigte Wissen ist in verschiedenen Silos aufgeteilt, die technische Infrastruktur ist unflexibel aufgrund von aufgebauten technischen Schulden oder es wird gleichzeitig an zu vielen Projekten oder Weiterentwicklungen gearbeitet, sodass der Fokus verloren geht.

■ 1.2 Der Realität mit Agilität begegnen

Nach Skizzierung der drei Realitäten wird deutlich, dass ein *Weiter-wie-bisher* wenig Erfolg versprechend ist. Unternehmen, die sich der Realität nicht stellen, werden mittel- bis langfristig in erhebliche Schwierigkeiten kommen; sei es durch keine oder fehlende Fachkräfte, zu wenig oder keine Kundenzentrierung oder eben durch Konkurrenzunternehmen, die sich schneller an die aktuellen Gegebenheiten anpassen, oder durch eine Mischung von alldem.

Bevor wir konkreter darauf schauen, wie Agilität den vorher genannten Realitäten begegnen kann, ist es wichtig, zu verstehen, worauf der Ursprung von Agilität basiert. Agilität, oder was wir heute darunter verstehen, entstand Ende der 1990er-Jahre als Reaktion und Gegenbewegung zu klassischen Planungsmethoden wie etwa dem Wasserfallmodell. Zu dieser Zeit nahm die Bedeutung von IT zu. Entsprechend stieg die Anzahl und Größe von IT-Projekten. Viele dieser Projekte scheiterten, sodass unter den Entwicklern verschiedene alternative Ansätze zur Vorgehensweise gefahren wurden. Diese neuen Ansätze wurden zunächst als leichtgewichtig bezeichnet. 2001 kamen auf einer Konferenz in Snowbird Vertreter dieser leichtgewichtigen Ansätze zusammen und definierten das „Agile Manifest". Dieses besteht aus vier Werten in Form von Gegensatzpaaren und zwölf Prinzipien und gilt als Ursprung agilen Arbeitens (vgl. Beck et al. 2001).

Seitdem wurde aus dem, was im „Agilen Manifest" steht, eine weltweite Bewegung mit verschiedenen Ausprägungen. Der ursprüngliche Bereich der Softwareentwicklung wurde aufgespannt und umfasst alle Bereiche eines agilen Unternehmens.

Im Kern agilen Arbeitens stehen laut Alistair Cockburn, einem der Co-Autoren des „Agilen Manifests", weiterhin vier Dinge:

- Collaborate (Zusammenarbeiten),
- Deliver (Ausliefern),
- Reflect (Reflektieren),
- Improve (Verbessern).

Cockburn reduziert Agilität auf diese vier Dinge, da diese jeder verstehen kann und jeder ehrlich beantworten kann, ob das Unternehmen diese Dinge auf allen Ebenen tut oder nicht (vgl. Cockburn 2015).

Es ist entscheidend, zu verstehen, dass Agilität auf Werten und Prinzipien beruht und daher die Einführung agiler Arbeitsweisen wie Scrum oder Kanban nicht ausreicht, um eine nachhaltige Veränderung im Unternehmen zu erwirken. Die eigentliche Herausforderung ist die Verankerung agiler Werte und Prinzipien in der Organisation und auf der Führungsebene.

1.2.1 Realität 1: Attraktiv für die Generation Y

Agile Arbeitsweisen setzen auf Teamarbeit. Diese Teams sind crossfunktional besetzt und arbeiten möglichst autonom mit flacher oder keiner Hierarchie. Zusammenarbeit ist ein entscheidender Faktor für Erfolg. Weiterhin hat jedes Team eine klare Produktvision oder Serviceorientierung.

So ein Rahmen für Zusammenarbeit kann die intrinsische Motivation der Mitarbeiter fördern. Denn damit sind die drei Dinge gegeben, die nach Daniel Pink intrinsische Motivation unterstützen (vgl. Pink 2011):

- **Purpose (Sinnerfüllung)**
  Ich verstehe den Zweck meiner Arbeit und finde diesen sinnvoll.
- **Mastery (Wunsch, besser zu werden)**
  Ich kann an den Aufgaben wachsen, ohne daran maßlos überfordert zu sein.
- **Autonomy (Selbstbestimmung)**
  Ich kann das Wie der Aufgabenerledigung weitestgehend selbst bestimmen.

Die Generation Y sucht genau nach diesem vernetzten Arbeiten mit Selbstbestimmung in Kombination mit Sinnerfüllung. Aber auch andere Mitarbeiter, die bis jetzt gewohnt waren, in Abteilungssilos zu arbeiten, finden schnell Gefallen an crossfunktionalen Teams und erkennen den Vorteil.

Und ein Unternehmen steigert die Attraktivität für Fachkräfte der neuen Generation, wenn es mehr auf Teams setzt statt auf klare Hierarchie innerhalb verschiedener Silos.

1.2.2 Realität 2: Kundenzentrierte Produktentwicklung

Für das „gute Gefühl", nach einem Strategiemeeting einen „Plan" für die nächsten zwei Jahre zu haben, gibt es in der agilen Welt nur noch wenig Platz. Auch wenn der Mensch im Allgemeinen nach einem Gefühl der Sicherheit strebt, wird der langfristige Plan ohne Realitätsabgleich ihn schnell in die falsche Richtung schicken. Mutig mit Unsicherheit umgehen zu können und die Ungewissheit der Zukunft als Realität zu verstehen, ist ein notwendiges Verhaltensmerkmal und ein entscheidender Teil des agilen Mindsets.

Agiles Vorgehen fordert schnelle Feedback-Loops durch kurze Zeiteinheiten (Iterationen oder Sprints). Wir tasten uns mit *Inspect and Adapt* voran und begegnen so dem komplexen Umfeld, in dem wir uns bewegen. Es geht also um ständiges Experimentieren: Ausprobieren, Erfolgskontrolle, Anpassung. Oder anders gesagt: Wir werden nie einen besten und finalen Zustand erreichen, sondern agieren in einem Modus der kontinuierlichen Verbesserung.

Dabei steht im Kern von agilem Arbeiten ein einfacher Zyklus (vgl. Bild 1.2): Kunden haben Probleme. – Ein agiles Team löst diese Probleme. Dieser Zyklus wird schnell durchlaufen und bedingt direkte Interaktion zwischen dem Team und dem Kunden (vgl. Hoffmann, Roock 2018).

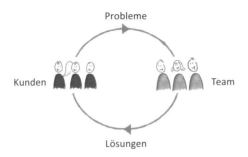

Bild 1.2 Kernzyklus agiles Arbeiten (Hoffmann, Roock 2018)

Wir planen kurze Iterationen von wenigen Wochen, reflektieren und beurteilen, ob wir noch in eine richtige Richtung gehen, und passen unser Vorgehen entsprechend an. Bei diesem Vorgehen benötigen und reagieren wir auf das Feedback unserer Endkunden, die bei der Produktentstehung von Anfang an mit einbezogen werden. Der Endnutzer kann nach jeder der Zeiteinheiten Feedback geben, auf das wiederum in der nächsten Zeiteinheit eingegangen werden kann. Fehlentwicklungen, die früher erst nach Monaten oder Jahren aufgetaucht sind, werden dadurch früh entdeckt, sparen Kosten und Nerven. Das „gute Gefühl" aufgrund eines Plans weicht der Sicherheit, dass wir entwickeln, was vom Endnutzer tatsächlich benötigt wird und benutzt werden kann.

Dieses Vorgehen passt nicht zu der in Unternehmen oft gelernten und praktizierten langfristigen Planung. Und nachdem ein Unternehmen verstanden hat, dass es sich in der VUCA-Welt befindet, muss es die gelernte Vorgehensweise auch erst wieder verlernen, bevor ein passender neuer Ansatz greift.

1.2.3 Realität 3: Innovationskraft ermöglichen

Innovation kann nur passieren, wenn etwas technisch oder organisatorisch Neues geschaffen wird. Dies passiert in den seltensten Fällen durch jemand Einzelnen oder in einem homogenen Rahmen. Innovation benötigt Diversität, also Austausch zwischen verschiedenen fachlichen Disziplinen.

Agiles Arbeiten setzt auf crossfunktionale (interdisziplinäre) Teams. Diese ermöglichen Innovation durch kontinuierliche Abstimmung und Kooperation sowie Einbringung verschiedenster Perspektiven. Ansätze wie z. B. Design Thinking fördern das rasche Finden von Lösungen, die aus Anwendersicht überzeugend sind.

Agile Entwicklungspraktiken, wie das kontinuierliche Ausliefern der Software, testgetriebene Entwicklung und eine flexible Architektur, stellen sicher, dass das Produkt langfristig leistungsfähig und stabil läuft. Auch somit wird verhindert, dass die Innovationskraft der Teams geschwächt wird.

Bild 1.3 zeigt, welche Vorteile durch agiles Arbeiten erzielt werden können. Durch das Arbeiten mit kleineren Batches (Einheiten) verkürzt sich die Time-to-Market, erhöht sich die Qualität und steigert sich die Effizienz.

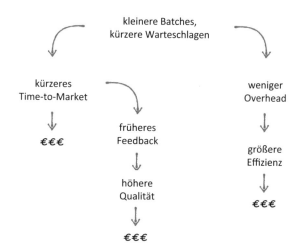

Bild 1.3 Vorteile agilen Arbeitens (nach Roock, Wolf 2016)

Wichtige Punkte in Kürze

Unternehmen befinden sich aktuell in einer VUCA-Welt. Mit konservativen Vorgehensweisen dieser VUCA-Welt zu begegnen, ist wenig Erfolg versprechend. Agiles Vorgehen gibt neue Ansatzpunkte, auf Veränderungen zu reagieren und mit der Ungewissheit umzugehen.

Unternehmen werden heute mit sehr unterschiedlichen und herausfordernden Realitäten Unternehmen konfrontiert. Neben dem demografischen Wandel hat sich durch die Globalisierung und den rasanten technologischen Fortschritt die Komplexität stark erhöht. Alte Muster und Vorgehensweisen funktionieren nicht mehr.

Agilität ist eine Reaktion auf diesen Zustand. Sie setzt genau hier an und scheint aktuell das einzige sinnvolle Vorgehen zu sein, um der wachsenden Komplexität und Unsicherheit zu begegnen.

Da Agilität auf Werten und Prinzipien basiert, ist es nicht damit getan, agile Vorgehensweisen einzuführen. Die dahinterstehenden Werte und Prinzipien müssen auf allen Ebenen der Organisation verstanden, angenommen und gelebt werden.

Unternehmen, die fit für die Zukunft sein wollen, erkennen, dass der gekonnte Umgang mit Komplexität und Unsicherheit eine Grundvoraussetzung ist. Agilität ist für sie nur Mittel zum Zweck.

„To survive, let alone thrive, firms today must learn to embrace the new business reality: they are entering the age of Agile."

Denning (2018)

Literatur

Beck, K. et al. (2001): „Manifesto for Agile Software Development". http://agilemanifesto.org/. Abgerufen am 28.06.2018

Cockburn, A. (2015): http://heartofagile.com/. Abgerufen am 28.06.2018

Denning, S. (2018): *Why Agile Is Eating The World.* https://www.forbes.com/sites/stevedenning/2018/01/02/why-agile-is-eating-the-world /. Abgerufen am 28.06.2018

Harvard Business Review (2015): *Agile Practice: The Competitive Advantage for a Digital Age.* https://www.atlassian.com/agile/advantage/agile-is-a-competitive-advantage. Abgerufen am 28.06.2018

Hofert, S. (2018): *Agiler führen: Einfache Maßnahmen für bessere Teamarbeit, mehr Leistung und höhere Kreativität.* Springer Gabler, Wiesbaden

Hoffmann, J.; Roock, S. (2018): *Agile Unternehmen: Veränderungsprozesse gestalten, agile Prinzipien verankern, Selbstorganisation und neue Führungsstile etablieren.* dpunkt.verlag, Heidelberg

Kehrhan, J.-H. (2012): „Kodak: Der lange Fall eines Industrie-Pioniers". In: *c't Fotografie,* 20.01.2012. https://www.heise.de/foto/meldung/Kodak-Der-lange-Fall-eines-Industrie-Pioniers-1418252.html. Abgerufen am 28.06.2018

Mihovilovic, J.; Knebel, K. (2017): *Generation Y, Generation X, Generation Z, Babyboomer – Was sie unterscheidet und wie Sie sie erfolgreich managen.* https://www.berlinerteam.de/magazin/generation-y-generation-x-generation-z-babyboomer-unterschiede-chancen/. Abgerufen am 28.06.2018

Pink, D. (2011): *Drive – The Surprising Truth About What Motivates Us.* Canongate Books, Edinburgh

Roock, S.; Wolf, H. (2016): *Scrum verstehen und erfolgreich einsetzen.* dpunkt.verlag, Heidelberg

Stacey, R. D. (1996): *Strategic management and organisational dynamics: the challenge of complexity.* 2. Auflage, Prentice Hall, Upper Saddle River et al.

Takeuchi, H.; Nonaka, I. (1986): „The New New Product Development Game". *Harvard Business Review,* Januar 1986

VersionOne (2018): *The 12th Annual State of Agile Report.* http://stateofagile.versionone.com/. Abgerufen am 28.06.2018

2 The Lean Startup – die Methode für die Entwicklung von Geschäftsmodellen

Judith Grummer

Start-ups gehen weltweit bei der Entwicklung neuer Produkte und Services nach der Lean-Startup-Methode vor. Hierbei handelt es sich um ein agiles Vorgehensmodell aus dem Silicon Valley. Bei der Suche nach neuen Geschäftsmodellen wird diese Herangehensweise zunehmend auch von Digitalisierern, Innovationsteams und Entscheidern in DAX-Konzernen und bei Mittelständlern entdeckt, um Unternehmen für die Zukunft wettbewerbsfähig zu positionieren.

> In diesem Beitrag erfahren Sie
> - dass Lean Startup viel mehr ist als eine Methode,
> - warum Lean Startup sich bei der Innovierung von Geschäftsmodellen und für die digitale Transformation auch in etablierten Unternehmen zunehmend verbreitet,
> - wie sich das Entwicklungsrisiko und die Gefahr des Scheiterns unter Bedingungen hoher Unsicherheit senken lassen und
> - welche Stolperfallen sich bei der Suche nach einem wiederholbaren, skalierbaren Geschäftsmodell auftun können, wenn man nicht konsequent und diszipliniert vorgeht.

Das Silicon Valley gilt heute vielerorts als Sinnbild für Innovationskraft, Hightech-Produkte, disruptive Geschäftsmodelle, Tech-Schmieden, Venture Capital und für ein gigantisches Ökosystem bestehend aus Talenten, Ideen, Wissen und Kapital. Demütig blicken Unternehmenslenker und Firmengründer auf das GAFA-Ursprungsland – GAFA ist der Sammelbegriff für die Internetkonzerne Google, Apple, Facebook und Amazon –, aus dem in kürzester Zeit gigantische Unternehmen hervorgegangen sind, die die größte Konzentration von Finanzkapital in der Menschheitsgeschichte in sich vereinen. Zusammen mit Microsoft – auch ein US-amerikanischer Tech-Konzern – repräsentiert die GAFA die fünf weltweit größten Unternehmen der Welt, die die traditionelle Industrie weit abgehängt haben und deren Machtstellung weltweite Auswirkungen auf Ökonomie, Politik und Gesellschaft mit sich bringt. Zu einer respektvollen Würdigung mischt sich zuweilen jedoch auch eine Valley-Romantisierung, die einen gewissen Start-up-Tourismus nach sich zieht.

CEOs, Asset Manager und Entrepreneure aus der ganzen Welt bereisen das Silicon Valley, um zu lernen, eine Außenstelle anzusiedeln oder einen der begehrten Jobs bei einem der Internetriesen oder Start-ups zu ergattern.

In der jüngsten Vergangenheit scheinen DAX-Konzerne wie auch Mittelständler aus einer gewissen Schockstarre erwacht zu sein. So als hätten sie erkannt, wenn sie nicht eine ausgeprägte Verteidigungsstrategie entwickeln und das Unternehmen nicht zukunftstauglich erneuern, dann bekommen sie ein Problem, bei dem es nicht nur um Marktanteile geht, sondern um ihre Existenz. Dabei dreht es sich nicht nur um die seit jeher bekannte Forschung und Entwicklung für Produktinnovationen, sondern um das eigentliche Geschäftsmodell, welches es auf den Prüfstand zu stellen gilt. So beäugt die traditionelle, assetlastige Wirtschaft mit Argwohn beispielsweise den größten Medienkonzern der Welt Facebook, der keinen eigenen Content produziert, oder den größten Personenbeförderer Uber ohne eigene Fahrzeuge, den größten Zimmervermittler Airbnb ohne eigene Immobilien und nicht zuletzt den größten Handelskonzern der Welt Alibaba, der kein eigenes Inventar hat. Diese Firmen skalieren über neuartige Geschäftsmodelle.

Der Veränderungsdruck ist durch weltweit neue Herausforderer, die heute nahezu auf Knopfdruck globale Aktivitäten entfalten können, sowie durch die technologischen Möglichkeiten enorm. Zugleich verändern sich Kundenbedürfnisse und regulatorische Rahmenbedingungen rasant. Die Globalisierung erhöht das Veränderungstempo zusätzlich. Noch nie haben Unternehmen unter einem so hohen Maß an Unsicherheit Entscheidungen für die Zukunft treffen müssen.

Vielen Unternehmen wie auch Gründern stellt sich nun die Frage, was sie aus dem Silicon Valley lernen können. Sie beobachten, wie die Unternehmen an der Westküste Amerikas an die Entwicklung neuer Produkte, Services und Geschäftsmodelle herangehen, wie das Ökosystem funktioniert und welche neuen, erfolgreichen Geschäftsmodellmuster sich ableiten lassen.

The Lean Startup ist ein Vorgehensmodell aus dem Silicon Valley, das seit 2011 von seinem Begründer Eric Ries (Ries 2011) zunächst der weltweiten Gründerszene zugänglich gemacht wurde und nunmehr vermehrt Einzug in etablierte Unternehmen hält. Lean Startup stellt die methodische Klammer für die Vorgehensweise vieler Silicon-Valley-Unternehmen dar und folgt klaren Vorgehensprinzipien. **Lean Startup ist jedoch mehr als eine Methode. Lean Startup ist ein Mindset.**

The Lean Startup beschreibt Prinzipien und eine systematische Herangehensweise an die Entwicklung innovativer Produkte, Dienstleistungen und Geschäftsmodelle unter extremer Unsicherheit.

Lean Startup hat in seinen Ursprüngen einen großen Bezug zu Internet-Start-ups und die Digitalwirtschaft. Seine Grundsätze haben sich bis heute jedoch auch für Dienstleistungs-, Medien- und Industrieunternehmen weiterentwickelt.

Neben Eric Ries zählen zu den weiteren Treibern der Lean-Startup-Bewegung unter anderem auch Steve Blank mit seinem Werk *The Startup Owners Manual* (Blank, Dorf 2012), Sean Ellis mit der Ergänzung um das sogenannte „Growth Hacking", Ash Maurya mit *Running Lean* (Maurya 2012), Dave McClure mit *Startup Metrics 4 Pirates* (McClure 2012) oder Alexander Osterwalder mit *Business Model Generation. A Handbook for Visionaries, Game Changers, and Challengers* (Osterwalder, Pigneur 2010).

2.1 Lean-Startup-Grundlagen und -Prinzipien

The Lean Startup basiert auf fünf wesentlichen Prinzipien, die im Folgenden näher erläutert werden sollen.

2.1.1 Entrepreneure gibt es überall

The Lean Startup findet seine Anwendung in der Geschäftsentwicklung unter Bedingungen großer Unsicherheit. Hierbei handelt es sich um neuartige Problemstellungen, die sowohl Start-ups als auch etablierte Unternehmen umtreiben können. Steve Blank fasst den Start-up-Begriff vor diesem Hintergrund weiter, als wir bei einem Start-up gemeinhin von einem neuen Unternehmen ausgehen. Er definiert ein Start-up als eine (temporäre) Organisation, die dafür geformt wurde, um nach einem wiederholbaren, skalierbaren Geschäftsmodell zu suchen (Blank, Dorf 2012). Insofern gilt dieses Begriffsverständnis auch für ein Start-up in einem bestehenden Unternehmen, also eine Organisationseinheit mit einer Gruppe von Menschen, die ein neues Produkt unter Bedingungen hoher Unsicherheit entwickeln soll.

2.1.2 Entrepreneurship ist Management

Geschäftsentwicklung unter hoher Unsicherheit erfolgt nicht zufällig und erfordert Führungskompetenzen. Unternehmerqualitäten sind hierbei genauso wichtig wie die Führung entlang eines entsprechenden Prozesses.

Üblicherweise fanden in den frühen 2000ern die Entwicklungen von Start-ups sowohl hierzulande als auch im Silicon Valley nach dem klassischen Wasserfallprinzip statt. Nach einer kaskadischen Abarbeitung von aufeinander aufbauenden Entwicklungsstufen wie Konzeption, Design, Entwicklung, Testphase und Markteintritt fand der erste Kontakt mit dem Kunden erst im allerletzten Entwicklungsschritt statt. Jedem Start-up und Unternehmen kommt diese Vorgehensweise bekannt vor: Geheime Konzeptpapiere werden erstellt, Businesspläne verfasst, Geld wird eingeworben, Marktanalysen werden hinter verschlossenen Türen durchgeführt, der Produktentwicklungsprozess wird gemanagt und schließlich werden Pressemitteilungen geschrieben und die Vertriebsmannschaft geschult. Dann, mit einem lauten Knall, kommt es zum Marktlaunch und zum ersten Kontakt mit dem Kunden. Nach vielen Monaten, manchmal erst nach Jahren. Dieser reagiert jedoch nicht immer mit der erhofften Nachfrageeuphorie. Start-ups scheitern. Unternehmen investieren meistens noch einmal und korrigieren nach – es sind zu viele Ressourcen bereits hineingeflossen, und meistens hängt irgendwessen Stuhl daran. Irgendwann scheitert das Vorhaben jedoch auch oder schleicht sich heimlich davon.

Nach Lean Startup beginnt der erste Kontakt mit dem potenziellen Kunden sofort. Steve Blank (Blank, Dorf 2012) beschreibt es in seiner geflügelten Aussage trefflich:

„Get out of the building, because inside there is no truth."

Steve Blank

Eine Feedbackschleife, die kontinuierlich Kundenrückmeldungen unterschiedlichster Art in den Entwicklungsprozess einbezieht, bildet das Herzstück des Lean-Startup-Modells (Bild 2.1).

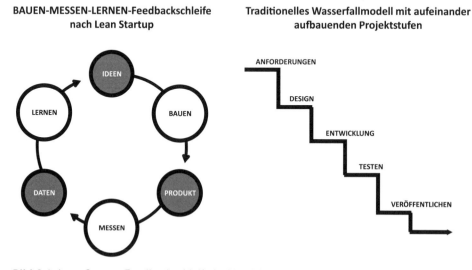

Bild 2.1 Lean-Startup-Feedbackschleife im Vergleich zum klassischen Wasserfallmodell (in Anlehnung an Ries 2011)

Sind die Anforderungen an die Entwicklung von neuen Produkten und Services sowie an die Herausforderungen bei der Markteinführung ex ante nur unvollständig bekannt – wie bei den allermeisten Innovationsfeldern heute –, ist die Vorgehensweise Lean Startup dem klassischen Wasserfallmodell vorzuziehen, um die Wahrscheinlichkeit des Scheiterns zu verringern.

Es wird leicht erkennbar, dass auch ein scheinbar chaotisches Unternehmen wie ein Start-up einer Systematik und Lenkung bedarf, die in systematischen Arbeits- und Führungsprozessen mit hoher Disziplin ausgeübt werden müssen.

2.1.3 Validiertes Lernen

Inspiriert wurde Eric Ries bei der Systematisierung von Lean Startup aus den Lehren des Lean Manufacturings, das in 1980er-Jahren ausgehend von der Automobilherstellung die Verkürzung von Produktentwicklungszyklen und die Anpassungsfähigkeit für schnelle Planänderungen begründete. Pionier war damals Toyota.

Vor diesem Hintergrund lautet das oberste Gebot bei Lean Startup: **Waste not!** Du sollst nichts verschwenden. In diesem Zusammenhang fällt oft die Aussage „Fail fast". Treffender und ergebnisorientierter wäre allerdings „Learn faster", denn wer möchte gezielt scheitern? Nichtsdestotrotz verbirgt sich hinter dieser Aussage das konsequente und schnelle Überprüfen und gegebenenfalls Verwerfen von Annahmen und Entwicklungsschritten, sobald offenbar wird, dass eine falsche, erfolglose Richtung eingeschlagen wurde. Der frühe Kontakt zum Kunden und eine systematisch kundenzentrierte Vorgehensweise erlauben es, frühzeitig falsche Entwicklungen zu erkennen und in diesem Fall Zeit und Ressourcen einzusparen, um sich neuen Ideen und Vorhaben zuwenden zu können. Im Kontext von Lean Startup spricht man hierbei von validiertem Lernen und den Entscheidungstatbeständen **Iteration** (Verbessern) oder **Pivot** (Kurswechsel).

 Validiertes Lernen ist ein Prozess, der empirisch nachweist, dass ein Team wichtige Wahrheiten über die gegenwärtigen und zukünftigen Geschäftsaussichten entdeckt hat (Ries 2011).

Mit dem Prinzip des validierten Lernens folgt Lean Startup im Grunde genommen dem empirischen Falsifikationsprinzip nach Karl Raimund Popper, der dieses als Methode von Versuch und Irrtum beschreibt:

„Es ist die Methode, kühne Hypothesen aufzustellen und sie der schärfsten Kritik auszusetzen, um herauszufinden, wo wir uns geirrt haben."

Karl Raimund Popper

Nach Lean Startup werden Hypothesen anhand fortlaufender Experimente überprüft. Das Team kann auf diese Weise jeden Bestandteil seiner unternehmerischen Vision validieren.

2.1.4 Bauen, Messen, Lernen!

Validierte Lernprozesse finden in einem Build-Measure-Learn-Kreislauf statt. Hierbei handelt es sich um eine fortwährend zu wiederholende Feedbackschleife mit dem Kunden. Ziel eines Start-ups ist es, vom ersten Tag an Ideen in Angebote für den Kunden zu wandeln. Während des Entwicklungsprozesses werden Annahmen über Kundensegmente, Kundenversprechen, Funktionalitäten, Marktzugänge, Erlösmodelle oder Kundenbeziehungen getroffen (Hypothesen), welche schrittweise anhand von Experimenten direkt am Kunden überprüft werden. Die Kundenreaktionen werden gemessen und ausgewertet. Innerhalb dieser Lernschleife wird bei jedem Durchlauf die Entscheidung getroffen, ob der gewählte Weg fortgesetzt werden soll oder ob Anpassungen notwendig sind. Alle Prozesse sind darauf ausgerichtet, diese Schleife zu beschleunigen (Bild 2.2).

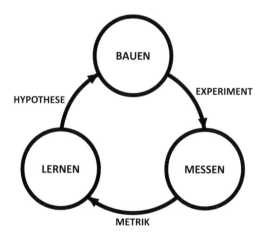

Bild 2.2 Validierte Lernprozesse finden innerhalb eines festlegten Kreislaufs statt (in Anlehnung an Ries 2011)

2.1.4.1 Hypothesen aufstellen

Jede Idee beruht auf einer ganzen Menge von Annahmen. Insbesondere in großen Unternehmen scheint die Überzeugung vorzuherrschen, aus der Erfahrung und aus Marktstatistiken heraus das Kundenverhalten genau vorhersagen und darauf aufbauend valide Konzepte entwickeln zu können. So fließen Annahmen über Erwartungen von Kunden, deren Zahlungsbereitschaft, Vertriebskanäle oder Nutzungskontexte wie selbstverständlich in ausgereifte Geschäftspläne. Bei Unsicherheiten wird oft noch eine Befragung durchgeführt, die zumeist sehr viele Fragestellungen im Konjunktiv enthalten mag, welche selbst der Kunde schwerlich beantworten kann. Sehr treffend sind in diesem Zusammenhang folgende Zitate von zwei großen Unternehmerpersönlichkeiten (goodreads.com):

„People don't know what they want until you show it to them."

Steve Jobs

„If I had ask people what they wanted, they would have said faster horses."

Henry Ford

Es bedarf demnach einer differenzierten Interpretation von Beobachtungen, um die richtigen Schlüsse für ein neues Produkt zu ziehen. In Zeiten multioptionaler Entscheidungssituationen bei Kunden sind die Unsicherheiten über die Richtigkeit der Annahmen über Kundenverhalten umso größer.

Lean Startups überprüfen jede Annahme rigoros und fortlaufend mithilfe unterschiedlicher Experimente, um Unsicherheit unmittelbar zu reduzieren. Eric Ries unterscheidet bei der Bildung von Annahmen zwei Arten von Hypothesen:

- Value-Hypothese und
- Growth-Hypothese.

Value-Hypothesen betreffen Annahmen über das Angebot für den Kunden. Die zentrale Frage hierbei ist, ob das Produkt oder die Dienstleistung wirklichen Nutzen oder Unterhaltung stiftet bzw. ob es ein echtes Problem löst. Ein Problem ist ein Problem, sofern der Kunde es auch als solches wahrnimmt. Nicht selten treten Angebote in den Markt, die unter Umständen ihrer Zeit voraus sind, weil Kunden (noch) nicht bereit für dessen Nutzung sind. Häufig unterscheiden sich neue Produkte auch nur geringfügig von bestehenden Angeboten, und für den Kunden sind es eher Nice-to-have- statt Must-have-Angebote. Um tatsächliche Wahrnehmungseffekte zu erzielen und aus einer Vielzahl von Alternativen herauszustechen, die heute für Kunden bestehen, bedarf es einer Unterscheidungskraft, die sich um ein Vielfaches von bestehenden Angeboten unterscheidet.

 Wenn im Silicon Valley Ideen für Innovationen gesucht werden, dann werden Ideen und Ansätze am Fließband generiert, überarbeitet, verworfen, überdacht. Erst wenn eine Idee den Anspruch erfüllt, mindestens zehnmal besser zu sein als bisherige Lösungen, wird sie weiterverfolgt.

Osterwalder et al. haben Eigenschaften für erfolgreiche Value Propositions wie in Bild 2.3 dargestellt zusammengefasst.

Teil eines erfolgreichen Geschäftsmodells	Fokussieren die relevantesten „Jobs, Pains & Gains"	Fokussieren die unerfüllten „Jobs, Pains & Gains"	Zielen auf einige (nicht alle) der unerfüllten „Jobs, Pains & Gains", aber dabei richtig gut	Zielen mehr auf emotionale und soziale Jobs als auf funktionale

Orientieren sich daran, wie Kunden den Erfolg messen	Fokussieren auf Themen, die viele Menschen betreffen oder bei denen viel Geld ausgegeben wird	Differenzieren sich vom Wettbewerb in Aspekten, die die Kunden selbst wahrnehmen	Sind gegenüber dem Wettbewerb in einer Sache über alle Maßen besser	Sind schwer imitierbar

Bild 2.3 Zehn Eigenschaften erfolgreicher und einzigartiger Kundenversprechen (Osterwalder et al. 2014)

Growth-Hypothesen betreffen Annahmen über die Zugangswege zu den Kunden, über die sie ein neues Angebot entdecken, sowie über Vertriebs- und Marketingkonzepte, die Kunden zum richtigen Zeitpunkt mit dem richtigen Impuls bedienen, damit die Wachstumsmaschine des Unternehmens in Gang gesetzt wird. Häufig beschäftigen sich Start-ups mehr mit dem Produkt und seinen Funktionalitäten als mit dessen Vertrieb. Genauso wichtig wie die kundennahe Produktentwicklung ist es, den Weg zu identifizieren, auf welchem Kunden das Angebot entdecken. Häufig fällt in diesem Zusammenhang auch der Begriff Customer Journey.

Am ursprünglichen Lean-Startup-Ansatz wird zuweilen die Kritik geübt, dass er seinen Schwerpunkt mit den Entwicklungsphasen Problem-Solution-Fit und Product-Market-Fit sowie dem Konstrukt MVP (Minimum Viable Product) zu sehr auf die Produktebene legt und die Frage nach der Verbreitung von Angeboten etwas zu kurz kommt. Heute wird das Lean-Startup-Mindset um diesen Aspekt gleichberechtigt ergänzt, da man erkannt hat, dass Start-ups zwar innovative Produkte entwickeln können, jedoch am Vertriebsansatz scheitern.

> Der Vertriebsansatz ist genauso intensiv und systematisch zu validieren wie die Produktentwicklung, bis der Wachstumsmotor verlässlich in Gang gesetzt werden konnte. Sean Ellis hat hierfür den Begriff des Growth Hacking geprägt.

„A startup is a company designed to grow fast."

Paul Graham, Co-Founder Y Combinator

Da Start-ups und Corporate Entrepreneurs nicht unendlich viele Mittel und Zeit zur Verfügung stehen, um jede Annahme zunächst in aller Gründlichkeit zu überprüfen, hat sich ein Vorgehen durchgesetzt, dass immer zuerst die risikoreichsten Annahmen (Riskiest Assumptions) validiert. Sollte sich eine risikoreiche Annahme als nicht haltbar herausstellen, kann eine Idee oder die Entwicklung eines Vorhabens früh gestoppt bzw. angepasst werden. Hierzu passt der bereits zitierte Ausspruch „Fail fast". Ein Start-up fokussiert sich also immer auf die Überprüfung der risikoreichsten Hypothesen und stellt die Priorisierung seiner Aufgaben darauf ein.

Risikoreiche Annahmen sind

- Hypothesen, über welche man am wenigsten Kenntnis und Erfahrung hat,
- drei universale risikoreiche Annahmen zu Kundenproblem, Erlösmodell und Vertriebskanälen und
- Hypothesen, an denen das individuelle Geschäftsmodell grundsätzlich scheitern kann.

2.1.4.2 Minimum Viable Product (MVP): möglichst schnell ein Ergebnis liefern

Das wichtigste Ziel von Lean Startups ist es, möglichst schnell zu einem minimal funktionsfähigen Produkt (Minimum Viable Product) zu gelangen.

 Das MVP ist eine erste Produktversion, die es erlaubt, mit minimalem Aufwand und in kürzester Zeit die größtmögliche Anzahl an validierten Erkenntnissen über Kundenerwartungen und -verhalten zu gewinnen.

Zwar fehlen dem MVP noch einige Eigenschaften und Funktionen eines ausgereiften Angebots, jedoch ist das minimal funktionsfähige Produkt nicht zu verwechseln mit einer halb fertigen Lösung, die unweigerlich zu Enttäuschung führen muss. Es handelt sich vielmehr um die Entwicklung des Kernnutzens, d. h. der Kernfunktionalität für den Kunden. Backend-Prozesse werden häufig zunächst noch händisch ausgeführt und erweiterte Funktionalitäten noch nicht berücksichtigt. Ziel ist es, über die Kundenfeedbackschleife und geeignete Feedbackmechanismen so viel wie möglich über die Nutzungsgewohnheiten oder Zahlungsbereitschaften der Kunden zu erfahren und die Schleife immer und immer wieder zu durchlaufen, bis das Optimum erreicht wurde. Bei jedem Durchlauf der Schleife wird immer nur eine Funktionalität bzw. eine Hypothese zur Zeit verprobt.

Dave McClure hat die Aussage geprägt „Every week kill a feature", was beschreiben soll, dass nicht ein Mehr an Funktionalität Kundenbedürfnisse befriedigt, sondern eher die Simplifizierung von Kernnutzenaspekten Kunden dazu bewegt, ein

Angebot zu nutzen und gegebenenfalls von einer alternativen Lösung zu diesem Angebot zu wechseln.

Das MVP ist ein zentrales Konstrukt des Lean-Startup-Ansatzes. Insbesondere große Unternehmen tun sich jedoch häufig sehr schwer, mit derartigen Lösungen in den Markt zu gehen. Haben sie jedoch einmal verinnerlicht, wie wohlwollend frühe Kunden auf Neuheiten auch in diesem frühen Stadium reagieren und sich bei der Integration in Produktentwicklungsprozesse wertgeschätzt fühlen, erkennen sie die Vorteile dieser Vorgehensweise.

2.1.4.3 Experimente durchführen

Ein Lean Startup durchläuft folgende drei Phasen in seinem Entwicklungsprozess:

1. Problem-Solution-Fit,
2. Product-Market-Fit,
3. Scale.

Zunächst validiert es in der **Problem-Solution-Fit**-Phase (risikoreiche) Annahmen über das Kundenproblem und testet erste Lösungsideen. Ziel dieser Phase ist es, eine (kleine) homogene Kundengruppe zu finden, die ein und dasselbe Kundenproblem wahrnimmt und von einem bestimmten Lösungsansatz überzeugt bzw. beinahe euphorisiert ist, d. h. emotional darauf reagiert. Diese Gruppe – man nennt sie auch **Earlyvangelists** – ist bereit, auch im persönlichen Kontakt ausführliches Feedback zu geben.

In den meisten Fällen wird dieser Phase viel zu wenig Aufmerksamkeit geschenkt. Die meisten Teams haben bereits eine Lösung in ihren Köpfen und setzen voraus, dass Kunden sie nachfragen werden. Aus diesem traditionellen Verhaltensmuster auszubrechen fällt vielen Entrepreneuren sehr schwer. Dabei handelt es sich um eine hoch kritische Phase. Gibt es keine oder nur wenige Kunden, die das erdachte Angebot nachfragen, scheitert das gesamte Vorhaben.

Oft sind die Kundenbedarfe in einer Welt mit unendlich vielen Angeboten anders gelagert, als gemeinhin die erste Annahme vermuten lässt. Corporate Entrepreneurs ereilt zudem häufig eine gewisse Betriebsblindheit mit gefestigten Denkstrukturen aus der Organisation oder die Annahme, dass sie die Kunden sehr gut kennen würden, was sie als Erklärung nutzen, um die erste Phase zur Überprüfung der Problem-Kunden-Hypothese überspringen zu können. In dieser Phase generiert ein Team häufig harte Wahrheiten, die jedoch zwingend notwendig sind, um das richtige Angebot zu finden und zu entwickeln. Dies ist eine kritische Phase, in der viele Gründer, insbesondere Corporate Entrepreneurs oft die Leidenschaft und Motivation verlässt, die jedoch auf dem Weg zum Erfolg dringend notwendig sind.

Mit den Techniken des **Design Thinkings** und **Value Proposition Designs** stehen zwei nunmehr vielfach erprobte Methoden zur Verfügung, um diese Phase zu meistern. In einem solchen methodischen Raster lässt sich eine Reihe von Experimenten mit zumeist qualitativen Ergebnissen durchführen, um Kundenfeedback einzuholen.

 Startpunkt der Problem-Solution-Fit-Phase ist es, Kundeneinblicke zu gewinnen. Qualitative Tests ersetzen hierbei traditionelle Marktstudien, die wenig Aufschluss über emotional gelagerte Bedürfnislagen geben und wenig Aussagekraft über Nutzungskontexte und Problemsituationen bei Kunden geben.

Osterwalder et al. schlagen sechs Techniken vor, um Kundeneinblicke zu generieren (Bild 2.4). Ziel ist es, anschließend mit möglichst geringem zeitlichem, finanziellem und materiellem Aufwand die Geschäftsidee zu validieren. Möchte man beispielsweise einer Zielgruppe ein noch nie da gewesenes Fitnesserlebnis verschaffen und hat sich dafür eine App als Lösungsangebot überlegt, wäre es verfrüht, mit der Entwicklung der App zu beginnen. Stattdessen kann ein 100-Euro-Experiment sein, eine Werbeanzeige etwa bei Facebook in einem ausgewählten Zielgruppensegment zu schalten. Auf diese Weise kann man leicht herausfinden, ob der adressierte Kundenkreis mit einem Klick überhaupt auf das Wertversprechen in dieser Anzeige reagiert. Man hat die Möglichkeit, sowohl das Wertversprechen mit den limitierten Zeichen einer Werbeanzeige zu verproben als auch die Zielgruppe zu variieren. Nach einem Klick wird der interessierte Nutzer auf eine mit einem kostenlosen Tool erstellten Landingpage geleitet, die das Angebot näher erläutert. Gegebenenfalls befindet sich hier auch ein einfaches Video, das den Lösungsansatz der App und die Verwendungssituation visualisiert und veranschaulicht. Die Zielgruppe wird zum Interagieren motiviert, um ihr Interesse zu bekunden. Ist das Versprechen überzeugend, klickt der User möglicherweise auf den Download-Knopf, hinter dem sich nicht etwa die App befindet, sondern lediglich die Möglichkeit zu einer Voranmeldung. Hinterlässt der Nutzer hier seine E-Mail-Adresse, hat man womöglich einen Earlyvangelist gefunden, den man für die Weiterentwicklung des Angebots gewinnen sollte.

Dieses kleine Szenario zeigt, wie einfach und preiswert derartige Experimente sein können, um mit wenig Aufwand von „wir glauben" zu „wir wissen" zu gelangen.

Der Datendetektiv Bauen Sie mit (Schreibtisch-) Recherche auf bestehender Arbeit auf. Sekundärforschungsberichte und Kundendaten, die Ihnen schon vorliegen, sind eine hervorragende Grundlage für den Start.
Schauen Sie sich auch Material außerhalb Ihrer Branche an und studieren Sie Analogien, Gegensätze oder Übereinstimmungen.
Schwierigkeitsgrad: *
Stärke: hervorragende Grundlage für weitere Forschungen
Schwäche: statisches Datenmaterial aus anderem Kontext

Der Journalist Sprechen Sie mit (potenziellen) Kunden, um auf einfache Weise Kundenerkenntnisse zu erlangen. Das ist eine gut etablierte Praxis. Allerdings kann es sein, dass die Kunden Ihnen in einem Interview das eine sagen, im wirklichen Leben aber das andere tun.
Schwierigkeitsgrad: **
Stärke: schnelle und preiswerte Einstiegsmethode für erste Erfahrungen und Einblicke
Schwäche: Kunden wissen nicht immer, was sie wollen, und das tatsächliche Verhalten weicht von den Interviewantworten ab.

Der Anthropologe Beobachten Sie (potenzielle) Kunden in der realen Welt, um Einblicke in ihr tatsächliches Verhalten zu bekommen. Untersuchen Sie, auf welche Aufgaben sie sich konzentrieren und wie sie sie erledigen. Achten Sie darauf, welche Probleme sie verärgern und nach welchen Gewinnen sie streben.
Schwierigkeitsgrad: ***
Stärke: Die Daten bieten einen unvoreingenommenen Einblick und ermöglichen die Entdeckung des realen Verhaltens.
Schwäche: Es ist schwierig, Kundeneinblicke in Bezug auf neue Ideen zu erhalten.

Der Imitator „Seien Sie Ihr Kunde" und verwenden Sie aktiv Produkte und Dienstleistungen. Verbringen Sie einen Tag oder mehr in der Haut Ihres Kunden. Lernen Sie aus Ihren Erfahrungen als (unzufriedener) Kunde.
Schwierigkeitsgrad: **
Stärke: Erfahrungen aus erster Hand mit Aufgaben, Problemen und Bedürfnissen
Schwäche: nicht immer repräsentativ für Ihre echten Kunden oder nicht übertragbar

Der Mitschöpfer Integrieren Sie Kunden in den Prozess der Wertschöpfung, um von ihnen zu lernen. Arbeiten Sie mit Kunden zusammen, um neue Ideen zu finden und zu entwickeln.
Schwierigkeitsgrad: *****
Stärke: Die Nähe zum Kunden kann tiefe Einblicke erbringen.
Schwäche: kann nicht für alle Kunden und Segmente verallgemeinert werden

Der Wissenschaftler Bringen Sie die Kunden dazu, (wissentlich oder unwissentlich) an einem Experiment teilzunehmen. Lernen Sie aus den Ergebnissen.
Schwierigkeitsgrad: * * * *
Stärke: bietet faktenorientierte Erkenntnisse aus dem realen Verhalten; funktioniert besonders gut mit neuen Ideen
Schwäche: kann schwierig auf bestehende Unternehmen anzuwenden sein aufgrund von strengen (Kunden-)Strategien und Richtlinien

Bild 2.4 Sechs Techniken, um Kundeneinblicke zu gewinnen (Osterwalder et al. 2014)

Als **Dropbox** in seinen Anfängen versuchte, für die Entwicklung seines Cloud-Dateiverwaltungstools Venture Capital einzusammeln, hatte das Silicon-Valley-Unternehmen es sehr schwer. Die Investoren verstanden das Tool nicht, sie sahen keinen Wettbewerbsvorteil gegenüber anderen Lösungen. Das Team konnte jedoch nicht mit der Entwicklung der komplizierten Technologie beginnen, die eine Synchronisierung mit verschiedensten Endgeräten und Betriebssystemen realisierte. Der Gründer Drew Housten entschied sich deshalb dafür, ein banales Video zu drehen (www.youtube.com/watch?v=7QmCUDHpNzE), das dem Nutzer sehr authentisch demonstrierte, wie einfach die Verwendung des Dienstes über eine multiple Gerätelandschaft funktioniert. Dropbox registrierte über Nacht 75.000 neue Besucher auf der Webseite.

Drew Housten fasst seine Erfahrung wie folgt zusammen (https://www.youtube.com/watch?v=y9hg-mUx8sE):

„What we learned:
- Biggest risk: making something no one wants
- Not launching → painful, but not learning → fatal
- Put something in users hands (doesn't have to be code) and get real feedback ASAP
- Know where your target audience hangs out and speak to them in an authentic way."

Dieser Phase stehen weitere Techniken für die Durchführung von Experimenten zur Verfügung. Die Auswahl von Experimenten ist stark abhängig von Branche und Produktbereich. Es besteht ein großer Unterschied, ob es sich um ein physisches oder immaterielles Angebot handelt, wofür jeweils ein verschiedenartiges Set von Experimenten gewählt werden muss.

Auszugsweise sind in Tabelle 2.1 einige Experimenttypen überblicksartig aufgeführt. Eine tiefere Auseinandersetzung bedarf einer ausführlicheren Betrachtung.

Tabelle 2.1 Beispiele für mögliche Experimente zur Überprüfung von Hypothesen (in Anlehnung an Cooper 2014, Teten 2015)

Technik	Beschreibung	Schwierigkeitsgrad
Persönliches Feedback	Persönliche Gespräche, Austausch in Communitys und Blogs mit der Zielgruppe	Einfach
Sketches und Moodboards	Papierzeichnungen und Visualisierungen, die eine erste Tuchfühlung mit einer Idee ermöglichen	Einfach
Video-Trailer	Demovideo, das die Nutzungssituation und mögliche Funktionalitäten demonstriert	Mittel
Boomerang	Feedback wird anhand eines alternativen Angebots eingeholt	Mittel
Dry Wallet	Das Angebot ist ohne dessen Existenz kaufbar, um die Nachfrage zu überprüfen („out of stock")	Mittel
Tell others	Loyalitätstest mit Weiterempfehlungsoption (mit und ohne Anreize)	Mittel
Mock-ups	Prototyp mit ersten Interaktionen	Mittel
Mechanical Turk	Hintergrundtätigkeiten werden händisch, aber unsichtbar gelöst	Hoch
Infiltrator	Prototyp wird im Kontext von echten Produkten präsentiert	Hoch
Split-Run-Tests	Nutzungs- und Verwendungstest mit Varianten	Hoch

Ist die Produktidee entsprechend den Kundenbedürfnissen hinreichend validiert, beschäftigt sich das Start-up damit, den sogenannten **Product-Market-Fit** herzustellen. Im Zentrum dieser Phase steht mithilfe des minimal funktionsfähigen Produkts (MVP) den Kundentrichter (Bild 2.6) von oben nach unten vollständig zu durchlaufen und immer mehr Kunden einer homogenen Zielgruppe zu gewinnen und das Produkt zu einem reifen Angebot weiterzuentwickeln. Das Lean Startup fokussiert hier in gegenseitiger Abhängigkeit voneinander in vielen Iterationen der Kundenfeedbackschleife sowohl die Entwicklung des Produkts als auch die Entwicklung des Wachstumsmotors.

 In der frühen Phase von **Airbnb**, dem größten Zimmervermittler der Welt, testete das Silicon-Valley-Unternehmen seinen Service in New York. Mit mehreren Millionen Dollar Finanzierung im Rücken, erzielte das Start-up erste veritable Erfolge, der große Durchbruch blieb jedoch aus. Nach mehreren hartnäckigen Iterationen und auf der Suche nach dem Schlüssel zum Erfolg erkannte das Team, woran es lag. Die Menschen, die ihre Appartements und Zimmer zur Vermietung anboten, die sogenannten Hosts, fotografierten ihre Wohnungen mehr recht als schlecht. Unaufgeräumte Zimmer, schlechte Lichtverhältnisse und ungünstige Bildausschnitte überzeugten die potenziellen Kunden nicht. Airbnb hat in der Folge seinen Onboarding-Prozess verändert. Das Start-up engagierte fortan ein Netzwerk von Fotografen und ein Callcenter, das direkt nach Anmeldung eines Hosts einen Fotografen vermittelte, der das Zimmerangebot professionell ablichtete. Von diesem Zeitpunkt an skalierte das Unternehmen.

Läuft der Wachstumsmotor verlässlich, und regelmäßige Umsätze bzw. Kunden können auf eine gesteuerte Art und Weise generiert werden, gelangt das Start-up in die letzte Phase: die **Skalierungsphase**. In dieser Phase verlässt die Organisation den Status eines Start-ups. Zunehmend bekannte betriebswirtschaftliche Wachstumsmechanismen lösen den eher suchgesteuerten Ablauf des Lean-Start-up-Ansatzes ab. Nichtsdestotrotz wird bei jeder Weiterentwicklung des Produkts ein Lean-Startup-Team aktiv, um Funktionalitäten zu testen und Feedback zu generieren.

2.1.5 Innovation bilanzieren

Zu Beginn ist ein Start-up ein Unternehmen auf dem Blatt Papier, zumeist mit einem Businessplan, der die Idealvorstellungen der Unternehmensentwicklung in Form von Kundenzahlen, Umsatzerwartungen und Gewinnen ausdrückt. In der Fünfjahresperspektive zeichnet sich in der Visualisierung meist ein exponentielles Wachstum in Form eines sogenannten Hockey Stick ab. Dieser entpuppt sich jedoch schnell als Kaffeesatzleserei, wenn man nicht den Fortschritt auf dem Weg misst, den man eingeschlagen hat, um die Geschäftszahlen zu erreichen. Ein Geschäftsplan ist demnach nicht das geeignete Steuerungs- und Planungsinstrument, um auf einer grünen Wiese, auf der sich ein Start-up nach dem hier zugrunde liegenden Verständnis befindet, die richtigen Schlüsse für die Entwicklung zu ziehen und zu bewerten, ob die aktuellen Aussichten erfolgs versprechend sind.

Lean Startups erstellen sogenannte Wachstumsmodelle (Growth Engines) und analysieren dann, wo sie gerade stehen. Sie messen die Resultate ihrer Experimente, um herauszufinden, wie die realen Ergebnisse näher an die im Geschäftsplan erfassten herangebracht werden können. Sie erstellen eine fortwährend mit den Aktivitäten abzugleichende **Innovationsbilanz**. Dabei werden zumeist auch schwierige Fakten ermittelt, die es zu verarbeiten gilt. Wird im Rahmen eines Experiments beispielsweise das Ergebnis „null" festgestellt, z. B. „null" Nutzer haben sich für ein bestimmtes Angebot interessiert, niemand nutzt es, dann ist dies eine harte, dafür aber sehr klare Wahrheit, die positiv verarbeitet werden kann. Geringe Nutzungsraten hingegen bedürfen einer differenzierteren kognitiven Leistung, um die richtigen Schlüsse daraus zu ziehen und gegebenenfalls durch Iterationen verschiedene Varianten zu testen.

> Da Zeit und Ressourcen oft knapp sind, muss der Fortschritt fortlaufend überprüft werden. Permanent müssen Entscheidungen getroffen werden, was zuerst getan werden soll. Vor diesem Hintergrund messen Lean Start-ups ihren Fortschritt anhand ausgewählter Metriken und einer Handvoll Key Performance Indicators (KPIs). Diese Kennzahlen entsprechen ihrer Growth Engine und können von Phase zu Phase variieren oder an Bedeutung gewinnen bzw. verlieren.

2.1.5.1 Metriken und Key Performance Indicators

Metriken sind quantifizierbare Maßzahlen, die Aufschluss über den Erfolg oder Misserfolg von Geschäftsprozessen und die Umsetzung von Geschäftsstrategien geben.

Key Performance Indicators sind Metriken, die einen für das jeweilige Geschäft wesentlichen Wertbeitrag mit einem bestimmten strategischen Ziel in einem festgelegten Zeitraum anzeigen. Sie geben Auskunft über die Performance des Unternehmens, den Grad der Zielerreichung und den Status des strategischen Fortschritts.

Ein Start-up hat idealerweise fünf bis maximal zehn KPIs, die es verfolgt, überwacht und bewertet. Diese können je nach unternehmerischer Phase variieren. Beispiele für KPIs sind Kundenwert (Customer Lifetime Value, CLTV), Wachstumsraten, wiederkehrende Einnahmen (Recurring Revenue), Gewinn, Abwanderungsrate (Churn Rate) oder Kundenakquisitionskosten (Customer Acquisition Costs, CAC).

In der Abgrenzung zu KPIs messen **Metriken** das Ergebnis bestimmter Geschäftsprozesse im täglichen Agieren. Sie werden für die Optimierung einzelner Aktivitäten im Rahmen von Experimenten herangezogen. Beispiele für Metriken eines Internet-Start-ups sind etwa Anmeldungen, Klicks, Downloads, Cost per Order (CPO) oder Verweildauer.

Eine Metrik kann zu einem Key Performance Indicator werden. In einer frühen Phase eines Start-ups können KPIs auch so etwas wie Shares, Weiterempfehlungen (Referrals) oder wiederholte Nutzung (Retention/Active Users) sein, die wichtigen Aufschluss über den Fortschritt des Start-ups geben, etwa wenn noch kein Umsatz generiert wird.

2.1.5.2 Einsatz von Metriken

Bei der Auswahl und dem Einsatz von Metriken ist zu beherzigen, dass diese in ihrem Verwendungskontext bestimmte Eigenschaften aufweisen. Nicht selten feiern Start-ups oder Unternehmen ihren Erfolg, wenn sie z. B. das Wachstum von Downloadzahlen einer App angeben. Die reine Betrachtung der Anzahl von Downloads gibt jedoch noch keinen Aufschluss über den Erfolg der App. Es ist nicht bekannt, wie hoch die Nutzungsrate ist oder wie hoch die Kundenakquisitionskosten waren. Vielleicht wurden die Downloads teuer erkauft und die erste Nutzung führte zur direkten Löschung der App. Erst in einem bestimmten Kontext gibt eine Metrik Auskunft über die Performance des Start-ups oder einer bestimmten Aktivität wie eine Vertriebsmaßnahme. Metriken, die lediglich einen isolierten Status anzeigen, nennt man auch **Vanity Metric** oder Fassadenmetrik. Hiermit belügt sich das Team selbst und verpasst bzw. ignoriert wichtige Erkenntnisse für die Weiterentwicklung.

Neben der Kundenzentrierung und dem validierten Lernen ist dem Lean-Startup-Ansatz eine weitere Eigenschaft sehr eigen, nämlich eine sehr starke Umsetzungsorientierung, d. h., Dinge getan zu bekommen (get things done). Bereits in der frühen Phase geht es um eine Vergegenständlichung von Ideen in Form von Demos und Prototypen, um qualifizierteres Feedback von Kunden zu erhalten.

Da sich ein Start-up aufgrund begrenzter Ressourcen und einem gewissen Zeitdruck nicht um alles zugleich kümmern kann, sind eine starke Fokussierung und eine gemeinsame Zielrichtung notwendig, die von allen Teammitgliedern jederzeit verstanden werden. Deshalb sind die Auswahl von Metriken und ihre Erfassung und Darstellung in Berichten oder Dashboards von wichtiger Bedeutung, sodass jeder Einzelne überprüfen und bewerten kann, ob er mit seinen Aktivitäten einen Wertbeitrag leistet oder nicht.

Die Transparenz von Daten und der richtige Einsatz von Metriken schützen vor subjektiven Schuldzuweisungen und erhöhen die Lerngeschwindigkeit der gesamten Organisation.

Eric Ries hat drei Merkmale definiert, die eine Metrik in ihrem Verwendungskontext und somit in einem Bericht oder Dashboard ausmachen sollten (Ries 2011; Bild 2.5). Er nennt sie die drei A:

- *Aktionsorientiert (Actionable):* Eine Metrik ist aktionsorientiert, wenn sie den Zusammenhang zwischen Ursache und Wirkung aufzeigt (am besten in Echtzeit).
- *Allgemein zugänglich (Accessible):* Berichte sollen so einfach wie möglich sein und die darin enthaltenen Metriken als Entscheidungshilfe auch für Mitarbeiter dienen („Metrics are people first").
- *Allgemein nachprüfbar (Auditable):* Daten sollten für Mitarbeiter nachvollziehbar, glaubhaft und nachprüfbar sein.

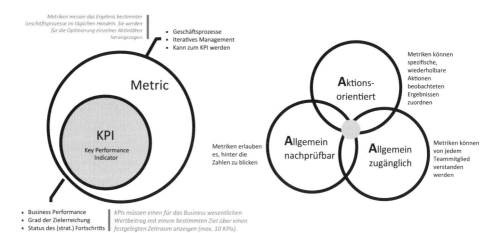

Bild 2.5 Metriken und ihre Merkmale (in Anlehnung an Ries 2011)

2.1.5.3 Pirate Metrics und die Überwachung des Kundenlebenszyklus

Da das Vorgehen in einem Lean Startup konsequent kundenorientiert ist, hat sich ein Modell durchgesetzt, aus dem sich die Key Performance Indicators eines jungen Unternehmens ableiten und verschiedenen Stufen des Entwicklungsprozesses zuordnen lassen: **Pirate Metrics** von Dave McClure (Bild 2.6).

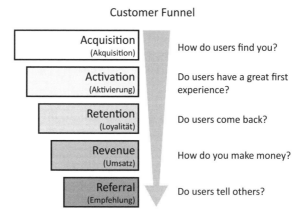

Bild 2.6 Kundentrichter für die Steuerung des Kundenlebenszyklus nach dem AARRR-Framework (McClure 2012)

Das Pirate-Metrics-Modell zeigt einen sogenannten **Customer Funnel** (Kundentrichter) und die Stufen eines Kundenlebenszyklus an. Jeder Kunde durchläuft diesen Trichter, alle Aktivitäten des Start-ups lassen sich den einzelnen Stufen zuordnen. Zwischen jeder Stufe misst ein Unternehmen die sogenannte **Conversionrate**, also die Rate derjenigen (potenziellen) Kunden, die in die nächste Stufe konvertieren.

Zu Beginn befinden sich die zentralen Ziele eines Start-ups auf den Stufen Activation, Retention und Revenue, um deren Erreichung sich ein Start-up zunächst kümmert. Am Anfang ist es unerheblich, über welchen Kanal die Kunden kommen (Acquisition). Viel wichtiger ist die Frage, ob man weiß, wer die richtigen Kunden sind, die das Angebot erstmals nutzen und wiederkommen, um es erneut zu verwenden, und dann auch bereit sind, einen Preis dafür zu zahlen. Aus diesen Stufen sind die ersten KPIs zu wählen. Erst in einem nächsten Schritt geht es darum, den effizientesten Vertriebskanal zu identifizieren, mit dem eine bestimmte Zielgruppe erreicht und die höchste Conversionrate erzielt bzw. die meisten Kunden zu optimalen Cost per Order (CPO) generiert werden können. Es lässt sich ausmalen, dass eine Vielzahl von Tests notwendig ist, um die Wachstumsmaschine zum Laufen zu bringen.

Auf der letzten Stufe befindet sich die Weiterempfehlung (Referral), welche eine erweiterte, hoch effiziente Akquisitionsoption darstellt, die Unternehmen mit entsprechenden unterstützenden Aktivitäten fördern, um ihr Unternehmen schnell und mit entsprechenden Netzwerkeffekten hochzuskalieren.

Kohortenanalysen sind notwendig, um den Kundenlebenszyklus einer Gruppe von Kunden zu überwachen, die mit einer bestimmten Maßnahme zu einem bestimmten Zeitpunkt akquiriert und bespielt wurde, um die richtigen Ursache-Wirkungs-Zusammenhänge abzuleiten und die richtigen Schlüsse zu ziehen. Darüber hinaus werden häufig sogenannte Split-Run-Tests oder A/B-Tests durchgeführt, um zu erfahren, welche Variante eines Produkts besser konvertiert.

2.2 Lean Startup – die große Klammer um agile Innovationsmethoden

Um das Vorgehensmodell Lean Startup herum haben sich weitere agile und explorative Innovationsmethoden und Instrumente entwickelt bzw. bestanden bereits vorher. Sie lassen sich auf den Stufen des Lean-Startup-Prozesses hervorragend miteinander kombinieren und werden heute vielfach eingesetzt. Sie helfen dabei, sowohl den Ideenkreations-, den Entwicklungs- als auch den Wachstumsprozess zu strukturieren und Hypothesen auf eine geordnete Art und Weise zu testen. Lean Startup bildet mit seinen Prinzipien und den Phasen des Entwicklungsprozesses eine große Klammer um diese Methoden.

Zu diesen Methoden und Instrumenten zählen das Design Thinking, Value Proposition Design, Business Model Canvas, Business Model Navigator, Retrospektive, Rapid Prototyping, Kanban, Objectives and Key Results (OKR), Experiment Boards, Growth Hacking und viele mehr.

Agile Innovationsmethoden eint die Voraussetzung, Entscheidungen unter Ungewissheit zu treffen. Sie basieren deshalb auf einer neuen Entscheidungslogik, der sogenannten **Effectuation**. Ihr entgegen steht die kausale Logik, mit der traditionell Entscheidungen getroffen werden. Die kausale Logik basiert auf begründeten Prognosen für die Zukunft, belastbare Vorhersagen sind unter Unsicherheit jedoch nicht möglich. Vor diesen Hintergrund unterscheidet sich die Leitthese über die Zukunft zwischen kausaler Logik und Effectuation wie folgt (vgl. Sarasvathy 2008):

- Kausale Logik: Nur das, was wir vorhersagen können, können wir steuern.
- Effectuation: All das, was wir steuernd beeinflussen können, brauchen wir nicht vorherzusagen.

Neben einem agilen Grundverständnis ist den meisten agilen Innovationsmethoden ein kontinuierliches, schnelles Handeln gemein, das auch als **Running Lean** bezeichnet wird. Es besteht aus dem Dreiklang Schnelligkeit, Fokussierung und Lernen (Bild 2.7).

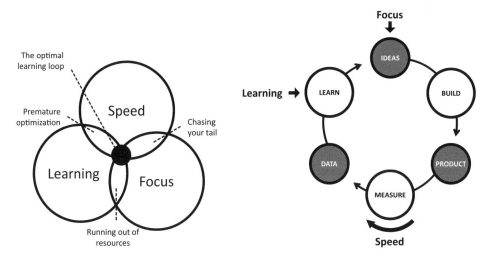

Bild 2.7 Das Handeln in einem Lean Startup ist ein kontinuierlicher, schneller Prozess (Maurya 2012)

Fehlt nur einer dieser drei Aspekte, gerät das Innovationsvorhaben in die Schieflage:

- Schnelligkeit fehlt: Wettbewerber sind schneller am Markt oder die Mittel gehen aus.
- Fokussierung fehlt: Das Start-up verzettelt sich, bringt nichts zu Ende.
- Lernen fehlt: Man optimiert an den falschen Stellen und entwickelt in eine falsche Richtung.

2.3 Lean Startup im Einsatz bei Unternehmen

Während die meisten Start-ups weltweit das Lean-Startup-Mindset verinnerlicht haben, sind etablierte Unternehmen bei der Entwicklung innovativer Produkte und neuer Geschäftsmodelle noch nicht allzu vertraut damit. Zwei Drittel aller DAX-Konzerne und viele Mittelständler haben jedoch in jüngster Vergangenheit spezielle Innovationsteams aufgebaut (vgl. Capital 2018, S. 28), die innerhalb sogenannter Innovation Labs, Inkubatoren oder Acceleratoren nach neuen Geschäftsmodellen suchen oder die Beschleunigung der bestehenden Prozesse durch innovative Technologien erfinden sollen.

Während die Bewegung zunächst mit einer kreativen Arbeitsumgebung, mit bunten Post-its und Kickertisch außerhalb der Unternehmenswelt begann, wird heute zunehmend nach Ergebnissen gefragt und wieder die Nähe zum Mutterkonzern gesucht. Da der große Erfolg neuer Geschäftsideen bei den etablierten Unternehmen in den allermeisten Fällen noch auf sich warten lässt, wird auch der Blick auf ein verändertes Vorgehen geschärft. Durch den Zukauf von Start-ups werden Unternehmen zusätzlich mit einem agilen Vorgehen konfrontiert, das sie zum Umdenken motiviert.

Einige Innovationsteams arbeiten bereits konsequent agil und nach Lean Startup, andere fremdeln noch damit und fallen in alte Verhaltensmuster zurück. Wieder andere scheitern an den Schnittstellen zur klassischen Organisation. Die meisten Unternehmen befinden sich in einer Art Zwischenwelt und organisieren eine digitale Transformation, bei der es auf dem Weg zur digitalen zukunftsfähigen Organisation vor allem um eine andere Art zu arbeiten geht. Diese Bestrebung wird gern in einem anderen Mindset verortet, das die Mitarbeiter und allen voran die Führungskräfte annehmen sollen.

Sowohl die bestehenden Strukturen, formale Abläufe, hausgemachte Regeln, als auch diffuse Ängste und fehlender Mut, etwas zu verändern, stellen noch große Hemmnisse dar, nach Lean Startup oder anderen agilen Methoden vorzugehen. Viele Organisationen scheitern aus vielschichtigen Gründen an sich selbst, obwohl rational erkannt wurde, dass eine agile, offene Herangehensweise sinnvoll ist, um das Innovationsrisiko zu senken und die Chance auf Erfolg zu erhöhen.

Nichtsdestotrotz gibt es mittlerweile zahlreiche Beispiele für insbesondere eigenständige Einheiten in Unternehmen, denen es immer mehr gelingt, einen agilen Innovations- und Entwicklungsprozess zu etablieren und neben dem offenen Umgang mit Misserfolgen (oder Lernprozessen) zunehmend auch erfolgreiche Produkte hervorzubringen.

Wie viele Konzerne schickt **Daimler** mehrere Innovationsteams ins Rennen, so auch den Innovation Hub Fleetboard in Berlin. Erst kürzlich stellte das Team die Metasuchmaschine für Frachtbörsen nxtload ein – ein Produkt, das aus dem Hub hervorging –, wozu der Leiter des Hubs Harald Marx bemerkte: „Für uns war es eine wichtige Erfahrung, da man sich immer kritisch hinterfragen und bereit sein muss, Projekte aufzugeben. Auch wenn es in dem Moment schwerfällt."

Bei der digitalen Transformation handelt es sich erwartungsgemäß um einen herausfordernden Veränderungsprozess, bei dem es zu Widerständen und Widersprüchen kommt, bei dem Wasserfallprinzip auf Agilität trifft, was so gar nicht zusammenpassen will.

 Auch die **Deutsche Bahn** unterhält mehrere Innovation Labs und Acceleratoren. Stefan Stroh, CDO (Chief Digital Officer) der Deutschen Bahn, betont ausdrücklich eine neue Vorgehensweise auf der Suche nach neuen Geschäftsideen, die im Vergleich zum betrieblichen Vorschlagswesen „viel kundenzentrierter, viel schneller und viel disruptiver" vonstattengehen muss.

Bestehen bleibt die Diskussion, ob eine Veränderung der gesamten Belegschaft Erfolg versprechend sein kann, auch wenn sie sehr lange dauert und in der Zwischenzeit ordentlich Reibungsverluste erzielt. Oder ob die Innovationsteams auf der Suche nach neuen Geschäftsmodellen besser weit weg vom Mutterunternehmen auf der grünen Wiese agieren und nach der Chance suchen, um das bestehende Geschäft irgendwann in der Zukunft ablösen zu können. Das bestehende Geschäft weiterzuführen (Value Protection) und parallel Neues zu entwickeln (Value Creation) scheint momentan der erfolgversprechendere Ansatz zu sein.

Wichtige Punkte in Kürze

Etablierte Unternehmen stehen vor großen Herausforderungen. Wettbewerber aus der ganzen Welt und junge Unternehmen greifen nach dem angestammten Geschäft. Die Veränderungsdynamik auf den Märkten ist so hoch wie nie. Entscheidungen werden unter extremer Unsicherheit getroffen, insbesondere dann, wenn es um die Entwicklung von neuen Produkten und Dienstleistungen mit neuen Geschäftsmodellen geht.

Klassisches Projektmanagement, das nach kaskadierenden, d. h. aufeinander aufbauenden Projektschritten vorgeht, scheint nicht mehr geeignet, um auf Veränderungen schnell und systematisch reagieren zu können. Die Anforderungen, die von innovativen Ideen ausgehen, sind im Vorhinein nur unvollständig bekannt. Start-ups agieren deshalb nach dem agilen Lean-Start-up-Ansatz, dessen Bewegung 2011 durch Eric Ries im Silicon Valley in Gang gesetzt wurde. Seit dieser Zeit hat die Methode in die weltweite Start-up-Szene Einzug erhalten und wird zunehmend auch von den mittlerweile vielzähligen Innovation Labs von Konzernen und Mittelständlern eingesetzt.

The Lean Startup beschreibt ein Vorgehensmodell für die systematische Herangehensweise an die Entwicklung innovativer Produkte und Services unter Bedingungen hoher Unsicherheit. Die Wahrscheinlichkeit des Scheiterns wird verringert, da Lean Startups sehr viel schlanker und flexibler an ihre Gründungsvorhaben herangehen und frühzeitig erkennen, wenn eine Richtung, die sie eingeschlagen haben, nicht zum Ziel führt. Budgets werden schrittweise nach Ergebnissen geplant, Investments werden nach und nach eingeworben. Der Fünfjahresplan gilt allenfalls als Vision und Herausforderung, um die ambitionierten Zahlen zu erreichen, denn als Steuerungs- und Planungsinstrument. The Lean Startup bildet die Klammer um eine Gruppe von agilen Innovationsmethoden und -instrumenten. Es ist mehr als eine Methodik, Lean Startup ist ein Mindset.

Zum Abschluss seien noch ein paar Stolperfallen aufgezeigt, die eintreten, wenn die Vorgehensweise nicht konsequent durchgeführt wird (in Anlehnung an Maurya 2012):

- *Unwissen darüber, wie Erfolg gemessen werden soll:* Wenn die individuellen Metriken und Key Performance Indicators nicht bekannt, gemessen und entsprechend der Phase angepasst werden, kann nicht über Erfolg und Misserfolg befunden, der Fortschritt nicht bewertet und das Team nicht geführt werden.
- *Marketing für JEDEN:* Zu Beginn des Vorhabens ist es entscheidend, die sogenannten Early Adopters zu identifizieren und nicht mit der Gießkanne vorzugehen. Es ist eine homogene Kundengruppe, auf deren Bedürfnisse und Problemstellungen die Lösung optimal zugeschnitten ist. Die frühen, hoch involvierten Kunden geben qualifiziertes Feedback und tragen das Angebot in ihre Netzwerke.

- *Beim lokalen Maximum aufhören, obwohl größere Möglichkeiten bestehen:* Wird die Phase des Product Market Fit erreicht und ein Start-up erzielt erste veritable Erfolge, hören Teams zuweilen auf, über die Skalierung ihres Geschäfts nachzudenken und es mithilfe von Wachstumskapital und einer ausgebauten Growth Engine in verwandte oder internationale Märkte zu entwickeln.
- *Kundenprobleme sind nicht ausreichend spezifiziert:* Häufig wird der ersten Phase, dem Problem Solution Fit, zu wenig Aufmerksamkeit geschenkt. Mit einer Lösung im Kopf werden Kundenerwartungen darauf angepasst anstatt umgekehrt. Es ist von großer Bedeutung, globale Kundeneinblicke zu gewinnen, um emotionale Bedürfnisebenen zu bedienen.
- *Keine Unfair Advantage Story:* Eine Idee ist kein Wettbewerbsvorteil. Es ist frühzeitig zu berücksichtigen, wie sich ein junges, angreifbares Unternehmen positioniert und Wettbewerbskräfte absorbiert.
- *Eine schwache „Unique Value Proposition":* Besitzt die Idee keine echte Unterscheidungskraft und Neuerung, wird sie es extrem schwer haben, von Kunden überhaupt wahrgenommen zu werden. Auch eine mögliche Wechselbereitschaft der heutigen Multioptionsgesellschaft von alternativen Lösungen wird gering ausgeprägt sein.
- *Keine ausreichende Überlebensfähigkeit:* Ein Start-up ist eine (temporäre) Organisation, die nach einem wiederholbaren, skalierbaren Geschäftsmodell sucht. Sucht! Nur so besteht die Chance auf erfolgreiches Finden. Nicht selten gehen den Teams die Mittel aus, bevor sie ihren Wachstumsmotor finden und aufbauen konnten.
- *Kein signifikanter Vertriebskanal zum Kunden:* Den richtigen Kanal zu den Kunden zu identifizieren ist mindestens genauso entscheidend, wie das richtige Produkt zu bauen, das einen echten Nutzen stiftet. Nach dem Prinzip des Growth Hacking lässt sich über den Build-Measure-Learn-Kreislauf ein zentraler Vertriebskanal identifizieren, auf den alle weiteren Vertriebs- und Marketingaktivitäten einzahlen. Das Testen des Wachstumsmotors wird meistens vernachlässigt.
- *Keine relevante Monetarisierbarkeit:* Zwar erreichen insbesondere digitale Produkte veritable Nutzerzahlen, lassen sich aber nur schwer monetarisieren. Die Zahlungsbereitschaft ist zuweilen gering ausgeprägt, auch hieran kann ein Vorhaben scheitern.
- *Falling in love with the solution:* Die wohl größte Stolperfalle ist die Verliebtheit in die erdachte Lösung. Gründer wie auch Unternehmen haben häufig bereits eine Lösung in ihren Köpfen (und Konzeptpapieren), die sie entwickeln wollen. Es fällt ihnen schwer, diese lediglich als Ausgangsbasis zu begreifen und entsprechend dem Kundenfeedback entweder zu entwickeln oder auch zu verwerfen.

Literatur

Aulet, B. (2013): *Disciplined Entrepreneurship. 24 Steps to a Successful Startup*. Wiley, Hoboken

Blank, S.; Dorf, B. (2012): *The Startup Owners Manual. The Step-By-Step Guide for Building a Great Company*. K & S Ranch, Pescadero

Capital (2018): „Digitale Pioniere". In: *Capital*, 07/2018, S. 28

Cooper, B. (2014): *Lean Experiment Techniques*. http://www.movestheneedle.com/enterprise-lean-startup-experiment-examples/

Cooper, B.; Vlaskovits, P. (2013): *The Lean Entrepreneur*. Wiley, Hoboken

Csik, M.; Gassmann, O.; Frankenberger, K. (2014): *The Business Model Navigator. 55 Models That Will Revolutionise Your Business*. Henry Ling, Dorchester

Maurya, A. (2012): *Running Lean. Iterate from Plan A to a Plan That Works*. O'Reilly, Sebastopol

McClure, D. (2012): *Startup Metrics 4 Pirates*. http://de.slideshare.net/dmc500hats/startup-metrics-4-pirates-wildfire-interactive-may-2012

Osterwalder, A.; Pigneur, Y. (2010): *Business Model Generation. A Handbook for Visionaries, Game Changers, and Challengers*. Wiley, Hoboken

Osterwalder, A. et al. (2014): *Value Proposition Design. How to Create Products and Services Customers Want (Strategyzer)*. Wiley, Hoboken

Ries, E. (2011): *The Lean Startup How Today's Entrepreneurs Use Continuous Innovation to Create Radically Successful Businesses*. Crown Publishing, New York

Sarasvathy, S. D. (2008): *Effectuation. Elements of Entrepreneurial Expertise*. Edward Elgar Publishing, Cheltenham

Teten, D. (2015): *10 Experiments to Test Your Startup Hypothesis*. http://www.entrepreneur.com/article/243528

Weinberg, G.; Mares, J. (2015): *Traction. How Any Startup can achieve explosive customer growth*. Portfolio, New York

3 Soziokratische Prinzipien und Werte – die Voraussetzung der Zusammenarbeit

Stephan Lobodda

Agile Unternehmen benötigen flexible Organisationsstrukturen, die von selbstverantwortlich denkenden und eigenständig handelnden Führungskräften und Mitarbeitern mit Leben gefüllt werden müssen. Eine Möglichkeit, um Agilität zu erzielen, besteht in der Verwirklichung soziokratischer Grundsätze und Werte in der Unternehmens- und Mitarbeiterführung.

> In diesem Beitrag erfahren Sie,
> - auf welchen Grundlagen das soziokratische Organisations- und Führungsmodell beruht,
> - warum die Wertschätzung das Fundament soziokratischer Führung bildet,
> - warum Soziokratie zur Philosophie und Kultur eines Unternehmens passen muss und
> - wie Sie soziokratische Prinzipien im Unternehmen so verwirklichen, dass die Mitarbeiter engagiert in diesen Strukturen agieren.

Das bestimmende Schlagwort unserer Zeit ist die Unsicherheit. Unsicherheit ist für Entscheidungsträger ein eher unwillkommener Zustand. Im gesellschaftlichen, sozialen, politischen und auch im wirtschaftlichen Bereich gilt, dass heute niemand weiß, was morgen sein und übermorgen gelten wird. Damit nicht genug: Wir leben in einer veränderungswütigen VUCA-Welt.

So gut wie alle Unternehmen und Führungskräfte müssen Antworten auf die Anforderungen und Herausforderungen der VUCA-Welt finden. Das Akronym steht für Volatility, Uncertainty, Complexity und Ambiguity – eingedeutscht für VUKA: Volatilität, Unsicherheit, Komplexität und Ambivalenz, mithin für Entwicklungen, die heutzutage zum normalen Geschäftsumfeld gehören.

Diese Antworten fallen unternehmensindividuell aus – ein Patentrezept, um sich in der digitalisierten und vernetzten Welt zu behaupten, gibt es nicht, weil jedes Unternehmen über eine eigene Historie, Entwicklungsgeschichte und Unternehmenskultur verfügt (wobei auch das Nichtvorhandensein einer Unternehmenskultur prägend ist).

Eines jedoch steht fest: Die digitale Transformation und die disruptiven Entwicklungen in der VUCA-Welt erfordern eine neue oder zumindest angepasste Führungskultur. Claudia Nemat, Technologievorstand bei der Deutschen Telekom, nennt als essenzielle Elemente „weniger Hierarchien, mehr Zusammenarbeit über Funktionen hinweg" (Amann 2017, S. 76). Durch dezentrale und flache Hierarchien – und damit agile und flexible Führungsstrukturen – kann es Entscheidungsträgern gelingen, der Unberechenbarkeit, Unsicherheit, Komplexität und Mehrdeutigkeit in der VUCA-Welt angemessen zu begegnen. Ein hoher Agilitätsfaktor lässt sich herbeiführen, indem die Entscheidungsträger soziokratische Prinzipien und Werte im Unternehmen implementieren und zur Grundlage der Unternehmens- und Mitarbeiterführung entwickeln.

Mit dezentralen, flachen und flexiblen Hierarchien, in denen sich Führungskräfte und Mitarbeiter eigeninitiativ und rasch den sich nahezu täglich ändernden Rahmenbedingungen anpassen können, lassen sich die Potenziale der Menschen nutzen, um auch in unsicheren Zeit das Heft des Handelns in der Hand zu behalten.

3.1 Was bedeutet Soziokratie?

Soziokratie ist ein Organisations-, Management- und Führungsansatz, um zu mehr Gleichberechtigung, Transparenz und Partnerschaftlichkeit in den unternehmerischen Prozessen zu gelangen. Der Begriff setzt sich zusammen aus dem lateinischen „socius", dem Gefährten, und dem griechischen „kratein", dem Regieren. Er findet sich zum ersten Mal beim französischen Philosophen Auguste Comte, der auch den Begriff der Soziologie prägte.

Im Fokus steht das Prinzip der Gleichwertigkeit aller Beteiligten. Befugnisse und Entscheidungsprozesse werden in Mitarbeiterkreise hineinverlagert. Die Teilnehmer agieren zu einem Großteil eigeninitiativ und selbstverantwortlich. Im Team agieren und diskutieren alle Mitglieder auf Augenhöhe und können in Entscheidungsprozessen denselben Stimmenanteil geltend machen. Unter bestimmten Voraussetzungen kann ein Teammitglied mit einer Art Vetorecht sogar eine Teamentscheidung zum Einsturz bringen.

In der Regel führen soziokratische Prinzipien zu besseren, flexibleren und schnelleren Entscheidungen, weil alle Kompetenzen und die kreativen und schöpferischen Potenziale aller Mitarbeiter zur Erreichung der Unternehmensziele genutzt werden können.

Das soziokratische Organisations- und Führungsmodell lässt sich nur erfolgreich um- und einsetzen, wenn alle Teilnehmer intensiv und nachhaltig darauf vorbereitet werden. Bereits 1994 hat Stefan Kühl (1994) in seinem Buch „Wenn die Affen den Zoo regieren" die Vorteile, aber auch die Tücken der flachen Hierarchien beschrieben. Der Versuch, eine höhere Wertschöpfung zu erzielen, indem den Mitarbeitern mehr Eigenverantwortung übertragen und das Unternehmen zu einer selbstlernenden Organisation entwickelt wird, kann in sein Gegenteil umschlagen. Darum soll hier mit einem Missverständnis aufgeräumt werden: Soziokratie bedeutet nicht, dass die Chefs in den Ruhestand geschickt werden. Sie übernehmen aber eine andere Funktion als in klassischen Führungsstrukturen: Sie geben Macht und Verantwortung ab, sie sind bereit, ihren Mitarbeitern zuzuhören und deren Gedanken und Ideen in Entscheidungsprozesse einzubeziehen.

Insofern stellt die Soziokratie nichts vollkommen Neues dar. Die Wurzeln des Modells reichen zurück bis in die 1960er-Jahre. Neue Impulse hat es durch holokratische Ansätze erhalten.

Die Übergänge zwischen Soziokratie und Holokratie sind fließend. Die zwei Konzepte haben gemeinsame Wurzeln und ähneln sich in der grundsätzlichen Ausrichtung, Verantwortlichkeiten und Zuständigkeiten verstärkt in Mitarbeiterhände zu legen, Entscheidungsprozesse schlank und effektiv zu halten sowie Teams und Individuen mehr Eigenverantwortlichkeiten zu übertragen. Beide Ansätze verteilen die Autorität, die ansonsten bei Führungskräften liegt, auf Mitarbeiterkreise und -zirkel.

Zwar gibt es Unterschiede im Detail, die Bernd Oesterreich zusammenfasst (Oesterreich 2016). Entscheidend für den Aufbau agiler und flexibler Organisationsstrukturen ist, dass die Soziokratie das realistischere Modell ist, weil es den unternehmerischen Realitäten eher gerecht wird. Holokratie setzt noch mehr als Soziokratie auf den Hierarchieabbau und eine „Führung ohne Führungskräfte".

 Wenn es im soziokratischen Organisationsmodell auf einer Mitarbeiterebene zu keiner Entscheidung kommt, wird diese auf die nächsthöhere Mitarbeiterebene verlegt. Es greifen dann die hierarchisch legitimierten Entscheidungsprinzipien. Bei der Holokratie hingegen muss die Entscheidung auf der Ebene eben jenes Mitarbeiterkreises getroffen werden. Es stößt zwar eine neue Person hinzu, um eine Entscheidung herbeizuführen, aber diese muss immer noch auf jener Mitarbeiterebene gefällt werden. Dies führt bei Problemen, die rasch gestemmt werden müssen, zu (zeitlichen) Verzögerungen – und das ist für die Erhöhung des Agilitätsfaktors kontraproduktiv.

Darum steht im Folgenden mit der Soziokratie das umsetzungsorientiertere Modell im Mittelpunkt der Betrachtung.

■ 3.2 Die wichtigsten Prinzipien des soziokratischen Ansatzes

Den Vertretern des soziokratischen Modells wird zuweilen Naivität vorgeworfen, weil der Mensch nun einmal so ist, wie er ist. Es falle ihm schwer, das Gesamtinteresse vor das Eigeninteresse zu stellen und die Ego-Brille abzulegen. Und tatsächlich lässt sich nicht jedes Thema soziokratisch verhandeln. So ist es eher nicht zielführend, die Mitarbeiter über mögliche Entlassungen entscheiden zu lassen. Trotzdem ist der Vorwurf der Naivität unzulässig, weil in dem Modell eine Kreisstruktur verankert ist, die dazu führt, dass die Arbeitsabläufe und Entscheidungsprozesse nicht unnötig blockiert und aufgehalten werden.

3.2.1 Prinzip 1: Die soziokratische Kreisstruktur

Die traditionelle Linienstruktur ist von einer Kreisstruktur abgelöst. Oder pointiert ausgedrückt: Während in traditionell-klassischen Managementprozessen die pyramidenähnliche Linienstruktur, bei der von oben nach unten entschieden wird und Vorgaben weitergegeben werden, die beherrschende strukturelle geometrische Figur ist, ist dies in der Soziokratie der Kreis (vgl. Bild 3.1).

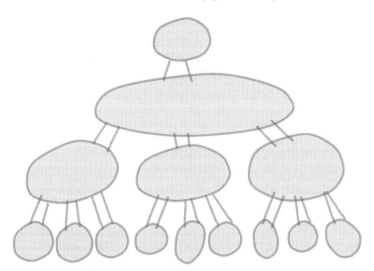

Bild 3.1 Soziokratische Kreisstruktur

Der Kreis signalisiert und symbolisiert Offenheit und Transparenz nach allen Seiten sowie die Möglichkeit der Partizipation aller Beteiligten, ganz gleich, auf welcher hierarchischen Ebene sie angesiedelt sind.

> Warum sollte ein Lagerist nicht die Möglichkeit haben, eine Idee zur Effektivitätssteigerung von Prozessen in seinem Verantwortungsbereich, die für sich gesehen nur einen kleinen, aber aufs Unternehmensganze bezogen einen großen Effekt hat, einzubringen? Dies kann durch ein professionelles Verbesserungsvorschlagswesen geschehen, aber auch durch die Implementierung des soziokratischen Organisations- und Führungsmodells. Das heißt: Es kann sein, dass in der Soziokratie der Lagerist und die Führungskraft gleichberechtigt und auf Augenhöhe agieren. Nicht die Hierarchie ist entscheidend, sondern die Stärke und Überzeugungskraft des besseren Arguments.

Es klang bei der Differenzierung von Soziokratie und Holokratie bereits an: Auch bei der soziokratischen Kreisstruktur wird hierarchisches Denken nicht vollends aufgegeben. Die Kreise sind und bleiben hierarchisch angeordnet. Der Grund ist, dass selbstverständlich auch in soziokratisch strukturierten Abteilungen und Unternehmen Entscheidungen herbeigeführt werden müssen. Wenn es in einem Kreis bezüglich einer Entscheidung zu keiner Einigung kommt, sehen die soziokratischen Spielregeln vor, dass die Entscheidung in den nächsthöheren Kreis verlagert wird.

Dies erinnert an das Subsidiaritätsprinzip, nach dem zunächst einmal auf einer Entscheidungsebene z. B. autonom ein Konsens oder Kompromiss herbeigeführt werden soll. Erst wenn dies nicht gelingt, greift die nächsthöhere Instanz ein, wird die Entscheidung also in den nächsthöheren Kreis verlagert.

Es gibt zudem Alternativen, um soziokratische Entscheidungen herbeizuführen:

- Jeder Kreis entsendet ein Mitglied in den nächsthöheren und ein Mitglied in den nächsttieferen Kreis. So bleiben die Berührungspunkte untereinander bestehen. Jeder dieser Mitarbeiter ist also in zwei Kreisen tätig und kann dort die Interessen des jeweils anderen Kreises vertreten.
- Neben den Mitarbeiterkreisen wird ein Steuerkreis implementiert, der die Zusammenarbeit koordiniert. Damit kein eigenständiger Kontrollkreis entsteht, der die traditionellen Machtverhältnisse durch die Hintertür wieder einführt, bestimmt ein Projektverantwortlicher einen Mitarbeiter aus jedem Kreis für den Steuerkreis. Hinzu kommt: Jeder Kreis entsendet zugleich einen von den jeweiligen Mitgliedern bestimmten Kollegen in jenen Steuerkreis.

Bild 3.2 veranschaulicht das Kennzeichen der Soziokratie, dass die traditionelle Linienstruktur von der Kreisstruktur überlagert wird. Das bedeutet: Ein Mitarbeiter agiert nicht mehr allein auf einer Linie, sondern bringt in mehreren Kreisen seine Meinung ein und beeinflusst dort Entscheidungen.

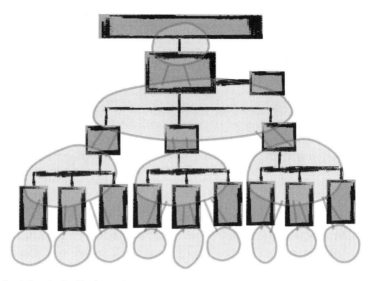

Bild 3.2 Soziokratische Kreisstruktur überlagert Linienstruktur

In der soziokratischen Terminologie wird von einer doppelten Verknüpfung gesprochen, weil jeweils zwei Personen an beiden Kreissitzungen teilnehmen. In den Kreisen werden die Personen für die Funktionen und Aufgaben im Konsent nach offener Diskussion gewählt. Und damit sind wir beim zweiten entscheidenden Prinzip angelangt.

3.2.2 Prinzip 2: Entscheidungen im Konsent treffen

Soziokratische Zielsetzung ist, dass jeder Kreis zunächst einmal seine Angelegenheiten und Aufgaben „im eigenen Kreis" regeln und erledigen soll. Dies geschieht mithilfe des Konsentprinzips. Grundsatz ist, dass Entscheidungen getroffen werden, sofern keiner der Beteiligten einen schwerwiegenden und gut begründbaren Einwand erhebt. Ein Einwand ist dann berechtigt, und auch nur dann, wenn das Ziel der Organisation (bzw. der Organisationseinheit) gefährdet ist. Darum ist jeder Einwandträger verpflichtet, seine Argumente verantwortlich zu begründen und einem dezidierten Realitätscheck zu unterziehen.

Soziokratie darf kein Selbsterfahrungstrip oder Sozialklimbim sein. Sie dient dazu, problemlösungsorientierte Dialoge zu inhaltlich legitimierten Sachverhalten zu befördern und die Selbstverantwortung und Selbstorganisation von Menschen, Teams und Unternehmen zu ermöglichen. Es genügt darum nicht, zu einem Argument einfach nur „Nein" zu sagen. In mehreren Reflexionsschleifen legt der Kreis jedes Gegenargument unter die kritische Lupe und überprüft es auf seine Stichhaltigkeit – die Teilnehmer beantworten mithin die Frage: „Enthält der Einwand Inhalte, die vom Kreis berücksichtigt werden sollten, weil sie letztendlich zu einer Verbesserung führen?"

Für einen Einwandträger heißt das: Er muss immer das „große Ganze", die Interessen, die Vision und Mission des Unternehmens berücksichtigen. Seine Aufgabe ist es, seinen Einwand an den gemeinsamen Zielen und der Vision zu messen. Entweder kommt er zu dem Schluss, seinen Einwand – mit Begründung – aufrechterhalten zu müssen. Oder er kommt zu dem Schluss: „Gut, im Sinn unserer gemeinsamen Vision und Ziele kann ich mit der Entscheidung des Kreises leben, ich habe keine schwerwiegenden Einwände mehr!"

Der Zwang zum konstruktiven Nein erzieht dazu, nur begründbare Einwände zu formulieren. Zudem sollte jedes Kreismitglied dazu verpflichtet werden, bei einem Einwand oder Nein grundsätzlich einen substanziellen Gegenvorschlag einzubringen. Notorische Neinsager haben nach den soziokratischen Spielregeln keine Chance, weil dem Nein ein konstruktiver Problemlösungsvorschlag folgen muss.

Die soziokratischen Prinzipien haben zum Ziel, die Kreativität und Innovationsfreudigkeit der Mitarbeiter zu entfesseln und für die Erreichung der Unternehmensziele zu nutzen. Trotzdem müssen die Mitarbeiter ergebnisorientiert agieren. Jedes Organisations- und Führungsmodell mit flachen Hierarchien hat die Herausforderung zu meistern, dass dadurch notwendige Prozesse und Abläufe – auch die, die unter Zeitdruck gefällt werden müssen – nicht gefährdet werden dürfen. Nochmals sei Claudia Nemat von der Deutschen Telekom zitiert: „Für Konzerne sind flache Hierarchien ‚eine Herausforderung, weil es Prozesse gibt, die so präzise wie in der Vergangenheit funktionieren müssen. Wenn auf die Telekom ein Cyberangriff läuft, können wir nicht erst mal am Flipchart Ideen sammeln, was man machen könnte. (…) Die Kunst der Führung besteht darin, diese Prozesse so zu organisieren und mit dem Menschen so umzugehen, dass die klassische Welt und die moderne Welt jeweils für sich, aber auch miteinander funktionieren" (Amann 2017, S. 76).

Ergebnisorientiertes Arbeiten und Entscheiden mit Konsentprinzip

- Jedes Team (jeder Kreis) ist verantwortlich für seine Ergebnisse.
- Jedes Team kann in seinem Rahmen Entscheidungen fällen, die die Ziele der Abteilung nicht gefährden, sondern verbessern.
- Jede Entscheidung kann – nach Vorliegen neuer Informationen – rückgängig gemacht oder verbessert werden.
- Das Entscheidungsverfahren (Konsent) sucht eine umsetzbare Lösung – und das muss nicht zwingend die beste Lösung sein.
- Jedes Team organisiert sich so, dass die Ergebnisse optimal passen.
- Jeder Mitarbeiter kann, darf und soll Probleme und Verbesserungen benennen und mit seinem Team an konstruktiven und machbaren Lösungen arbeiten.

■ 3.3 Mit soziokratischen Werten zum agilen Netzwerk

In den soziokratischen Kreisen herrscht Gleichberechtigung. Meistens gibt es einen Moderator, dessen Hauptaufgabe es ist, dem besseren Argument Gehör zu verschaffen. Damit die Argumente eines Kreismitglieds mehr Gewicht erhalten, ist die Expertise entscheidend. Wichtig ist nicht, wie viele Sterne jemand auf der Schulter trägt – welche Position er in der Hierarchie einnimmt –, sondern seine Kompetenz. Es ist mithin nicht möglich, dass sich derjenige per Basta-Machtwort durchsetzt, der in der Hierarchie am weitesten oben steht.

Auch der Moderator agiert nicht aus einer Machtposition heraus, er muss keine Führungskraft sein. Es liegt in der Verantwortung seiner Moderation, dass alle Mitglieder angehört und deren kreative Gestaltungsenergie für den Entwicklungsprozess genutzt werden. Dazu versorgt er alle Beteiligten mit den notwendigen Fakten: Ein gleichberechtigter Diskussionsprozess ist nur möglich, wenn alle Teilnehmer über denselben Informationsstand verfügen.

Die Verlagerung von Macht in Mitarbeiterkreise mag im Einzelfall zu zeitlichen Verzögerungen führen, weil jedes begründete Argument bedacht sein will. Auf der anderen Seite entsteht so eine neue Dynamik: Wenn jedes Argument an Gewicht und Würde gewinnt, hören die Kollegen den anderen Kreisteilnehmern besser und intensiver zu. Sie wägen die Äußerungen der anderen Teammitglieder genau ab und achten überdies auf die saubere Beweisführung der eigenen Ansichten.

Soziokratie erzieht zur toleranten Kommunikation, zu einer Diskussionskultur, in der es darum geht, den anderen nicht zu überreden, sondern zu überzeugen. Im Idealfall ist das soziokratische Unternehmen ein Verbund und Netzwerk gleichberechtigter Experten, die flexibel und agil kooperieren und sich in ihren jeweiligen Kreisen gegenseitig unterstützen. Am besten gelingt dies in einer Atmosphäre der gegenseitigen Wertschätzung.

3.3.1 Wertschätzende Führung mit Körper, Geist und Seele

Damit die beteiligten Führungskräfte und Mitarbeiter lernen, mit der soziokratischen Verantwortung umzugehen, sollten sie vom Management auf gemeinsame Werte verpflichtet werden. Im Idealfall sind diese Werte in der Kultur und Philosophie des Unternehmens verankert und werden von den Topführungskräften gelebt und vorgelebt.

Der für das Gelingen der Soziokratie wichtigste Wert ist die Wertschätzung, die das Verhältnis der Menschen, die sich für das Unternehmen engagieren, grundieren sollte. Wertschätzung ist ein schillernder Begriff und muss mit konkreten Inhalten gefüllt werden. Wertschätzende Führung heißt, den Mitarbeiter nicht als Werkzeug oder Instrument zu definieren, das seine Aufgaben gefälligst bestmöglich zu erfüllen hat. Wertschätzende Führungskräfte sehen in ihren Mitarbeitern eigenständige Persönlichkeiten und einzigartige Individuen mit Körper, Geist und Seele, die ihnen anvertraut worden sind, um mit ihnen gemeinsam Ziele zu erreichen.

Rechtfertigen Sie dieses Vertrauen, indem Sie z. B. Leistungen anerkennen und Lob stets mit einer konkreten Begründung legitimieren, sodass der Mitarbeiter stolz sein kann auf seine Leistung und sich.

Auch Kritik erfolgt in der Soziokratie stets konstruktiv und produktiv. Soziokratische Lernkultur heißt, Fehler als Lernimpulse zu definieren. Reiten Sie nicht auf einem Fehler herum, sondern nutzen Sie ihn als Ausgangspunkt für einen Lernprozess und als Anstoß für eine Verbesserung in der Zukunft.

Ob im Führungskraft-Mitarbeiter-Verhältnis Wertschätzung wahrhaft gelingt, zeigt sich weniger in ruhigen Zeiten, in denen die Zusammenarbeit in geordneten Bahnen verläuft. Die Tragfähigkeit einer wertschätzenden Kultur der Kooperation erweist sich eher dann, wenn es kracht, Dinge schieflaufen und Konflikte ausgetragen werden. Dann ist es von essenzieller Bedeutung, dass stets Verhaltensweisen kritisiert werden, aber nie die Person selbst. Die Integrität und das Selbstwertgefühl der Mitarbeiter müssen geschützt bleiben.

Allerdings: Wertschätzung ist kein Merkmal, das sich allein in der Soziokratie verwirklichen ließe: Wertschätzung spielt in allen Führungsmodellen eine wichtige Rolle. Aber Soziokratie ohne wertschätzende Unternehmenskultur ist kaum denkbar.

In einer Soziokratie zählt jeder Mensch, zählt jeder Mitarbeiter gleich viel. In solch einer wertschätzenden Atmosphäre ist jede Führungskraft bestrebt, ihren Mitarbeitern nicht nur sinnvolle und erfüllende Aufgaben, sondern zugleich die entsprechenden Kompetenzen und Verantwortlichkeiten zu übertragen, damit jeder Mitarbeiter seinen Aufgaben eigenständig nachkommen kann. Das Unternehmen stellt dann quasi den Hafen dar, in dem sich der Mitarbeiter gut aufgehoben, willkommen und wertgeschätzt fühlt. Dabei ist Individualität Trumpf:

> Eröffnen Sie jedem Mitarbeiter einen klaren Bewegungs-, Entscheidungs- und Gestaltungsrahmen in seiner Rolle, Funktion und Aufgabe. Dieser Rahmen richtet sich nach der Frage: „Welche Verantwortung und welchen Handlungsspielraum braucht der Mitarbeiter, damit er seine Rolle ausfüllen und gut arbeiten kann?"

3.3.2 Wertschätzende Führung mit Herz und Verstand

Der Mensch ist kein rein rationales Wesen. Darum gehört es zu einer mitarbeiterorientierten wertschätzenden Führung, nicht allein die Rationalität als Basis von Führungs- und Entscheidungsprozessen anzuerkennen, sondern ihnen gleichberechtigt emotionale Führungsprinzipien an die Seite zu stellen. Das soziokratische Organisations- und Führungsmodell lässt sich umsetzen, wenn die Führungskräfte ihre Mitarbeiter als ganzheitliche Individuen betrachten und sie mit Herz und Verstand, mit Leidenschaft und Vernunft führen.

> Wertschätzung im Führungsprozess heißt: Finden Sie heraus, was Ihre Mitarbeiter emotional bewegt. Geben Sie ihnen rationale und emotionale Gründe, warum es sich lohnt, sich für das Unternehmen zu engagieren. Treffen Sie keine Zielvereinbarung ohne emotionale Verknüpfung. Ihre Mitarbeiter wollen wissen, warum und wofür sie sich anstrengen. Betten Sie die Arbeit jedes einzelnen Mitarbeiters in das übergreifende „große Ganze" ein, erläutern Sie ihnen den Stellenwert ihrer jeweiligen Tätigkeit für das Unternehmensganze. Hilfreich ist es, die Vision und Mission des Unternehmens in leuchtenden und motivierenden Farben darzustellen, um sie mitzureißen.

3.3.3 Motivation durch wertschätzende Führung

Motivation im wertschätzenden soziokratischen Umfeld entsteht, wenn Mitarbeiter sich zum Team und zum Unternehmen zugehörig fühlen. Die Self-Determination Theory (Selbstbestimmungstheorie der Motivation) belegt, dass Führungskräfte intrinsische Motivation zwar nicht erzeugen, aber deren Entstehung immerhin unterstützen können. Und zwar, indem sie Bedingungen schaffen, die es den Mitarbeitern ermöglichen, ihre grundlegenden emotionalen Bedürfnisse zu befriedigen (Steven 2013). Zu einer wertschätzenden Führung gehört, das Kompetenzbedürfnis, das Zugehörigkeitsbedürfnis und das Autonomiebedürfnis der Mitarbeiter zu berücksichtigen:

Jeder Mitarbeiter möchte als kompetent und sachkundig anerkannt und geschätzt werden. Befriedigen Sie das Kompetenzbedürfnis, indem Sie es Ihren Mitarbeitern ermöglichen, alle Kompetenzen und Potenziale zu aktualisieren. Sorgen Sie für ein motivierendes Arbeitsumfeld, in dem die Passung von Anforderungen und Kompetenzen vorhanden ist (= Übereinstimmung von Anforderungs- und Qualifikationsprofilen).

Mitarbeiter haben das Bedürfnis, sich zugehörig zu fühlen – zum Team, zu den Kollegen, zum Unternehmen. Darum: Schaffen Sie Identifikationsmöglichkeiten, um die Wahrscheinlichkeit innerer Motivation zu erhöhen.

Je größer der Spielraum für eigenständiges Arbeiten, desto wahrscheinlicher die Entstehung innerer Motivation: Eröffnen Sie Ihren Mitarbeitern wo immer möglich die Gelegenheit, eigeninitiativ und selbstverantwortlich zu agieren.

Die Beschreibung wertschätzender Führung verdeutlicht, dass sich Soziokratie und Wertschätzung gegenseitig bedingen. So entsteht eine Positivspirale:

- Wertschätzende Führungskräfte ermöglichen durch ihr Agieren den Aufbau soziokratischer Führungs- und Organisationsstrukturen, weil diese in einem Klima der Wertschätzung am besten funktionieren.
- In Unternehmen mit soziokratischen Prinzipien und Entscheidungen wird die wertschätzende Kooperation zwischen Führungskräften und Mitarbeitern gefördert.

Die Folgen: Vertrauen und Empathie gedeihen, das Machtprinzip verabschiedet sich, Kontrolle wird durch Vertrauen ersetzt, es entstehen persönlich grundierte Beziehungen zwischen Führungskräften und Mitarbeitern.

Allerdings: Das bedeutet nicht, dass die Soziokratie immer der Führungsweisheit letzter Schluss ist.

3.4 Soziokratie und Unternehmenskultur

Die soziokratischen Prinzipien und Werte sind nicht für jedes Unternehmen oder jede Abteilung geeignet. Soziokratie ist als alternatives und ein mögliches Unternehmensführungs- und Mitarbeiterführungsmodell zu verstehen, das zur Philosophie und Kultur eines Unternehmens passen muss.

Auch eine autoritäre Führungskultur kann effizient sein. In einem etablierten patriarchalisch geführten Familienunternehmen ist es schwierig, soziokratische Prinzipien einzuführen. Es ist zudem fraglich, ob dies überhaupt sinnvoll ist – Mitarbeiter und Führungskräfte könnten überfordert werden. Statt soziokratische Prinzipien zu implementieren, kann es dann mehr Nutzen stiften, den Mitarbeitern mehr Verantwortung zu geben und Entscheidungsprozesse behutsam zu vereinfachen.

3.4.1 Soziokratie als Mittel zum Zweck

Soziokratie ist kein Selbstzweck, sondern lediglich eine Möglichkeit, um zu mehr Kundennähe, Mitarbeitermotivation und Effektivität zu gelangen. Unternehmer und Führungskräfte sollten dem Soziokratie-Hype nicht bedenkenlos hinterherlaufen, sondern sorgsam prüfen, ob es sich lohnt, dieses Konzept einzuführen.

Jedes Unternehmen, jede Organisation ist ein einzigartiger Organismus, und darum müssen stets die individuellen Rahmenbedingungen Berücksichtigung finden und die soziokratischen Prinzipien an die unternehmerischen Gegebenheiten angepasst werden. Eine Blaupause oder Anweisung, wie dies geschehen muss, gibt es nicht, zumal das Organisationsmodell zwar nicht vollkommen neu, aber in der unternehmerischen Realität eher selten umgesetzt worden ist.

Mitentscheidend ist nicht nur der Reifegrad des Unternehmens, sondern überdies der Reifegrad der Mitarbeiter und die konkrete Situation, in der sich eine Firma befindet. Es gibt Situationen, in denen ein autoritärer Führungsstil angebracht ist, etwa wenn mobbende Mitarbeiter in ihre Schranken gewiesen werden müssen. Andererseits: Wenn die Mitarbeiter eine Teamaufgabe in Eigenverantwortung erledigen sollen, ist autoritäres Gehabe kontraproduktiv, weil so oft Eigenverantwortung im Keim erstickt wird.

Prüfen Sie, ob Ihr Unternehmen, Ihre Abteilung und Ihre Mitarbeiter reif sind für Soziokratie. Analysieren Sie, welche Organisationsform die sinnvollste ist.

3.4.2 Der kollaborative Führungsstil in der Soziokratie

In der modernen Arbeitswelt ist wahrscheinlich ein kollaborativer Führungsstil sehr sinnvoll. Dieser setzt vor allem auf das Engagement der Mitarbeiter. Die Führungskraft tritt dabei vor allem als moderierender Ratgeber auf, in dessen Verantwortung es liegt, dass die Mitarbeiter ihre Potenziale entwickeln können.

Der Begriff „kollaborativ" setzt sich zusammen aus dem lateinischen „co" für „zusammen" und dem lateinischen Wort für „arbeiten" („laborare") und beschreibt zunächst einmal lediglich, dass Menschen „zusammenarbeiten". Übertragen auf die Arbeitswelt trägt er der Tatsache Rechnung, dass gerade junge Arbeitnehmer oft erwarten, in Projekten und im Team weitgehend eigenständig und selbstverantwortlich zusammenzuarbeiten. Das hat Konsequenzen für die Führungskraft: Sie gibt keine Anweisungen und Direktiven, sondern möchte mit den Mitarbeitern Ziele vereinbaren, zu denen diese möglichst ihre Zustimmung oder sogar ihr Ja-Wort gegeben haben (vgl. Madel 2013). Allein diese kurze Beschreibung zeigt, dass der kollaborative Führungsstil viele Berührungspunkte mit der Soziokratie aufweist.

3.5 Soziokratie in der praktischen Umsetzung

Die soziokratische Diskussions- und Entscheidungskultur erfordert von den Beteiligten einen gewissen Reifegrad und den Willen und die Kompetenz, Verantwortung zu übernehmen. Damit setzt sie etwas voraus, was oft erst im soziokratischen Umsetzungsprozess erworben und aufgebaut werden kann.

Auch die Mitarbeiter in den Unternehmen, in denen wir mit der Grundig Akademie soziokratische Prinzipien implementiert haben, mussten einen Lern- und Entwicklungsprozess durchlaufen. Dabei hat sich gezeigt: Es ist zielführend, behutsam in vier Schritten vorzugehen, damit sich die Beteiligten in einer Eingewöhnungsphase mit der soziokratischen Arbeitsweise vertraut machen können. Die Einführung kann auf ein Pilotteam beschränkt bleiben, um experimentieren und aus Erfahrungen und Fehlern lernen zu können.

3.5.1 Schritt 1: Überzeugungsarbeit bei sich selbst leisten

Eine Neuerung funktioniert, wenn jemand mit Überzeugung vorangeht und an den Erfolg der Innovation glaubt. So verhält es sich auch bei der Soziokratie. Darum sollten die für die Einführung der Soziokratie Verantwortlichen und die beteiligten Führungskräfte zunächst einmal für sich selbst klären, ob sie bereit und willens sind, Verantwortung zumindest teil- und zeitweise abzugeben und Entscheidungsbefugnisse in Mitarbeiterzirkel zu verlagern. Die entscheidende Frage dabei lautet: „Kontrolle ist gut – Vertrauen ist besser: Was halte ich von dieser soziokratischen Grundeinstellung?" Management, Geschäftsleitung und Führungsriege müssen sich voll und ganz mit der Soziokratie identifizieren. Alle müssen lernen, mit der neuen Verantwortung umzugehen und in flacheren Hierarchien zu denken und zu agieren.

Gehen Sie als Vorbild voran und leben Sie die soziokratischen Prinzipien vor.

3.5.2 Schritt 2: In Kick-off-Veranstaltung Konzept, Vor- und Nachteile darstellen

In einem Workshop erläutern die Verantwortlichen die grundlegenden soziokratischen Prinzipien: Konsentprinzip, „Nein begründen" und Kreisstruktur. Allen Beteiligten muss klar sein, was dies im Einzelnen bedeutet und welche Konsequenzen sich daraus ergeben.

Die neue Arbeitswelt 4.0 und die damit verbundene Veränderung von Arbeitsabläufen, Entscheidungsprozessen und Führungsstrukturen erfordern einen Einstellungswechsel und eine neue Unternehmens- und Führungskultur. Und darum müssen aufseiten der Mitarbeiter meistens Vorbehalte überwunden und etablierte Denkweisen und Gewohnheiten aufgebrochen werden.

Erläutern Sie in der Kick-off-Veranstaltung, warum Sie den soziokratischen Weg wählen. Arbeiten Sie mit Erfolgsbeispielen, zeigen Sie auf, dass und wie es in anderen Unternehmen gelungen ist, mit dem Modell erfolgreich zu agieren.

In der Produktion eines Pharmaunternehmens konnte die Implementierung soziokratischer Prinzipien beispielsweise die Produktivitätsrate, die Leistungsqualität, die Bereitschaft zur Übernahme von Verantwortung und die Zufriedenheit der Mitarbeiter im Vergleich zu Vergleichsgruppen deutlich gesteigert werden.

Der Nachweis, dass und wie die Zufriedenheit der Mitarbeiter mit dem Job, ihrer konkreten Tätigkeit und der Tatsache, mehr Einfluss auf Prozesse und Entscheidungen nehmen zu können, wächst, stellt erfahrungsgemäß einen Motivationstreiber mit großer Wirkung dar. Denn die meisten Menschen wollen Verantwortung übernehmen, sich an ihrem Arbeitsplatz frei entfalten, persönliche Freiheit genießen und ihre Arbeit als sinnstiftend erleben. All dies ermöglicht die Soziokratie – im Rahmen der Kick-off-Veranstaltung sollte dies deutlich werden. Aber die Nachteile und Stolpersteine dürfen nicht verschwiegen werden.

Vermeiden Sie bei der Implementierung soziokratischer Prinzipien folgende Fehler:

- Sie wollen eine „soziokratische Blaupause" nutzen – die aber gibt es nicht. Passen Sie die soziokratischen Prinzipien an Ihre unternehmerischen Gegebenheiten an.
- Sie vergessen den Blick auf das „große Ganze". Soziokratie ist nur möglich, wenn alle Beteiligten von einer gemeinsamen Vision getragen werden. Wer auf eine identitätsstiftende Vision fokussiert ist, ist eher bereit, Einzelinteressen hintanzustellen und sich auf das Gesamtinteresse zu konzentrieren.
- Sie wollen Soziokratie im gesamten Unternehmen einsetzen. Verlangen Sie nicht zu viel: Sie sollten soziokratische Ansätze erst einmal in einem begrenzten Umfang nutzen.
- Sie wollen rasch Erfolge sehen. Allerdings: Es kostet Zeit, alte Denkmuster abzulegen und neue zu entwickeln. Geben Sie Ihren Mitarbeitern und sich selbst diese Zeit.

3.5.3 Schritt 3: Mit überschaubarem Projekt beginnen und Regeln festlegen

Es muss möglich sein, die soziokratischen Prinzipien in einem zeitlich und inhaltlich überschaubaren Pilotprojekt ein- und umzusetzen und erste Erfahrungen zu sammeln. Aber Achtung: Die in dem Pilotprojekt zu treffenden Entscheidungen dürfen keine Aspekte berühren, die das Überleben des Unternehmens betreffen oder gar dessen Existenz gefährden.

Nach den Praxiserfahrungen bei dem erwähnten Pharmaunternehmen hat es sich bewährt, zumindest folgende Spielregeln zu formulieren:

- Jede Entscheidung soll zu einer Verbesserung führen. Alle gehen davon aus, dass alle Beteiligten eine positive Intention haben.
- Die Teammitglieder dürfen keine Angst davor haben, ihre Meinung zu revidieren. In traditionellen Teams ist oft zu beobachten, dass Mitglieder an der einmal geäußerten Ansicht nur deshalb festhalten, weil sie befürchten, ansonsten ihr Gesicht zu verlieren.

3.5.4 Schritt 4: Erfolge feiern und Aufgabenbereiche erweitern

Das Team muss jetzt „loslaufen" und eigene Erfahrungen sammeln. Mitentscheidend bei dem soziokratischen Modell ist, dem Team und den Mitgliedern zu vertrauen und ihnen einen Vertrauensvorschuss zu geben. So wächst die Wahrscheinlichkeit, dass die Mitarbeiter der Geschäftsleitung und dem Management dieses Vertrauen zurückzahlen, vielleicht sogar mit Zinseszinsen.

Wenn das Pilotprojekt erfolgreich abläuft und Rückschläge konstruktiv genutzt werden konnten, sollten die Verantwortlichen die Erfolge anerkennen und feiern – und dem Team immer verantwortungsvollere Aufgaben übertragen.

> Transferieren Sie die Erfahrungen, die Sie in dem Pilotprojekt gesammelt haben, auf weitere Projekte, Mitarbeiter und Abteilungen. Die neuen Kreismitglieder profitieren von den Erfahrungen des Vorreiterteams. Der Selbstorganisationsgrad Ihres lernenden Unternehmens nimmt kontinuierlich nach dem Prinzip Learning by Doing zu.

Wichtige Punkte in Kürze

- Soziokratie ist ein Organisations-, Management- und Führungsansatz, der zu mehr Gleichberechtigung, Transparenz und Partnerschaftlichkeit in den unternehmerischen Prozessen führt.
- Die wichtigsten Prinzipien sind die soziokratische Kreisstruktur, durch die die klassischen hierarchischen Linienstrukturen aufgelöst werden, und die Konsententscheidungen. Demnach kann eine Entscheidung immer getroffen werden, wenn kein Teilnehmer einen schwerwiegenden und gut begründbaren Einwand erhebt.
- Soziokratie lässt sich am besten in einer Atmosphäre der gegenseitigen Wertschätzung verwirklichen und leben. Dazu muss daran gearbeitet werden, eine wertschätzende Kultur zu etablieren.
- Soziokratie ist kein Selbstzweck, sondern eine Möglichkeit, um zu mehr Kundennähe, Mitarbeitermotivation und Effektivität zu gelangen, insgesamt also der Mission des Unternehmens näher zu kommen.
- Ein Unternehmen, seine Führungskräfte und Mitarbeiter müssen reif und kompetent sein, um die soziokratischen Prinzipien und Werte leben zu können. Darum ist Soziokratie nicht für jedes Unternehmen geeignet und sollte behutsam und mithilfe eines Pilotprojekts eingeführt werden.
- Wer die soziokratischen Prinzipien verwirklicht und lebt, hat gute Chancen, sich zu einem agilen und flexiblen Unternehmen zu entwickeln, das über einen hohen Grad an Selbstorganisation verfügt und sich darum an die immer rascher ändernden Rahmenbedingungen in komplexen Märkten anpassen kann.

- Soziokratie ist kein Allheilmittel und auch nicht unbedingt immer die beste Organisationsform. Zwischen einer autoritären Führungskultur und Soziokratie gibt es viele Abstufungen.
- Entscheidend ist: Finden Sie die passendste Organisationsform für Ihr Unternehmen.

Literatur

Amann, S. (2017): „Aufstehen und weitermachen". Interview mit Janina Kugel und Claudia Nemat. In: *Spiegel* 42/2017, S. 74–76

Bittelmeyer, A. (2014): „Tschüss Chef! Führung ohne Führungskräfte". In: *managerSeminare* 196/2014, S. 18–23

Bittelmeyer, A. (2015): „Argument schlägt Hierarchie. Organisationmodell Soziokratie". In: *managerSeminare* 204/2015, S. 76–80

Kühl, S. (1994): *Wenn die Affen den Zoo regieren. Die Tücken der flachen Hierarchien.* Campus, Frankfurt am Main, New York

Lobodda, S.; Schlachte, C. (2017): *Führung und Wertschöpfung. Resonanz erzeugen, innovativ sein, zukunftsfähig bleiben.* Springer Gabler, Wiesbaden

Lobodda, S.; Schlachte, C. (2018): „Soziokratie – das neue Führungsverständnis für die digitale Arbeitswelt". In: *wissensmanagement* 02/2018, S. 36–37

Lobodda, S.; Schlachte, C.; Walgenbach, M. (2018): „Mit mehr Eigenverantwortung zu mehr Dynamik". In: *KMU-Magazin* 01-02/2018, S. 24–27

Lobodda, S.; Schlachte, C.; Walgenbach, M. (2018): „Soziokratie im Start-up". In: *StartingUp* 02/2018, S. 28–32

Lobodda, S.; Walgenbach, M. (2017): „Mehr Wertschöpfung durch agile Zusammenarbeit". In: ayway media (Hrsg.): *Handbuch HR-Management.* ayway media, Bonn, S. 190–193

Madel, M. (2013): „Kollaborativ führen: ein neuer Führungsstil für die moderne Arbeitswelt". In: *DAZ* 27/2013, S. 7

Oesterreich, B. (2016): „Unterschiede zwischen Holokratie und Soziokratie". https://intrinsify.me/unterschiede-zwischen-holokratie-und-soziokratie/

Reimann, S. (2017): „Agilisierung der Unternehmen: Das Ende der Hierarchie?". In: *managerSeminare* 236/2017, S. 18–25

Rüther, C. (2010): *Soziokratie. Ein Organisationsmodell. Grundlagen, Methoden und Praxis.* Seminarunterlage und Einführungstext, 2. korrigierte und leicht aktualisierte Auflage. Kostenloser Download unter www.soziokratie.org

Rüther, C. (2017): *Soziokratie, S3, Holakratie, Frederic Laloux' „Reinventing Organizations" und „New Work".* Books on Demand, Norderstedt

Steven, K. (2013): „Anreize für gute Leistungen: Wie motiviert man Mitarbeiter?". In: *wissensmanagement* 02/2013, S. 46–47

4 Agile Skalierung – das Werkzeug für eine unternehmensweite Übertragung

Valentin Nowotny

Während Scrum in seiner Grundausprägung von vielen Unternehmen z. B. in der IT bereits genutzt und in vielen Fällen auch sehr gut verstanden und umgesetzt wird, sieht es bei Thema agile Skalierung, also den Modellen, welche die Zusammenarbeit vieler unterschiedlicher Scrum-Teams beschreiben, ganz anders aus. Abgesehen von Buzz-Words wie z. B. SAFe, LeSS, DAD, Scrum@Scale oder Nexus ist hierzulande wenig Konkretes bekannt, und die Erfahrungen in der Umsetzung in Unternehmen beschränken sich zumeist auf maximal eines der genannten Skalierungs-Frameworks oder auf eigene Entwicklungen.

> In diesem Beitrag erfahren Sie,
> - welche grundlegenden Skalierungs-Frameworks für Scrum existieren und wie Sie diese auseinanderhalten können,
> - welche Vorteile die unterschiedlichen Ansätze jeweils haben,
> - was auf Ihre Organisation zukommen, wenn Sie sich für ein solches Skalierungs-Framework entscheiden, und was an Alternativen hierzu existiert.

Dieser Beitrag beschäftigt sich mit der Frage, wie die agile Arbeitsweise auf mehrere Teams bzw. auf das gesamte Unternehmen übertragen, „skaliert", werden kann. Agile Skalierung ist eine Wissenschaft für sich, jedoch eine, die unsere Organisationen in den nächsten 25 Jahren vermutlich sehr nachhaltig prägen wird. Während die erste Welle vor allem mit Scrum, Kanban, Design Thinking und Lean Startup Antworten auf die Frage gibt, wie Teams agiler werden können, geben die Ansätze der „agilen Skalierung" in einer zweiten Welle Antworten auf die Frage, wie diese Frameworks im Unternehmen erfolgreich skaliert werden können. Der Management-3.0-Ansatz (vgl. Kapitel 10) öffnet die Tür hingegen zu dem Feld einer „Business Agility", also der Frage, wie ein ganzes Unternehmen in sich agiler werden kann (vgl. Rudd 2016).

Funktioniert die agile Arbeitsweise auf Teamebene, kann sie auf mehrere Teams ausgeweitet und auch auf das gesamte Unternehmen übertragen werden. Sie können so den Fokus, die Flexibilität wie auch die Schnelligkeit nachhaltig erhöhen.

Scrum hat bereits unter Beweis gestellt, dass es einzelne oder mehrere Teams im Unternehmen in einer sehr effektiven Weise darin unterstützt, eine sehr gute Leistung hervorbringen. Der Charme von Scrum besteht darin, dass es sich insgesamt um eine überschaubare Anzahl von Prinzipien und Vorgaben handelt: „Inspect and Adapt", ein interdisziplinäres Team, das sich um die Lösung der Probleme kümmert, etwas von Wert muss spätestens nach 30 Tagen ausgeliefert werden. Eine Stimme spricht für den Kunden. Ein Agility Coach bzw. Change Agent hilft dabei, das Team und auch die gesamte Organisation nach vorne zu bringen. Die Umsetzung ist einfach und für alle schnell nachvollziehbar. Obwohl Scrum Themen, die für größere Unternehmen wichtig sind wie Stabilität, Standardisierbarkeit etc., nicht fokussiert, wird Scrum auch in großen Unternehmen eingesetzt.

Möchte man den Erfolg eines einzelnen Frameworks wie Scrum auf viele Teams ausweiten, dann kommen sogenannte Skalierungs-Frameworks zur Unterstützung infrage. Eine gewisse Bekanntheit bzw. Bedeutung im Markt haben dabei die folgenden erlangt: (1) SAFe, (2) LeSS, (3) DAD, (4) Scrum@Scale oder (5) Nexus.

Bei allen Ansätzen geht es darum, den klassischen Scrum-Prozess, der vor allem zur Bewältigung komplexer Entwicklungsvorhaben entwickelt wurde, auch außerhalb der IT zu nutzen (vgl. Nowotny 2018a). Einige Skalierungsmodelle – wie z. B. SAFe – sind jedoch so komplex, dass sie ohne zusätzliche Expertise in der Regel nicht sinnvoll eingesetzt werden können. Dafür werden hier auch neben der Teamebene die Programm- sowie die Portfolio-Ebene bedient, und die für große Unternehmen hochgradig relevante Release-Planung wird mit dem „Agile Release Train" (ART) unterstützt.

Scrum ist inzwischen zum „Motor des agilen Arbeitens" (vgl. Nowotny, Schaaf 2017) avanciert, wobei die Lenkung, der Getriebestrang, die Kupplung und die Kraftübertragung auf die einzelnen Räder dann in einem größeren Zusammenhang häufig durch agile Skalierungsansätze geregelt werden. Manche Ansätze schauen hierbei stärker auf den Prozess (z. B. DAD), manche stärker auf die Personen und deren Kommunikationsrituale (Nexus), der Fokus ist somit recht unterschiedlich. Das Schmieröl des agilen Arbeitens – um in diesem Bild zu bleiben – ist hingegen das agile Mindset bei allen Beteiligten.

4.1 Zentrale Regeln

4.1.1 Nur loslegen, wenn wirklich erforderlich

Die erste Regel bei der agilen Skalierung heißt „Don't!". Wenn nicht unbedingt erforderlich, sollte man nicht mit der großen Methodenkeule auf die Projekte losgehen. Scrum hat sich auf Einzelteamebene bewährt, allerdings ist es nicht trivial, dies auf Abteilungs-, Bereichs-, Programm- oder Portfolio-Dimensionen „hochzuskalieren". Der Erfolg von Scrum basiert schließlich darauf, dass die wesentlichen erfolgsrelevanten Aspekte auf wenige essenzielle Grundprinzipien reduziert wurden!

In der Studie „The irrational side of change management" von McKinsey erreichen nur 30 % aller Unternehmen die gesetzten Ziele in einem Change-Prozess (Aiken, Keller 2009). Was bedeutet dies? Wenn an einem skalierten agilen Vorgehensmodell dogmatisch festgehalten wird, dann ergibt sich eine recht hohe Wahrscheinlichkeit, dass diese Ziele nicht erreicht werden. Eine inkrementelle Einführung eines skalierten agilen Vorgehensmodells hilft also dabei, dieses nicht geringe Risiko des Scheiterns auf ganzer Front zumindest kleiner zu machen.

Ähnlich dem Golfspiel macht es mehr Sinn, sich mit mehreren Schlägen dem Ziel anzunähern, als auf das seltene „Hole-in-one" zu hoffen, bei dem mit einem Schlag alles erledigt ist. Die Wahrscheinlichkeit für ein Hole-in-one liegt bei den Golfamateuren bei etwa eins zu 10.000, bei den Golfprofis immerhin noch bei eins zu 2.500. Trotzdem: Alles spricht hier für die interaktive Annäherung, sehr wenig nur für den „Big Bang"-Ansatz.

 Es lohnt sich, in die agile Skalierung einzusteigen, wenn die folgenden Punkte zutreffen:
- Es gibt teamübergreifende Abhängigkeiten.
- Es gibt Risiken, die mehrere Teams betreffen.
- Es sind terminierte und koordinierte Lieferungen notwendig.

4.1.2 Sich an agile Prinzipien halten

Die Basis für ein agiles Vorgehen im Unternehmen ist in aller Regel das „Agile Manifest". Auch wenn es inzwischen mit „Modern Agile" eine einfach zu verstehende Fassung des „Agilen Manifests" gibt, so bleiben die vier Kernaussagen, immer noch die Grundlage jedweden Vorgehens:

- Individuen und Interaktionen stehen über Prozessen und Werkzeugen. Werden Individuen und Interaktionen im Unternehmen nicht berücksichtigt, wird man feststellen, dass die Mitarbeiter bei der Einführung einer agilen Transformation zentrale Werte wie etwa die des „Agilen Manifests" kaum leben werden.
- Funktionierende Software (bzw. Produkte) steht über einer umfassenden Dokumentation. Auch und gerade bei einer agilen Transition müssen die Unternehmen funktionierende Produkte liefern.
- Zusammenarbeit mit dem Kunden steht über Vertragsverhandlungen. Auch müssen die Unternehmen darauf achtgeben, dass die Zusammenarbeit mit den Kunden nicht merklich unter der Transition leidet.
- Reagieren auf Veränderungen steht über dem Befolgen eines Plans. In jedem Veränderungsprozess selbst sollte man auch vom Start an offen für weitere Veränderungen und Anpassungen sein. Auch hier sollte ein Plan verfolgt werden, jedoch keinesfalls dogmatisch: „Je üppiger die Pläne blühen, umso verzwickter wird die Tat", wusste einst schon Erich Kästner.

„Modern Agile" umschreibt diese vier Parameter, die im Ergebnis für viele Unternehmen mit „agil" verbunden sind:

- *Make people awesome („Macht Menschen genial")*
  Dies folgt einem wichtigen Gedanken des „Agilen Manifests": Zusammenarbeit mit dem Kunden (hier dem Mitarbeitenden bzw. dem Mitarbeiterteam) steht über Vertragsverhandlungen. Bei guten Produkten geht es darum, den Nutzern etwas an die Hand zu geben, was ihnen gewissermaßen Superkräfte verleiht.
- *Experiment and learn rapidly („Experimentiert und lernt zügig")*
  Das „Agile Manifest" geht davon aus, dass die Reaktion auf Veränderung über dem Befolgen von Plänen stehen solle. Die Erkenntnis, dass sich die Welt schnell dreht und in ständigem Wandel ist, ist vielleicht heute keine so große Überraschung mehr. Stärker noch die Bereitschaft, auf Veränderung zu reagieren, geht es heute um die Fähigkeit, Dinge auszuprobieren und schnell daraus zu lernen.
- *Deliver value continuously („Liefert fortwährend Wertvolles aus")*
  Liefern gehörte von Anfang an zum Kern von Agile, das ist nicht sonderlich überraschend. Wenn Sie vor 20 Jahren einmal pro Jahr lieferten, war dies vielleicht sogar schnell, heute müssen Sie sich fragen, ob Sie mit einem solchen Rhythmus nicht zu den Dinosauriern gehören. Die zweite Seite, der Aspekt des

Wertes, impliziert, dass jeder auch beurteilen kann, was welchen Wert für das Unternehmen generiert. Auch hierfür ist es sinnvoll, jedes Teammitglied in die erforderlichen Strategieprozesse einzubinden.

- *Make safety a prerequisite („Macht Sicherheit zu einer Grundvoraussetzung")*
Psychologische Sicherheit und wechselseitiges Vertrauen werden schon geraume Zeit als Voraussetzung für kreatives, teamorientiertes und hilfsbereites Arbeiten benannt. In einer Angstkultur experimentiert es sich schlecht! Wer fortwährend Sanktionen zu befürchten hat, wird weniger oft eine abweichende Meinung äußern. Diese wäre jedoch erforderlich, um sich auf ein klärendes Experiment einzulassen und die Diskussion zu beflügeln. Individuen und deren Interaktion stehen also sinnvollerweise über Prozessen und Werkzeugen, wie es auch das „Agile Manifest" fordert.

Das Konzept „Modern Agile" in einem Satz: intelligente gemeinschaftlich-wertschaffende Spielzüge statt sequenzieller Staffellauf!

4.1.3 Nur gemeinsam funktionierts

Eine unternehmensweite Ausweitung des Agilitätskonzepts ist alles andere als trivial und stellt unterm Strich eine mitunter sehr umfassende, zuweilen auch dramatische Veränderung der Unternehmenskultur dar. Das, was im Englischen oft auch „Enterprise Agile" genannt wird, wirkt sich auf alle, und damit auf die gesamte Organisation aus. Egal, ob Sie Topmanager, Business-Analyst, Softwareentwickler, Produktleiter oder Senior Expert für Marketing und HR Business Partner sind: Alle sind hier betroffen. Und manche fragen sich, wie ihre derzeitige Rolle in das agil aufgestellte Unternehmen der Zukunft passen wird? Es entstehen Ängste und Widerstände.

Die agile Arbeitsweise verlangt eine gemeinsame Haltung, die geeignet ist, die unterschiedlichen agilen Vorgehensweisen wirksam werden zu lassen. Erfahrungen mit agilen Transitionen legen nahe, dass es für ein agiles Mindset bei allen Mitarbeitenden eines mitunter sehr intensiven und idealerweise auch moderierten Diskussionsprozesses im gesamten Unternehmen bedarf.

Eine wirksame Organisationsveränderung ist immer mit Veränderungen der Unternehmenskultur verbunden (vgl. Spielhofer 2014). Agilität bedeutet im Unternehmenskontext, dass die Organisationsform eine hohe Anpassungsfähigkeit sowie Lernfähigkeit der Teams und der ganzen Organisation erlaubt und erfordert. Unterstützt wird dies durch eine entsprechende Kultur, welche durch ihre Werte

Transparenz, Selbstorganisation, die Entfaltung einer positiven Schwarmintelligenz und eine intensive Einbindung des internen oder externen Kunden durch inkrementelle Auslieferungen erreicht werden kann (vgl. Nowotny 2016).

Die Skalierungsansätze gehen davon aus, dass vor allem die Struktur die Kultur bedingt („culture follows structure") und das entsprechende Mindset der Beteiligten formt. In Deutschland ist jedoch eher die Annahme verbreitet, dass die Struktur der Unternehmenskultur folgt („structure follows culture").

 Agile Skalierungsmodelle verstehen sich primär als strukturgebend und in sekundärer Hinsicht auch als kulturprägend: Die Kultur folgt der Struktur!

Das gewünschte Ergebnis der meisten Organisationsveränderungen ist zumeist eine Steigerung der Unternehmensagilität. Ob dies jedoch primär über eine Kultur- und Strukturveränderung vollzogen werden kann, ist keine Planungsfrage, die am grünen Tisch entschieden werden kann, sondern ebenfalls ein Prozess, der dem agilen Prinzip „Inspect and Adapt" (prüfen und anpassen) folgen sollte.

4.2 Zentrale Skalierungs-Frameworks

Nachfolgend werden die fünf wichtigsten Skalierungs-Frameworks skizziert und in ihren grundlegenden Charakteristika beschrieben. Konkret werden wir uns hier näher mit SAFe, LeSS, DAD, Scrum@Scale sowie Nexus auseinandersetzen. Diese fünf Frameworks sind von ihrer Auslegung her dafür geeignet, einen radikalen und gleichzeitig agilen Veränderungsprozess im Unternehmen zu ermöglichen, sie müssen jedoch trotzdem evolutionär angepasst und idealerweise auch in einem agilen Diskussionsprozess „nachbearbeitet" werden, wenn die agile Transformation tatsächlich gelingen soll (vgl. Lasnia, Nowotny 2018).

Die Gemeinsamkeiten von SAFe, LeSS, DAD, Scrum@Scale und Nexus lassen sich wie folgt zusammenfassen: Alle Frameworks basieren letztlich auf der Idee der inzwischen hinreichend definierten Vorstellung von crossfunktionalen und selbstorganisierten Scrum-Teams, die nun im „Enterprise-Modus" in einer übergeordneten und zum Teil neuen kommunikativen Logik erfolgreich zusammenarbeiten.

Gemeinsam ist allen Ansätzen zudem, dass Scrum auf der Teamebene genutzt wird, dass sich viele Teams ein gemeinsames Backlog teilen, dass die Planung gemeinschaftlich über die Teams hinweg geschieht, zudem dass allgemeine agile Grundmechaniken wie das Pull-Prinzip oder die Selbstorganisation angelegt sind.

4.2.1 SAFe – die komfortable Limousine

SAFe ist die „komfortable Limousine" unter den agilen Skalierungs-Frameworks und nicht nur bei der Bahn sehr populär. Dieses Framework ist hochwertig, wunderbar ausgearbeitet, bietet einen umfassenden Leistungskatalog und es ist auch – vom Schulungsaufwand her – kostspielig in der Implementierung. SAFe bietet in vielerlei Hinsicht „Komfort", beispielsweise, indem viele Antworten geliefert werden, die sonst mühsam erarbeitet werden müssten. Das wäre jedoch eine Übung in der Selbstorganisation, die aus Sicht von manchem Praktiker für agile Transformationen sogar unbedingt erforderlich wäre, um tatsächlich in die Selbstorganisation zu kommen.

4.2.1.1 Grundbegriffe – Grundgedanken

Die genaue Bezeichnung lautet: „Scaled Agile Framework" (kurz „SAFe"). Die theoretischen Grundlagen stammen aus einer Publikation von Dean Leffingwell aus dem Jahre 2011. Die heutige Verbreitung liegt laut dem 12th Annual State of Agile Report vom 9. April 2018 bei rund 29 % unter den rund 1.500 befragten Organisationen, welche zum einen agile Frameworks nutzen und sich zum anderen an der Studie beteiligt haben (vgl. Collabonet 2018).

 Das Skalierungs-Framework SAFe bietet ein großes Bild und einen umfangreichen Werkzeugkoffer zur Gestaltung einer agilen Organisation. Das Modell bildet dabei im Kern drei Ebenen ab: Teamebene, Programmebene sowie Portfolio-Ebene.

Auf der Teamebene hat SAFe eine Anmutung, die sehr stark an Scrum angelehnt ist. Allerdings gibt es Einschränkungen: Zum Beispiel ist es nicht so, dass in jedem Sprint ein „potentially shippable product" erstellt wird. Das würde bei SAFe typischerweise nur in Zusammenhang mit einem sogenannten „hardening sprint" passieren. Der „hardening sprint" ist aus Sicht der Scrum-Erfinder Jeff Sutherland und Ken Schwaber übrigens ein Unwort, da es aus deren Sicht nichts Lehrreicheres gibt, als tatsächlich regelmäßig Inkremente zu liefern (was bei den Sutherland und Schwaber zuordenbaren Skalierungs-Frameworks Scrum@Scale und Nexus auch passiert). SAFe sieht das anders: Wir liefern immer dann, wenn der Release Train kommt und dieser dann auch „bestückt wird", also frühestens alle drei Monate. Ein Zeitraum, der in etwa zwischen dem mit ein bis vier Wochen festgelegten Scrum-Sprint und dem Planungshorizont eines klassischen Großprojekts liegt. Somit ist SAFe ein großer Kompromiss von klassischer und agiler Vorgehensweise, die alleine schon deswegen a) für Großkonzerne attraktiv und b) für agile Fundamentalisten des Teufels ist.

4.2.1.2 Besonderheiten

Dean Leffingwell hat dieses Framework im Jahr 2011 im Detail vorgestellt. Alles beginnt mit dem „PI-Planning", ein Face-to-Face-Großgruppenformat, bei dem sich alles um die Planung des Product Increment dreht. Für dieses Großgruppenformat gibt es in SAFe eine „time box" von ein bis zwei Tagen. Auch ohne SAFe kann diese Vorgehensweise im Sinne eines „big room planning" bei Großprojekten eingesetzt werden.

In dieser „time box" treffen sich alle Teams und planen die nächsten acht bis zehn Wochen gemeinsam. Bei der Planung des „program increments" geht es vor allem darum, welches Team was umsetzt und wie die Abhängigkeiten zwischen den Teams sind. Das Ergebnis wird am „program board" visualisiert. Die zu leistende Arbeit wird dabei in „value streams" aufgeteilt. Damit entsteht ein Zielbild für die nächsten drei Monate.

Die Sprint Backlog Items werden dann in drei Kategorien eingeteilt: (1) Fehlerbehebung (wird vor allem anderen priorisiert), (2) Items vom „big room planning", (3) Themen, die ungeplant zusätzlich umzusetzen sind.

Den Erkenntnissen aus Netzwerktheorie und Zeitmanagement folgend werden bei SAFe die Sprints nur zu 30 bis 70 % „befüllt", um Raum für Fehlerbehebung und Ungeplantes zu lassen.

SAFe arbeitet auf drei unterschiedlichen Ebenen: „Portfolio Level" (Rollen: Portfolio Manager, Enterprise Architect, Epic Owner), darunter das „Program Level" mit den „program increments" (Rollen: System Architect, Product Manager, Release Train Engineer) und schließlich das „Team Level" mit den einzelnen Scrum-Teams (Product Owner, Scrum Master, Entwickler).

Der „Release Train Engineer", der das „program increment" unterstützt, agiert hier gewissermaßen als agiler Coach. In der abgespeckten Version „Essential SAFe" konzentriert sich alles auf einen einzelnen „Agile Release Train" (ART). Im Zentrum soll so agiles Produzieren stehen. Die Erweiterungen folgen dann später, etwa wenn die Organisation wächst bzw. weitere Teile zum agilen Arbeiten übergehen.

Über sogenannte Business Epics (kundenorientiert) und Enabler Epics (technische Lösungen) werden bei SAFe die Zielvorgaben konkretisiert, denen ein übergeordnetes Thema, also ein Investment über eine Zeit von sechs bis zwölf Monaten, zugrunde liegt. Die einzelnen Epics werden dann in die Value-Stream-Ebene heruntergereicht und dort in Capabilities und anschließend in Features aufgeteilt. So lassen sich fast klassisch „Arbeitspakete" schnüren, die entwickelt und dann später über den „Agile Release Train" ausgeliefert werden können.

Aus Sicht eines klassischen Managements können so große Arbeitspakete und entsprechend die Budgets gut portioniert und somit auch geplant werden. SAFe kommt also daher wie ein dicker Tanker, ein Kreuzfahrtschiff, in dem alles verfügbar ist, was für eine luxuriöse Reise benötigt wird, inklusive einer in vielen Punkten bereits festgelegten Reiseroute. Ob man bei einer solchen Reiseform wirklich Land und Leute kennenlernen wird, bleibt jedoch offen. Aber das Ziel lässt sich so zumindest zielsicher ansteuern, und das plastische Bild des „Agile Release Trains" ist vermutlich ein Grund, warum SAFe sich auch bei Konzernen wie der Deutschen Bahn einer gewissen Popularität erfreut.

4.2.1.3 Kritische Würdigung

Bei SAFe wird üblicherweise in zweiwöchigen Sprint gearbeitet, eine große Wichtigkeit haben jedoch, die Dreimonatszyklen, dann nämlich kommt der „Agile Release Train" und holt Fertiges ab, um es an Kunden auszuliefern. Diese große Zeitspanne führt immer wieder zu „politischem Handeln", wie man das aus dem klassischen Projektmanagement kennt. Die Teams schaffen sich ihre Sicherheiten und bauen taktische Puffer auf, denn nach drei Monaten muss ja punktgenau geliefert werden. An diesem Punkt greift dann die folgende informelle Projektmanagementregel: „Puffer, die da sind, werden auch verbraucht!"

Auf den ersten Blick ist zu erkennen, dass wir es mit einer fast überquellenden Menge an Rollen, Levels und Events zu tun haben. Das erhöht das Risiko, dass dieses Framework sehr unflexibel und schwerfällig wird, ähnlich klassischen Prozessen. Dem agilen Prinzip Nummer zehn aus dem „Agilen Manifest" „Simplicity" wird diese Struktur somit wohl nicht gerecht.

Wer mit SAFe einen Change voranbringen will, der schaut vor allem „nach oben", kümmert sich zuerst um die Portfolio- und Programmebene, und „weiter unten" wird dann die eigentliche Arbeit verrichtet. Insofern ist das zentrale Schaubild von SAFe rein optisch ein Abbild der klassischen Welt: Es sieht ein bisschen wie ein Wasserfall aus (auch wenn hier wohl ursprünglich eine ganz andere, nämlich eine im Kern agile Intention grundlegend für die Entwicklung gewesen sein dürfte). Dies kollidiert etwas mit der agilen Weltsicht, in der das Organigramm auch gerne einmal umgedreht oder als Netzwerkstruktur gedacht wird.

Unten auf dem großen SAFe-Bild sind zentrale Werte (Alignment, Built-in Quality, Transparency etc.), das Lean-Agile Mindset, WiP-Limits und Ähnliches „versteckt". Dies liegt dem Framework SAFe zwar zugrunde, allerdings gehen diese für das agile Arbeiten zentralen Dinge aufgrund der sehr umfassenden mehrstufigen Strukturen zuweilen unter.

 Die insgesamt sehr komplizierte Struktur von SAFe geht einher mit einem hohen initialen Schulungsaufwand. Die Frage, die sich stellt, ist: Wird durch so viel Struktur nicht der Blick auf das Wesentliche verstellt, da in SAFe praktisch alles vorgegeben ist? Das beginnt mit sehr stark strukturgebenden Elementen wie den „Agile Release Train", der nicht sehr viel Raum für Selbstorganisation lässt. Auf der anderen Seite sorgt dies jedoch für Stabilität und eine gewisse Berechenbarkeit, was viele Großunternehmen von ihrem Selbstverständnis her benötigen (vgl. Vollmer 2017).

Die Vermutung „Wenn ihr SAFe macht, seid ihr safe!" könnte jedoch mitunter trügerisch sein. Denn obwohl SAFe bei den Skalierungsmethoden mit etwa 30 % über einen hohen Verbreitungsgrad verfügt, wird es in der Agile Community nicht mit Kritik verschont: Für viele wird mit SAFe eine Art Scheinagilität dargestellt, bei der die Teams dann vorab definierte Themen umzusetzen hätten, eine Selbstorganisation sei somit nicht erforderlich, und deshalb würde diese auch nicht stattfinden. Ohne Selbstorganisation jedoch sei jedes agile Vorgehen zum Scheitern verurteilt, ob nun skaliert oder nicht. Das Gegenargument hierzu ist, dass jede selbstorganisierte Einheit in einer größeren Organisation auch eine Art „Silo" darstellen kann, welches sich vom Rest der Organisation entfernt, und somit auch hier Gefahren lauern.

Jurgen Appelo bläst in ein ähnliches Horn und verpackt seine Kritik in die folgenden Worte: „Someone asked about the difference between SAFe and Agile. That's like asking about the difference between apple pie and fruit." SAFe also als eine Art weich gekochte Form des ursprünglich knackig-agilen Vorgehens, demnach also eher ein Schatten seiner selbst und somit aus dieser Sicht nicht unbedingt empfehlenswert!

Positiv fällt auf, dass es sich um ein sehr umfangreiches im Detail ausgearbeitetes agiles Framework auf drei unterschiedlichen Ebenen handelt, bei dem Kunden nichts „Halbgares" vorgesetzt werden soll. Vermeintliche Sicherheit für Großprojekte kann SAFe nicht garantieren, es ist eher zu verstehen als eine agile Skalierung auf Shu-Level, also einem Einstiegslevel mit nur eingeschränkter Flexibilität. Es umfasst alle Ebenen einer Organisation, verfügt über hilfreiche Instruktionen, unterstützt die Zusammenarbeit zwischen Teams und sorgt im Fokus dafür, dass alle sich auf den Release konzentrieren.

Kritisieren lässt sich, dass es ein stark präskriptives Framework ist, das auf Kunstgriffe wie den „hardening sprint" zurückgreift, um dann von hinten heraus die Codebasis zu verbessern. Zudem kann die Agilität in den einzelnen Teams aufgrund der umfassenden Programm- und Portfolio-Schichtungen zu kurz kommen, was im negativen Fall die Ergebnisseite beeinträchtigen kann.

4.2.2 LeSS – der Rennwagen

„Less is not less save than SAFe" ist eine Überzeugung, die gelegentlich anzutreffen ist. Das Framework „LeSS" (Large-Scale Scrum) wurde von Craig Larman und Bas Vodde entwickelt und hatte seine ersten Einsatzfelder im Bereich der Finanz- und Telekommunikationsbranche gefunden. Es basiert auf der Grundidee, die Prozesse so einfach und klein wie möglich zu halten, also mit minimalem Aufwand mehrere Teams „zum Laufen zu bekommen". Dazu bedarf es lediglich einer Handvoll an Regeln.

Laut Craig Larman und Bass Vodde gibt es nur eine primäre Regel für alle „scaled frameworks": Lassen Sie die Finger davon! Und zwar dann, wenn es auch ohne Skalierung geht! Anders gesagt: Gehen Sie öfter mal zu Fuß und nutzen Sie Transportmittel nur dann, wenn es sich nicht vermeiden lässt, so lebt es sich gesünder!

4.2.2.1 Grundbegriffe – Grundgedanken

Die Grundidee: Was muss ich zu Scrum noch dazugeben, damit es mit mehreren Teams funktioniert? Ein wichtiger Grundgedanke ist, bereits funktionierende Scrum-Teams nicht nach Projektende aufzulösen, sondern als langfristig agierende „scrum facility" zu etablieren, die in verschiedenen Projekten tätig sind. Es gibt mehrere Scrum Teams mit nur einem Product Owner und einem gemeinsamen Backlog. Die Sprints laufen parallel mit dem Ziel, alle Ergebnisse in ein einziges, gemeinsames PSPI (Potentially Shippable Product Increment) zu implementieren. Die Scrum-Events „Sprint Planning", „Sprint Review" und „Sprint-Retrospektive" finden in allen Teams gleichzeitig, also parallel, statt.

Der Prozess ist sehr stark an Scrum angelehnt. Ähnlich dem Scrum Guide handelt es sich bei LeSS um ein sehr reduziertes, man könnte auch sagen kondensiertes Konzept. Der Body of Knowledge, der dann in der Umsetzung von allen Beteiligten einzubringen ist, ist dabei wesentlich größer. LeSS kann in der Basisvariante für bis zu acht Teams skaliert werden.

Drüber hinaus gibt es noch „LeSS Huge". Hier können mehr als acht Teams skaliert werden. Wenn mehr als acht Teams an einem Product Backlog (BP) arbeiten, wird dieser in mehrere Area-Product-Backlogs (A-PBs) unterteilt. Jedem A-PB werden vier bis acht Teams zugeordnet, und jede Area bekommt dann einen eigenen Area Product Owner (A-PO).

4.2.2.2 Besonderheiten

Anders als SAFe verfolgt LeSS die Philosophie, dass so wenig wie möglich im Vorhinein festgelegt werden soll, weniger ist also gewissermaßen mehr, wie der Name hier schon andeutet. Die zehn wichtigen Prinzipien von LeSS lauten:

- Large-Scale Scrum ist Scrum
- Transparenz
- More with LeSS
- Whole Product Focus
- Kundenzentrierung
- Kontinuierliche Verbesserung

- Lean Thinking
- Systems Thinking
- Empirische Prozesskontrolle
- Queuing-Theorie

Letzteres bedeutet, dass der Product Owner auch Dinge wegschmeißen soll, wenn die Schlange zu lang wird, um so den Durchsatz zu erhöhen. Jedes Team arbeitet also erst mal mit „echtem Scrum", wobei im Sprint Planning und bei der Retrospektive die folgenden Abweichungen vorgesehen sind:

- Das Sprint Planning wird in zwei Teile aufgesplittet. In ersten Teil treffen sich Repräsentanten aus den Teams zu einer gemeinsamen Sitzung, in der geplant wird, welche Product Backlog Items (kurz „PBIs") aus dem Backlog in den Sprints umgesetzt werden sollen. Im zweiten Teil beschließen dann die Teams intern, wie die PBIs im kommenden Sprint umgesetzt werden, und bauen dann ihr eigenes teamspezifisches Sprint Backlog auf.
- Auch die Retrospektive wird in zwei Teile aufgeteilt. Der erste Teil ist die „interne" Retrospektive jedes Scrum-Teams. Im zweiten Teil treffen sich dann die Repräsentanten aus jedem Team, um gemeinsam eine Retrospektive abzuhalten, um Punkte zu identifizieren, die nicht vom Team selber gelöst werden können.

4.2.2.3 Kritische Würdigung

Eines der wichtigsten Ziele von LeSS ist es, die Softwarecodebasis radikal zu entkoppeln und so die organisationale Komplexität zu reduzieren. Darüber hinaus macht LeSS viele Anleihen aus der Lean-Welt und stellt ein insgesamt sehr offenes Konzept dar.

Einzelne Teammitglieder können beispielsweise stellvertretend für das ganze Team die Backlog Items auswählen. Dies steht allerdings etwas im Widerspruch zum agilen Mindset, das auf Vertrauen, gemeinsamen Teambeschlüssen, Transparenz und gleichem Wissensstand basiert. Auch bei der gestaffelten Retrospektive kann der Einwand gebracht werden, dass die Teams gegebenenfalls ihre Komfortzone nicht verlassen möchten und unbequeme Themen so in die übergreifende Runde abgeschoben werden.

 Alles in allem ist LeSS eine der agilsten Skalierungsmethoden, Teams, die bereits Scrum praktizieren, wird diese Form der Skalierung somit natürlich und vertraut vorkommen. Der Nachteil: LeSS ist am wenigsten präskriptiv, d. h., es gibt hier einiges an Lücken, welche eine Organisation in der Regel noch auffüllen muss.

4.2.3 Scrum@Scale – das Tandem

Jeff Sutherland, einer der Gründer von Scrum, hat das „Meta-Level-Framework" Scrum@Scale entwickelt. Es besteht aus einem „Product Owner Cycle" (PO-Cycle) und einem „Scrum Master Cycle" (SM-Cycle) sowie einigen weiteren Prinzipien bezüglich Metriken und Transparenz. Für jeden der beiden „Kreise" wurde eine Liste von Fragen definiert, die es zu beantworten gilt, wenn das „normale Scrum" skaliert werden soll.

Der Charme von Scrum@Scale besteht darin, dass beide Kreise dafür sorgen, dass auch der Ausgangspunkt überarbeitet werden kann. So gesehen ist Scrum@Scale sehr viel agiler angelegt als etwa SAFe, bei dem in der Tendenz eine eher unidirektionale Einflussnahme, nämlich „von oben nach unten", vorgesehen ist.

4.2.3.1 Grundbegriffe – Grundgedanken

„There is no silver bullet!", könnte man den zugrunde liegenden Glaubenssatz von Scrum@Scale formulieren. „Scrum at Scale" ist die Antwort der Scrum Inc. (Jeff Sutherlands Firma) auf die Frage, wie man die Skalierung von Scrum auch in großen Organisationen entwickeln und gestalten kann.

Daher sind in dem Modell zum einen ein „Product Owner Cycle", zum anderen der „Scrum Master Cycle" angelegt, die einen Rückfluss von Informationen an das Produkt- und Release-Management vorsehen, was dann wieder in die Überarbeitung bzw. Verfeinerung der strategische Vision Eingang findet.

4.2.3.2 Besonderheiten

Für den PO-Cycle, den SM-Cycle und für einen weiteren Bereich sind zentrale Fragestellungen formuliert:

- **Der PO-Cycle**

    Strategische Vision: Wohin wollen wir mit unserer Firma bzw. unseren Produkten?

    Backlog-Priorisierung: Was ist das Wichtigste auf Ebenen der Firma bzw. des Portfolios bzw. im Projekt?

    Backlog-Refinement: Wie verteilen wir die Tasks auf die Teams und wie führen wir die entsprechenden Events dafür durch?

    Release-Planung: Wie können wir unsere Auslieferungen planen? Was soll wann geliefert werden?

    Release-Management: Wie synchronisieren wir die Teams, um eine reibungslose Einführung des Produkts zu ermöglichen?

    Produkt- und Release-Feedback: Wie bekommen wir Feedback über die letzten Release-Features von Nutzern bzw. Kunden und wie erfahren dies die Teams?

- **Der SM-Cycle**

    Cross-Team-Koordination: Wie können wir die verschiedenen Scrum-Teams so koordinieren, dass dieselben Arbeiten nicht mehrfach durchgeführt werden?

    Laufende Optimierung und Auflösen von Hemmnissen: Wie können wir sicherstellen, dass sich alle Teams ihrer Fähigkeiten bewusst sind und konstant versuchen, das eigene Skillset zu verbessern? Wie können wir sicherstellen, dass alles, was aus dem Team an Hemmnishinweisen kommt, auch dann gelöst wird, wenn es außerhalb ihres Kompetenzbereichs liegt?

- **Metriken und Transparenz**

    Wie können wir messen und feststellen, dass wir alles richtig umgesetzt haben? Wie können wir sicherstellen, dass jeder Zugang zu diesen Informationen hat?

4.2.3.3 Kritische Würdigung

Der Vorteil dieser Methode liegt darin, dass es keine festen Vorgaben gibt und Scrum@Scale am besten geeignet erscheint, konkrete Hinweise für die Entwicklung eines eigenen „Agile Corporate Frameworks" (ACF) abzuleiten.

Gerade die beiden „Cycles" (PO-Cycle und SM-Cycle) sind sehr gute Hilfestellungen, um wichtige Feedbackschleifen zu beschreiben und sicherzustellen, dass zentrale agile Grundgedanken in einem eigenen Framework nicht zu kurz kommen.

4.2.4 Nexus – das Rennrad

„Nexus, the Framework for Scaling Scrum" wie es offiziell heißt, wurde von Ken Schwaber erarbeitet und erlaubt es, Teams mit bis zu 80 Personen in einem „Nexus" kooperativ zusammenzuschließen und in jedem Sprint ein integriertes Produktinkrement auszuliefern.

Ähnlich dem Fortbewegungsmittel „Rennrad" kommt es also mit relativ wenig „Technik" aus, dafür sind die erzielbaren Produktivitätsschübe inklusive der Integrationsleistungen dieses Frameworks sehr ansehnlich.

4.2.4.1 Grundbegriffe – Grundgedanken

Nexus ist ein neuerer Skalierungsansatz direkt aus dem Herzen der Scrum-Zertifizierungsindustrie, der von Vertretern der Scrum.org rund um Ken Schwaber entwickelt wurde und im Jahre 2015 seine erste Verbreitung fand.

Als Vorgänger von Nexus darf „Scrum of Scrum" (kurz „SoS") gelten, ein Konzept Jeff Sutherlands aus dem Dezember 2011 (vgl. Sutherland 2001). Dieser eher einfach gehaltene Ansatz zur Abstimmung über mehrere Teams hinweg sieht im Kern vor, dass Vertreter der beteiligten Scrum-Teams in ein übergeordnetes Meeting, dem „Scrum of Scrum", entsandt werden, um sich dort zu teamübergreifenden Themen austauschen zu können.

Für eine kleinere Zahl von Teams, die in einem ähnlichen Kontext arbeiten, funktioniert dies gut, allerdings handelt es sich um wechselseitige Austauschprozesse, die Planungsanforderungen von den meisten größeren Organisationen werden hierdurch nicht unterstützt (vgl. Derby 2011).

Der Nexus in der heutigen Form limitiert seinen Geltungsrahmen auf Organisationen mit bis zu neun Teams mit bis zu neun Mitgliedern, zusammen mit dem Scrum Master also bis zu zehn Personen pro Gruppe. Daraus ergibt sich rechnerisch eine maximale Größe von 90 Personen, die in einem Nexus zusammenarbeiten können. Ähnlich wie bei LeSS wird hier der ursprünglichen Scrum-Struktur wenig zugefügt. Es gibt jedoch neue Rollen, nämlich die Mitglieder des Nexus Integration Teams.

> Ziel des Nexus-Frameworks ist es, ein Prozessrahmenwerk für drei bis neun Scrum-Teams zu schaffen, die gemeinsam ein integriertes Produkt erzeugen. Die Hauptziele von Nexus bestehen (1) in der Minimierung von Abhängigkeiten zwischen den parallel arbeitenden Teams sowie (2) in der Reduktion der Integrationsprobleme durch die regelmäßig erzeugten Produktinkremente. Das ist ähnlich zu verstehen wie der „Whole Product Focus" bei LeSS.

Im Gegensatz zu den komplexeren Skalierungsansätzen wie SAFe oder DAD gibt sich das Nexus-Framework jedoch minimalistisch. Grundbaustein ist und bleibt der agile Ansatz Scrum. Durch die Minimierung von Abhängigkeiten zwischen den einzelnen Scrum-Teams und die Anforderung, dass alle Teams ihre Arbeit in einer gemeinsamen Umgebung integrieren, geht Nexus einen pragmatischen Weg bei der Skalierung.

Die Reduktion der Abhängigkeiten zwischen den Teams (ähnlich dem Spotify-Modell, vgl. Nowotny 2017) und die Bereitstellung zusätzlicher Rollen, konkret die Mitglieder des Integrationsteams, schafft Nexus sehr effizient die erforderlichen Strukturen, um auch mit mehreren Scrum-Teams erfolgreich sein zu können und dies auf intelligente Weise kommunikativ zu begleiten.

4.2.4.2 Besonderheiten

Bei einem Nexus gibt es zusätzlich zur unveränderten Scrum-Logik auf der Teamebene das sogenannte Nexus Integration Team. Dieses ist zusammengesetzt aus:

- Nexus Product Owner – alleinig verantwortlich für Produktentwicklung, d. h. die Fertigstellung eines integrierten Teilelements während der Dauer des Sprints.
- Nexus Scrum Master – verantwortlich für das Verständnis und die Umsetzung des Nexus-Rahmenwerks.
- Nexus-Integration-Teammitglieder – verantwortlich für ein einheitliches Verständnis und den Einsatz der Praktiken und Werkzeuge in den Scrum-Teams.

Das Nexus Integration Team hat die folgenden Aufgaben: coachen, koordinieren und Sicherstellung der korrekten Ausführung der parallelen Entwicklungsarbeiten nach Scrum.

Im Nexus-Framework gibt es ein gemeinsames Product Backlog sowie pro Team ein eigenes Sprint Backlog. Zusätzlich existiert bei diesem Ansatz ein zentrales Nexus Sprint Backlog. Pro Sprint enthält dieses die ausgewählten Product-Backlog-Einträge der Scrum-Teams sowie deren Abhängigkeiten zueinander.

Zusätzlich zu dem klassischen Daily Scrum und der Sprint-Retrospektive gibt es bei Nexus einen Nexus Daily Scrum und eine Nexus-Sprint-Retrospektive mit ausgewählten Vertretern der Teams. Eine Sichtung des Gesamtergebnisses erfolgt teamübergreifend im Nexus Sprint Review, in dem stets ein integriertes Produktinkrement vorgestellt wird.

4.2.4.3 Kritische Würdigung

Wenn Scrum im Unternehmen bereits eingesetzt wird, dann sollte Ihnen die Skalierung mittels des Nexus Frameworks eher leichtfallen. Im Kern wird auch bei einem Nexus Scrum praktiziert, ergänzt durch eine überschaubare Zahl von zusätzlichen Meetings, Ergebnistypen und Regeln. Der auch in Deutsch verfügbare „Nexus Guide" umfasst in der Fassung vom Januar 2018 ganze 14 Seiten (vgl. Schwaber 2018). Zudem bietet die Organisation Scrum.org eine online-basierte Nexus-Zertifizierung an, deren Grundlagen mit überschaubarem Aufwand verstanden und verinnerlicht werden können.

Schwierig für größere Unternehmen ist bei Nexus die Limitierung auf maximal neun Teams. Sind für ein Produkt 100 und mehr Personen erforderlich, werden Struktur- und Ablaufkonzepte erforderlich, die Nexus nicht bietet. Der Fokus des Rahmenwerks liegt auf dem Integrationsteam und der intensiven Kommunikation in einer Scrum-of-Scrums-Logik. Zudem gibt Nexus keine Anhaltspunkte, wie der agile Entwicklungsprozess beispielsweise mit dem Projekt-Portfolio-Management, dem laufenden IT-Betrieb oder mit Strategie- und zuweilen erforderlichen Planungsprozessen verzahnt werden kann.

4.2.5 Disciplined Agile Delivery (DAD) – Vorsprung durch Technik!

Disciplined Agile Delivery ist ein Entscheidungsprozess-Framework und stellt einen lern- und personenzentrierten Ansatz dar, um vor allem IT-Lösungen im Sinne eines „risk-value life cycle" zielorientiert in einem größeren Unternehmenskontext anbieten zu können. Die vier zentralen Prioritäten sind wie folgt zu fassen: (1) Menschen zuerst, (2) Lernorientierung, (3) Agilität sowie (4) Hybridität. Dieses

Vorgehen wurde maßgeblich von Scott Ambler geprägt, der von 2006 bis 2012 als Chef-Methodologe für IT bei der Firma IBM arbeitete (Ambler 2012):

> *„Many agile methodologies–including Scrum, XP, AM, Agile Data, Kanban, and more–focus on a subset of the activities required to deliver a solution from project initiation to delivery. Before DAD was developed, you needed to cobble together your own agile methodology to get the job done".*
>
> Scott Ambler

4.2.5.1 Grundbegriffe – Grundgedanken

Bei DAD geht es um die Entscheidungen, die getroffen werden müssen, um am Ende eine bestimmte Organisationsqualität zu erreichen. DAD sagt nicht, wie diese im Einzelnen ausfallen müssen, stellt jedoch all jene Entscheidungspunkte zusammen, die für eine erfolgreiche Skalierung beantwortet werden sollten.

Dabei werden drei unterschiedliche Phasen unterschieden, zudem gibt es zusätzliche primäre und sekundäre Rollen. Die Größe des Gesamtteams ist bei DAD nicht limitiert. Somit eignet sich das Skalierungs-Framework auch für komplexe internationale Organisationen, die mit ihren Arbeitsteams geografisch weltweit verstreut sind.

4.2.5.2 Besonderheiten

Die Besonderheit von DAD liegt in der initialen Unterscheidung von drei unterschiedlichen Phasen: (1) Inception-Phase, (2) Construction-Phase und (3) Transition-Phase. Alle drei Phasen werden zum Start benutzt, am Ende schrumpft die Arbeit in einem DAD-Kontext jedoch in der zweiten Phase zusammen, da z. B. der eigentlichen Arbeit vorgelagerte Planungsprozesse, welche in der Inception-Phase abgebildet werden, mit wachsender Praxis typischerweise kleiner ausfallen. Dasselbe gilt für die der Entwicklung nachgelagerten Transition-Phase, auch diese wird im Laufe der Arbeit anteilsmäßig geringer. Damit baut DAD eine Brücke zwischen traditioneller Projektplanung und im engeren Sinne agiler Arbeitsweise. Vergleichen mit z. B. LeSS, welches ein sehr adaptives Framework darstellt, ist DAD vergleichsweise präskriptiv, beispielsweise in der Formulierung der zusätzlichen primären und sekundären Rollen.

Die fünf primären Rollen sind: (1) Stakeholder, (2) Product Owner, (3) Team Member, (4) Team Lead sowie (5) Architecture Owner. Jede dieser primären Rollen ist mit bestimmten Verantwortlichkeiten verbunden, die entsprechend erfüllt werden müssen.

Die fünf sekundären Rollen hingegen sind flexibler angelegt. Zunächst einmal sind hierbei zu nennen: (1) Domain Expert, (2) Specialist, (3) Technical Expert, (4) Independent Tester und schließlich (5) Integrator. Im Prinzip ist eine sekundäre Rolle eine Art „Jacke", die ein einzelnes Teammitglied sich anzieht, diese eine Weile trägt und sie dann wieder ablegt bzw. weitergibt. Damit versucht DAD sehr pragmatisch, bestimmte Themen lösbar zu machen, und folgt damit dem agilen Führungsleitbild einer geteilten Führung („shared leadership").

Der Begriff des Hybriden meint bei DAD den Rückgriff auf traditionellere Quellen wie verschiedene Varianten eines sogenannten „unified process". Verglichen mit Scrum legt DAD mehr Wert auf die Architektur, technische Fragen der Risikoreduktion sowie die Benennung eines „architecture owners". Viele weitere Begrifflichkeiten erinnern an die Scrum-Welt, interessant ist die Begrifflichkeit „potentially consumable product" anstelle des „potentially shippable product" bei Scrum.

4.2.5.3 Kritische Würdigung

Positiv kann man sagen, dass der Fokus auf die Architektur bzw. das Design dazu führen kann, dass am Ende qualitativ bessere Produkte entstehen.

Nachteilig wirkt sich die relativ geringe Verbreitungsrate aus und damit verbunden eine kleinere Support-Infrastruktur, da so vonseiten DAD weniger konkrete Unterstützung geleistet werden kann.

> Insgesamt ist DAD eine anspruchsvolle Herangehensweise, die es grundsätzlich erlaubt, auch viele Teams „unter einen Hut" zu bekommen. Dies erfolgt nicht, indem Dinge vorgeschrieben werden, sondern indem auf den unterschiedlichen Ebenen immer wieder entsprechende strukturrelevante Fragen gestellt werden.

■ 4.3 Ein eigenes Framework entwickeln?

Agile Organisationen sind ein relativ neues Phänomen in der Organisationsgeschichte, einige Vorreiter haben allerdings bereits ihre „hauseigenen" agilen Modelle etabliert: Spotify arbeitet mit der Spotify Engineering Culture, der Berliner Videoserviceanbieter MovingImage24 implementiert mia, das movingimage agile framework.

Sie können auf eines der Frameworks zurückgreifen und externes Know-how ins Haus holen. Oder Sie können selbst denken, ausprobieren und dabei Erfahrungen sammeln und so ein eigenes agiles Framework kreieren.

Checkmöglichkeit für Ihr eigenes „Agile Corporate Framework"

- Was ist unser Verständnis von Agilität?
- Wie wollen wir Selbstorganisation bei uns organisieren?
- Welche agilen Werte sind für uns wichtig?
- Wie organisieren wir Leadership in unseren Arbeitsteams?
- Wie sorgen wir für integrierte Produkte und Services?
- Auf welche Rituale und Meeting-Formate greifen wir dabei zurück?
- Welche Rollen spielen dabei die unterschiedlichen agilen Methodenwelten wie Scrum, Kanban, Design Thinking oder Lean Startup?
- Wie viel Vorstrukturierung brauchen wir und wie viel dürfen unsere Teams und auch das Management selbst entdecken?
- Welchen Auftrag haben bei uns die Führungskräfte und wie ist deren Führungsverständnis beschaffen?

Gerade jüngere Führungskräfte brauchen gelegentlich brauchbare Teamrituale, Meeting-Formate und Managementtools, die sichtbar und greifbar sind. Themen wie Prinzipien, Werte und das Mindset sind weniger sichtbar, dafür jedoch noch wirksamer. Beides muss in einer agilen Organisation auch miteinander verwoben werden.

Das Shu-Ha-Ri-Modell hilft bei der Entscheidung. Dieses von Alistair Cockburn von der asiatischen Kampfkunst in die Softwareentwicklung überführte Modell beschreibt unterschiedliche Stufen eines Lernprozesses. Das Shu-Ha-Ri-Modell – auf Deutsch am besten mit Kennen-Wissen-Können-Modell zu übersetzen – sagt im Kern Folgendes:

- In der Shu-Phase erlernen und befolgen die Team- oder Projektmitglieder einzelne Praktiken des Vorgehensmodells exakt so, wie sie vom „Lehrer", „Trainer", „Berater" oder „Experten" vermittelt worden sind.
- In der Ha-Phase beginnen die Teams, die gegebenen Praktiken zu variieren und diese stärker an die eigene Situation anzupassen. Die Teams emanzipieren sich langsam von der Person, welche die Konzepte initial vermittelt hat.
- In der Ri-Phase werden dann komplett eigene Praktiken entwickelt, das System wird weitergedacht und stärker in den Kontext eingepasst.

Es geht also darum, sich Stück für Stück von den ursprünglich vermittelten Inhalten und Vorgehensweisen zu lösen und am Ende zu eigenen Praktiken zu kommen. Die „blinde" Übernahme von Skalierungs-Frameworks „out of the box" entspricht dabei der Shu-Phase. Über die Ha- und die Ri-Phasen erfolgen dann die Verfeinerungen.

Alternative Wege zu einer agilen Organisation sind beispielsweise klassische Schulungselemente im Unternehmen, wie ein Scrum-Training, eine Kanban-Schulung oder eine angeleitete Design-Thinking-Session. Auch so wird zunächst ein Grundstein gelegt, der dann auf Basis eines wachsenden Wissens und Verständnisses sowie erster Erfahrungen weiter variiert, abgewandelt und verfeinert werden kann.

Eine dogmatische Anwendung eines einzelnen Skalierungsmodells widerspricht dem agilen Grundgedanken. Hilfreich ist es, sich vor Augen zu halten, dass häufig tatsächlich Mischformen der unterschiedlichen Modelle Eingang in die tägliche Praxis finden. Die agilen Skalierungsmodelle in ihrer jeweiligen Reinform sind zwar als Blaupausen gedacht, Eins-zu-eins-Umsetzungen sich jedoch eher selten. Der Trend geht dahin, unterschiedliche agile Ansätze zu integrieren im Sinne einer Best-of-Breed-Lösung.

Denn generell ist es für eine Organisation, die sich aufgemacht hat, agil zu werden, sinnvoll, das eigene Agilitätsverständnis in einem „Agile Corporate Framework" festzuhalten, erst dann tritt das geduldete Experimentieren einiger weniger aus dem Schatten des Geduldetseins heraus, und es wird ein Pfad geebnet für eine konzertierte gemeinsame Bewegung hin zu mehr Agilität im Unternehmen. Das erfordert in der Regel einen moderierten und am Konsens orientierten Diskussionsprozess im Unternehmen (vgl. Lasnia, Nowotny 2018). Agile Skalierungsmodelle stellen eine reichhaltige Quelle für ein solches unternehmensspezifisches Modell dar.

Neben den Skalierungs-Frameworks können strukturelle Themen auch mit z. B. Management-3.0-Tools angegangen werden, welche auch explizit auf der Strukturebene ansetzen wie z. B. „Meddlers".

Darüber hinaus ist die Frage zu stellen, ob die gewählte Skalierungsvariante auch mit „Modern Agile" bzw. mit dem Agilen Manifest kompatibel ist.

Wenn Ihre Skalierungs-Fragestellungen vor allem um Themen wie Formalien und Absicherung kreisen, dann sollten Sie die Umsetzung eher bleiben lassen.

Welches Framework in welchen Kontext passt, muss am Ende jede Organisation selbst entscheiden. Wichtig bei alldem ist: Agiles arbeiten bedeutet nicht einfach nur, sich an neue Meeting-Formate zu gewöhnen und regelmäßig Prototypen zu zeigen und zu verbessern, sprich agile Rituale zu verfolgen. Hier ergibt sich die Gefahr, dem sogenannten Cargo-Kult zu erliegen: Ohne in der Tiefe wirklich zu verstehen, worum es in Bezug auf die Haltung, Methodik und Psychologie wirklich geht, werden Praktiken am Ende im Sinne des Cargo-Kult-Phänomens falsch eingesetzt – und die erhoffte Veränderung bleibt dann entsprechend aus (vgl. Nowotny 2018b).

Wichtige Punkte in Kürze

Wirkliche Agilität fußt auf einer Wertewelt, die Mitarbeitenden in Teams zu kooperativen, adaptiven und innovativen Verhaltensweisen anregt. Dabei stellen die Praktiken, Artefakte und Rituale der diversen agilen Vorgehensmodelle lediglich ein Gerüst oder eine Struktur dar, in welcher das (Aus-)Leben agiler Werte und Prinzipien möglich wird. Ist das nicht gegeben, wird Scrum auch in skalierter Form das Versprechen einer besseren Arbeitswelt nicht einlösen können, was zu Frustration und letztlich zur Ablehnung bei den Mitarbeitenden führt.

Außerdem gilt festzuhalten: Wenn man die Frameworks für „Enterprise Agile" nicht als einen das ganze Unternehmen umfassenden Veränderungsprozess versteht, wird es ein reines „Malen nach Zahlen" werden, und damit weit hinter dem zurückbleiben, was bei einer sinnhaften Anwendung an Fortschritt geschaffen werden könnte!

Es bietet sich an, bei agilen Transformationsprojekten auf einzelne Grundgedanken der Skalierungsmodelle zurückzugreifen. Oftmals ist es jedoch sehr viel spannender, künftige Strukturen mit den Beteiligten in Workshops und sogenannten „Agility Checks" (vgl. Lasnia, Nowotny 2018) bzw. mit dem Management-3.0-Tool „Meddlers" in der Organisation selbst zu erarbeiten. Interessant ist auch das Beispiel von MovingImage24, die für sich das sogenannte mia Framework realisiert haben: Hier werden Scrum und Kanban integriert skaliert, bei einem Unternehmen, das es wirklich gibt und wo sich Interessierte ein eigenes Bild verschaffen können (MovingImage 2016).

Auch der Ergebnisabgleich über die vergleichsweise einfachen nachvollziehbaren vier Dimensionen von „Modern Agile" erlaubt es, relativ schnell zu beurteilen, ob die eingesetzten Skalierungsmodelle wirklich unterm Strich die Agilitätsbilanz verbessern oder ob es sich im Kern dann doch eher um bürokratischen Ballast handelt und keine echte Agilität geschaffen wird. Viele Unternehmen werden in nicht allzu ferner Zukunft ihre eigenen agilen Frameworks formulieren und definieren. Die Aufgabe besteht hierbei darin, einen gut moderierten Prozess zu schaffen, der allen Beteiligten gerecht wird und gleichzeitig eine hohe Umsetzungsmotivation freisetzt!

Die Agilität von Unternehmen ist kein Zielort, an dem man einfach ankommen könnte. Es ist eine spannende Reise mit vielen Unbekannten, die sich nur sehr bedingt im klassischen Sinne planen lässt. Zudem ist ein ausreichendes Maß an agiler Führung und Sachverstand erforderlich. Sich auf das Thema agil einlassen heißt auch, dass sich ein Unternehmen sodann in einem permanenten Chance-Prozess befinden wird. Eine gute Wanderkarte und ein Guide für die eigenen Führungskräfte sind jedoch unerlässlich, wenn Sie sicher unterwegs sein möchten und Stück für Stück die für eine solche Reise erforderlichen Kompetenzen aufbauen wollen!

Alle agilen Skalierungs-Frameworks wie SAFe, LeSS und Nexus sind auf ähnlichen Mustern aufgebaut. Ein Grundverständnis dieser zentralen Muster bei allen Beteiligten ist in aller Regel die Voraussetzung für eine erfolgreiche agile Transition.

> Geht es Ihnen primär um die Skalierung auf Programmebene, so empfehlen wir minimal-restriktive Rahmenwerke, wie z. B. LeSS, Scrum@Scale oder Nexus. Möchten Sie hingegen agile Produktentwicklungsmethoden bis auf die Portfolio-Ebene skalieren, so eignen sich lediglich stark adaptierte Rahmenwerke. Ein Startpunkt kann SAFe oder DAD sein, die Entwicklung eines „Agile Corporate Frameworks" ist hier jedoch empfehlenswert.
>
> Allerdings sollten diese Muster nicht kontextfrei implementiert werden, und auch die wirklich gelebten Werte spielen hier eine große Rolle. Berater bzw. agile Coachs haben hierbei die Aufgabe, verfügbare skalierbare Muster auszuwählen, einzuordnen und gegebenenfalls zu empfehlen, sodass sich am Ende auch tatsächlich die besten Skalierungsmuster adaptieren lassen.

Literatur

Aiken, C.; Keller, S. (2009): „The irrational side of change management". https://www.mckinsey.com/business-functions/organization/our-insights/the-irrational-side-of-change-management. Abgerufen am 15.06.2018

Ambler, S. W. (2012): „Disciplined Agile Delivery Meets CMMI". In: Cutter IT Journal Vol. 25, No. 11, 2012, pp. 28–33. https://www.disciplinedagileconsortium.org/Resources/Documents/itj1211_DADandCMMI.pdf. Abgerufen am 02.07.2018

Cockburn, A. (2006): Agile Software Development. The Cooperative Game. Addison-Wesley Professional, Boston

Collabonet (2018): 12th Annual State of Agile Report. Jährlich neu aufgelegte internationale Studie. https://explore.versionone.com/state-of-agile/12th-annual-state-of-agile-report-overview. Abgerufen am 10.07.2018

Derby, E. (2011): „Agile Teams at Scale: Beyond Scrum of Scrums". Slideshare-Präsentation vom 13.12.2011. https://de.slideshare.net/estherderby/agile-teams-at-scale-beyond-scrum-of-scrums. Abgerufen am 30. Juni 2018

Kerievsky, J. (2015): „An Introduction to Modern Agile". Blog-Artikel vom 20.10.2015. https://www.infoq.com/articles/modern-agile-intro. Abgerufen am 10.06.2018

Lasnia, M.; Nowotny, V. (2018): Agile Evolution. Eine Anleitung zur agilen Transformation. BusinessVillage, Göttingen

Lindner, D. (2016): „Agile Skalierung im Unternehmen". Blog-Artikel vom 09.04.2016. https://agile-unternehmen.de/agile-skalierung-in-unternehmen. Abgerufen am 11.06.2018

MovingImage (2016). „So arbeiten wir". Video-Beitrag vom 16.11.2016. https://www.youtube.com/watch?v=shbXlHUx8FM&vl=de. Abgerufen am 19.06.2018

Nowotny, V. (2016): Agile Unternehmen – fokussiert, schnell, flexibel. BusinessVillage, Göttingen

Nowotny, V. (2017): Agile Strukturen. NowConcept Pocket Books, Berlin

Nowotny, V. (2018a): „Scrum & Co: Ein Plädoyer für selbstorganisierte Teams". Blog-Beitrag vom 21.01.2018. https://upload-magazin.de/blog/21597-scrum-selbstorganisation. Abgerufen am 11.06.2018

Nowtony, V. (2018b): „Die zwei größten Gefahren bei einer agilen Transformation – und was dagegen hilft!". Blog-Artikel vom 03.07.2018. https://www.nowconcept.com/blog/2018/7/3/gefahren-agile-transformation. Abgerufen am 03.07.2018

Nowotny, V.; Schaaf, A. (2017): Agile Tools, agile Praktiken. NowConcept Pocket Books, Berlin

Rudd, C. (2016): „The Third Wave of Agile". Blog-Artikel vom 12.01.2016. https://www.solutionsiq.com/resource/blog-post/the-third-wave-of-agile. Abgerufen am 24.06.2018

Schwaber, K. (2018): „Nexus Guide. Der gültige Leitfaden zur Skalierung von Scrum mit dem Nexus: Die Spielregeln". PDF-Dokument vom Januar 2018. https://scrumorg-website-prod.s3.amazonaws.com/drupal/2018-01/2018-Nexus-Guide-German.pdf. Abgerufen am 30.06.2018

Spielhofer, T. (2014): „More Than LeSS". Blog-Artikel vom 12.10.2014. https://www.infoq.com/articles/more-than-less. Abgerufen am 11.06.2018

Sutherland, J. (2001): „Agile Can Scale: Inventing and Reinventing SCRUM in Five Companies". In: Cutter IT Journal Vol. 14, No. 12, 2001, pp. 5–11

Vollmer, A. (2017): „Agilität: Sechs Herausforderungen, die Großunternehmen meistern müssen". Blog-Artikel vom 17.07.2017. https://t3n.de/news/agilitaet-herausforderungen-unternehmen-837497. Abgerufen am 10.07.2018

5 Agiles Change Management – der Weg einer erfolgreichen Veränderung

Hans-Joachim Gergs, Lars C. Schatilow, Marc Vincent Thun

Unternehmen müssen sich schnell verändern und flexibel reagieren können, sonst werden sie langfristig nicht überlebensfähig sein. Das klassische Change Management bietet hierfür allerdings keine tragfähige Lösung. Die Transformation hin zu einer „agilen Organisation" erfordert auch eine neue, agilere Form des Change Managements. Diese Transformation kann nur gelingen, wenn von Anfang an agile Werte und Prinzipien verfolgt werden. Es stellt sich die Frage, wie agile Prinzipien und Vorgehensweisen auf ganze Unternehmen übertragen werden können, d. h., wie der „Weg zur agilen Organisation" gestaltet werden kann.

> In diesem Beitrag erfahren Sie,
> - welchen Mythen das „klassische" Change Management nachhängt und von denen wir uns verabschieden müssen,
> - was die Grundprinzipien des agilen Change Managements sind,
> - welche praktische Vorgehensweise und welche Methoden sich bei der Umsetzung anbieten.[1]

*„Alles Fertige wird angestaunt,
alles Werdende wird unterschätzt."*

Friedrich Nietzsche

Selbst große Unternehmen wie Kodak, Nokia und BlackBerry können schnell von Wettbewerbern oder Veränderungen in ihren Branchen verdrängt werden. Insgesamt ist die Lebensdauer in den vergangenen Jahrzehnten deutlich gesunken. In einer Studie über den Niedergang von Unternehmen kommt Ormerod zu dem Befund, dass in den USA jedes Jahr 10 % vom Markt verschwinden (Ormerod 2005, S. 18). Foster (2015) analysierte die im „Standard & Poor's 500" vertretenen 500 größten US-Konzerne. Im Durchschnitt wurden diese Akteure im Jahr 2015 nur noch 15 Jahre alt. Etwas langlebiger sind Unternehmen in Europa. Nach den Ergebnissen von Stadler und Wältermann (2012, S. 10) beträgt das Durchschnittsalter

---

[1] Wir möchten uns an dieser Stelle für hilfreiche und interessante Diskussionen mit den Studierenden des Executive MBA an der TU München bedanken. Auf sie geht die Idee des „wheel of agile change" zurück.

aller börsennotierten Unternehmen in Europa 28 Jahre; doch auch hier ist die Tendenz sinkend. Dies ist ein klarer empirischer Hinweis darauf, dass sich die Geschwindigkeit des Wandels im letzten Jahrzehnt weiter erhöht hat. Wir erleben im Zuge der Digitalisierung, Regulierung und Elektrifizierung in vielen Branchen disruptive Umbrüche, deren Ausgang heute noch nicht absehbar ist (Boes et al. 2017; Boes, Kämpf 2016).

Vor dem Hintergrund dieser Entwicklung gelten die Fähigkeit einer Organisation, sich schnell oder gar vorausschauend auf sich verändernde Umweltbedingungen einzustellen, und der Wille, Neues erkunden und erschließen zu wollen, als zentrale Erfolgsfaktoren (Collins 2009; Hamel 2012; Gergs 2016 und viele mehr). Es geht darum, Schnelligkeit und Innovationskraft nicht nur zu bewahren, sondern systematisch weiterzuentwickeln, also agil zu werden und sich zu einer agilen Organisation zu entwickeln.

Wir gehen in dem vorliegenden Beitrag davon aus, dass die Transformation „klassischer" Unternehmen hin zur „agilen Organisation" auch eine neue, agilere Form des Change Managements erfordert. Denn Agilität kann nur durch einen Prozess Einzug halten, der bereits in sich die agilen Werte, Prinzipien und Methoden trägt. Im Folgenden werden wir zunächst die Mythen des „klassischen" Change Managements herausarbeiten, um im Anschluss daran die Grundprinzipien des agilen Change Managements zu formulieren. Abschließend stellen wir praktische Vorgehensweisen und Methoden vor, die sich in der Praxis bewährt haben.

■ 5.1 Mythen des „klassischen" Change Managements

Veränderte Umfeldanforderungen erfordern ein Umdenken in der Führung von Veränderungsprozesses: „Change the Change Management!", lautet die Devise. Wir müssen uns in diesem Zusammenhang von drei Mythen des „klassischen" Change Managements verabschieden (vgl. auch Gergs 2016, S. 37 ff.).

5.1.1 Mythos 1: Veränderungsprozesse müssen systematisch vorgeplant werden

Bereits der Begriff „Change Management" suggeriert, dass Wandel von Organisationen geplant und gemanagt werden kann. Die Geschichten über erfolgreiche Veränderungsprozesse, die in den Werken des klassischen Change Managements erzählt werden, sind fast alle vom Glauben an systematische Planung, Steuerung und Kontrolle geprägt. Die großen Unternehmensberatungen nähren diesen Glauben mit Change-Studien, die im Kern immer zum gleichen Ergebnis kommen: Change wird immer wichtiger – und ist nach wie vor schlecht geplant. Spätestens seit den 1970er-Jahren sollte das eigentlich keine Nachricht mehr wert sein. Denn seit dieser Zeit hat die Sozialwissenschaft umfangreiche Forschungsbefunde vorgelegt, die die Planbarkeit des Wandels sozialer Systeme mehr als nur infrage stellen. Laut diesen Studien folgen Veränderungsprozesse in Organisationen in aller Regel nämlich nicht den vorab formulierten Zielen und Plänen der beteiligten Akteure (Gergs 2016, S. 48 f.). Zwar verfügt das Management von Unternehmen über mehr und komplexere Mechanismen zur Steuerung „ihres" Systems. Doch nach wie vor ist die Steuerungsmacht des Managements in Veränderungsprozessen sehr begrenzt, wovon die vielen gescheiterten Change-Projekte Zeugnis ablegen.

Unternehmen, die die überholten Vorstellungen der Planbarkeit von Change bereits über Bord geworfen oder sie erst nie adaptiert haben, besitzen daher meist nur einen groben Plan oder besser gesagt eine grobe Zielvorstellung. „Big" Change entwickelt sich aus kleinen Schritten. Statt eines Top-down-Pushs erfolgt ein Change-Pull seitens der Betroffenen. Statt umfangreicher (Vorab-)Planungen ist für diese Unternehmen das unmittelbare Feedback auf Experimente und kleine Veränderungsschritte der Ausgangspunkt für die nächsten Schritte. Experimentelles Lernen bildet den Kern ihres Entwicklungsprozesses: Tu etwas – schau, was passiert – ziehe Rückschlüsse daraus – und gehe den nächsten Schritt, lautet das Mantra, dem sie in die Zukunft folgen.

5.1.2 Mythos 2: Grundlegende Veränderungsprozesse müssen immer von der Spitze eines Unternehmens initiiert und umgesetzt werden

Im Sturm muss der Kapitän auf die Brücke! Teils getrieben durch ihr Umfeld, teils getrieben durch das eigene Ego übernehmen Topmanager in der Mehrzahl noch immer bereitwillig die Verantwortung für Veränderungen selbst. Die nach wie vor gültige Grundüberzeugung lautet: Veränderungen müssen immer an der Spitze der Organisation beginnen. Aus diesem Grunde bereiten die meisten Unternehmen den Change häufig mit einem „geheimen" Team vor, ohne die betroffenen Stakeholder einzubeziehen. Und dann plötzlich ist er da: der Big Bang! Die betroffenen Mitarbeiter haben Angst und viele Fragen. Es ist kein authentisch partizipatives Ausgestalten der Veränderung, sondern eine Verordnung, die durch scheinperformative Maßnahmen getarnt sind, welche von der Belegschaft nur allzu schnell als „Fake" oder die „nächste Sau, die durchs Dorf getrieben wird", entlarvt werden.

Dieses Top-down-Vorgehen hat noch einen weiteren Haken, der heute in zunehmendem Maße den notwendigen Wandel behindert: Die Vielfalt und Dynamik der technischen Entwicklung macht es den oberen Führungskräften mittlerweile unmöglich, alle Veränderung im Auge zu behalten. So kündigen sich Veränderungen zuallererst in der digitalen Welt, genauer gesagt in deren Netzwerken an. Kaum ein Topmanager hat jedoch die Zeit, sich durch Twitter, Facebook, Spotify und Co. zu klicken. Mithin erfährt das Topmanagement von relevanten Veränderungen oft zu spät – und zudem aus zweiter oder dritter Hand. Abgeschottet durch eine Vielzahl von Führungsebenen wird ihm die Wirklichkeit geschönt und vor allem stark reduziert präsentiert. Von oben organisierter Change ist daher mithin zunehmend zu spät dran und zielt obendrein oft haarscharf an den Anforderungen der Realität vorbei.

 Die Topmanagement-Change-Leadership-Wahrnehmung kann auch weiterhin eine erfolgskritische Größe für den Veränderungsprozess sein. Begibt sich der CEO mit seinem Führungsteam beispielsweise auf eine Learning Journey ins digitale Tallinn (siehe: www.butran.com), um damit nicht nur vor Ort Neues zu erkunden, sondern die Besichtigungstour als Auftakt des Wandels zu Hause zu kommunizieren, hat sich dies als geeignete Top-down-Maßnahme erwiesen. Der Impuls kann und sollte „von oben" sichtbar ausgehen. Die Belegschaft muss wissen, neue Wege gehen zu dürfen(!). Was sich jedoch als unbrauchbar erwiesen hat, sind elitäre Blackbox-Ansätze des „Boards" und ihrer Top-Tier-Beratungen mit Überraschungseffekten für den Rest.

Sinnvollerweise sollte Change heute entgegen der alten Überzeugung auch von der anderen Seite, also von unten, initiiert werden. Dieser Change des Change Managements wiederum ist dann tatsächlich Aufgabe des Managements. An diesem ist es, im Unternehmen eine entsprechende Infrastruktur der Veränderung aufzubauen und zu pflegen. Seine Rolle ändert sich damit vom Treiber des Wandels zu dessen Sozialarchitekten.

5.1.3 Mythos 3: Tief greifende Veränderungsprozesse müssen schnell und in episodischen Schritten betrieben werden

Fast alle Theorien und Konzepte zu Veränderungsprozessen, die Organisationswissenschaftler und -berater in den vergangenen Jahrzehnten entwickelt haben, basieren auf dem Konzept des episodischen Wandels. Dessen Grundgedanke: Organisationen befinden sich in einem Gleichgewichtszustand, der unterbrochen werden muss, damit sie sich verändern. „Unfreeze, change, refreeze", hat der Sozialwissenschaftler und Begründer der Organisationsentwicklung Kurt Lewin in seinem Dreiphasenmodell die dazugehörigen Schritte genannt. Wirklicher Wandel funktioniert nur – so die Annahme – als großer Wurf, nachzulesen in den Change-Klassikern von Noel Tichy, David Nadler und Moss Kanter. Die Managementpraxis hat das episodische Modell des Wandels bereitwillig aufgenommen. In vielen Unternehmen wird Change als „stop-and-go policy" nach dem Modell des lewinschen Dreisprungs betrieben. In den allermeisten Fällen kommt dabei allerdings nur ein kleiner Hüpfer (auf der Stelle) heraus. Bereits Mitte der 1990er-Jahre kam Harvard-Professor John P. Kotter – übrigens ebenfalls ein Verfechter der Idee des episodischen Wandels – in einer Studie zu dem Ergebnis, dass mehr als 70 % aller Veränderungsprojekte scheitern. Neuere Untersuchungen bestätigen diese schlechte Erfolgsquote von unter 30 % weitgehend (Trinczek, Pongratz 2012).

Drängt sich die Frage auf, warum die klassischen Change-Programme so wenig erfolgreich sind. Ein Blick in die Natur gibt Hinweise. Aus der Natur haben wir gelernt, dass Wandel kontinuierlich stattfindet ohne Anfang und Ende. Mutationen ereignen sich in der Natur ständig und nicht nur zu bestimmten Zeitpunkten. Für die Natur sind stabile Zustände „uninteressant", denn diese Zustände sind pathologisch. Die einzig biologisch wirklich stabilen Systeme sind tot. Während der natürliche Zustand Instabilität und Fließen bedeutet, versuchen wir in unserem „klassischen" Denken über Organisation, Instabilität nach wie vor auszuklammern. Dass sich dieses natürliche Change-Muster auf die Unternehmenswelt übertragen lässt, zeigen Donald Sull und Kathleen Eisenhardt (2012) von der Stanford University mit ihren Forschungen in der sich extrem schnell ändernden IT-Branche. Erfolgreich – und in der Regel auch nur auf Dauer überlebensfähig – sind laut der Wirtschaftswissenschaftler jene Unternehmen, die genau wie natürliche Systeme mit vielen kleinen Experimenten permanent die Zukunft erkunden. So erzeugen sie einen ruhigen Strom kreativer Unruhe in der Organisation. Ruhig ist er vor allem deshalb, weil die kleinen Schritte – man könnte auch sagen „Inkremente" – das große Risiko vermeiden und so von dem unmenschlichen Zwang befreien, sich nicht irren zu dürfen.

5.2 Prinzipien des agilen Change Managements

Die Darstellung der Mythen verdeutlicht, an welchen Stellen wir das „klassische" Change Management hin zu einem agilen Konzept verändern müssen. Bei der Formulierung der im Folgenden dargestellten Prinzipien des agilen Change Managements haben wir uns am „Manifest für Agile Softwareentwicklung" und den dahinterstehenden Prinzipien orientiert (http://agilemanifesto.org/iso/de/ und http://agilemanifesto.org/iso/de/principles.html).

5.2.1 Erstes Prinzip: Denke in Kreisen – Reagieren auf Veränderung steht über dem Befolgen eines Plans

Das zentrale Prinzip des agilen Change Managements lautet: Erledige die Change-Arbeit in Iterationen. Der Verlauf von Veränderungsprozessen ist aufgrund der Komplexität sozialer Systeme kaum vorhersagbar. Die einzige Chance ist es daher, schrittweise und aufeinander aufbauend – iterativ und inkrementell – vorzugehen und so die Situation schrittweise zu analysieren und passende Lösungen zu entwickeln. Man plant immer nur den nächsten Schritt entlang der Bedürfnisse der Betroffenen, setzt diesen um und, basierend auf dem erhaltenen Feedback, plant den nächsten Schritt, setzt diesen um usw.

Die zu bearbeitenden Themen und Inhalte des Change-Prozesses entwickeln sich erst im Laufe des Prozesses auf Basis der konkret betroffenen Personengruppen und ihrer „Needs".

 Agiles Change Management zeichnet sich damit durch ein strikt iterativ-adaptives Vorgehen aus: Es passt sich an das an, was da ist und was im Veränderungsprozess geschieht – oder um es mit den Worten Edgar Scheins (2003, S. 63), einem der Gründungsväter der Organisationsentwicklung – auf den Punkt zu bringen: „Go with the flow."

5.2.2 Zweites Prinzip: Liefere „funktionierende" Veränderungen regelmäßig innerhalb kurzer Zeitspannen ab

Die meisten Unternehmen beschäftigen sich sehr lange mit der Analyse und mit der Frage, wo sie am besten anfangen sollen. Dies führt dazu, dass viele Unternehmen lange zögern, in den Veränderungsprozess einzusteigen. Agiles Change Management orientiert sich am Motto des amerikanischen Schriftstellers Mark Twain: „Das Geheimnis des Vorwärtskommens besteht darin, den ersten Schritt zu tun."

Das agile Change Management akzeptiert die Unvermeidlichkeit von Fehlentwicklungen bzw. Fehlentscheidungen und schafft daher Strukturen, um den (potenziell) entstehenden Schaden möglichst klein zu halten und schnell daraus zu lernen. „Fail early – fail often – fail cheap!" Hierzu müssen regelmäßige Feedbackschleifen in den Veränderungsprozess fest eingebaut werden. Sie dürfen nicht zu lange auseinanderliegen.

Eine erfolgreiche Strategie ist die Entwicklung von Prototypen und mit diesen Erfahrungen zu sammeln. Hierbei kann es sich um ein erstes Teilprojekt handeln oder z. B. um ein erstes Team, das anders arbeitet und mit neuen Arbeitsformen und einer agilen Kultur experimentiert. Der Umsetzung von Prototypen geht keine lange Planungsphase voraus, sondern es wird direkt mit der Durchführung an einem konkreten Beispiel begonnen und dann nach und nach verbessert.

5.2.3 Drittes Prinzip: Beteilige die Betroffenen und errichte Change-Projekte rund um motivierte Individuen

Agilität geht von mündigen Menschen aus, von Menschen, die Verantwortung übernehmen und die vertrauenswürdig sind. Daniel Ek, Gründer des erfolgreichen Musikstreamingdienstes Spotify, pflegt das positive Menschenbild in seinem Unternehmen: „People are natural innovators." Mitarbeiter und Führungskräfte wollen Veränderung – was sie nicht wollen, ist, verändert zu werden! Aus diesem Grunde müssen agile Veränderungsprozesse so aufgebaut sein, dass sie den betroffenen Beschäftigten und Führungskräften ein hohes Maß an Beteiligung eröffnen. Es geht darum, das Umfeld und die Rahmenbedingungen so zu gestalten, dass Veränderungen auch von „unten" initiiert werden können. Ganz nach dem Motto: Gib der Belegschaft den Rahmen und die Unterstützung, die sie benötigt, und vertraue darauf, dass sie die Arbeit erledigt. Der agile Veränderungsprozess lebt von zwei Prämissen: Vertrauen und Verantwortung (Scheller 2017, S. 226). Ein wohlwollendes und modernes Menschenbild ist somit Voraussetzung bei jenen, die den Change wollen.

Es gibt Mitarbeiter, die Veränderung nicht unterstützen, weil sie nicht abschätzen können, was sie erwartet, Aufwand oder subjektive Verluste damit verbunden sein könnten. Doch wenn den Mitarbeitern klar ist, dass agiles Arbeiten ein Zugewinn an Kontrolle ist, dann bauen sich zumeist auch Widerstände ab. Sollte dies nicht der Fall sein, dann sollte auch offen über eine Trennung gesprochen werden. Die agile Transformation gelingt nur, wenn alle an einem Strang ziehen.

5.2.4 Viertes Prinzip: Kommuniziere rechtzeitig und schaffe ein hohes Maß an Transparenz

Ein agiler Change-Prozess zeichnet sich durch ein hohes Maß an Transparenz aus. Vermeiden Sie daher von Anfang an den Eindruck eines „Geheimbundes" oder einer „Geheimoperation". Denn erstens wird das Veränderungsvorhaben nie geheim bleiben, und zweitens führt Geheimniskrämerei nur zu unnötigen Widerständen bei den betroffenen Beschäftigten und Führungskräften. Und dies hat zur Folge, dass Sie mehr Anstrengungen aufwenden müssen als notwendig! Die aktuelle Forschung zur Bedeutung von Kommunikation und Transparenz in Veränderungsprozessen ist eindeutig: Diese beiden Maßnahmen sind die zentralen Erfolgsfaktoren gelingender Veränderung (Hodges, Gill 2015, S. 274 ff.).

Es gilt die Faustregel: Je grundlegender und komplexer der Veränderungsprozess ist, desto mehr Kommunikation ist erforderlich.

Ein gelungener Veränderungsprozess bedarf dabei nicht nur ausreichender Information. Veränderungsprozesse „leiden" vielfach nicht nur an einem Informationsdefizit, sondern an einem weitaus größeren Kommunikations- und Dialogdefizit. Dabei kommt der Face-to-Face-Kommunikation nach wie vor eine zentrale Bedeutung zu. Kommunikation im agilen Change ist eben auch nicht mehr linear, sondern kann als „Corporate Storytelling" (Schatilow 2016) betrachtet werden. Es geht vielmehr um User-Storys, das Erlebbarmachen des Prozesses im Rahmen von viralisierenden Geschichten, die andere inspirieren, mitzumachen.

5.2.5 Fünftes Prinzip: Individuen und Interaktionen gelten mehr als Dokumentationen, Prozesse und Werkzeuge

Noch bevor überhaupt etwas losgeht, ist eines immer schon klar, nämlich wie die Veränderung gemessen und dokumentiert werden soll. IT-gestützte Change Dashboards fördern derzeit eine neue Dimension der Fokussierung auf Zahlen. Es geht von Beginn an nicht darum, ob die Betroffenen sich mit der Veränderung wohlfühlen, sondern um die Dokumentation und damit die Absicherung der Verantwortlichen gegenüber den Sponsoren des Change. Dieser Haltung entsprechend gerät das Prozessdesign in den Fokus, das der Messung Rechnung tragen soll.

Im agilen Arbeiten interessieren die Dokumentation und der Prozess nur bedingt. Es ist egal, ob die Zustimmung zu etwas vor dem Change 5 % und danach 30 % ist. „Who cares?!" Der Nutzen für die Menschen ist vielmehr leitend.

Alle Aspekte werden beim agilen Arbeiten hinsichtlich ihres Nutzens eingeschätzt. In einer agilen Organisation sind auf Führungsebene keine „Graf Zahls", sondern unternehmerische Macher gefragt. Diese setzen auf Wirkung und haben den Mut, auf nichtssagende Kennzahlen zu verzichten.

5.2.6 Sechstes Prinzip: Hole regelmäßig Feedback ein und reflektiere den Veränderungsprozess selbstkritisch

Kultur ist der Nukleus von agil. Während hierzulande Kultur im Topmanagement kaum in den Mund genommen oder als ein Governance-Thema von Erneuerungsprojekten ausgeklammert wird, ist in den erfolgreichen, agil organisierten Plattformgiganten (LinkedIn, Amazon, Google) Kultur alles.

Ein zentrales Merkmal agiler Unternehmen ist daher auch ihre positive Fehlerkultur. Damit meinen wir eine Kultur, in der man sich offen zu Fehlern bekennen kann, um aus ihnen gemeinsam zu lernen und sie in Zukunft zu vermeiden. Retrospektiven geben der Fehlerkultur einen formalisierten Raum. Die Grundlage einer positiven Fehlerkultur sind regelmäßige Feedbackschleifen.

 Planen Sie Feedbackschleifen in Ihren Veränderungsprozess fest ein. Sie ermöglichen es Ihnen, aus dem bisherigen Vorgehen zu lernen und den bisherigen Prozess systematisch zu reflektieren.

Feedback und Reflexion sind die Grundlagen jeder Veränderung. Sie sind gewissermaßen ein Metaprinzip des agilen Veränderungsprozesses. Im Prozess der Selbstreflexion wird das eigene Handeln hinterfragt, werden die eigenen Routinen und Strukturen auf den Prüfstand gestellt, um überholte Muster zu identifizieren und neue Möglichkeitsräume zu erschließen. Erst die bewusste Auseinandersetzung mit dem eigenen Selbstbild schafft die erforderliche Distanz zu alten bewussten oder unbewussten Denk- und Handlungsmustern.

5.2.7 Siebtes Prinzip: Betrachte Veränderung als Daueraufgabe

Wenn die Veränderungen im Umfeld der Unternehmen immer schneller werden, dann hat dies zur Folge, dass Wandel zur Daueraufgabe wird. Führungskräfte und Beschäftigte sollten daher Wandel und Veränderung nicht nur akzeptieren. Sie müssen sie vielmehr als Daueraufgabe betrachten. Agiles Change Management setzt auf kontinuierliche Veränderung. Agiles Change Management bedeutet damit auch, die Organisation stetig auf den Prüfstand zu stellen und zu optimieren.

Die Aufgabe der Führungskräfte ist es, diesen Prozess der kontinuierlichen Verbesserung in Gang zu setzen, das Rad der Veränderung gewissermaßen ins Rollen zu bringen und am Rollen zu halten. Aber wie schaffen sie das? Nicht indem sie eine von oben vorgegebene Veränderungsinitiative einleiten. Sie müssen im Unternehmen immer wieder aufs Neue Gespräche und Diskussionen über die Chancen zur Neuerfindung von Managementtechnologien und -prozessen oder neuen Produkten und Geschäftsideen anregen. Sie müssen die Mannschaft kontinuierlich dazu bewegen, darüber nachzudenken, was man in der Organisation verändern könnte. Die Veränderung muss zu einem Dauerthema werden. Als Führungskraft sind Sie für Ihr Team ein agiler Change Befähiger.

Das Manifest des agilen Change Managements – die sieben Grundprinzipien

- Denke in Kreisen – Reagieren auf Veränderung steht über dem Befolgen eines Plans.
- Liefere „funktionierende" Veränderungen regelmäßig innerhalb kurzer Zeitspannen ab.
- Beteilige die Betroffenen und errichte Change-Projekte rund um motivierte Individuen.
- Kommuniziere rechtzeitig und schaffe ein hohes Maß an Transparenz.
- Individuen und Interaktionen gelten mehr als Prozesse und Werkzeuge.
- Hole regelmäßig Feedback ein und reflektiere den Veränderungsprozess selbstkritisch.
- Betrachte Veränderung als Daueraufgabe.

5.3 Agiles Change Management – Vorgehensweise und Methoden

Wie lassen sich nun die beschriebenen Prinzipien des agilen Change Managements in der konkreten Praxis von Veränderungsprozessen umsetzen. Wir haben hierzu in Anlehnung an den Deming-Zyklus eine Vorgehensweise entwickelt, die wir „The wheel of agile change" bezeichnen, das sich aus vier Prozessschritten zusammensetzt (Bild 5.1; siehe auch Rolle 2018, S. 117 ff.).

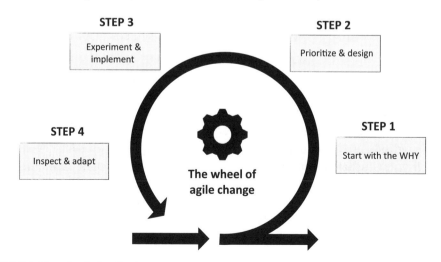

Bild 5.1 The wheel of agile change

5.3.1 Step 1: Start with the WHY

Nehmen wir an, Sie möchten z. B. Ihr Unternehmen in eine agile Organisation verwandeln. Bevor Sie anfangen, sollten Sie folgende grundlegende Fragen beantworten: „Was ist der Treiber für diese Veränderung?", „Warum müssen wir uns verändern?", „Was ist Ihre Vision für die Zukunft?" Die Beantwortung dieser Fragen nach dem „Warum" ist von zentraler Bedeutung, da Menschen immer den Sinn hinter einer Veränderung verstehen wollen. Stellen Sie immer dar, wozu das, was Sie erreichen wollen, da ist, was der Zweck, der Sinn ist. Ziel dieses Schrittes ist es, eine gemeinsam getragene Sicht zu schaffen.

In einem Workshop-Format können Sie ein Agile Change Canvas mit dem Change Team ausfüllen. Das Tool hilft Ihnen, die notwendigen Diskussionen um den Sinn des Veränderungsprozesses systematisch zu führen. Überprüfen Sie auch während des Prozesses immer wieder, ob der Sinn allen von der Veränderung betroffenen Stakeholder-Gruppen bekannt ist. (Unter leanchange.org finden Sie entsprechende Beispiele von Agile Change Canvas.)

5.3.2 Step 2: Prioritize and design

Im zweiten Schritt machen Sie einen Plan. Keine detaillierte Ausfertigung, wie Sie es gewohnt sind, sondern nur eine grobe Roadmap, die Ihnen hilft, so schnell wie möglich die ersten Veränderungsmaßnahmen umzusetzen. Verfahren Sie dabei ganz nach dem Motto des ehemaligen amerikanischen Präsidenten Dwight D. Eisenhower: „Pläne sind nichts, Planung ist alles." Der Prozess des Planens hilft, die anstehende Veränderung zu durchdenken und zu strukturieren. Stellen Sie also gemeinsam mit den relevanten Stakeholdern eine Roadmap für den Veränderungsprozess auf. Und wenn Sie den Plan fertig haben, legen Sie ihn am besten zur Seite und gehen Schritt für Schritt vor.

 Das Erstellen des Plans bringt Ihnen Klarheit, das sture Abarbeiten eines Plans raubt Ihnen die Flexibilität.

Ein Tool, das in dieser Phase hilft, ist eine „Story Map". Wenn Sie Ihre Organisation zu einer agilen Organisation transformieren, können Sie die unterschiedlichen Dimensionen der Veränderung verwenden, um das Rückgrat der „Story Map" zu füllen. Unter jeder Dimension sammeln Sie die „changes to do" mit Akzeptanzkriterien. Priorisieren Sie Ihre „changes to do" und definieren Sie Ihren ersten Sprint (vgl. auch Rolle 2018, S. 124).

Die Roadmap unterteilt sich in eine Reihe von Change Sprints. Jeder Change Sprint ist eine neue Herausforderung, ein neues Ziel. Und jeder Change Sprint ist anders:

Es liegt in der Natur eine Change Sprints, dass zwar inhaltlich klar ist, wohin die Reise geht, aber nicht, was genau auf dieser Reise passieren wird und was alles dazwischenkommen kann. Im agilen Change Management haben Sprints eine klar definierte zeitliche Erstreckung (Timebox) von einem bis zwei Monaten. Jeder Change Sprint ist anders, trotzdem folgt er stets einer gewissen Abfolge von charakteristischen Ereignissen. Für die unterschiedlichen Formate, wie z. B. die Sprint Planning Meetings, die Sprint Reviews oder den Retrospektiven, gibt es jeweils festgelegte maximale Zeitdauern. Diese klar definierte Struktur gibt Sicherheit! Alles verändert sich, nur der Ablauf der Sprint-Zyklen nicht.

5.3.3 Step 3: Experiment and implement

Die Umsetzung des Veränderungsprozesses beginnt mit dem ersten Change Sprint. Die Erfahrung zeigt: Je schneller es greifbare Ergebnisse im Veränderungsprozess gibt, desto besser! Das gibt Auftrieb und motiviert. Es muss nicht gleich die große Veränderung sein: Kleine erfolgreiche Schritte reichen aus. Experimentieren Sie daher im Verlauf des Veränderungsprozesses immer wieder mit „Minimal Viable Change Steps" ganz nach dem bereits erwähnten Motto: Tue etwas – schaue, was passiert – ziehe Rückschlüsse daraus für den nächsten Schritt. Sie validieren damit schnell kleine Veränderungsschritte.

Um Ihren Sprint zu organisieren, können Sie ein „Task Board" bauen. Dies hilft Ihnen und Ihrem Team, Transparenz über den Fortschritt zu schaffen und Hindernisse zu identifizieren, die Sie auf dem Weg zum Erfolg behindern. Ein separates Impediment-Board kann Ihnen helfen, Transparenz für Ihre Stakeholder zu schaffen. Bild 5.2 zeigt einen Sprint-Kreislauf im Überblick.

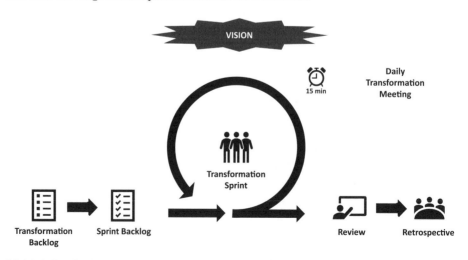

Bild 5.2 Der Sprint-Kreislauf (in Anlehnung an Rolle 2018, S. 128)

5.3.4 Step 4: Inspect and adapt

Führen Sie regelmäßig nach dem Ende eines vier- bis achtwöchigen Sprints eine Retrospektive durch. Dieser fokussierte Rückblick mit abschließenden klaren Handlungsentscheidungen erfolgt nach dem Prinzip „Inspect and Adapt": Was haben wir geplant? Was ist tatsächlich passiert? Was können wir daraus lernen? Der Change Owner und alle interessierten Stakeholder sind zur Retrospektive eingeladen. Die im Sprint erarbeiteten Ergebnisse werden von den unterschiedlichen an der Veränderung beteiligten Teams vorgestellt, um dann konstruktives Feedback von den anderen Gruppen zu erhalten.

Ein Review ist bei einer Sprintlänge von vier Wochen auf eine bis zwei Stunden angelegt, bei längeren Sprintintervallen entsprechend länger. Beim Review geht es nicht um „hopp oder top". Vielmehr ist es ein Ort, an dem ein gemeinschaftlicher Reflexionsprozess stattfindet. Wir empfehlen für die Durchführung der Retrospektive die Methode der „After Action Review" (systematisch durchgeführter Rückblick, vgl. Gergs 2016:204).

Sobald Sie den letzten Prozessschritt des „wheel of agile change" durchlaufen haben, beginnen Sie wieder bei Schritt 1. Hat sich etwas geändert? Haben Sie neue Einsichten, die Sie dem Change Canvas hinzufügen möchten? Danach geht es in einen neuen Change-Zyklus. Ganz nach dem Motto „Keep the wheel of change turning".

■ 5.4 Agiles Change Management – Rollen und Zuständigkeiten

Das agile Change Management erfordert eine neue Art und Weise der Zusammenarbeit innerhalb des Unternehmens, die nachfolgend anhand von drei exemplarischen Rollen beschrieben wird.

Entgegen der weitverbreiteten traditionellen Change-Management-Ansätze unterliegen die Rollen im agilen Change Management keinen hierarchischen Gefügen. Alle Beteiligten arbeiten auf Basis der agilen Prinzipien kollaborativ an den gemeinsam definierten Zielzuständen und bewegen sich innerhalb ihrer Verantwortungsbereiche frei und selbstbestimmt. Dies bedeutet im Umkehrschluss allerdings auch, dass besondere Anforderungen an die beteiligten Personen gestellt werden müssen. So erfordert die Arbeit in agilen Change Teams eine ausgeprägte Kommunikationsfähigkeit, da praktisch alle Beteiligten im ständigen Austausch miteinander stehen. Auch fundierte Fachkenntnisse und nicht zuletzt Erfahrung mit der Arbeit in interdisziplinären und selbstbestimmten Teams sind wichtige

Erfolgsfaktoren. Dabei gilt, dass Angehörige des Change Teams selbst nicht zwingend über Erfahrung in der Arbeit mit agilen Methoden verfügen müssen. Schlussendlich ist es die Aufgabe des Change Masters, fundiertes Methodenwissen an alle Beteiligten zu vermitteln.

5.4.1 Der Change Owner

In jedem agilen Change Team gibt es einen Change Owner, der als Vertreter des Managements mit der Koordination des Veränderungsprozesses betraut ist und als Vermittler zwischen externen Stakeholdern und dem Change Team fungiert. Der Change Owner ist verantwortlich für die Wertmaximierung des Change-Projekts und verwaltet das sogenannte Change Backlog, welches sämtliche Anforderungen an das Projekt beinhaltet. Die Verwaltung und tägliche Arbeit mit dem Change Backlog wird als Change Backlog Management beschrieben. Das Change Backlog Management umfasst die klare und für alle verständliche Formulierung der Change Backlog Items, die Priorisierung der Einträge, um die Zielerfüllung des Veränderungsprozesses zu garantieren, sowie die Schaffung von Transparenz, um die als Nächstes anstehenden Aufgaben für alle Teammitglieder sichtbar zu machen. Der Erfolg des Change Owners hängt dabei maßgeblich von seiner Akzeptanz innerhalb des Unternehmens ab.

Das Change Backlog

Das Change Backlog ist das methodische Rückgrat für den agilen Change-Prozess. Um was geht es im Change Backlog? Im Wesentlichen darum, Anforderungen und Ideen zu sammeln, zu verwalten und zu priorisieren. Die unterschiedlichen Ideen und Lösungsansätze werden im Backlog verwaltet. Im Backlog findet sich alles, was sich das Change Team einmal vorgenommen hat. Der Nutzen des Change Backlogs ist, dass alle Aufgaben für alle transparent sind und nichts verloren geht. Das Change Backlog wird vom Change Owner gepflegt. Er ist für das Sammeln, Verdichten, Überarbeiten, Priorisieren und Repriorisieren der anstehenden Themen verantwortlich (vgl. auch Rolle 2018, S. 126).

5.4.2 Der Change Master

Der Change Master ist im agilen Change Management für die Einhaltung der agilen Prinzipien und die Bereitstellung geeigneter Methoden zuständig. Er unterstützt ferner den Change Owner und das Change Team in der täglichen Zusammenarbeit. Der Change Master ist damit maßgeblich für die methodische Begleitung des Change-Prozesses verantwortlich und fungiert als eine Art Vermittler zwischen Change Team und außenstehenden Personen, indem er zu verstehen hilft, welche Interaktionen Externer mit dem Team hilfreich sind und welche nicht. Aufgabe des Change Masters ist eine Optimierung der Zusammenarbeit innerhalb des Change Teams und mit allen von der Veränderung betroffenen Stakeholder-Gruppen.

5.4.3 Das Change Team

Das Change Team besteht aus Fachexperten und Führungskräften verschiedener Fachbereiche, die gemeinsam die Umsetzung des Veränderungsprozesses vorantreiben. Das Change Team arbeitet weitgehend selbstorganisiert. Innerhalb des Teams gibt es keine Rangordnung. Die Rechenschaftspflicht obliegt immer dem gesamten Team und nie einzelnen Teammitgliedern. Entscheidungen müssen daher immer im gemeinsamen Konsens getroffen werden und machen die enge Zusammenarbeit des Teams sowie ausgeprägte Kommunikation zwischen den Teammitgliedern unabdingbar.

Wichtige Punkte in Kürze

*„Was immer du tust oder wovon du träumst – fang damit an.
Mut hat Genie, Kraft und Zauber in sich."*

Johann Wolfgang von Goethe

Um das Jahr 500 v. Chr. stellte der griechische Philosoph Heraklit fest, dass man nicht zweimal in denselben Fluss steigen kann, denn das Wasser fließt ständig weiter. Er vertrat die Ansicht, dass alles fließt und nichts von Dauer ist – alles bewegt sich, nichts bleibt gleich. Heraklit war damit einer der ersten abendländischen Philosophen, der die Vorstellung in Worte fasste, dass sich das Universum in einem Zustand ständigen Entstehens und Vergehens befindet. Dies gilt insbesondere in der heutigen Zeit, in der sich Wirtschaft und Gesellschaft mit zunehmender Geschwindigkeit verändern. In diesen turbulenten Zeiten werden nur diejenigen Unternehmen langfristig erfolgreich bleiben, die es schaffen, sich schnell zu verändern. Die bewährten Verfahren von heute werden zu einem Großteil morgen nicht mehr erfolgreich sein. Dies gilt auch für das Change Management, so die zentrale These dieses Beitrags. Wir müssen verändern, wie sich Unternehmen verändern: „Change the Change Management!" Wollen sich Unternehmen an immer schneller wandelnde Umweltbedingungen anpassen, dann muss das Management von Veränderungsprozessen in seiner Steuerungslogik neu ausgerichtet werden. Und genau dies geschieht mit der Einführung eines agilen Change Managements. Dies ist für die meisten Unternehmen mit einer enormen kulturellen Veränderung verbunden und nicht ohne einen intensiven und langwierigen Lernprozess der Gesamtorganisation möglich.

Wir haben in diesem Beitrag die Prinzipien und Methoden des agilen Change Managements vorgestellt. Jetzt wissen Sie, wie ein agiler Change-Management-Ansatz funktioniert. Aber die Frage bleibt: „Wo soll ich anfangen, wenn ich meine Organisation in eine agile Organisation verwandeln will?" Es gibt hierzu kein allgemeingültiges Patentrezept. Vielmehr muss jedes Unternehmen seinen eigenen passenden Weg finden. Aber der Ansatz des agilen Change Managements hilft Ihnen, die ersten Schritte zu gehen, zu experimentieren, zu reflektieren und zu lernen. Der Weg hin zur agilen Organisation erfordert Mut zu den ersten Schritten, regelmäßiges Überprüfung des Vorgehens, iterative Anpassung und viel Reflexionsarbeit. Zeit, damit anzufangen!

Praxistipps für das agile Change Management

- Arbeiten Sie in Iterationen.
- Liefern Sie am Ende jeder Iteration etwas Fertiges aus. Das können z. B. Dokumente, Prozesse, Genehmigungen oder auch Tools sein.
- Präsentieren Sie Ihre Ergebnisse am Ende jeder Iteration den Stakeholdern und holen sich dort Verbesserungsvorschläge ab.
- Überprüfen Sie am Ende jeder Iteration Ihre Vorgehensweise in einer Retrospektive und verbessern Sie das Vorgehen.
- Besetzen Sie die Rolle des Change Owners mit der Person, die das größte Interesse an der Veränderung und ein hohes Maß an Akzeptanz im Unternehmen hat.
- Suchen Sie jemanden mit Change-Erfahrung, der die Rolle des Change Masters einnimmt.
- Mischen Sie diese Rollen nicht!
- Suchen Sie sich ein Team von Change Agents, die den Change Owner im Veränderungsprozess unterstützen.
- Pflegen und ordnen Sie in einem Change Backlog alle Vorhaben im Rahmen des Veränderungsprozesses.

Literatur

Boes, A.; Kämpf, T. (2016): „Arbeiten im globalen Informationsraum". In: Bundesministerium für Arbeit und Soziales (Hrsg.): *Werkheft 01. Digitalisierung der Arbeitswelt*, S. 22–28

Boes, A. et al. (2017): „Neuland gestalten. Das Konzept der betrieblichen Praxis-Laboratorien". In: Bundesministerium für Arbeit und Soziales (Hrsg.): *Werkheft 03. WeiterLernen*, S. 154–162

Collins, J. (2009): *How the mighty fall. And why some companies never give*. Random House, London

Foster, R. (2015): „Creative Destruction Whips through Corporate America". https://www.innosight.com/wp-content/uploads/2016/08/creative-destruction-whips-through-corporate-america_final2015.pdf. Abgerufen am 10.08.2017

Gergs, H.-J. (2016): *Die Kunst der kontinuierlichen Selbsterneuerung. Acht Prinzipien für ein neues Change Management*. Beltz, Weinheim

Hamel, G. (2012): *What matters now. How to Win in a World of Relentless Change, Ferocious Competition, and Unstoppable Innovation.* Jossey-Bass, San Francisco

Häusling, A. (Hrsg.) (2018): *Agile Organisationen. Transformation erfolgreich gestalten – Beispiel agiler Pioniere.* Haufe, Freiburg im Breisgau

Have, S. t. et al. (2017): *Reconsidering Change Management. Applying Evidence-Based Insights in Change Management Practice.* Routledge, New York, London

Hodges, J.; Gill, R. (2015): *Sustaining Change in Organizations.* SAGE Publications, Thousand Oaks

Kanter, R. M. (1992): *Challenge of Organizational Change.* Simon & Schuster, Boston

Kotter, J. P. (1996): *Leading Change.* Harvard Business School Press, Boston

Lewin, K. (1952): „Psychological Ecology". In: Cartwright, D. (Ed.): *Field Theory in Social Science.* Harper torchbook ed., New York, S. 170–187

Ormerod, P. (2005): *Why most things fail. Evolution, extinction and economics.* Wiley, New York

Rolle, J. (2018): „Das Vorgehen – den Weg der agilen Transformation gestalten". In: Häusling, A. (Hrsg.): *Agile Organisationen. Transformation erfolgreich gestalten – Beispiel agiler Pioniere.* Haufe, Freiburg im Breisgau

Schatilow, L. (2016): „Digitale Transformation braucht die große Symbolik". In: Geramanis, O. (Hrsg.): *Führen in ungewissen Zeiten.* Springer, Wiesbaden

Schein, E. (2003): *Prozessberatung für die Organisation der Zukunft.* Edition Humanistische Psychologie, Zürich

Scheller, T. (2017): *Auf dem Weg zur agilen Organisation. Wie Sie Ihr Unternehmen dynamischer, flexibler und leistungsfähiger gestalten.* Vahlen, München

Stadler, C.; Wältermann, P. (2012): „Die Jahrhundert-Champions. Das Geheimnis langfristig erfolgreicher Unternehmen". In: *Zeitschrift für Führung und Organisation Nr. 3*, S. 156–160

Sull, D.; Eisenhardt, K. (2012): „Einfache Regeln für eine komplexe Welt". In: *Harvard Business Manager 10/2012*, S. 38–48

Trinczek, R.; Pongratz, H. (2012): *Veränderungen erfolgreich gestalten. Repräsentative Untersuchung über Erfolg und Misserfolg im Veränderungsmanagement.* C4 Consulting, Düsseldorf

6 Vertragsgestaltung – eine besondere Herausforderung

Björn Schotte

„Agil" ist Mainstream geworden. Es gibt kaum ein Unternehmen, das ein Vorhaben nicht agil umsetzen möchte. Besonders in Kunde-Dienstleister-Geschäftsbeziehungen wird nicht mehr nur von Dienstleisterseite aus Wert darauf gelegt, ein Vorhaben agil durchzuführen. Besonders beliebt ist das Scrum-Rahmenwerk, aber auch Kanban oder andere agile Methoden/Rahmenwerke kommen zum Einsatz.

Für die vertragliche Ausgestaltung hat Agilität weitreichende Konsequenzen. Hier ist der Versuch einer Annäherung an das einfach erscheinende, aber doch komplexe Thema.

> In diesem Beitrag erhalten Sie einige Tipps für Ihre Vertragsgestaltung bei der Softwareentwicklung.

Persona: Fachabteilung auf Kundenseite

Gestatten, ich bin Max Müller, Leiter IT. Meine Aufgabe ist es aktuell, unsere Geschäftsprozesse im Bereich Logistik zu digitalisieren. Ich arbeite bei einem großen deutschen Mittelständler. Klar sind wir international tätig und schon seit Jahrzehnten im Geschäft. Wir haben eine IT-Mannschaft, die immer über zu wenige Leute verfügt. Da meine Mannschaft im Tagesgeschäft gebunden ist, brauchen wir externe Unterstützung. Ich beschäftige mich privat auch mit Softwareentwicklung, um auf dem neuesten Stand zu bleiben. Zum Programmieren bleibt mir keine Zeit, es gibt ja mittlerweile so viele neue Technologien. Ich bin viel auf Fachkonferenzen unterwegs, um „am Ball" zu bleiben. Agil nutzen wir auch, häufig bleiben wir bei Kanban kleben, unser Business ist ja sehr reaktiv. Tagesgeschäft eben. Für die Digitalisierung unserer Logistikprozesse suche ich daher einen externen Dienstleister, der uns bei der Entwicklung einer Software unterstützt. Der sollte agil entwickeln, denn ich glaube daran, dass sich damit bessere Ergebnisse erzielen lassen. Ich weiß, dass es nicht unbedingt günstiger wird (sag das mal unserem Controlling ...), aber wir werden dadurch flexibler, weil wir Änderungen schneller eintakten können und Verschwendung vermieden wird. Eben immer an den Bedürfnissen der Anwender entlang.

Gerne würde ich Design Thinking und evolutionäres Prototyping ausprobieren. Doch unsere Unternehmensrichtlinien schieben einen Riegel vor. Daher haben mein Team und ich in den letzten sechs Monaten daran gesessen, ein Lastenheft zu schreiben. Bin mal gespannt, was die Dienstleister, die wir uns als Vorauswahl ausgeschaut haben, zu dem Lastenheft sagen werden.

Persona: Einkauf auf Kundenseite

Hallo, ich bin Hans Meier, mit e. Leiter Einkauf. Meine Aufgabe ist es, den besten Dienstleister zu den besten Konditionen einzukaufen. Im besten Fall winkt ihm eine strategische Partnerschaft mit unserem Unternehmen, das seit fast acht Dekaden im Geschäft ist. Ich sorge dafür, dass unsere Fachabteilungen sich intern an unsere standardisierten Unternehmensprozesse halten, und sehe mich als interner Begleiter bei der Auswahl des besten Dienstleisters für die bevorstehende Aufgabe. Unsere IT macht mir schon seit einiger Zeit Sorgen. Sie wollen vermehrt Projekte nach agilen Arbeitsmethoden ausgestalten. Ich verstehe ja, dass sie sich flexibel auf die Anforderungen unserer Kunden einstellen wollen – schließlich ist das ja etwas, was wir seit ca. acht Dekaden tun und was unseren Erfolg ausmacht. Doch warum sind sie nicht in der Lage, ein Projekt zu einem Festpreis auszuschreiben? Das widerspricht unseren Grundsätzen der Vorhersagbarkeit der Kosten. Ich bin mal gespannt, was Herr Müller sich im neuesten Projekt wieder ausgedacht hat. Seine Mannschaft sei am Anschlag und er bräuchte für die bevorstehende nächste Stufe in der Digitalisierung unserer Logistikprozesse externe Unterstützung. Ich bin gespannt.

Persona: Rechtsanwalt auf Kundenseite

Guten Tag, Rechtsanwalt (RA) Franz Schnarrer. Mit Doppel-R. Um es kurz zu machen: Ich bin hier, um unser Unternehmen vor großen Risiken zu bewahren, und damit wir im Einklang mit den zahlreichen Gesetzen, die wir zu befolgen haben, agieren. Seit zwei Jahren bin ich auch zuständig für die vertragliche Ausgestaltung der Zusammenarbeit mit unseren externen Lieferanten in der IT. Wir verfolgen die Maxime, strategische Partnerschaften zu etablieren. Immer häufiger werde ich mit dem Wunsch nach flexiblen Projektverträgen konfrontiert, sowohl von unserer internen IT als auch von den beteiligten externen Dienstleistern. Das schmeckt mir gar nicht, dieser Wunsch nach Blankoschecks. In der letzten Fortbildung habe ich vom „agilen Festpreis" gehört. Flexibel agieren zu können und dennoch einen Festpreis zu bekommen, das klingt genau nach dem, was unser Unternehmen braucht. Ich bin schon auf die Diskussionen in der kommenden Projektausschreibung gespannt. Unsere IT möchte die Logistikprozesse weiter digitalisieren und sucht gerade nach einem externen Dienstleister. Das Vorhaben soll agil sein. Ein Lastenheft liegt auch vor. Mal sehen, wie die Vertragsdiskussionen laufen werden.

Das gemeinsame Ziel

Drei Personen, drei unterschiedliche Blickwinkel, die ein gemeinsames Ziel eint: ein Projektvorhaben des Unternehmens (nächste Stufe der Digitalisierung der Logistikprozesse mit der dazugehörigen Softwareentwicklung) erfolgreich zu gestalten. Und doch gibt es weitere unterschiedliche Zielsetzungen, die zu Konflikten führen: Während die Fachabteilung die Software entwickeln lassen möchte und Flexibilität benötigt, möchte der Einkauf eine Kostensicherheit und der Rechtsanwalt entsprechende Rechtssicherheit (z. B. durch Werkvertragskonstrukte).

Fest steht, so wie früher funktioniert die heutige Welt nicht mehr. Doch was funktioniert dann?

Softwaresysteme, die Unternehmen nachhaltigen Erfolg im Digitalen bescheren, sind hinreichend komplex, werden sehr lange betrieben und verändern sich über die Zeit. Die Veränderung ist ganz natürlich: Ihr Markt, also Ihre Kunden, verändern sich und haben andere Anforderungen an die Software. Dieser Dynamik gerecht zu werden, das ist die Herausforderung in Softwareprojekten genauso wie auch in den dazugehörigen Vertragskonstrukten.

6.1 „Time and Material" auf Basis eines hinreichend stabilen Teams

Ein Vertrag auf „Time and Material"-Basis ist die beste Grundlage, damit ein hinreichend stabiles, agiles Team Software gut entwickeln kann. T&M ist hierbei kein Blankoscheck, weder für den Auftraggeber noch für den Auftragnehmer. Es schafft die Basis, um das zu gestalten, was die Grundmaxime agilen Arbeitens ist: werthaltige Software zu schaffen.

Der Wert wird dabei nicht ausschließlich von den Kosten bestimmt, sondern von dem Wert, den eine Funktion (Feature) für den Anwender der Software bringt. Dieser Wert ist schwer zu bemessen und wird häufig über abstrakte Zahlen, dem „Business Value", ausgedrückt.

Anstatt den Blick also auf die Vorabschätzung der Kosten eines einzelnen Features zu richten, richten wir in moderner Denke den Blick darauf, ein gutes Softwareteam aufzubauen, das die Software langfristig voranbringen kann, um den höchsten Wert für den Endanwender in der Zukunft zu realisieren. Wir reden also eher von Investitionen (vorwärtsgerichtet) als von Kosten (rückwärtsgerichtet).

Im Agilen ist es also nicht sonderlich wichtig, ob ein Feature 3.000 oder 5.000 Euro gekostet hat. Durch die iterativ-inkrementelle Arbeitsweise können die Kosten/Investitionen nicht davongaloppieren, denn der Product Owner hat prinzipiell die Möglichkeit, nach jedem Sprint (typischerweise alle zehn Arbeitstage) einen Kurswechsel vorzunehmen. Damit besteht auch die Möglichkeit der Steuerung der Investitionen auf einzelne Features.

Übersetzt man also die operative Steuerung (welche Features möchte ich in welcher Ausprägung wann entwickeln?) auf die Investitionsseite, so ergibt sich hier also ein Steuerungsinstrument auf der Geldebene. Dieses Steuerungsinstrument ist extrem mächtig! Denn anders als bei typischen Budgetierungsmodellen lassen sich die Investitionen im Rahmen des Gesamtbudgets in sehr kleinteiligen Takten (jeden Sprint) verändern.

Was bedeutet das für das Gesamtbudget? Nachfolgend eine simple Kalkulation:

Gesamtinvestition für <Anzahl Monate> = <Teamgröße in Personen> x <Anzahl Tage/Monat> x <Anzahl Monate> x <Tagessatz>

Diese Gesamtinvestition lässt sich nun kleinteilig steuern. Die Steuerung erfolgt dabei ähnlich „retrospektiv", wie ein Softwareteam auch „retrospektiv" auf seinen Arbeitsprozess zurückblickt und Verbesserungen auf inhaltlicher Ebene beschließt. Verfolgen Sie also im Zwei-Wochen-Takt die Investition von (Zeit x Geld / Zeit) auf einzelne Features. Ein guter Product Owner berücksichtigt dies, um zu sehen, wie viele Investitionen ein Feature verschlingt, und stellt dies der Erreichung des Werts für den Anwender und das Business gegenüber. Und verändert gegebenenfalls seine Teilinvestitionen in Richtung anderer Features.

Die Bezahlung des Dienstleisters erfolgt typischerweise monatlich oder sprintweise nach Vorlage der gebuchten Zeit. Stabile Teams wirken sich auf die Softwarequalität günstig aus. Up- und Downsizing sollten nicht zu hektisch erfolgen. Daraus folgt, dass Sie sich in der Budgetberechnung auf eine relativ konstante Teamgröße einlassen sollten. Es empfiehlt sich hier, bei der Budgetierung auf Jahressicht „Puffer" für die Vergrößerung des Teams einzubauen, sodass Sie z. B. nicht mit sechs Personeneinheiten planen, sondern z. B. mit sieben bis neun Personen, um bei etwaigen Erweiterungen des Teams gut gerüstet zu sein.

Wenn auf taktisch-operativer Ebene der „Business Value" für die Endanwender in der Gesamtsoftware früher erreicht ist? Dann kann einfach früher ein Ende erreicht werden ...

6.2 Vertrauen aufbauen

Eines der Kernthemen agilen Arbeitens ist es, eine hohe Vertrauensbasis zu schaffen. Eine Abbildung in Vertragskonstrukten fällt hierbei schwer. Die Eingangs erwähnten drei Personas wollen eine strategische Partnerschaft mit dem Dienstleister aufbauen. Sie wissen, dass Softwarevorhaben hinreichend komplex und langfristig sind. Vertrauen ist ein elementarer Bestandteil einer langfristigen Geschäftsbeziehung.

Ein „Time and Material"-Konstrukt auf Basis eines vorab vereinbarten Gesamtbudgets, das sich aus der Personenkapazität des Teams sowie der beabsichtigten Einsatzdauer ergibt, ist das beste Vertragskonstrukt, um taktisch-operativ sinnvolle Features in der Software zu entwickeln, die den höchsten Wert („Business Value") für die Anwender der Software erreichen.

Doch was ist, wenn während der Zusammenarbeit Vertrauen abnimmt? Wenn sich die Zufriedenheit nicht immer so einstellt, wie man dies beabsichtigt hat? Alle drei Personas werden vermutlich zunächst intensive Gespräche mit ihrem Dienstleister führen. Sollte dies nicht ausreichen, so empfiehlt sich ein vorab vereinbartes Vertragskonstrukt: Mit einem Vorlauf von z. B. zwei Sprints kann jede Partei den Vertrag vorzeitig beenden. Es wird dann noch bis zum letzten Sprint gearbeitet, und danach wird die Zusammenarbeit beendet.

Im Rahmen einer neunmonatigen Vertragslaufzeit kann auch der komplette Business Value für das System schon nach sechs Monaten erreicht wurde. Es empfiehlt sich also, den Vertrag gemäß der eben skizzierten Vertragsklausel aufzukündigen. Für diesen Fall sollten Sie in das Vertragskonstrukt einen zusätzlichen Fairnessparagrafen vereinbaren: Dadurch, dass mit etwas Vorlauf der Vertrag vorzeitig beendet wird, sparen Sie ja einen Teil der vorab geplanten Investition. Im Falle der frühzeitigen Beendigung wegen Erreichen des gewünschten Business Values zahlen Sie einen kleinen Prozentanteil des übrig gebliebenen Geldes an den Dienstleister, als Fairnessausgleich dafür, dass die vereinbarte Laufzeit früher beendet wurde.

Diese Form des Fairnessparagrafen, der vertrauensfördernd ist, bietet sich insbesondere für Projektvorhaben in neuen Geschäftsmodellen an, bei denen noch nicht sicher ist, dass eine Software langlebig mit Funktionen ausgestattet werden wird.

In allen anderen Fällen sind Sie gut beraten, es beim Paragrafen mit der frühzeitigen Beendigung des Vertrags (beidseitig formuliert und gewährt!) zu belassen.

6.3 You get what you measure for

Häufig wird ein „agiler Festpreis" verbunden mit einer Umrechnung der sogenannten Story Points in Geldwerte. Es wird also vorab, oder nach „Messung" nach zwei bis drei Sprints, versucht, den Geldwert eines Story Points zu errechnen und zur Basis einer (Performance-orientierten) Bezahlung zu machen.

Ein Story Point ist ein abstrakter Punktwert, der den Aufwand in Komplexität einer User Story (Feature oder Teil eines Features) ausdrückt. Dies ist auf gar keinen Fall zu verwechseln mit dem Zeitaufwand, dessen die Implementierung des Features bedarf! Der Story Point ist ein Wert, anhand dessen das Team über die Komplexität eines Features oder eines Teils eines Features lernt. Der Story Point ist eine Einladung zu einer Konversation im Team über die User Story. Methoden, die die Konversation fördern, sind das Planning Poker oder die Magic Estimation. Der Story Point ist also ein Lernwert für das Team.

Story Points sollten nicht monetär übersetzt werden. Diese leistungsorientierte Bezahlung wirkt sich insgesamt negativ aus.

Ähnlich verhält es sich mit der Sprint Velocity: Diese besagt am Ende eines Sprints, wie viele Story Points erreicht worden sind. Dazu werden die Story Points der User Stories, die fertiggestellt wurden, aufsummiert und für jeden Sprint festgestellt. Die Velocity ist eine Einladung zum Dialog im Team: Warum schwankt sie von Sprint zu Sprint? Haben wir ein Problem bei der Definition der User Stories? Gab es zu viele Überraschungen? Gab es Teamveränderungen, die dazu führten, dass wir alle neu „lernen" mussten?

Auch eine Velocity kann schwanken. Von Sprint zu Sprint. Die Gründe dafür sind sehr vielfältig. In erster Linie ist diese Metrik eine Lernmetrik für das Team. In zweiter Linie kann auf Basis von Statistik der Product Owner eine Vorhersage für Releases treffen: Wann wird welches Feature mit welcher Wahrscheinlichkeit geliefert werden? Über die Zeitaufwände, die hineinfließen werden, kann jedoch keine gute Aussage getroffen werden!

Wenn Sie also jetzt versuchen, einen direkten Bezug zwischen Story Points und Geldeinheit festzustellen, erreichen Sie die folgenden Punkte:

- Das Team wird mittelfristig „sand bagging" betreiben. Story Points sind Schätzungen aus dem Team heraus. Sie können leicht „gefälscht" werden. Es sind ja nur Schätzungen.
- Sie lenken die Blickrichtung auf die Kosten pro Feature. Was Sie und insbesondere Ihr Product Owner jedoch möchten, ist eine Entwicklung von Features, die den höchsten Business Value haben. Business Value ist dabei nicht gleichzuset-

zen mit Höhe der Kosten, sondern mit dem Wert, den ein Feature beim Anwender des Features erreicht.
- Da Story Points eine Lerneinheit für das Team sind, nehmen Sie dem Team eine wichtige Lerneinheit weg.

6.4 Controlling an agiles Arbeiten anpassen

Softwareentwicklung ist hinreichend komplex. Wir stehen immer wieder vor Überraschungen. Zu den Überraschungen (meist auf Kundenseite) gehört auch, dass die vorab mühsam und teuer geschriebenen Lastenhefte schon nach wenigen Monaten Makulatur sind, weil sich die Anforderungen von jetzt und der Zukunft verändert haben. Aber auch vor technischen Überraschungen sind wir nicht gefeit.

> Die agile Welt bevorzugt, in kleinen, iterativ-inkrementellen Einheiten zu arbeiten, um mit Überraschungen besser umgehen zu können. Das Controlling muss daher auch kleiner und iterativ-inkrementeller werden. Sich also an die inhaltlich-operative Vorgehensweise anpassen, um Schritt zu halten.

Im Agilen sitzen wir alle in einem Boot und haben eine gemeinsame Verantwortung. Fachabteilung wie Einkauf wie Rechtsanwälte wie auch letztlich das Team (inklusive Product Owner des Kunden), die die gemeinsame Verantwortung tragen. Vertrauen bedeutet hier, dass dem operativen Team andere Steuerungsmöglichkeiten an die Hand gegeben werden müssen, als es die finanziell-rückwärtsgewandten Steuerungsmöglichkeiten der Vergangenheit erlauben. Denn diese erreichen naturgemäß ihre Grenzen, und dies ist das Gefühl, das bei Ihnen kleben bleibt, sollten Sie die Frage stellen: „Also doch ein Freifahrtschein für den Dienstleister?"

Es gibt eine Reihe von Techniken und Methoden, um eine gewisse Vorausschau zu ermöglichen (z. B. das Story oder Impact Mapping, Lean Canvas und ähnliche Techniken). Wir arbeiten im Agilen weder chaotisch noch auf kurze Sicht. Und wir planen auch, allerdings nicht einmalig vorab, sondern kleinteilig-permanent. Der stete Dialog und Austausch, im Team und mit dem Kunden, ist Grundbestandteil unserer Arbeit. Die permanente Verbesserung ist das, wonach wir streben.

> **Wichtigster Punkt in Kürze**
>
> Um am Ende bessere Software, ein besseres Produkt oder eine bessere Dienstleistung für den Anwender schneller liefern zu können. Das ist es, was uns antreibt. Unterstützen Sie Ihre Teams dabei, diesen Spirit zu erhalten.

7 Agiles Human Resources Management – der entscheidende Katalysator

André Häusling und Martin Kahl-Schatz

Viele agile Transformationen stecken fest oder scheitern, weil sich lediglich auf Vorgehensmodelle, Prozesse und Methoden konzentriert wird. Dabei geht es vielmehr darum, die Werte und Prinzipien der Zusammenarbeit in Organisationen neu zu denken. Die Themen aus den HR-Bereichen (HR = Human Resources) werden daher zum entscheidenden Katalysator für agile Transformationen: Wie sehen eine agile Organisationsentwicklung und agile Organisationsstrukturen aus? Wie organisieren wir agile Führung? Welche HR-Instrumente müssen wir wie im agilen Kontext anpassen? Welche Rolle spielt der Human Resources-Bereich in den agilen Transformationen, vor allem auch in der Kulturentwicklung?

> In diesem Beitrag erfahren Sie,
> - welche Dimensionen auf dem Weg zur agilen Organisation relevant sind,
> - welche Reifegrade und Phasen es auf dem Weg zur agilen Organisation gibt,
> - welche entscheidende Rolle HR als Katalysator in der agilen Transformation spielt,
> - welche Konsequenzen Agilität für die HR-Organisation und die HR-Instrumente hat.

In den vergangenen Jahren erfuhr Agilität einen deutlichen Popularitätsschub - so sehr, dass viele Führungskräfte und Mitarbeiter mittlerweile genervt abwinken, wenn der Begriff wieder mal an sie herangetragen wird. Dies ist in gewisser Weise nachvollziehbar, wird Agilität doch derzeit vielerorts als Schlüssel zur Glückseligkeit und Allheilmittel aller organisationalen Sorgen und Nöte verkauft.

Viele Unternehmen haben sich in den letzten Jahren auf eine agile Reise begeben und für sich entschieden, agiler werden zu wollen. Dies geschieht in der Regel nicht zum Selbstzweck oder aus sozialromantischen Gründen. Vielmehr nehmen sie sowohl innerhalb der Organisation als auch von außerhalb des Unternehmens einen spürbaren Veränderungsdruck wahr, der sie zu einer entsprechenden Orientierung in Richtung Agilität veranlasst.

■ 7.1 Agile Organisation und agile Transformation

Agilität stellt per Definition das Gegenteil dieser in den Unternehmen zum Teil vorherrschenden Trägheit dar. Gleichsam wird sie als Strategie zur Steigerung der Anpassungsfähigkeit einer Organisation an die Erfordernisse der Umwelt auf der einen und für den erfolgreichen Umgang mit Komplexität auf der anderen Seite für viele Organisationen daher zum vielversprechenden Mittel der Wahl. So werden Initiativen in Gang gesetzt, man befasst sich eingehend mit agilen Methoden, bildet eigene Scrum Master aus und agilisiert die Prozesse, sei es nun mit Scrum oder Kanban. Dies bringt im ersten Schritt oftmals eine erste, spürbare Verbesserung, oft jedoch gefolgt von einem Stillstand. Weitere Maßnahmen, die Prozesse zu agilisieren, haben keine spürbaren weiteren Effekte. Die Veränderung gerät ins Stocken, und die Ursache hierfür liegt nicht in den Prozessen und Vorgehensmodellen begründet.

Wir haben mit Prof. Dr. Stephan Fischer von der Hochschule Pforzheim ein Erklärungsmodell für die agile Entwicklung von Organisationen entwickelt – das Transformations- bzw. kurz „TRAFO"-Modell (Bild 7.1). Dieses Modell betrachtet Organisationen ganzheitlich, weil auch die Entwicklung von Organisationen von diversen unterschiedlichen Aspekten bestimmt wird. Wir haben sechs maßgebliche Dimensionen identifiziert, in denen sich Organisationen auf dem Weg zu einer agilen Organisation verändern. Jene Dimensionen, die sich auf den der Agilität inhärenten Aspekt der Kundenorientierung beziehen, sind die der Prozesse, der Strategie sowie der Struktur. Agile Organisationen zeichnen sich gleichermaßen auch durch eine stärkere Mitarbeiterorientierung aus, die sich wiederum in den Dimensionen Führung, Kultur sowie auch den HR-Instrumenten niederschlägt. Wie sich HR-Instrumente im agilen Kontext verändern und welche Konsequenzen sich auch für die HR-Organisation ergeben, werden wir in diesem Beitrag insbesondere beleuchten. Zuvor lohnt sich allerdings noch einmal die intensivere Betrachtung des TRAFO-Modells, um auch die Schlüsselrolle, die HR im Zusammenhang mit einer agilen Transformation spielen kann, besser zu verstehen.

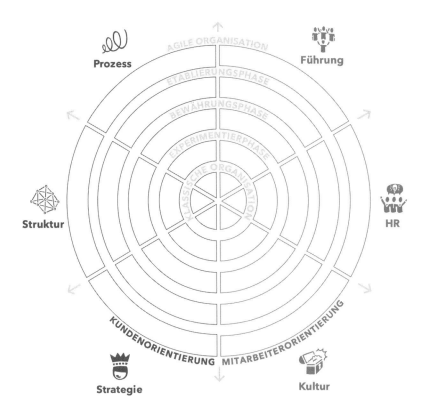

Bild 7.1 Das TRAFO-Modell: Dimensionen, die sich auf dem Weg zur Agilität verändern

7.1.1 Die sechs Dimensionen der agilen Organisation

1. Agile Prozesse einführen

In klassischen Unternehmen kommt in der Regel der traditionelle Wasserfallansatz fürs Projektmanagement und die Produktentwicklung zum Einsatz. Die einzelnen Projektphasen werden zunächst vollständig geplant, bevor die Produktion beginnt, jede Phase muss abgeschlossen sein, ehe mit der nächsten begonnen wird. Dieses sequenzielle Verfahren endet mit der erstmaligen Auslieferung des Ergebnisses. Der Zeitraum von der Planung bis zur Auslieferung kann somit je nach Projektumfang sehr lang werden. Dieser Vorgehensansatz basiert auf der Annahme, dass zu Beginn des Vorhabens alle Aufgaben, Rahmenbedingungen und Eventualitäten insofern bekannt sind, als dass der Weg zur Zielerreichung schon vorab komplett ausformuliert und festgelegt werden kann.

Bei Projekten mit einer überschaubaren Komplexität und gut vorhersagbarem Verlauf mag dies ein gangbarer Weg sein. Im Zuge steigender Komplexität kann aber immer seltener von solchen Voraussetzungen ausgegangen werden, und so wird auch die große Schwäche des Wasserfallvorgehens deutlich: seine mangelnde Flexibilität. Auf unvorhergesehene Änderungen der Rahmenbedingungen und veränderte Szenarien kann nur bedingt reagiert werden (vgl. Maximini 2013). Eingriffe in den Ablauf sind nicht vorgesehen, und wenn, dann nur mit einem erheblichen Aufwand verbunden möglich.

Hier bieten agile Prozesse aufgrund des iterativ-inkrementellen Vorgehens in kleinen Schritten deutlich mehr Möglichkeiten, im Prozess einzugreifen und bei Korrekturbedarf gegenzusteuern. Geplant wird trotzdem: Allerdings für kürzere, überschaubarere Zyklen, und eine Überprüfung im Sinne des agilen Ansatzes „Inspect and Adapt" ist ebenfalls fest verankert. In dieser Überprüfung ist auch der Kunde eingebunden: In Reviews kann dieser direkt sein Feedback zu den erstellten Inkrementen geben, Änderungen können so unverzüglich eingebunden werden, ohne erhöhten Mehraufwand. Agile Prozesse zeichnen sich somit vor allem durch Iterationen, Inkremente und eine höhere Kundenorientierung aus.

2. Kundenzentrierte Organisationsstrukturen schaffen

Während sich in klassischen Organisationen die Strukturen noch stark durch die Aufbauorganisation mit klaren Hierarchien und einer Zentrierung der Macht und Entscheidungsgewalt auf den oberen Ebenen auszeichnen, liegt der Fokus in agilen Organisationen deutlich stärker auf der Ablauforganisation, die sich weniger der Unternehmensspitze als vielmehr dem Kunden verschreibt und sich entsprechend orientiert. Die Strukturen klassischer Organisationen sind zumeist historisch gewachsen und haben sich entsprechend manifestiert. Oft herrscht bei ihnen außerdem ein ausgeprägtes Silodenken vor, das sich auch durch die siloartigen Strukturen bedingt. Man dreht sich, auch strukturell, in erster Linie um sich selbst. Agile Organisationen sind deutlich stärker „outside-in" gedacht, direkt am Kunden orientiert und entsprechend strukturiert (vgl. Hooper et al. 2001). So gibt es hier keine Aufbauorganisationsstruktur mehr, die Teams arbeiten crossfunktional und selbstorganisiert mit entsprechender End-to-End-Verantwortung für ein bestimmtes Produkt. Sie sind netzwerkartig organisiert, die meisten früher separat in Bereichen aufgestellten Funktionen sind nun direkt in den Teams verortet. Der Wandel von der Aufbau- in die Netzwerkorganisation vollzieht sich im Regelfall auch nicht radikal, sondern stufenweise und evolutionär.

3. Agile Strategien entwickeln und konsequent aus Kundenperspektive denken und handeln

Strategisch zeichnen sich agile Organisationen durch einen starken Kundenfokus aus. Der Kunde ist elementarer Bestandteil der Strategie agiler Organisationen und die Frage „Was will der Kunde wirklich?" bestimmt elementar die strategische Ausrichtung. Klassische Organisationen haben im Gegensatz dazu oft rein wirtschaftliche Ziele zum Fixpunkt der Strategie erkoren. Umsätze steigern, Kosten minimieren, Effizienz erhöhen sind zumeist die Maximen, schließlich ist man so ja auch erst zu einer erfolgreichen Organisation geworden. Aus diesem Grund verlassen sich diese Organisationen auch oft auf ihre einstmals erfolgreiche Produktpalette und glänzen weniger mit Innovationen. Aus ihrer komfortablen Ausgangssituation heraus, dass ihre Produkte jahrelang von den Kunden nachgefragt wurden, sind sie sehr auf sich selbst fokussiert und richten ihre Strategie auch danach aus, was der Organisation den meisten Nutzen bringt. Mut zur Veränderung spielt hier jedoch in der Regel eine untergeordnete Rolle. Agile Organisationen implementieren diesen hingegen in ihre Strategie, indem sie Veränderung als Chance zur Weiterentwicklung begreifen und Agilität selbst Bestandteil der Strategie wird.

4. Agile Führung etablieren

Führungskräften kommt eine enorme Schlüsselrolle in Bezug auf die agile Transformation zu. Dies ist besonders herausfordernd: Sollen sie doch auf der einen Seite Treiber sein, sind sie auf der anderen zugleich von vielen Veränderungen betroffen. Die bisherige Führungsrolle, die sich in klassischen Organisationen hauptsächlich über fachliche Expertise definierte, wird im agilen Kontext massiv verändert: hin zu einem Verständnis als „Dienstleister" für die Mitarbeiter, diesen optimale Arbeitsbedingungen und Voraussetzungen zu ermöglichen, damit sie bestmögliche Leistung und größtmöglichen Erfolg erzielen können (vgl. Zhang, Zhou 2014). Führungskräfte sind zum einen gefragt, ihre Mitarbeiter zu ermächtigen bzw. zu „empowern", eigenverantwortlich zu handeln. Somit stehen sie zum anderen vor der Herausforderung, zukünftig die Macht zu teilen und Führung abzugeben, um noch gezielter führen zu können.

Während sich Führungskräfte stärker darauf fokussieren, die Menschen in der Organisation zu führen, etwa durch einen gezielten Blick auf Förderung und Entwicklung der Individuen (vgl. McKenzie, Aitken 2012), werden Aufgaben, die bisher bei der Führungskraft lagen, durch andere Rollen abgedeckt. So gibt es Scrum bzw. Agile Master für die Einhaltung der Prozesse und das Ausräumen von Hindernissen, die Product Owner, die Produktverantwortung übernehmen und als Schnittstelle zum Kunden fungieren, oder auch das Team bzw. die Mitarbeiter selbst, die stärker Verantwortung für sich selbst übernehmen, um sich selbst zu führen.

5. Agile HR-Instrumente umsetzen

In klassischen Organisationen hat der HR-Bereich oft damit zu kämpfen, dass die verwendeten Instrumente als Hindernisse für das operative Geschäft und HR-Projekte als administrative Bremsklötze wahrgenommen werden. HR-Management steht immer noch im Verruf, einen stark selbstreferenziellen administrativen Fokus zu haben und stark „inside-out" zu denken. Zukünftig wird vom HR-Bereich allerdings ein radikales Umdenken verlangt, mit dem der Kunde in den Mittelpunkt der strategischen Überlegungen gestellt wird und die Handlungen entsprechend nach ihm ausgerichtet werden (vgl. Gloger, Häusling 2011). Welche Konsequenzen sich hieraus für die HR-Organisation im agilen Kontext ergeben werden und wie sich in diesem Zuge auch HR-Instrumente verändern, wollen wir später noch ausführlicher beschreiben.

6. Agile Kulturen entwickeln

Das in der Organisation vorherrschende Menschenbild ist stark von Vertrauen geprägt, das die Führungskräfte ihren Mitarbeitern entgegenbringen müssen. Dies geschieht aus der Überzeugung heraus, dass diese im besten Sinne für die Organisation handeln werden, wenn man ihnen entsprechende Freiheitsgrade ermöglicht. Diese Aspekte beschreiben auch eine typische agile Kultur, welche eine weitere Dimension des TRAFO-Modells darstellt. Die Kultur ist in gewisser Weise der Rahmen, der sich um die gesamte Organisation spannt, der sich in jeder anderen Dimension niederschlägt und gleichsam auch durch jede andere Dimension geprägt wird. Gleichwohl kann die Kultur einer Organisation selbst nur schwer geplant verändert werden, und die Veränderungen ergeben sich vielmehr zwangsläufig durch Maßnahmen auf anderen Dimensionen.

Die Etablierung einer Vertrauenskultur, wie sie typisch für agile Unternehmen ist, kann nicht per Direktive von oben durchgesetzt werden, sondern entwickelt sich durch viele unterschiedliche Initiativen und setzt sich erst später wie ein Mosaik zusammen. Andere Aspekte, die eine agile Organisationskultur ausmachen, sind beispielsweise der konstruktive, lernorientierte Ansatz im Umgang mit Fehlern sowie ein Verzicht auf einen Katalog von Regeln und im Gegensatz dazu die Etablierung von Prinzipien. Letztlich rekurrieren diese Punkte aber wiederum auf das Thema Vertrauen, das die agile Organisation charakterisiert, während sich die klassische Organisationskultur eher durch eine Vielzahl von Kontroll- und Absicherungsmechanismen beschreiben lässt.

In der Praxis haben wir die Erfahrung gemacht, dass viele Unternehmen sich Agilität sehr eindimensional anschauen. Häufig schauen sie sich zu Beginn nur die Prozessdimension an, später nur die Führungsdimension oder eine der anderen Dimensionen. Alle Dimensionen hängen zusammen und haben viele Verbindungen.

Achten Sie auf einen ganzheitlichen Blick und finden Sie für Ihre Organisation oder Ihren Bereich heraus, welche Dimensionen der limitierende Faktor sind, um den agilen Reifegrad der Organisation zu steigern.

7.1.2 Die fünf Reifegrade in der agilen Transformation

Nun haben wir die drei am Kunden orientierten Dimensionen Prozesse, Struktur und Strategie sowie die mitarbeiterfokussierten Dimensionen Führung, HR-Instrumente und Kultur kurz beleuchtet. In der Beschreibung klang jeweils schon an, dass zwischen den beiden Extremausprägungen der klassischen Organisation auf der einen und der agilen Organisation auf der anderen Seite noch unterschiedliche Entwicklungsstufen bzw. Reifegrade liegen. Wir haben bei der Beobachtung der agilen Entwicklung von Organisationen festgestellt, dass die Entwicklung auf den verschiedenen Dimensionen zum einen nicht immer synchron verläuft. Zumeist wird eine bestimmte Transformationsebene erreicht, und aufgrund einer anderen limitierenden Dimension verharrt die Organisation in ihrer Entwicklung auf einem Plateau. Für einen Schritt auf die nächsthöhere Stufe muss insbesondere an der besagten limitierenden Dimension gearbeitet werden, jedoch ohne die anderen zu vernachlässigen. Agile Transformationen bewegen sich in verschiedenen Phasen bzw. agilen Reifegraden. Dabei geht es darum, für jede Organisation den richtigen Reifegrad zu finden, um sich an die ändernden Marktbedingungen adäquat anpassen zu können. Den höchsten agilen Reifegrad bezeichnen wir als agile Organisation.

1. Die traditionelle Organisation

Organisationen, die bisher noch nicht mit Agilität in Berührung gekommen sind und somit die geringste Ausprägung hinsichtlich ihres agilen Reifegrades aufweisen, bezeichnen wir als traditionelle Organisationen. Diese entstammen in der Regel einem klassischen Umfeld, das traditionalistisch und bewahrend denkt und handelt. Es klang bereits an, wie sich die Ausprägungen auf den unterschiedlichen Dimensionen des TRAFO-Modells ausgestalten. So sind sie zumeist sehr hierarchisch aufgebaut, mit einer hohen Machtkonzentration am Kopf der Pyramide. Hier wird auch über die Strategie entschieden, die stark auf sich selbst referenziert und sich vor allem wirtschaftlichen Kennzahlen verschreibt. Prozesse sind im

Wasserfallvorgehen verhaftet und werden strikt nach Plan organisiert. Die Organisation von Führung ist stark an die hierarchische Struktur der Organisation angelehnt und entsprechend organisiert. Entscheidungen kaskadieren von oben nach unten, dementsprechend sind die Entscheidungswege oft lang. HR hat einen stärkeren administrativen Fokus (aus Sicht vom Business), die vorhandenen Systeme und Instrumente stützen Logik und Statik der Organisation. Karrierepfade richten sich nach der Hierarchie, Ziele werden individuell funktional kaskadiert, Führungskräfte sind für die Leistungsbeurteilung ihrer Mitarbeiter zuständig und werden mit individuellen Boni belegt. Die Kultur in traditionellen Organisationen ist stark von Absicherung geprägt, um Fehler und damit verbundenen Gesichtsverlust zu vermeiden.

2. Die Experimentierphase

Traditionelle Organisationen haben sich mit agilen Themen bisher gar nicht bzw. sehr wenig auseinandergesetzt – weil sie es nicht mussten oder müssen, da sie in einem recht stabilen Kontext unterwegs sind. Jene Organisationen, die für sich die Notwendigkeit erkannt haben, agiler zu werden, starten ihren Weg in Richtung mehr Agilität oft in der prozessualen Dimension mit einer Experimentierphase in einzelnen Bereichen. Vorreiter sind hierbei oft Entwicklungsbereiche, die sich agilen Prozessmethoden wie beispielsweise Scrum oder Kanban öffnen und zumeist positive erste Erfahrungen sammeln, weil die Geschwindigkeit im Prozess sich erhöht und eine höhere Flexibilität entsteht. Die Änderungen im Prozess wirken aber auch auf andere Dimensionen ein: Die neuen Rollen (z. B. Scrum Master, Product Owner) führen zu einer Verteilung von Macht und Entscheidungshoheit auf mehrere Schultern, was speziell zu Beginn gewisse Unklarheiten hinsichtlich der Verantwortung hervorrufen kann. Aber auch auf die Strukturen wirken sich die neuen Rollen aus: Wo lassen sich die Rollen sinnvoll in das Gesamtgefüge integrieren? Sowohl HR als auch das Management beginnen, sich in dieser Phase intensiver mit agilen Ansätzen auseinanderzusetzen und sich neuen Ideen zu öffnen. Unterdessen ist in der gesamten Organisation eine Spaltung in zwei Lager zu beobachten: auf der einen Seite die, die Feuer und Flamme für die neuen Ansätze und die neue Art der Zusammenarbeit sind, und auf der anderen jene, die hinter den Bemühungen nur die berühmte nächste Sau vermuten, die wieder einmal durchs Dorf getrieben wird.

3. Die Bewährungsphase

Nach der Anwendung erster Experimente und dem Lernen aus den Erfahrungen treten die Organisationen irgendwann in der Regel in die nächste Phase ein: die Bewährungsphase. Aufgrund der neuen Rollen aus Scrum ist ein gewisses Chaos entstanden, das es nun strukturell aufzulösen gilt. Häufig wird hierbei auf funktional orientierte Matrixstrukturen und einen kundenzentrierteren Organisationsschnitt gesetzt. Hierbei gilt es herauszufinden, welches die relevanten Variablen für eine am Kunden ausgerichtete Organisation sind, ob nun Produkte, Services, Regionen oder wichtige Key Accounts. Am Ende stehen eine funktionale Aufbauorganisation und eine kundenzentrierte crossfunktionale Querschnittsorganisation. Auch bedingt durch die neuen Rollen verändert sich Führung noch stärker in Richtung eines lateralen Führungsverständnisses. Hierzu muss ein noch stärkeres Bewusstsein dafür erlangt werden, dass es sich bei den agilen Rollen um (laterale) Führungskräfte handelt und diese entsprechend auch legitimiert sein müssen, Führungsaufgaben zu übernehmen. Während HR-Bereiche erste agile Pilotprojekte starten, beginnen auch Bereiche außerhalb der Entwicklung, sich agilen Prozessen zu öffnen.

Bezüglich der Kultur befindet man sich in einem Kulturfindungsprozess, um herauszufinden, wofür die Organisation zukünftig stehen will, welche Werte die Mitarbeiter vertreten und wie sie zusammenarbeiten wollen. Aber auch auf strategischer Ebene werden grundsätzliche Diskussionen dahin gehend geführt, wie viel Agilität innerhalb der Organisation nötig und ratsam ist und was innerhalb der Organisation überhaupt darunter verstanden wird. Die große Herausforderung ist hierbei, aus der Passivität des „Drüber-Redens" in ein aktives Tun zu kommen. Hier ist klar das Management in der Pflicht, mit gutem Beispiel voranzugehen.

4. Die Etablierungsphase

Stehen die Organisationen in der vorherigen Phase in gewisser Weise noch am Scheideweg hinsichtlich der Akzeptanz und Umsetzung von Agilität, so können sie dies in der darauffolgenden Phase als gesetzt betrachten. Die in der vorigen Phase noch vorherrschende Skepsis des Managements ist Mut gewichen, den agilen Weg mit Überzeugung zu gehen. Dieser Mut führt auch dazu, dass die Strukturen noch konsequenter in Richtung Kunde ausgerichtet werden, beispielsweise in Form von Hybridorganisationen, die Elemente der klassischen Organisation mit jenen der agilen Organisation verbinden. In ihr sind neben Kernfunktionen sowohl funktionale als auch agile Einheiten sowie Shared Services vertreten. Diese unterschiedlichen Einheiten können dazu beitragen, vorhandene Silos weiter aufzusprengen und die Verbreitung agiler Prozesse innerhalb der Organisation zu unterstützen. Das Führungsverständnis in dieser Phase ist stärker am Gedanken der transformationalen Führung angelehnt. Mitarbeiter identifizieren sich gleichzeitig immer stärker mit der Einzug haltenden Kultur, obgleich noch eine gewisse Unsicherheit spürbar ist, wie mit den neuen kulturellen Errungenschaften umzugehen ist. HR fügt sich immer stärker in eine Supportrolle und unterstützt die Teams gezielt in deren Weiterentwicklung, gleichzeitig wird sie Treiber und Enabler im Rahmen der Transformation.

5. Die agile Organisation

Die höchste Entwicklungsstufe des TRAFO-Modells ist die agile Organisation. Allerdings ist die dem agilen Ansatz inhärente kontinuierliche Weiterentwicklung schließlich auch der Grund dafür, dass die agile Organisation per se nicht der gesetzte Endzustand der organisationalen Entwicklung ist. Möglicherweise entsteht zukünftig eine weitere, evolutionär erreichbare Entwicklungsstufe, die sich etwa durch neue Marktbedingungen ergibt. Derzeit bietet eine agile Organisation bei steigender Dynamik und wachsender Komplexität allerdings die höchste Flexibilität bei gleichzeitiger Stabilität, um den Herausforderungen zu trotzen. Strukturell sind agile Organisationen komplett am Kunden ausgerichtet und häufig netzwerkartig organisiert (vgl. auch das Peach-Modell, Pfläging 2014), während die Aufbauorganisation der Vergangenheit angehört. Auch die Strategie ist konsequent outside-in am Kunden orientiert und wird konsequent von außen nach innen gedacht. Wirtschaftlicher Erfolg ist nicht mehr das höchste Ziel der Organisation, sondern wird als direkte Folge des Schaffens von Kundennutzen verstanden. Agile Prozesse sind in der gesamten Organisation verbreitet, die Führung ist komplett und wirkungsvoll verteilt auf die Schultern der Führungskräfte, auf Scrum Master und Product Owner sowie auch das Team selbst. Die Organisation legt großen Fokus auf „Empowerment", also die Ermächtigung der Mitarbeiter, bestimmte Dinge selbst entscheiden zu können und stärker selbstverantwortlich handeln zu dürfen. Dies gelingt auch, weil auf dieser Stufe eine ausgeprägte Vertrauenskultur vorherrscht und Selbstorganisation sich somit auch besser entfalten kann. HR-Bereiche sind innerhalb agiler Organisationen schließlich zum Katalysator der agilen Transformation geworden (vgl. Nijssen, Paauwe 2012). Während viele der bisherigen HR-Aufgaben nun etwa bei den Führungskräften oder den Teams liegen (beispielsweise Recruiting), kann sich HR nun auf die Weiterentwicklung der Organisation fokussieren.

> **Beispiele von Unternehmen mit hohem agilen Reifegrad**
>
> In unserem Buch *Agile Organisationen* haben einige „agile Stars" ihre Reise beschrieben, unter anderem sipgate GmbH, AOE GmbH, //Seibert/Media GmbH oder mcs promotion GmbH. Es gibt zunehmend auch große Organisationen, die sehr konsequent den agilen Reifegrad erhöhen. Ein Beispiel ist die DB Systel GmbH, die mit etwa 4.000 Mitarbeitern die Organisation in mehr als 300 selbstorganisierte Teams ohne klassische Linienorganisation und herkömmliche Führungskräfte überführt.

7.2 Konsequenzen für den HR-Bereich

Aktuell werden die HR-Bereiche häufig als Verhinderer von Agilität wahrgenommen (zugegebenermaßen nicht nur HR, sondern auch andere Bereiche). Der HR-Bereich verantwortet aber Themen und Aufgabenbereiche, die sehr schnell limitierend für die Entwicklung des agilen Reifegrads werden.

Der HR-Bereich besitzt einen großen Einfluss auf alle Dimensionen des TRAFO-Modells, um den agilen Reifegrad zu steigern, da HR sich mit Fragestellungen auseinandersetzt, die die Entwicklung der Organisation maßgeblich betreffen, unter anderem:

- Wie sehen Organisationsmodelle der Zukunft aus?
- Wie wählen wir unsere Führungskräfte aus, wie qualifizieren wir Führungskräfte und wie wollen wir Führung zukünftig organisieren?
- Wie können HR-Instrumente eine neue Form von Zusammenarbeit wirkungsvoll unterstützen, beispielsweise durch neue Formen von Zielvereinbarungen, Feedbacksystemen oder Karrieremodellen?
- Wie können wir eine neue Kultur in Unternehmen schaffen, die eine konsequente kunden- und mitarbeiterzentrierte Perspektive beinhaltet?

Nachstehend wird gezeigt, welche Implikationen und Konsequenzen sich in Bezug auf die HR-Instrumente und die HR-Organisation durch Agilität ergeben.

7.2.1 Agile HR-Instrumente

Es gibt eine Vielzahl an verschiedenen HR-Instrumenten in den Unternehmen. Viele der Instrumente entstammen dem vorigen Jahrhundert, und nur wenige wurden innovativ weiterentwickelt. Sie unterstützen nicht dabei, Veränderungen voranzutreiben, vielmehr manifestieren sie häufig die aktuellen Organisationssysteme noch. Besonders problematisch in den Veränderungsprozessen ist die Tatsache, dass viele HR-Instrumente stark miteinander verknüpft sind, was die Veränderung der Instrumente schwierig gestaltet. Die untereinander bestehenden Abhängigkeiten erhöhen die Komplexität des Unterfangens, die HR-Instrumente zu agilisieren, enorm.

Beispielhaft wollen wir uns im Folgenden einige typische HR-Instrumente anschauen. Hierbei werden wir insbesondere beleuchten, wie sie häufig Agilität behindern und wie mögliche Alternativen aussehen können:

- die Zielvereinbarungssysteme in Unternehmen,
- die Feedback- und Beurteilungsinstrumente in Unternehmen,
- die Belohnungssysteme in Unternehmen,
- die Karrieremechanismen in Unternehmen.

7.2.1.1 Zielvereinbarungssysteme

Zielvereinbarungen sind per se ein wirkungsvolles Instrument. Sie haben vor allem den Nutzen, dem Unternehmen, den Führungskräften und Mitarbeitern Orientierung zu geben. Dieser Nutzen ist auch in agilen Organisationen weiterhin absolut essenziell. Allerdings werden die Instrumente hierfür zukünftig anders gedacht und umgesetzt werden müssen.

In den meisten Organisationen existieren derzeit Zielvereinbarungssysteme, die sich sehr stark aus der bisherigen pyramidalen und hierarchischen Organisationsstruktur ableiten. Das Topmanagement vereinbart die Ziele mit den jeweiligen Führungskräften der nächsten Ebene; die Ziele sind auf die funktionalen Bereiche bezogen. Meistens sind die Ziele innerhalb der Organisation aber nicht transparent. Jede Führungskraft arbeitet an der Erreichung ihrer persönlichen funktionalen Ziele. Dabei kann es dann schon mal vorkommen, dass (un)beabsichtigt ein Wettbewerb zwischen den Bereichen stattfindet, um die Ziele zu erreichen. Es fehlt ein kollaborativer Ansatz, da nur funktionale Einzelinteressen vertreten werden. Verstärkt werden die Muster noch, wenn individuelle Bonusvereinbarungen an die Zielerreichung geknüpft sind.

Hinderlich auf dem Weg zu einem höheren agilen Reifegrad sind folgende Aspekte:

- Die Ziele sind funktional, sodass in crossfunktionalen Teams die Teammitglieder in Teilen unterschiedliche Ziele aus der Linienorganisation heraus haben, was zu Zielkonflikten führen kann.
- Die Ziele sind häufig mit anderen HR-Instrumenten verknüpft (z. B. Bonussystemen), die dazu führen, dass die Mitarbeiter einen Loyalitätskonflikt haben zwischen den Zielen der Linienorganisation und den Zielen des agilen Teams.

Um die Agilität in Organisationen zu steigern, hilft es, die Zielvereinbarungssysteme zu verändern. Die Ziele sollten nicht mehr an die funktionale Linienorganisation geknüpft, sondern vielmehr an den crossfunktionalen Teams orientiert sein. Ein agiles Team hat dann crossfunktionale Teamziele und keine individuellen funktionalen Ziele mehr. Die Ziele splitten sich dabei in unterschiedliche Zielkategorien auf:

- Ein Teammitglied bekommt die Vision und auch operative Ziele (in Form von User Stories im Backlog) vom Product Owner. Da das Backlog kontinuierlich repriorisiert werden kann, werden so auch die Ziele immer wieder angepasst.
- Ein Teammitglied hat Teamentwicklungsziele, die aus einer Retrospektive entstehen. Hier vereinbaren die Teammitglieder zusammen mit dem Scrum Master, an welchen Themen sie arbeiten wollen, um sich kontinuierlich zu verbessern.
- Ein Teammitglied hat zusätzlich noch individuelle Entwicklungsziele. Diese Ziele bekommt es nicht wie in der traditionellen Organisation von seiner Führungskraft, sondern sie leiten sich aus dem Feedback von seinen Teamkollegen

ab. Ein Teammitglied hat die Verantwortung für seine Entwicklung (nicht die Führungskraft) und geht auf die Führungskraft zu, um von ihr Unterstützung und Coaching zu bekommen, bei der individuellen Zielerreichung unterstützt zu werden.

Die Wirkungsweise kommt dann zur Geltung, wenn auch die Feedback- und Beurteilungssystematik angepasst wird.

7.2.1.2 Feedback und Beurteilungssysteme

In traditionellen Organisationen findet häufig ein sogenanntes Mitarbeiterjahresgespräch statt, in dem Mitarbeiter von einer Führungskraft eine Leistungsbeurteilung bekommen.

Die Herausforderung in den agilen Kontexten ist es nun, dass die Führungskraft häufig sehr weit weg vom Mitarbeiter ist und eine Beurteilung nur noch schwer möglich ist (vgl. Trost 2015). Häufig werden dann die Agile Master (oder Scrum Master) um eine Einschätzung gebeten. Es wird aber am bestehenden System festgehalten, auch wenn viele Führungskräfte und Mitarbeiter zunehmend spüren, dass dieses Instrumentarium an seine Grenzen kommt.

Hinzu kommt, dass viele Mitarbeiter keine Leistungsbeurteilung, sondern ein Feedback haben wollen. Dieses Feedback wollen sie nicht einmal im Jahr in einem Mitarbeiterjahresgespräch, sondern kontinuierlich und aus gutem Grund: Schließlich wollen die Mitarbeiter eine regelmäßige Einschätzung haben, ob sie einen Wertbeitrag leisten.

In agilen Organisationen hilft es, einige Mechanismen an diesem Instrumentarium zu verändern, um die Wirkungsweise von agilen Werten und Prinzipien in den Organisationen zu stärken:

- Da in agilen Organisationen ein sehr teambasierter Ansatz der Zusammenarbeit vorliegt, ist es auch das Team, das seinen Teammitgliedern am wirkungsvollsten ein Feedback zu deren Verhalten (und Leistung) geben kann (und nicht mehr die jeweilige Linienführungskraft).
- Es wird ein Feedbacksystem benötigt, das losgelöst von anderen HR-Instrumenten ist. Bisher haben viele Mitarbeiter Befürchtungen, Feedback zu geben, weil sie Angst vor Sanktionen haben (keine Gehaltserhöhung, keine Karriere etc.), wenn sie Kritik an etwas äußern. So sind viele Mitarbeiter in einem Resignationsmuster gefangen, und die Potenziale der Verbesserungsmöglichkeiten liegen brach.
- Das wirkungsvollste Feedback kommt vom Kunden. Wo auch immer es möglich ist, sollten Teams direktes Feedback zu ihrer Leistung vom Kunden bekommen. Auch Kritik seitens des Kunden wirkt häufig Wunder.

Die Daimler-Tochter moovel Group GmbH hat neuartige Feedbackinstrumente eingeführt, die die Aspekte der agilen Transformation besser berücksichtigen, als es herkömmliche Instrumente bisher taten. So wurden die Compensation-Themen klar vom Feedback gelöst. Das eingeführte Feedback und Development Review fokussiert auf gegenseitiges Feedback und gemachte Lernerfahrungen sowie auf die Formulierung der weiteren Entwicklungsschritte. Benötigte Ressourcen und aufgetretene Hindernisse werden benannt, die Performance wird von beiden Seiten eingeschätzt und nächste Schritte werden erarbeitet. Die Organisation holt sich aber auch selbst regelmäßig Feedback ein. So werden neue Mitarbeiter nach ca. 100 Tagen zu einem Gespräch und um offenes Feedback gebeten. Dies beugt einerseits Betriebsblindheit vor und hilft dabei, schon früh eventuell auftretende Konflikte aufzudecken (vgl. Häusling 2017).

7.2.1.3 Belohnungssysteme

In den meisten traditionellen Organisationen werden häufig noch sehr starke extrinsische, monetäre Anreizsysteme verwendet. Ein Element, das in vielen Organisationen sehr präsent ist, sind die Bonussysteme, die meistens mit entsprechenden individuellen Zielerreichungen verknüpft sind. Dies stellt bei der Steigerung des agilen Reifegrads einer Organisation aus mindestens zwei Gründen eine Herausforderung dar:

- In agilen Organisationen finden wir einen sehr teambasierten Ansatz der Zusammenarbeit und weniger einen individuellen Ansatz, um einen individuellen Bonus zu zahlen.
- Wertschätzung funktioniert (nicht nur) in agilen Organisationen anders (vgl. Pink 2010). Die herkömmlichen Bonussysteme wirken meistens kontraproduktiv, weil sie extrinsisch angelegt sind und intrinsische Motivation häufig verhindern.

Menschen wollen Wertschätzung haben – auch monetär. Ein individueller Bonus liefert dafür aber keinen Nutzen und sollte im agilen Kontext abgeschafft werden. Die Treiber für Leistung sind meistens andere. Mitarbeiter wollen einen Beitrag leisten und suchen den Sinn immer mehr in dem, was sie tun und für wen sie es tun. Sie wollen Rahmenbedingungen haben, bei denen sie jeden Tag das tun können, was Kundennutzen schafft. Hierfür helfen ihnen entsprechende Arbeitsmöglichkeiten, technische Ausstattung, Entscheidungsspielraum oder auch ein entsprechendes Führungsverhalten.

7.2.1.4 Karrieremechanismen

Karriere lehnt sich in den traditionellen Organisationen sehr stark an die Hierarchie an. Da in den meisten Organisationen sämtliche Privilegien und Statussymbole wie Gehaltsentwicklung, Firmenwagen, Größe des Büros oder auch der Zugang zu bestimmten Meetings mit der Linienorganisation verknüpft sind, wird von vielen Mitarbeitern die Führungskarriere als führendes Karrieresystem wahrgenommen. Viele Unternehmen führen dann zusätzlich eine sogenannte Fachlaufbahn ein, die in den meisten Unternehmen nur wenig Akzeptanz findet, weil sie nicht annähernd die Anreize bietet wie die Führungslaufbahn. Aber auch die Fachlaufbahnen basieren meistens auf einer hierarchisch angelehnten Logik, wie beispielsweise Junior Developer, Developer, Senior Developer und Senior Professional Developer.

Die Herausforderung in den agilen Organisationen ist es nun, eine Form der Zusammenarbeit zu schaffen, die sehr stark auf Selbstorganisation und Selbstverantwortung basiert und in der Karriere trotzdem möglich ist. Das alternative Karriereverständnis beruht weniger auf Hierarchie, sondern viel stärker auf Kompetenzentwicklung.

 Sollte Ihnen nicht klar sein, was Ihre Mitarbeiter als Wertschätzung interpretieren, dann fragen Sie sie einfach. Schon die Frage alleine drückt Wertschätzung aus.

In den letzten Jahren hatten wir mit vielen Unternehmen zu tun, die Karrieremodelle in einem agilen Umfeld entwickeln wollten. Wir sind meistens mit der Frage des Nutzens von einem Karrieremodell eingestiegen. Viele Unternehmen vermuten, dass Karriere den Mitarbeitern vor allem Entwicklungsperspektiven und Wachstumsmöglichkeiten bieten soll. In der Praxis haben wir die Erfahrung gemacht, dass ein anderes Bedürfnis der Mitarbeiter viel stärker ist: das Bedürfnis nach Anerkennung und Wertschätzung. Dies wird in traditionellen Organisationen in Form von Titel und damit verbundenem Status ausgedrückt. Diese Nomenklatur und an Hierarchie angelehnte Karriere kann in einem höheren agilen Reifegrad allerdings Selbstverantwortung und Selbstorganisation in Teams einschränken.

> **sipgate setzt auf Peer Recruiting**
>
> Die sipgate GmbH aus Düsseldorf nimmt die Karriere seiner Mitarbeiter sehr ernst und sieht die Rolle des Unternehmens eher als die des aktiven Unterstützers, der Mitarbeiter allerdings ist im Fahrersitz und sollte seine Karriereentwicklung selbst maßgeblich beeinflussen. Aufgrund der flachen Hierarchien im Unternehmen spielen beim Thema Karriere Status, Titel und Führungsverantwortung eine eher untergeordnete Rolle. Vielmehr wird beruflicher Aufstieg durch das definiert, was man erreicht und wofür man Verantwortung übernimmt. Wer seine eigene Karriere als Aufgabe versteht, verlässt oft die eigene Komfortzone und arbeitet konsequent an sich selbst und seinem eigenen Denken. Dies hat auch die HR-Arbeit bei sipgate verändert, da nunmehr auf Peer Recruiting gesetzt wird, bei dem die Kollegen im Team entscheiden, welcher Kandidat eingestellt wird. Mit der Zeit wurden immer bessere Mitarbeiter eingestellt, weil es den Teams weniger darum ging, vorhandene Schwächen im Team aufzufangen, sondern jemanden zu finden, der das gesamte Team nach vorne katapultieren kann (vgl. Häusling 2017).

7.2.2 Die agile HR-Organisation

Die Steigerung des agilen Reifegrads einer Organisation hat nicht nur Konsequenzen für die HR-Instrumente, sondern auch für die HR-Organisation selbst.

In Zeiten arbeitsteiliger Organisationen, die sich durch einen hohen Grad an funktionaler Strukturierung auszeichnen, ist der Gedanke an eine ebenfalls strukturierte und auf Wertbeitrag ausgerichtete HR-Funktion konsequent und logisch. „Die Organisationsstruktur von HR muss zur Geschäftsstruktur passen!" (Ulrich 2017). So richtig diese Aussage auch ist, so fatal ist sie vor dem Hintergrund aktueller Trends und so limitiert ist sie bei ganzheitlicher Betrachtung von Organisationen. Sie ist fatal, weil sie eine arbeitsteilige Strukturlogik moderner Organisationen unterstellt. Und sie ist limitiert, weil sie mit dem Bezug zur Struktur einen ganzheitlichen Blick auf Organisationen vernachlässigt.

Hierfür haben wir die sechs Dimensionen auf die HR-Organisation übertragen und mit Prof. Stephan Fischer von der HS Pforzheim das „Agile HR Edgellence Model" entwickelt (Tabelle 7.1).

Tabelle 7.1 Gegenüberstellung einer traditionellen HR-Organisation mit dem Agile HR Edgellence Model

	Traditionelle HR-Organisation	Agile HR Edgellence Model
Strategie	Konzentration auf Topmanagement, Führungskräfte und Mitarbeiter	Konzentration auf den Endkunden des Unternehmens
Struktur	zentrale HR-Einheit mit funktionalen Silos	dezentrale HR-Organisation mit crossfunktionalen Teams als Teil des Netzwerks
Prozesse	wasserfallartig und Multitasking (vieles gleichzeitig anfangen und wenig Ergebnisfokus)	iterative, inkrementelle und fokussierte Ergebnisse
Tools	one size fits all	nutzerbezogen und individuell
Führung	zentral und kompetitiv	kollaborativ und verteilt mit hohem Grad an Empowerment
Kultur	Kontrolle	Befähigung

1. Die HR-Strategie

Bezüglich der eigenen Strategie ist der HR-Bereich häufig dabei, die Unternehmensstrategien zu kaskadieren, um seine internen Kunden (Führungskräfte und Mitarbeiter) zu bedienen. Das wird nicht mehr ausreichen, um in den komplexen Umwelten der agilen Organisationen einen ausreichenden Mehrwert zu erzielen. Zwei zentrale Zielfelder sind zukünftig für HR relevant:

- *Kundenzentrierung*
  HR wird in der VUCA-Welt ihr Kundenverständnis von einer Inside-out-Denkweise zu einer Outside-in-Denkweise ändern müssen. Im Mittelpunkt des Denkens und Handelns von HR stehen nicht mehr länger Führungskräfte und Mitarbeiter als vermeintliche „Kunden", sondern der Endkunde. HR wird so die Zukunftsfähigkeit der Organisation mit Endkundenausrichtung mitgestalten müssen. Damit erhöht HR den Beitrag zum Kundennutzen und wird weniger als Element der Trägheit der Organisation wahrgenommen (VUCA = Volatility, Uncertainty, Complexity und Ambiguity).

- *Mitarbeiterzentrierung*
  Die Rolle von HR wird sich parallel dazu noch mitarbeiterzentrierter ausrichten müssen. Mitarbeiterzentrierung bedeutet in diesem Zusammenhang, Lösungen zu finden, damit Teams selbstverantwortlich und selbstorganisiert Kundennutzen schaffen können. Diese agilen Elemente erhöhen die Geschwindigkeit für den Kunden. Strategisch bedeutet das für HR, Führungskräfte und Teams in der Verantwortung zu belassen und ihnen entsprechende individuelle Tools und Lösungen für ihre jeweiligen Anforderungen zur Verfügung zu stellen. Es geht für HR z. B. nicht mehr darum, Mitarbeiter selbst einzustellen, sondern Mitarbeiter und Teams zu befähigen, damit diese Mitarbeiter einstellen können. HR ist nicht mehr Erfüllungsgehilfe des Business, welcher unter Selbstmitleid sein Helfersyndrom auslebt. HR wird innovative Lösungen mit hoher Nutzenorientierung für die Gesamtorganisation anbieten müssen.

2. Die HR-Struktur

Die aktuellen HR-Organisationen sind, wie andere Einheiten auch, funktionale Silos. Zukünftig wird sich die HR-Organisation strukturell stärker an der Unternehmensorganisation ausrichten müssen. Dabei wird HR drei Elemente beinhalten, die unterschiedlich strukturell organisiert werden:

- Ein Shared Service Center (wie bisher), in dem die administrativen HR-Prozesse effizient abgewickelt werden.
- Die HR Business Partner, die HR-Beratung im Business machen. Sie sollten nicht wie bisher der HR-Funktion zugeordnet sein, sondern dezentral in den jeweiligen Businesseinheiten organisiert werden.
- Ein Transformation Center, in dem die Themen Personal- und Organisationsentwicklung mit der Unternehmensentwicklung verschmolzen werden zu einer neuen Einheit. Dies hat den Vorteil, dass sowohl die Unternehmensentwicklung als auch die Organisationsentwicklung eines Unternehmens aus einem cross-funktionalen Team heraus bearbeitet und gedacht wird.

3. Die HR-Prozesse

Aktuell sind die meisten HR-Bereiche zwar sehr aktionsgetrieben, allerdings wird aus Businessperspektive dennoch der konkrete Output vermisst. Die Ursache liegt häufig darin, dass die HR-Bereiche sehr viele Projekte gleichzeitig und gemäß dem Wasserfallmodell durchführen und wenig iterativ-inkrementell agil bearbeiten. HR-Bereichen fällt es schwer, in kleinen, schrittweisen Ergebnissen und Inkrementen zu denken. Dabei wird der Nutzer häufig auch nicht mit einbezogen, sondern viele Themen werden ausschließlich im „HR-Kämmerlein" bearbeitet.

Auch HR muss lernen, agil zu arbeiten, agile Methoden zu nutzen, um kollaborativ Inkremente zu schaffen, die der Organisation schneller Nutzen bieten.

4. Die HR-Instrumente

Wichtig ist vor allem, dass die HR-Bereiche zukünftig stärker individualisierte HR-Instrumente schaffen. Aktuell gilt das Prinzip „one size fits all": Für alle Mitarbeiter werden die gleichen Mitarbeitergesprächsbögen benutzt oder alle Mitarbeiter haben gleiche Regelungen. Wie in der Produktentwicklung auch sollten HR-Bereiche nutzerbezogen verschiedene Instrumente zur Verfügung stellen. In der Softwareentwicklung benötigen wir gegebenenfalls andere HR-Instrumente als im Sales-Bereich oder in der Buchhaltung.

5. Führung in HR

Führung in den HR-Bereichen sollte ebenfalls agiler organisiert werden. Dabei dienen zwei Handlungsfelder als Orientierung: Zum einen sollte Führung genauso verteilt werden wie in den Businessbereichen. Verteilte Führung führt dazu, dass

Selbstorganisation und Selbstverantwortung wirkungsvoller möglich werden. In der Konsequenz bedeutet dies, dass nicht mehr ein Personalleiter oder HR-Direktor als Führungskraft verantwortlich ist, sondern dass Verantwortlichkeiten aufgesplittet werden. Es wird aber nicht nur eine verteilte Führung, sondern auch ein starkes Empowerment der Teams benötigt.

6. Die Kultur in den HR-Bereichen

Bisher hat HR in vielen Fällen intransparent gearbeitet. Viele Mitarbeiter wissen häufig nicht, was HR den ganzen Tag macht. Diese Kultur der Intransparenz und in Teilen der „Kontrolle" wird zukünftig verändert werden müssen. Die Kultur bildet den Rahmen bzw. das Bindeglied zwischen Kundenzentrierung und Mitarbeiterzentrierung. Es werden Kulturelemente benötigt, die auf beide strategischen Ziele einzahlen: eine Kultur der Kundenzentrierung und eine Kultur der Mitarbeiterzentrierung.

Zusammengefasst:

Die Zukunft von HR sieht im Agile HR Edgellence Model wie folgt aus: HR benötigt eine strategische Konzentration auf Mitarbeitende und Endkunden, eine dezentrale Organisation als Teil des agilen Netzwerks mit crossfunktionalem Transformation Center, dezentralen Business Partners sowie Shared Services, iterativ inkrementelle Prozesse, verteilte Führung, einen hohen Grad an Empowerment sowie eine Kultur der Befähigung. Der Wertbeitrag besteht darin, die Kollaboration zwischen den Akteuren im Netzwerk zu fördern.

Das agile HR-Modell der DB Vertrieb GmbH

Die Vertriebstochter der Deutschen Bahn AG, die DB Vertrieb GmbH, nahm eine radikale Veränderung ihrer HR-Organisation vor. Nach einer Art Erweckungserlebnis aufseiten der Geschäftsführung und der Erkenntnis, sich grundlegend verändern zu müssen, gab es auch im HR-Bereich, auch bedingt durch die Einrichtung neuer Kreativräume, die agile Zusammenarbeit erleichterten und in denen unter anderem auch ein agiles Auswahlverfahren für die Suche nach Menschen mit agilem Mindset stattfand, eine Art Initialzündung zur Veränderung. Es wurde ein ganzheitlicher Ansatz verfolgt (angelehnt an das TRAFO-Modell), neue Rollen und Formate wurden eingeführt und im ersten Schritt Strukturen und Prozesse geändert. Man erkannte, dass sich auch die Kultur maßgeblich mit verändern musste, und formulierte angelehnt an das „Agile Manifest" entsprechende Haltungssätze, die die Zusammenarbeit kulturell prägen sollten. Für die Verbreitung dieser Ansätze wurden entsprechende Coaches ausgebildet, die das Wort ins Unternehmen tragen sollten. Der HR-Bereich selbst bediente sich ebenfalls agiler Methoden und Elemente, unter anderem bei der Entwicklung der HR-Strategie.

Die radikalste Änderung in Richtung mehr Kundenzentrierung, Agilität und Innovation wurde anschließend vorgenommen: die Einführung einer auf Selbstorganisation beruhenden agilen Organisation ohne disziplinarische Hierarchie, die konsequent am Business und am Endkunden ausgerichtet ist. In ihrer Form war die HR-Organisation nun dem „Peach-Modell" (vgl. Pfläging 2014) am nächsten, in dessen Kern das sogenannte Priorisierungsboard liegt. Die zwölf Mitglieder dieses Boards repräsentieren die HR-Organisation und nehmen die Priorisierung der HR-Themen vor. Derjenige, der ein Thema einbringt, übernimmt im Anschluss die Rolle analog einem Product Owner. Die Mitarbeiter, die die entsprechenden Kompetenzen mitbringen, um das Thema zu bearbeiten, kommen anschließend zusammen und bilden ein temporäres, fluides Team. Die Grundlage für das Funktionieren dieses Modells sind die Definition und Vergabe fixer Rollen, die Abschaffung disziplinarischer Hierarchie, ein klarer und transparenter Priorisierungsprozess aller potenziellen HR-Themen und die Bereitschaft aller, sich selbstverantwortlich gemäß ihren Kompetenzen Themen zuzuordnen.

Wichtige Punkte in Kürze

Der Weg zur agilen Organisation umfasst einen ganzheitlichen Betrachtungsansatz mit sechs Dimensionen: Strategie, Struktur, Prozesse, Führung, HR und Kultur. Zudem verläuft der Weg zur agilen Organisation in verschiedenen Phasen, und Organisationen benötigen für unterschiedliche Reifegrade unterschiedliche Antworten.

Um den Reifegrad von Organisationen systematisch zu steigern, ist der HR-Bereich einer der entscheidenden Katalysatoren. Dies wird dann der Fall, wenn HR-Management mit agilen HR-Instrumenten neue Formen der Zusammenarbeit unterstützt und hebelt sowie durch eine veränderte HR-Organisation die Transformation selbst treibt und voranbringt. Denn Agilität beinhaltet deutlich mehr als Vorgehensmodelle und Methoden. Es geht darum, ein neues System von Zusammenarbeit in Organisationen zu erschaffen, was leistungsfähige, anpassungsfähige und zukunftsfähige Organisationen zur Folge hat. Dafür benötigen wir eine neue Organisationsentwicklung und auch eine entsprechende Personalentwicklung in den Unternehmen. Denn nur Menschen mit agilen Werthaltungen und Kompetenzen werden eine agile Organisation erschaffen.

Literatur

Fischer, S.; Häusling, A. (2018): „Relevanz und Lösungsansätze einer agilen HR-Organisation – Darstellung am Agile EDGEllence Model". In: Petry, T.; Jäger, W. (Hrsg.): *Digital HR. Smarte und agile Systeme, Prozesse und Strukturen im Personalmanagement.* Haufe-Lexware, Freiburg im Breisgau

Gloger, B.; Häusling, A. (2011): *Erfolgreich mit Scrum – Einflussfaktor Personalmanagement.* Carl Hanser, München

Goldman, S. et al. (1996): *Agil im Wettbewerb. Die Strategie der virtuellen Organisation zum Nutzen des Kunden.* Springer, Berlin, Heidelberg

Häusling, A. (Hrsg.) (2017): *Agile Organisationen, Transformationen erfolgreich gestalten – Beispiele agiler Pioniere.* Haufe-Lexware, Freiburg im Breisgau

Hooper, M. et al. (2001): „Costing customer value: an agile approach for the agile enterprise". In: *International Journal of Operations & Production Management*, S. 630–644

Maximini, D. (2013): *Scrum – Einführung in der Unternehmenspraxis.* Springer, Berlin

McKenzie, I.; Aitken, P. (2012): „Learning to lead the knowledgeable organization: developing leadership agility". In: *Strategic HR Review* Vol. 11 (6), S. 329–334

Nijssen, M.; Paauwe, J. (2012): „HRM in turbulent times: how to achieve organizational agility?" In: *The International Journal of Human Resource Management* Vol. 23 (16)

Pfläging, N. (2014): *Organisation für Komplexität. Wie Arbeit wieder lebendig wird und Höchstleistung entsteht.* Redline, München

Pink, D. (2010): *Drive. The surprising truth about what motivates us.* Canongate Books, Edinburgh

Trost, A. (2015): *Unter den Erwartungen. Warum das jährliche Mitarbeitergespräch in modernen Arbeitsumwelten versagt.* Wiley-VCH, Wiesbaden

Ulrich, D. (2017): „HR dreht sich nicht um HR". In: *Personalmagazin* 7/2017. https://www.haufe.de/personal/hr-management/dave-ulrich-bilanz-zum-hr-business-partner-modell_80_420004.html. Abgerufen am 11.02.2018

Zhang, X.; Zhou, J. (2014): „Empowering leadership, uncertainty avoidance, trust and employee creativity: Interaction effects and a mediating mechanism". In: *Organizational Behavior and Human Decision Processes* 124, S. 150–164

8 Führung – der entscheidende Erfolgsfaktor

Judith Andresen

Selbstorganisierte Teams brauchen Führung. Diese wird dienend und coachend ausgestaltet – und umfasst alle notwendigen Entscheidungen auf normativer, strategischer und operativer Ebene.

Agile Führung richtet so aus, dass die selbstorganisierten Teams zu Höchstleistung kommen. Das Aufsetzen von neuen, der agilen Organisation dienenden Führungsritualen und die Implementierung von neuen Strukturen erfolgen nicht abrupt, sondern Schritt für Schritt. Die Führungskräfte ändern ihr Verhalten – genau wie die gesamte Organisation – iterativ, inkrementell und lernend.

Dieses Kapitel zeigt die Fragestellungen auf, welche Sie für Ihr agiles System zu beantworten haben.

> In diesem Beitrag erfahren Sie,
> - wie Sie anstelle von „Command and Control" mittels „Target and Track" führen,
> - welche Entscheidungen und Tätigkeiten von selbstorganisierten Teams übernommen werden,
> - wie Sie Selbstorganisation fördern und
> - wie Sie insgesamt ein Lernen der Mitarbeiter ermöglichen.

Vor dem Hintergrund immer komplexer werdender Geschäftsumfelder und einem hohen Digitalisierungsdruck stellt sich Unternehmen die Frage,

- wie sie iterative, inkrementelle und lernende Prozesse aufsetzen und leben können
- und wie sie die Führungsfunktionen daran ausrichten.

Das Agile Manifest wurde 2001 von Softwareentwicklern formuliert, welche damit eine Antwort für die Arbeit in Teams in immer komplexer oder chaotisch werdenden Umfeldern schufen.

Bestimmendes Element der Führung klassischer Systeme ist das Funktionsmeistertum. Der Beste seines Faches steigt in der Organisation auf. Er übernimmt nach und nach immer mehr strategische und normative Aufgaben. Er sorgt über „Command and Control" für einen guten Wissenstransfer in die Organisation, sodass operative Aufgaben in seinem Sinne erledigt werden.

Komplexe und chaotische Systeme sind nicht in der gleichen Form steuerbar. Anstelle von mit klaren Erreichungskriterien beschreibbaren Zielen zeigen sich in komplexen und chaotischen Umgebungen lediglich Zielräume:

- Komplexer Zielraum: „Unser Zielraum hat ungefähr diese Gestalt. Für unsere Kunden fühlt sich das Ergebnis wie folgt an: ... Unser Produkt löst den folgenden Kundenbedarf."
- Chaotischer Zielraum: „Unser Zielraum basiert auf unserem Wissen oder unseren Daten über ... Wir vermuten, dass wir mit diesem Wissen oder diesen Daten ein Kundenbedürfnis decken können."

Bisheriges Führen und Organisationsstrukturen sind auf offensichtliche und komplizierte Vorgänge ausgelegt. Die Beteiligten erwarten daher klare Ursache-Wirkungs-Beziehungen und klar beschreibbare Ergebnisse und entsprechende Zielvorgaben. Für offensichtliche und komplizierte Ziele lassen sich eindeutige Pläne aufstellen. Komplexe und chaotische Zielräume sind nur experimentell zu erreichen. Die Beteiligten lernen im Prozess, wie sie den Zielraum besser beschreiben können – und welchen Weg sie dahin gehen sollten.

Im komplexen Fall ist die Art, wie das Kundenbedürfnis befriedigt wird, zu Beginn des Projekts oder der Produktentwicklung vollkommen unklar. Im chaotischen Falle sind selbst das Kundenbedürfnis und der Zusammenhang zu bestehendem Wissen oder Informationen in der Organisation unklar.

Beide Zielräume können nicht durch Planung erreicht werden. Die Annäherung erfolgt in kleinen Schritten, die jeweils eine Idee aufzeigen. Die betreffenden Teams nähern sich der Lösung iterativ, inkrementell und lernend:

- *Iterativ*: Die selbstorganisierten Teams entwickeln interdisziplinär (mit allen Beteiligten der Wertschöpfungskette) Hypothesen bezüglich ihres Zielraums. In einer Iteration wird jeweils eine Hypothese überprüft. An der Entwicklung und Überprüfung eines Inkrements ist immer das gesamte interdisziplinäre Team beteiligt.
- *Inkrementell*: Die selbstorganisierten Teams entwickeln Prototypen und Produktteile so weit aus, dass die jeweils zugrunde liegende Hypothese zügig mit und an Kunden verprobt werden kann.
- *Lernend*: Die selbstorganisierten Teams setzen entsprechende Rituale auf, in denen sie sowohl die Vorgehensweise des eigenen Teams als auch den Zielraum, den Lösungsweg und die Zwischenergebnisse auf Lernmomente überprüfen.

Führung in agilen Organisationen ermöglicht und fordert diese Herangehensweise auf allen Ebenen ein. In komplexen und chaotischen Umfeldern wird kein Plan funktionieren.

Führungskräfte in agilen Organisationen unterstützen Teams, Organisationen und Individuen, ins Lernen zu kommen.

Anstelle des Funktionsmeisters sind Führungskräfte in agilen Organisationen als dienende Leitung gefragt: „Was kann ich tun, damit die Teams zur Höchstleistung kommen?" Um komplexen und chaotischen Anforderungen gerecht zu werden, gilt es, auf allen Entscheidungsebenen und in allen Bereichen über Experimente und lernend gute Antworten auf die Anforderungen zu finden.

■ 8.1 Führen, leiten und managen

Lernen heißt nicht nur das Vermitteln von bestehenden Kenntnissen, wie dies sich z. B. im Aufstieg vom Lehrling über den Gesellen zum Meister zeigt. Es geht vor allem um das Erkennen von Mustern und Lernen in unbekanntem Umfeld. „Win or Learn" ist eine agile Forderung, die das Lernen in komplexen und chaotischen Umfeldern beschreibt.

Um Lernen zu lernen, müssen die Beteiligten bestehende Verhaltensweisen ablegen und neue Fähigkeiten aufbauen:

- Aus der Fehler- in die Lernkultur wechseln,
- anstelle Schuldzuweisungen auszusprechen, kritik- und lernfähig sein,
- anstelle von Bewertungen Feedback geben und nehmen können,
- anstelle von einem durchgeplanten Vorgehen auf den Fortschritt durch Experimente setzen.

Führungskräfte unterstützen die Beteiligten darin, diese Fähigkeiten aufzubauen. Sie sind Vorbilder im Verhalten und geben Richtung sowie Leitplanken der Lernfelder vor.

Wesentliches Moment für Führungskräfte liegt darin, Lernfelder für die Organisation, die beteiligten Teams und Individuen zu erkennen und voranzutreiben.

Dabei findet Lernen auf unterschiedlichen Ebenen statt. Neben operativen Entscheidungen in oder nahe den selbstorganisierten Teams sind strategische und/oder normative Aussagen auf den Prüfstand zu stellen.

8.1.1 Führung auf drei Ebenen bedienen

Stephen Bungay (2010) unterscheidet drei Führungsfragen, welche alle für die Mitarbeiter zu beantworten sind. Diese Führungsfragen ordnet er unterschiedlichen Führungsebenen zu.

- Directing: Wohin soll die Organisation gelangen?
- Leading: Was soll genau erreicht werden?
- Management: Wie genau soll diese Aufgabe erfüllt werden?

In vielen Organisationen gibt es im bestehenden System ein Führungsdefizit. Häufig werden die Grundfragen „Wohin?" und „Was?" nicht genügend gut formuliert und vermittelt. Die Mitarbeiter vermissen eine Vision, sei es für die Organisation oder das Produkt, in vielen Fällen vermissen die Beteiligten auch handlungsleitende und richtungsweisende Ziele. Paart sich dieses gefühlte Schweigen in Bezug auf Vision und Ziele mit Mikromanagement (also der Konzentration auf die Frage „Wie?" durch das Management), entsteht häufig großer Frust gepaart mit Handlungsunfähigkeit oder -willen.

Bungay fügt dies zu dem Führungsgrundsatz zusammen, welcher auch für die Führung agiler Organisationen, insbesondere selbstorganisierter Teams, anzuwenden ist (Bungay 2010):

„Decide what really matters, get the message across and give people space and support."

Die Frage „Wohin?" kann in offensichtlichen oder komplizierten Systemen gut mit der Stellung im Markt beantwortet werden. Das Geschäftsmodell und die Produktgestaltung sind im Prinzip klar. Effizienz und Effektivität sind die Schlüsselmomente, mit denen Organisationen den Markt für sich erobern können.

In einer komplexen oder chaotischen Umgebung sind entweder

- neue Wege zu finden, das Kundenbedürfnis zu befriedigen, und/oder
- das Kundenbedürfnis erstmals zu erkennen und in ein Produkt oder einen Service umzusetzen.

Eine Vision, die eine bestimmte Marktstellung einfordert, ist in diesem Falle nicht hilfreich, um operative oder strategische Entscheidungen treffen zu können. Hilfreich wäre für die selbstorganisierten Teams eine Organisations- oder eine Produktvision, die Orientierung in Bezug auf das Lernfeld der selbstorganisierten Teams und damit der gesamten Organisation gibt.

Vision von Microsoft

Vision seit 2015: „We believe in what people make possible. Our mission is to empower every person and every organization on the planet to achieve more".

Vorherige Vision: „Our mission is to create a family of devices and services for individuals and businesses that empower people around the globe at home, at work and on the go, for the activities they value most."

(microsoft.com)

Die aktuelle Mission Statement von Microsoft richtet die Organisation inhaltlich aus. Es formuliert einen Kundennutzen. Mitarbeiter im Haus können sich in jeder Iteration fragen, ob das aktuelle Experiment ihre Anwender befähigen wird, mehr zu erreichen. Die Vision öffnet dabei den Handlungsraum. Sie beinhaltet keine Einschränkungen auf ein bestimmtes Produkt. Die vorherige Mission Statement enthielt eine starke Produktorientierung enthielt: „A computer on every desk and in every home running Microsoft software."

Das ursprüngliche Mission Statement grenzte die Mitarbeiter auf das Betriebssystem Microsoft ein. Das aktuelle Mission Statement öffnet einen Lernraum für die Mitarbeiter: „Was können wir tun, damit wir unsere Nutzer befähigen, mehr zu erreichen?" Dabei grenzt das Mission Statement diese nicht auf einen bestimmten Lösungsraum ein.

Vision und Mission für komplexe und chaotische Umgebungen geben den selbstorganisierten Teams die Richtung in ihrem Lernen vor. Diese wird durch den formulierten Kundennutzen gegeben.

Die Leitfrage „Wohin?" kann durch Vision und Mission Statements („We exist to ...") oder durch die Formulierung eines True North gegeben werden.

Ein True North ist eine Sammlung von maximal fünf Aussagen, welche kurz die Handlungsweisen der Kunden oder der Organisation beschreiben. Diese Aussagen sind wie der Nordstern in der Seefahrt: Sie geben die Richtung vor (hier: Richtung Norden), der Nordstern selbst ist aber nicht erreichbar. Dennoch macht ein Blick Richtung Nordstern klar, wie die Richtung zu ändern ist:

- „Wir machen jeden Fehler nur einmal"
  Diese Formulierung fordert eine Lernkultur ein, aber auch den praktischen Umgang mit erkannten Fehlern: Die Ursachen werden behoben, eine Wiederholung wird ausgeschlossen.
- „Mit zwei Schritten zur Antwort"
  Diese Formulierung fordert ein Kundenerlebnis ein: die Klickstrecken sind sehr kurz zu halten. Die selbstorganisierten Teams werden aufgefordert, immer kurz und pragmatisch zu handeln.

Mittels einer Kombination von bis zu fünf Sätzen (mehr wären nicht mehr merkbar und daher wirkungslos) können Organisationen sich und ihre Produkte normativ beschreiben. Auch einem True North sollte eine inhaltliche Vision vorangestellt sein. Diese Vision beschreibt den inhaltlichen Treiber der Organisation, wie das Beispiel von Microsoft zeigt: „We believe in what people make possible."

8.1.2 Teams sich selbst organisieren lassen

Selbstorganisierte Teams übernehmen Verantwortung für die Leitfrage „Wie?". Die meisten operativen Entscheidungen werden in den selbstorganisierten Teams getroffen. Die Formulierung von Unternehmensstrategien ist das verbindende Element zwischen Vision/Mission der Organisation und den täglichen Entscheidungen. Damit geht das Management im Sinne Stephen Bungays auf die selbstorganisierten Teams über.

Die Teams sind im Rahmen der agilen Transition für diese Art der Entscheidungen zu trainieren und auszubilden. In der agilen Transition helfen Methoden wie das „Delegation Poker", um die Teams in die Entscheidungsfähigkeit zu begleiten.

Damit Teams sich nicht verlieren, ist die Frage „Was?" zu beantworten. Das Lernfeld sollte für die selbstorganisierten Teams gut abgesteckt sein. Führung in agilen Organisationen stellt nicht nur die Forderung nach der Klärung des verbindlichen „Wohin?", sondern öffnet Lernfelder für selbstorganisierte Teams und Organisationsteile durch die Klärung des Was.

Das Was wird nicht durch Produkt- oder Serviceeigenschaften beschrieben, die Leitfrage der Leitung nach dem Was stellt den Kundennutzen in den Vordergrund. Anstelle einer Produktbeschreibung gibt die Leitung eine Frage vor, welche einen Kundennutzen adressiert. Dies kann explizit für die gesamte Organisation erfolgen. In einigen Organisationen wird diese Formulierung durch die Etablierung von Produktteams implizit gesetzt.

Diese Teams werden mit „Mission and Constraints" gegründet. Diese Teammission bricht die Organisationsvision und deren Auftrag auf einen Auftrag für das Team herunter. Die „Constraints" beschreiben Leitplanken für das Team: „Folgende Punkte sind zu beachten und nicht veränderlich." Oder: „Folgender Punkt ist ausdrücklich veränderlich. Denkt quer."

Bei der Formulierung der „Mission and Constraints" ist die Forderung Stephen Bungays zu beachten (Bungay 2010): „Do not command more than is necessary, or plan beyond the circumstances you can foresee." Diese „Auftragstaktik" stützt die Selbstorganisation der Teams und fordert Lernen in agilen Organisationen.

Dabei überprüft die agile Führung regelmäßig, ob die formulierten „Mission and Constraints" die Richtung korrekt vorgeben, damit das Lernfeld gut bestimmen und ob die genannten „Constraints" ausreichend oder behindernd sind.

Je nachdem, wie sich die Organisation aufstellt, kann die Formulierung von Strategien, also in einem Zeitraum von einem bis drei Jahren erreichbaren Zielen, für die selbstorganisierten Teams hilfreich sein:

- Wenn die Leitung des Unternehmens genau jene Produktteams bildet, die die strategischen Ziele des Unternehmens als jeweilige Mission übernehmen, ist die Strategie implizit über die Struktur abgebildet.
- Wenn mehrere Teams übergreifend an dem gleichen Produkt oder Service arbeiten, sollte eine gemeinsame Strategie formuliert werden.

Über geeignete Lernrituale der Führungskräfte ist abzusichern, dass sowohl die Leitfrage „Wohin?" als auch „Was?" klar und deutlich im Sinne Stephen Bungays in die Organisation kommuniziert und verstanden sind.

Stephen Bungay empfiehlt im Sinne der Auftragstaktik ein Rebriefing. Aufgaben, die delegiert werden, sollten durch die Auftragnehmer in eigenen Worten wiederholt werden. Dabei stehen die Fragen „Wohin?" und „Was?" im Zentrum des Rebriefings. Die Auftragnehmer können einen möglichen Weg aufzeigen, wie sie diese Aufgabe bewältigen möchten. Die eigentliche Durchführung liegt in der Selbstorganisation der Auftragnehmer.

8.1.3 Motivation der Teammitglieder fördern

Das fünfte Prinzip hinter dem Agilen Manifest setzt Leitplanken für die Führung in agilen Systemen: „Build projects around motivated individuals. Give them the environment and support they need, and trust them to get the job done."

So formuliert Gerald Hüther (2008), dass Motivation auf drei Faktoren aufbaut. Motivation ist extern „stiftbar":

- *Sinn:* Eine Aufgabe muss für die Beteiligten Sinn ergeben. Mitarbeiter benötigen ein Ziel oder einen Zielraum, hinter dem sie sich versammeln können.
  Sinn- bzw. ziellose Aufgaben demotivieren.
- *Kohärenz:* Aufgaben müssen für die Beteiligten in sich stimmig und nachvollziehbar sein. Dabei ist nicht nur der eigene Anteil sichtbar, es ist für die Beteiligten auch nachvollziehbar, welche weiteren Schritte notwendig sind.
  Ist dies nicht der Fall, wird sich Widerstand in den Beteiligten aufbauen.
- *Wirksamkeit:* Die Mitarbeiter benötigen das Gefühl, wirksam zu sein. Sie müssen sich und ihren Arbeitsanteil im Gesamtergebnis erkennen können.
  Wenn sich die Beteiligten wie in einer großen Maschine sehen, deren Beitrag zum Gesamterfolg nicht nachvollziehbar ist, wird dies die Motivation des Einzelnen mindern.

Führungskräfte in agilen Systemen überprüfen regelmäßig, dass diese Faktoren gegeben sind. Stellen die Führungskräfte fest, dass Faktoren nicht gegeben sind, unterstützen sie die Beteiligten darin, diese Faktoren positiv zu erfüllen.

Als Führungskraft überprüfe ich regelmäßig auf allen Führungsebenen (z. B. über Retrospektiven), ob die jeweiligen Mitarbeiter motiviert und selbstorganisiert arbeiten können:

- Ist der Sinn der Aufgabe auf allen Ebenen klar und verstanden?
  Sind die Fragen „Wohin?" und „Was?" von den Teams angenommen?
  Was kann ich leisten, damit der Sinn der Aufgaben besser verstanden und angenommen wird?
- Können die Beteiligten wirksam sein?
  Was kann ich dazu beitragen, damit die Teams in die Wirksamkeit gelangen?
  Was kann ich leisten, damit entsprechende Hindernisse aus dem Weg geräumt werden?
- Sind die Aufgaben und der Lösungsansatz stimmig?
  Was kann ich dazu beitragen, dass die Aufgabe stimmig(er) ist?
  Was kann ich leisten, damit die Aufgabe als stimmig wahrgenommen wird?

8.2 Lernen ermöglichen und fördern

Ihre Aufgabe als Führungskraft in einer agilen Organisation ist es, auf allen Ebenen ständig Lernen zu ermöglichen. Stellen Sie dabei Fragen, die Lernräume öffnen. Vermeiden Sie Formulierungen, die die Teams oder Individuen in die Verteidigung ihrer Handlungen bringen. Achten Sie darauf, dass Sie die Teams in der Selbstorganisation belassen. Die Frage „Wie?" ist durch die Teams zu beantworten.

 Geben Sie Feedback zu Arbeitsergebnissen. Achten Sie darauf, dass Ihr Feedback annehmbar formuliert ist. Insbesondere achten Sie darauf, dass Sie nicht in die Autonomie der Beteiligten eingreifen, sondern bieten Sie im Sinne der dienenden Leitung Unterstützung an.

- Wahrnehmung
  Welche Beobachtungen machen Sie?
- Reaktion
  Welche Schlussfolgerungen ziehen Sie daraus?
  Welche Reaktion löst das bei Ihnen aus?
- Impuls
  Welchen Impuls möchten Sie dem Team geben?
  Was wünschen Sie sich?

> Große Stolpersteine für viele Führungskräfte ist ihr Funktionsmeistertum. Sie kennen die Materie besonders gut, können sehr gut über das Wie urteilen. Beachten Sie, dass komplexe und chaotische Systeme mehrdeutig und uneindeutig sind. Es besteht die Möglichkeit, dass die selbstorganisierten Teams eine weitere, gültige Lösung für die Anforderungen gefunden und erlernt haben.
>
> Ein Eingriff in Form eines Durchgriffs „Meine Lösung ist die bessere aus folgenden Gründen. Macht es zukünftig so" wird stark demotivierend wirken.
>
> Überprüfen Sie, bevor Sie Feedback zu einem Lösungsweg geben, dass dieses Feedback annehmbar und den Zielraum erweiternd ist.

Dabei sind die Impulse so zu formulieren, dass die Teams die Autonomie über die Frage „Wie?" behalten. Im Sinne einer dienenden Leitung überprüfen die Führungskräfte auch ihren Anteil an den Ergebnissen der Teams. Es kann das Lernen der Organisation sehr fördern, wenn Führungskräfte dieses Lernmoment transparent machen.

Feedback ist das Futter für Lernmomente. Das gilt sowohl für kritische als auch für positive Momente und Ergebnisse.

Stellen Sie mit einer eigenen Einordnung Fragen zu Arbeitsergebnissen, die Lernräume öffnen:
- Ich hätte erwartet, dass das Thema „XYZ" mit betrachtet wird. Das ist nicht geschehen. Hätte ich das explizit machen müssen? Was kann ich tun, damit dieser Punkt zukünftig mit bedacht wird?
- Nach meinem Kenntnisstand hat das Team das Thema „XYZ" bereits betrachtet. Wusstet ihr das? Gab es eine bewusste Entscheidung, das parallel nochmals zu lösen? Welche Gründe hattet ihr? Ich ahne, dass meine und eure Kriterien andere sind. Könnt ihr eure formulieren? Dann können wir diese zusammen abgleichen und lernen.
- Ich hätte erwartet, dass ihr auf das Wissen im Bereich „XYZ" zurückgreift. Was hätte ich leisten können, damit dieser Transfer direkt stattfindet?
- Eure Lösung ist valide. Ich habe eine andere Lösung im Kopf, die mir effizienter erscheint. Ich möchte meinen Teil zum Gelingen dieses Projekts leisten. Wie können wir zukünftig vermeiden, dass meine Lösungsansätze und mein Wissen nicht genutzt werden? Was braucht ihr von mir?
- Ihr habt den Punkt „XYZ" ausführlich behandelt. Das wäre nicht meine Erwartungshaltung gewesen. Aus meiner Sicht geben die „Mission and Constraints" das so auch nicht her. Bitte erklärt mir euer Verständnis. Wir brauchen ein gemeinsames Verständnis. Wenn das nicht einheitlich ist, werde ich eine Schärfung der Aussagen vorantreiben.
- Ich hätte das Ergebnis „XYZ" erwartet. Adressiere ich damit ein Wie, das euch gehört? Wenn das eine Frage des Wie ist, steckt da ein Was mit drinnen? Was kann ich leisten, damit das für uns alle klarer in der nächsten Iteration läuft?

Die Verwandlung einer Fehler- in eine Lernkultur bedingt, dass die Organisation aus jedem Moment im Sinne des „Win or Learn" ihren Nutzen zieht. Für viele Mitarbeiter ist Lernen nur dann notwendig, wenn ein Defizit vorliegt. Ressourcenorientiertes bzw. positives Feedback ist für viele Mitarbeiter schwer anzunehmen. Besonders hier gilt: Führungskräfte suchen nach einer Formulierung, die für die Beteiligten gut annehmbar ist. Lernen aus positiven Momenten ist für alle Beteiligten motivierend:

 Stellen Sie gerade in von Ihnen positiv bewerteten Momenten Fragen, die ebenfalls Lernräume öffnen.

- Ihr habt euch selbst übertroffen! Was waren die Faktoren, die euch diese Lösung ermöglicht haben?
- Was für ein tolles Ergebnis! Ich bin mehr als zufrieden. Welche Formulierung des Auftrags hat euch geholfen, diese Lösung zu entwickeln?
- Ihr habt eine für mich überraschende, aber sehr gute, Lösung gefunden. Welchen Teil der „Mission and Constraints" würde ihr mit dieser Erfahrung anders formulieren? Warum?
- Was für eine mutige Lösung! Was braucht ihr von mir, weitere solche Lösungen zu bauen?
- Die Zusammenarbeit mit dem Team XYZ hat euch in meinen Augen beflügelt. Solltet ihr das verfestigen? Oder seid ihr noch in einer Lernschleife? Wie kann ich unterstützen bei den Erkenntnissen?
- Was für eine effiziente, pragmatische Herangehensweise? Wie seid ihr darauf gekommen? Gibt es daraus Learnings, die ihr mir für andere Organisationsteile mitgeben möchtet?
- Diese Lösung ist ganz anders, als ich sie erwartet hätte. Sie erfüllt alle Anforderungen. Glückwunsch! Was habt ihr in dieser Iteration anders gemacht? Hatte ich daran Anteil? Könnt ihr das explizieren?

Viele Organisationen leben in einer Defizitorientierung. Die Beteiligten können Fehler benennen und dafür Schuld zuweisen. Motivation entsteht häufig in der Verstärkung von positiven Verläufen, Ergebnissen oder Erkenntnissen. Fördern Sie das Lernen jenseits einer Defizitorientierung. Versuchen Sie, die positiven Ressourcen zu benennen und zu fördern.

Aufgrund einer ausgeprägten Fehlerkultur und Defizitorientierung ist es in vielen Organisationen angezeigt, während der agilen Transition Feedback zu geben und zu nehmen zu trainieren. Dabei sollte neben dem Vermitteln von kritischem Feedback besonderes Augenmerk auf das Annehmen von positivem, ressourcenorientiertem Feedback liegen.

Gleichzeitig achten Führungskräfte in agilen Systemen darauf, dass die individuelle Feldkompetenz durch die Organisation weiter genutzt wird. Sie stellen den selbstorganisierten Teams diese Ressource zur Verfügung.

8.2.1 Retrospektiven mit allen Beteiligten durchführen

Retrospektiven schaffen einen Raum für Lernmomente. Diese fordert das zwölfte Prinzip des Agilen Manifests (Beck et al. 2001): „At regular intervals, the team reflects on how to become more effective, then tunes and adjusts its behavior accordingly."

Retrospektiven werden regelmäßig in Teams durchgeführt. Dabei versuchen die Teammitglieder in einer moderierten, in Phasen durchgeführten Sitzung, Erkenntnisse über die Zusammenarbeit und Optimierungspotenziale zu erkennen (Andresen 2017).

Fördern Sie die Ein- und Durchführung von Retrospektiven. Überprüfen Sie dabei, ob Ihre Teilnahme für eine Fortentwicklung der selbstorganisierten Teams dienlich ist.

Finden Sie auch für Ihre Entwicklung ein Ritual, in dem Sie regelmäßig Ihr Führungsverhalten und dessen Wirkung überprüfen. So könnten Sie mit Ihren Kollegen ebenfalls Retrospektiven mit Fokus auf das Führungsverhalten und die Organisationsentwicklung durchführen.

Retrospektiven ersetzen keine Statusmitteilungen aus Projekten. Die Beteiligten in der Retrospektive arbeiten mit der „Vegas-Regel". Diese lautet: „Alles, was wir besprechen, bleibt bei denen, die jetzt hier sind. Es sei denn, wir vereinbaren gemeinschaftlich am Ende der Retrospektive eine Öffnung." Die Vegas-Regel ermöglicht das Aussprechen von Hindernissen, die ein (verbindliches oder verletzliches) Vertrauen erfordern. Diese Regel gilt es zu beachten. Eine regelhafte Kommunikation über die Ergebnisse der Retrospektiven wird zu Beginn einer agilen Transition kontraproduktiv sein. Alle Beteiligten müssen (noch) lernen, wie sie sich auf Augenhöhe Feedback geben und Impulse setzen können.

Wenn Sie spüren, dass die Feedbackkultur noch nicht ausgeprägt ist, bitten Sie um eine Teilnahmemöglichkeit in den entsprechenden Retrospektiven. Lassen Sie sich auf die Teilnehmerrolle ein – und seien Sie Vorbild im Lernen. Achten Sie darauf, dass Ihre Beiträge für den anderen Teilnehmer annehmbar formuliert sind. Fokussieren Sie sich in den Retrospektiven auf die Fragen „Wohin?" und „Was?" – und bieten Sie offen Unterstützung für die Frage „Wie?" an, sodass die Teams gut in die Selbstorganisation finden können.

Führungskräfte, die regelmäßig in Retrospektiven ihre Führungsleistung und die Organisationsentwicklung überprüfen, sind ebenfalls Vorbilder im Lernen für alle Organisationsbereiche.

Besonders wirksam ist es, wenn die Führungskräfte auch Vorbilder in „Win or Learn" sind – und Hypothesen, die ergriffenen Maßnahmen und deren Wirkung und die daraus gezogenen Lerninhalte transparent gemacht werden.

8.2.2 PDCA-Zyklen auf allen Ebenen etablieren

Agile Organisationen durchleben auf vielen Ebenen den PDCA-Zyklus (Bild 8.1). Führungskräfte stellen sicher, dass die Lernfelder der Organisation erkannt und mittels eines PDCA-Zyklus bearbeitet werden.

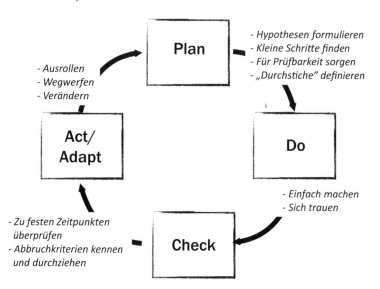

Bild 8.1 Der PDCA-Zyklus stützt das Lernen in agilen Organisationen

Der PDCA-Zyklus, auch unter dem Namen Deming-Kreis bekannt, unterstützt die Beteiligten in der Durchführung und der Auswertung von Experimenten:

- *Plan*
  Die Beteiligten definieren ein kleines Experiment für eine komplexe oder chaotische Aufgabe. Sie tun dies, da sie den Ausgang nicht kennen und lernen möchte. Sie formulieren dazu eine Hypothese (welchen Ausgang erwarten sie warum?), Kriterien, an denen sie Erfolg und Misserfolg ablesen können, und mögliche Abbruchkriterien für das Experiment. Sie formulieren auch den Zeitpunkt der Überprüfung.

  Zur Risikominimierung sind die Experimente möglichst klein und kurz zu definieren. Dabei ist darauf zu achten, dass nicht nur eine Disziplin eine Hypothese überprüft, sondern dass ein ganzheitliches Produkt durch das interdisziplinäre Team („Durchstich") überprüft wird.

8.2 Lernen ermöglichen und fördern

- *Do*
  Die Beteiligten führen das Experiment durch. Pragmatismus führt dabei vor Generalismus. Das Experiment soll im Kern die Hypothese überprüfen. Dabei können Randfälle auftreten, die von dem Experiment noch nicht behandelt werden. Auch ist eine Einbindung in das Gesamtsystem der Organisation noch nicht notwendig. Der Fokus liegt auf einem schnellen Wissensgewinn.
- *Check*
  Die Beteiligten überprüfen anhand der Zielkriterien Erfolg und Misserfolg des Experiments. Sie versuchen, auch weitere Erkenntnisse zu formulieren, die vor dem Experiment nicht abzusehen waren.
- *Act*
  Die Beteiligten entscheiden, wie sie auf den Ausgang des Experiments reagieren. Sie können das Experiment ausbauen und z. B. mit einer größeren Nutzergruppe durchführen („ausrollen"). Sie können sich die Ergebnisse und den Hergang merken und das Experiment als solches beenden („wegwerfen"). Nach Analyse der Umstände können sie die Hypothese verfeinern und das Experiment in veränderter Form durchführen („verändern").

Agile Organisationen überprüfen mittels des PDCA-Zyklus nicht nur Projekt- und Produktideen. Sie überprüfen mittels des PDCA-Zyklus alle Themen des Managements. Agile Führungskräfte initiieren das Lernen in allen Bereichen.

Die Besetzung der Lernfelder für die Teams und die Organisation ist eine strategische Aufgabe. Es empfiehlt sich, diese strategische Arbeit in einem Führungskreis mittels Retrospektiven auf Wirksamkeit zu überprüfen.

 Lernen Sie gezielt mittels des PDCA-Zyklus, wie effiziente Team- und Organisationsstrukturen für Sie aussehen. Fokussieren Sie sich auf wenige Experimente zu einer Zeit. Machen Sie alle Experimente transparent.

Bei der Formulierung von Lernfeldern achten Führungskräfte agiler Organisationen darauf, dass für die Organisation ein kleines WiP („Work in Progress") gilt. Die agile Methode Kanban fordert eine Limitierung von durch die Teams bearbeiteten Aufgaben.

Das zehnte Prinzip hinter dem Agilen Manifest fordert: „Simplicity – the art of maximizing the amount of work not done – is essential" (Beck et al. 2001).

Die Fokussierung auf wenige Experimente wird zu kleinen Experimenten führen. Je kleiner Experimente sind, desto einfacher sind diese durchzuführen. Je kleiner Experimente formuliert sind, desto eher sind diese als Einzelfallentscheidungen durchzuführen. So können agile Führungskräfte Fragen wie „Welche Disziplinen sollten in den Projektteams zusammenarbeiten?" Fall für Fall klären und so zu einer allgemeinen Regel für die Organisation kommen.

 Arbeiten Sie bei Experimenten zu Teams und zur Organisation mit der „Rule of Three für Organisationen": Wenn Sie eine ähnliche Herausforderung zum dritten Mal auf eine ähnliche Art gelöst haben, kennen Sie den Kandidaten für eine Standardisierung für die gesamte Organisation.

Damit entstehen mehrdeutige Lösungen, die parallel zueinander existieren. Während der agilen Transition kann dies Anlass für Konflikte geben: Standardisierte und für alle Mitarbeiter gleichzeitig gelebte Lösungen können dann eingefordert werden. Komplexe und chaotische Systeme sind beweglich, unsicher und mehrdeutig. Führungsaufgabe ist, auf einen nicht durchgängig eingehaltenen Paradigmenwechsel (hier: der Wunsch nach Sicherheit und Gleichbehandlung) mit Transparenz zu reagieren. Führungskräfte in agilen Systemen geben Prozesssicherheit, indem sie die Natur komplexer und chaotischer Umgebungen erklären.

8.2.3 Umgang mit Misserfolgen lernen

Solange die Beteiligten „Win or Learn" noch nicht gut aufgenommen haben, stützt die Führung das Erlernen dieser Haltung. Wenn in Reviews Fehlentscheidungen offenbar werden, analysieren die Führungskräfte nicht die Frage, wer letztendlich die Entscheidung getroffen hat. Sie unterstützen die Beteiligten darin,

- einen Umgang mit der aktuellen Situation zu finden und
- eine Wiederholung zu vermeiden. Kurzum:
- Sie unterstützen die Beteiligten, aus und mit der Situation zu lernen.

Neben den regelmäßig durchzuführenden Retrospektiven können agile Führungskräfte die Ein- und Durchführung von Post-mortem-Analysen einfordern. Viele agile Organisationen leben mit einer Post-mortem-Regel wie: „Innerhalb von 24 Stunden nach einem ‚Blocker' treffen sich alle, die an dem Fall beteiligt waren, zu einer Post-mortem-Analyse." In Post-mortem-Analysen rekonstruieren die Beteiligten, wer zu welchem Zeitpunkt über welche Informationen – und besonders wichtig: Bauchgefühle – verfügte und welche Handlungsoptionen bestanden. Die Beteiligten entwickeln weitere Handlungsalternativen und vereinbaren veränderte Vorgehensweisen.

Agile Führungskräfte unterstützen alle Mitarbeiter darin, ins Lernen zu kommen. Diese Vorgehensweisen können im Rahmen der regelhaften Retrospektiven überprüft werden.

„Selbstkundgabe wird mit Selbstkundgabe beantwortet." – Öffnen Sie den Raum, um über Fehlschläge und Fehlannahmen zu sprechen. Zeigen Sie durch eigenes Beispiel, dass Kompetenz sich in komplexen und chaotischen Umfeldern durch schnelles Experimentieren und Lernen zeigt.

Machen Sie die Freude durch unerwartete Erkenntnisse und die daraus resultierende Motivation sichtbar. Zeigen Sie auch unerwartete Misserfolge auf: „Und dann kam der Punkt, an dem ich mir sehr sicher war, dass die folgende Hypothese stimmte. Aber ich musste lernen, dass ..."

Ein weiterer, möglicher Weg neben Retrospektiven, um echte Fehlentscheidungen aussprechbar zu machen, sind „FuckUp-Nights". Mitarbeiter stellen sich gegenseitig vor, welche Fehler sie gemacht haben, welche Fehlentscheidungen sie getroffen haben – und welche Auswirkungen das hatte. FuckUp-Nights werden im Allgemeinen als Abendveranstaltung mit Essen und Getränken abgehalten. Besonders wichtig ist der informelle Austausch unter allen Beteiligten nach den „offiziellen" Vorträgen.

Führungskräfte in agilen Organisationen treten in FuckUp-Nights als Vorbilder auf. Ziel von Veranstaltungen dieser Art ist es, für alle Beteiligten erfahrbar zu machen, dass Fehler wichtig sind, um zu lernen. In der offensichtlichen und komplizierten Welt ist es ein Zeichen von Inkompetenz, wenn die Beteiligten nicht sauber planen konnten. Sie haben entweder nicht korrekt analysiert und/oder falsche Schlüsse aus der Analyse gezogen. In komplexen oder chaotischen Umgebungen ist das Ergebnis nicht planbar – Fehler gehören damit zum Programm. Nicht bestehendes Wissen ist der Schlüssel zum Erfolg, sondern das schnelle Lernen. Entsprechende Beispiele werden in FuckUp-Nights (inklusive der häufig verblüffenden Lösungen) vorgestellt.

Manche Unternehmen setzen auf Poster im sanitären Bereich, um den notwendigen Paradigmenwechsel ins Gespräch zu bringen. Im Wechsel von zwei Wochen werden auf ansprechend gestalteten Postern die „Fehler der Woche" vorgestellt. Mitarbeiter und Vorgesetzte berichten über ihre Beobachtungen, (Fehl-)Annahmen, die gewählten Experimente und deren Ergebnisse. Diese Darstellungen können ausführlich mit Zahlen hinterlegt werden.

Öffentliches Bekennen zu Fehlern und zum Lernen kann Räume für die Beteiligten öffnen, den diese z. B. in nachfolgenden Retrospektiven betreten können. Gleichzeitig stellt es für die Personen, die sich über FuckUp-Nights oder Poster auf Klotüren „zeigen", eine große Herausforderung dar, sichtbar außerhalb der üblichen Gepflogenheiten zu agieren. Führungskräfte in agilen Organisationen unterstützen die Beteiligten daher entsprechend.

Agile Führungskräfte testen mittels des PDCA-Zyklus, welche Rituale und Methoden ihrer Organisation ermöglichen, Fehler und Fehlentscheidungen in die Sprachfähigkeit zu bringen.

■ 8.3 Selbstorganisation ermöglichen

Das elfte Prinzip des Agilen Manifests liefert die Begründung, warum Teams in komplexen oder chaotischen Umgebungen agil arbeiten: „The best architectures, requirements, and designs emerge from self-organizing teams" (Beck et al. 2001).

Das elfte Prinzip fordert ein selbstorganisiertes („self organized"), kein selbstgesteuertes („self directed") Team ein. In der agilen Community wird nicht immer zwischen diesen Begriffen unterschieden. Das kann zu Konflikten während der agilen Transition führen. Die klare Unterscheidung und eine Einordnung des Zielbilds werden den Beteiligten helfen, ihre Rolle zu finden. Ein selbstgesteuertes Team beantwortet nicht nur die Frage „Wie?", sondern auch die Fragen „Was?" und vor allem „Wohin?". Selbststeuerung kann für explorative Teams (auf der Suche nach neuen Geschäftsmodellen und Produktideen) in chaotischen Umfeldern sinnvoll sein. Für den Großteil agiler Teams ist Selbstorganisation das Erfolgsmodell.

Nachdem die Führung in agilen Organisationen die Leitfrage „Wohin?" beantwortet und in strategische Ziele („Was?") – gegebenenfalls unter der Beteiligung der selbstorganisierten Teams – heruntergebrochen hat, werden die Teams selbstorganisiert in die Umsetzung gehen.

Dabei definieren die Beteiligten einen Übermittlungskanal, Rituale und/oder Rollen, um das Was zu den Teams zu tragen. Die Übergabe von strategischen Zielen kann z. B. über

- Marktplatzsysteme und fluide Teams,
- Lead Product Owner und selbstorganisiertes PO-Team,
- Product Backlog mit Zugang über Open Prio-Meetings,
- Product Backlog mit Zugang über Linienverantwortliche und Geschäftswertpoker,
- Scaled Product Owner (LeSS-Framework) oder
- Release Train Engineer (SAFe-Framework)

erfolgen. Führungskräfte in agilen Organisationen erkennen, dass sie zum einen klären müssen, wie die Fragen „Wohin?" und „Was?" für die Organisation formuliert werden. Zum anderen finden die Führungskräfte einen geeigneten Weg, um die gefundenen Antworten an die selbstorganisierten Teams zu übermitteln:

- Dabei suchen sie erst nach einem funktionierenden Prozess mittels des PDCA-Zyklus. Wenn innerhalb der Organisation sich mehrfach sehr ähnliche Prozesse (und damit Strukturen) herauskristallisieren, sind dies gute Kandidaten für eine Standardisierung innerhalb der Organisation.

- Bei der Überprüfung möglicher Prozesse halten die Führungskräfte die Anzahl der aktuell durchgeführten Experimente klein. So vermeiden die sie Störungen und Nebeneffekte bei der Auswertung ihrer Experimente auf Team- und Organisationsebene.

Erst die Prozesse, dann die Struktur!

Agile Führungskräfte suchen mittels des PDCA-Zyklus auf normativer, strategischer und operativer Ebene nach funktionierenden, für die jeweilige Organisation zielführenden und effizienten Prozessen. Werden diese Prozesse mittels der „Rule of Three" bestätigt, können Sie eine allgemeine Struktur ableiten, die Sie einführen können. Für die Einführung selbst setzen Sie wiederum auf eine agile, also iterativ, inkrementell und lernende Vorgehensweise (im PDCA-Zyklus).

- In vielen Fällen wird es genügen, dass die Führungskräfte das Lernfeld („Wohin?") benennen und mit den beteiligten anderen Führungskräften und/oder den beteiligten selbstorganisierten Teams das genaue Experiment (also das Was) aushandeln.
- Bei der Aushandlung der Experimente ist darauf zu achten, dass Zielrichtung und Leitplanken für die beteiligten Teams angemessen formuliert sind. Wenn die entsprechenden Teammitglieder die gegebene Aufgabe nicht als kohärent empfinden und/oder ihre eigene Wirksamkeit infrage stellen, werden diese nicht motiviert an die Aufgabenlösung herangehen.
- Bei der Formulierung der Aufgaben ist situatives Führen (im Sinne Blanchards und Herseys) gefragt. Mit Methoden wie dem Delegationspoker (Appelo 2016) werden die Führungskräfte die angemessene Formulierung finden.
- Arbeit mit selbstorganisierten Teams ist Arbeit auf Augenhöhe. Die Beteiligten wissen um die Stärken und Schwächen aller Beteiligten – und schätzen die normative und strategische Fähigkeit der Beteiligten genauso, wie diese um die Umsetzungsqualität der selbstorganisierten Teams wissen.
- Die Prägung aus komplizierten Umgebungen bringt einige psychologische Muster mit sich, die im Laufe der agilen Transition zu überwinden sind.

Führungskräfte bestehender Organisationen, die sich agil ausrichten, durchleben denselben Paradigmenwechsel wie die von ihnen geführten selbstorganisierten Teams.

- In vielen Organisationen bauen sich Kommunikationsmuster zwischen Mitarbeitern und deren Vorgesetzten auf, die sich nach Eric Berne (2006) als Eltern-Kind-Kommunikation charakterisieren lassen. Diese Kommunikation lässt sich unter anderem an Äußerungen der Beteiligten ablesen: „Die da oben wissen echt nicht, was sie tun", „Ich werde da nicht widersprechen, das Interimsgespräch kommt ja bald." Und umgekehrt: „Das ist wie im Kindergarten hier!" oder auch: „Das ist wie Kindererziehung: Zuckerbrot und Peitsche sind gefragt."

- Wenn Führungskräfte in agil werdenden Organisationen diese Kommunikationsmuster beobachten, werden sie das Gespräch mit den die agile Transitionen begleitenden agilen Coaches suchen. Die Seite, die als Erstes erkennt, dass die Absprachen nicht auf Augenhöhe zwischen Erwachsenen stattfinden, wird mithilfe der agilen Coaches einen Weg finden, als Erstes auf Erwachsenebene zu kommunizieren.
- Das Ergebnis einer erlebten Eltern-Kind-Kommunikation kann sein, dass die betreffenden Mitarbeiter eine Verletzung erfahren haben. Sie haben das bestehende Kommunikationsmuster als abwertend, ausgrenzend oder herabwürdigend erlebt. Führungskräfte agil werdender Organisationen achten darauf, dass bei der Findung neuer Prozesse diese nicht um alte Verletzungen herumgebaut werden. Auch hier setzen sie auf die Unterstützung agiler Coaches. Bei vielen Mitarbeitern ist das agile Fehlkonzept zu finden, dass Führung nicht mehr notwendig sei, denn „die Entscheidungen treffen wir nun direkt". Führungskräfte agil werdender Organisationen werden auf solche Fehlkonzepte Feedback geben – und als Leitplanke normative und im Prinzip auch strategische Entscheidungen in der Führung verorten.
- Durch eine klare Zielsetzung, ausgehandelte Leitplanken und direktes Feedback auf Fehlkonzepte werden die Teams in dem so gesteckten Rahmen gut in die Selbstorganisation finden.
- Gleichzeitig achten die beteiligten Führungskräfte darauf, an welchen Stellen die Teams Kritik und/oder Lob äußern. Im Rahmen der agilen Transition ist abzustecken, welche Entscheidungen als operativ, strategisch oder normativ empfunden werden.
- Alle Beteiligten sollten stets über das notwendige Wissen verfügen können. Wenn die entsprechenden Führungskräfte andere fachliche Meinungen haben, kann dies auch an einem unterschiedlichen Wissensstand liegen und es bietet sich ein entsprechender Wissenstransfer in die Teams an. So ein Angebot ist so zu formulieren, dass es durch die Teams nicht als ein „Rückfall" in Mikromanagement verstanden werden kann.

8.3.1 Keine Grenzverletzungen tolerieren

Führungskräfte achten in agilen Organisationen darauf, dass sie auf Grenzüberschreitungen, d. h. Verletzungen der Leitplanken, direkt durch Feedback reagieren. Reagieren die Beteiligten darauf herablassend oder gar nicht, werden die Führungskräfte angemessen, aber deutlich disziplinarisch agieren.

Die hohe Lernfähigkeit agiler Organisationen basiert auf einer guten Feedbackfähigkeit. Dabei konzentrieren sich die Führungskräfte auf Feedback zu Verhalten und Prozessen der Beteiligten:

- Das Feedback ist dabei zu jedem Zeitpunkt so zu formulieren, dass es annehmbar ist. Dies schließt ein, dass dieses Feedback auf der Erwachsenenebene stattfindet.

  Chris McGoff (2018) erläutert dazu: „For an intentional CULTURE to thrive, people must talk about what they'll tolerate, and be willing to call out others when they cross the line. Group members must be willing to declare, ‚This is how we do things' or, ‚We don't do that!'" Er erklärt gleichzeitig den Aufbau einer intentionalen Kultur zur Führungsaufgabe und fasst dies mit „Shape it – or it shapes you" zusammen.

- Eine klare Reaktion auf Grenzverletzungen ist unabdingbar. Dabei ist darauf zu achten, dass die Teammitglieder nicht auf „Feedback über Dritte" zurückgreifen. „Feedback über Dritte" würde bedeuten, dass Fehlverhalten gegenüber der Führungskraft vorgetragen wird – ohne dass die Beteiligten den Versuch unternommen haben, den Konflikt in Selbstorganisation zu lösen.

- Führungskräfte in agilen Organisationen haben einen Blick für Konflikte, welche über die selbstorganisierten Teams hinausgehen. Bei diesen können die Führungskräfte zur Moderation und/oder Mediation vonnöten sein.

8.3.2 Mit Mehrdeutigkeit und Beweglichkeit umgehen lernen

Es ist sowohl für die Teammitglieder als auch die beteiligten Führungskräfte zu Beginn einer agilen Transition ungewohnt, mit mehrdeutigen oder lokalen Lösungen gut umzugehen. Dabei wird der Wunsch nach Standardisierung und/oder Vereinheitlichung häufig mit dem Wunsch nach „Fairness" oder „Professionalität" umschrieben. Nur wenige Mitarbeiter können zu Beginn einer agilen Transition aushalten, dass ihnen ein einzelner, besonderer Weg zugestanden wird.

In komplizierten Umgebungen ist es aufgrund einer klaren Ursache-Wirkungs-Beziehung effizient und effektiv, eine nach vollständiger Analyse gefundene Lösung möglichst umgehend auf alle Beteiligten auszurollen. In komplexen Systemen wird erst im Rahmen der Implementierung die korrekte Lösung gefunden. Es ist sowohl effizient als auch effektiv, dass Teams nebeneinander unterschiedliche Lösungen oder Lösungswege ausprobieren. Um dieses Lernen zu ermöglichen, sind die Teams möglichst autonom – mit geringen Abhängigkeiten zu anderen Teams – aufzustellen.

Mit mehrdeutigen Lösungen umzugehen, stellt eine wichtige Lernaufgabe für alle Beteiligten in der agilen Transition dar.

 Während der agilen Transition kann es sein, dass selbstorganisierte Teams auf Sie zukommen und Sie als dienende Leitung auf Impediments ansprechen. Achten Sie darauf, dass sie in dieser Phase nicht ihre eigene Unsicherheit, mit mehrdeutigen Lösungen umzugehen, auf Sie abwälzen.

Prüfen Sie in diesem Fall immer, mit welcher Motivation die Impediments an Sie herangetragen werden. Über eine Rückdelegation ermitteln Sie den Lösungsraum: „Ich unterstütze euch gerne. Was ist euer konkreter Vorschlag, wie ich euch in eurer Arbeit unterstützen kann?"

Führungskräfte in agilen Systemen fördern den schnellen Erkenntnisgewinn innerhalb der selbstorganisierten Teams, um über die „Rule of Three" Ableitungen für die gesamte Organisation treffen zu können.

Sie unterstützen die Teams darin, für die Organisation angemessene, möglichst autonome Experimente aufzusetzen.

8.3.3 Teams interdisziplinär ausbauen

Im Laufe der agilen Teams werden diese, sofern sie komplexe oder chaotische Aufgaben bearbeiten, nach und nach alle Disziplinen einer Wertschöpfungskette in ein Team holen wollen. Agile Transitionen beginnen häufig in bestehenden, disziplinären Teams, die für sich echte Teamarbeit einüben (Agiler Reifegrad D, „AR-D") (Andresen 2017). Wenn die Aufgabenstellung komplex oder chaotisch ist, werden diese Teams den Wunsch verspüren, weitere Disziplinen in das bestehende Team zu integrieren, um direkte operative Entscheidungen zu ermöglichen. Erst diese Teams sind häufig in der Lage, die gewünschten Experimente kundenwirksam auszuliefern („AR-C").

Es ist eine Führungsaufgabe, die Teams darin zu unterstützen, als große Teams ins Liefern zu kommen. Dabei befinden diese in Bezug auf das Gesamtsystem über diesen Wunsch. So ist beim ersten Anliegen noch keine generelle Lösung („Struktur") für alle Beteiligten zu finden. Die Führungskräfte nähern sich über PDCA-Zyklen einer für die Organisation guten Lösung. Anders gesagt: Die Führungskräfte nähern sich über explizite Einzelfallentscheidungen – Fall für Fall – lernend einer Lösung, die der Organisation dient. Dabei kann das Ergebnis mehrdeutig sein und für bestimmte Bereiche unterschiedliche Lösungen hervorbringen.

Dieselbe Führungsaufgabe entsteht, wenn selbstorganisierte Teams Spezialisten teamübergreifend anfordern. Auch in diesem Falle folgen die Führungskräfte in agilen Systemen der Maxime „Erst die Prozesse, dann die Struktur".

8.4 Mittels „Target and Track" führen

Anstelle von „Command and Control" führen Führungskräfte in agilen Systemen mit „Target and Track". Sie gehen dabei in coachender Haltung vor, um die Teams in ihrer Selbstorganisation zu stützen. Um ihre Führungsaufgaben gut zu lösen, arbeiten sie selbst in einem Team, das weitere Teams führt.

- Sie geben für die operative Arbeit der selbstorganisierten Teams normativ Richtung und Leitplanken vor.
- Sie sorgen für eine Formulierung einer strategischen Richtung. Sie sorgen auch für das Aushandeln der notwendigen Leitplanken dieser Strategie.
- Sie unterstützen die Teams in ihrer Selbstorganisation durch fachliche, prozessuale und disziplinarische Impulse.

Dabei entwickeln und überprüfen sie ihre eigenen Führungsinstrumente iterativ, inkrementell und lernend. Sie setzen für das eigene Lernen und das Lernen im Führungsteam und für die Organisation geeignete PDCA-Zyklen auf.

In vielen Fällen werden die betreffenden Führungskräfte inhaltliche Impulse setzen können bzw. als Funktionsmeister über hohes fachliches Wissen verfügen. Sie finden einen Weg, wie sie dieses Wissen in die selbstorganisierten Teams transferieren können, ohne in „Command and Control" zurückzufallen.

Dabei durchlaufen die Teams, Organisationsteile und Führungskräfte PDCA-Zyklen in fachlichen, prozessualen und disziplinarischen Fragen. Die Team- und Organisationsentwicklung wird durch die PDCA-Zyklen für alle Mitarbeiter transparent in Richtung und Fortschritt.

8.4.1 Laterale Führung anerkennen

In vielen agilen Methoden hat sich die Trennung von fachlichen und prozessualen Entscheidungen bewährt. Innerhalb eines Scrum-Teams übernimmt der Product Owner die Verantwortung für die fachlichen Entscheidungen, während der Scrum Master das Scrum Team in der Selbstorganisation unterstützt. Diese Rollen nehmen laterale Führung wahr. Zusammen mit dem disziplinarisch Verantwortlichen entstehen so in vielen agilen Organisationen Führungsteams, die zusammen die Teamentwicklung auf operativer Ebene verantworten.

Andere agile Methoden – wie z. B. Kanban – überlassen das Ausgestalten von Führungsformen auf operativer Ebene vollständig der Selbstorganisation der jeweiligen Teams.

Während in komplizierten Systemen disziplinarische, fachliche und prozessuale Führung in einer Führungsfunktion häufig zusammenfallen, sind diese häufig in agilen Organisationen getrennt. Diese Funktionen bündeln sich häufig als Führungsteams, können sich aber über Kreise/Netzwerke koppeln oder sich in Stab-Linie organisieren. Die drei Führungsformen begegnen sich dabei auf Augenhöhe.

Die Entscheidung für die passenden Strukturen erfolgt wiederum nach dem Prinzip „Erst die Prozesse, dann die Struktur". Dabei suchen die Führungskräfte die Organisationsform, die ein schnelles Lernen entsprechend der gesetzten Richtung und den Leitplanken optimal fördert.

8.4.2 Entscheidungsformen klären

Operative Entscheidungen werden in agilen Organisationen durch die selbstorganisierten Teams getroffen. Während der agilen Transition zeigen sich häufig Entscheidungsstaus. Diese bestehen aus Entscheidungen, die über die jeweiligen Teams hinausweisen, und fehlendem Mut der jeweiligen Teams, wirklich zu entscheiden.

Mit der Entscheidung geht die Verantwortung über das Ergebnis einher. Solange die Teams eine Entscheidung, die zu einem Experiment mit einem negativen Ergebnis führt, vermeiden wollen, werden diese die entsprechenden Entscheidungen vermeiden. Insbesondere während der agilen Transition unterstützen alle Führungskräfte die jeweiligen Teams dabei, diesen Mut aufzubringen. Sie tun dies, indem sie auf „Win or Learn" hinweisen und gegebenenfalls die Teams dabei unterstützen, die Experimente annehmbarer zu machen, indem sie diese verkleinern.

Hilfreich kann es auch sein, die bestehenden Ängste zu thematisieren, sodass das Team einen Umgang damit finden kann. Dieses Gespräch erfolgt aus einer coachenden Haltung heraus – und kann von fachlichen, disziplinarischen oder prozessualen Führungskräften geführt werden.

Bei Entscheidungen, die über die selbstorganisierten Teams hinausweisen, können die Führungskräfte unterschiedlich vorgehen:

- Sie klären eindeutig den Entscheidungsrahmen und die Befugnisse der Teams – und empfehlen gegebenenfalls die Verkleinerung des Experiments.
- Sie entscheiden schnell im Einzelfall, um daraus schnell zu lernen.
- Sie entscheiden generell, um für alle Teams die gleiche Basis zu schaffen.

Dabei ist einem schnellen Lernen innerhalb der Organisation immer der Vorzug vor einer generellen Lösung zu geben.

Entscheidungsformen sollten im Detail geklärt werden. Transparenz über die Entscheidungen wird auf Delegationsboards (oder über andere Visualisierungsformen) geschaffen. Dabei machen die Führungskräfte deutlich, welche Entscheidungen als normativ, strategisch oder operativ einzuordnen sind. Diese Einordnung stützt die betreffenden Mitarbeiter in ihrer Selbstorganisation.

8.4.3 In coachender Haltung führen

Führungskräfte in agilen Organisationen unterstützen die Mitarbeiter auf allen Ebenen, ins Lernen zu kommen (Bild 8.2). Sie sorgen für Transparenz über die laufenden Experimente und deren Zielräume. Insbesondere sorgen sie für Klarheit bezüglich der Leitfragen „Wohin?" und „Was?". Sie geben und nehmen Feedback – und geben diese Fähigkeit an ihre Mitarbeiter weiter. Sie unterstützen die Mitarbeiter, selbstorganisiert zu arbeiten. Dies geschieht sowohl über Wissenstransfer als auch über eine Klärung von Entscheidungsformen zwischen den Beteiligten.

Damit die Führungskräfte diesen Aufgaben gut nachkommen können, folgen sie anstelle von „Command and Control" der Maxime „Target and Track". Ein wesentliches Moment, um den Fortschritt der Beteiligten zu tracken, ist eine Führung in coachender Haltung. Coaches begleiten Menschen in ihrer Veränderung. Insbesondere während der agilen Transition ist diese Haltung sehr hilfreich, damit die Beteiligten schnell und sicher eine iterative, inkrementelle und lernende Vorgehensweise verstehen und leben.

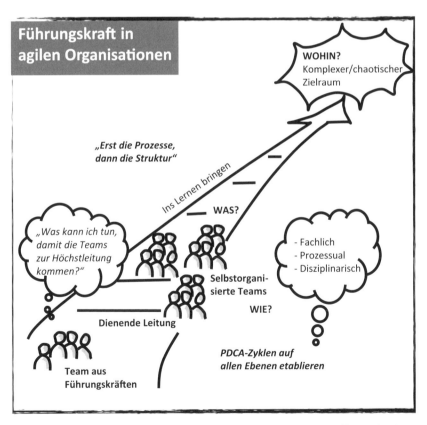

Bild 8.2 Führungskräfte in agilen Organisationen unterstützen alle Beteiligten, ins Lernen zu kommen.

Wichtige Punkte in Kürze

- Welche Inhalte Ihrer Organisation werden Sie durch „Command and Control" steuern, welche sind über „Target and Track" zu steuern?
- Wie müssen Sie „Richtung und Leitplanken" formulieren, damit die selbstorganisierten Teams in Ihrer Organisation optimal liefern können?
- Stützen die formulierte Vision und Mission Ihre Teams in der Selbstorganisation? In welcher Form formulieren Sie strategische Impulse? Sind diese handlungsleitend und richtungsweisend für Ihre selbstorganisierten Teams?
- Welche Lernmomente braucht die Organisation, um Richtung und Leitplanken zu bestätigen bzw. eine Kurskorrektur zu veranlassen?
- Welche Lernmomente werden Sie als Führungskraft nutzen?
- Mit welchen Führungskräften sollten Sie ein Team bilden, um Ihre selbstorganisierten Teams performant zu unterstützen?

Literatur

Andresen, J. (2017): *Retrospektiven in agilen Projekten.* Carl Hanser, München

Appelo, J. (2016): *Managing for Happiness. Games, Tools and Practices to Motivate Any Team.* Wiley, Hoboken

Beck, K. et al. (2001): „Manifesto for Agile Software Development". http://agilemanifesto.org/. Abgerufen am 21.08.2018

Berne, E. (2006): *Die Transaktions-Analyse in der Psychotherapie: Eine systematische Individual- und Sozialpsychiatrie.* Junfermann, Paderborn

Bungay, S. (2010): *The Art of Action: How Leaders Close the Gaps between Plans, Actions and Results.* Nicholas Brealey Publishing, London

Eul, M.; Röder, H.; Simons, E. (2008): „Strategisches IT-Management – Vom Kostenfaktor zum Werttreiber". In: Keuper, F.; Schomann, M.; Grimm, R. (Hrsg.): *Strategisches IT-Management. Management von IT und IT-gestütztes Management.* Gabler, Wiesbaden, S. 99–114

Hsueh, M.-C. (2007): „Adaptive Service Level Management". In: *IEEE International Enterprise Distributed Object Computing Conference (EDOC)* Volume 11, S. 451–456

Hüther, G.; Roth, W.; Brück, M. v. (2008): *Damit das Denken Sinn bekommt: Spiritualität, Vernunft und Selbsterkenntnis.* Herder Verlag, Freiburg

Klostermeier, J. (2007): *Vom Chief Information Officer zum Chief Innovation Officer: Die neuen Potenziale der IT.* IBM Corporation

McGoff, C. (2018): *Match In The Root Cellar: How You Can Spark A Peak Performance Culture.* ForbesBooks, South Carolina

Wigand, R.; Picot, A.; Reichwald, R. (1997): *Information, Organisation and Management: Expanding Markets and Corporate Boundaries.* Wiley, New York

9 Agiles Coaching – die notwendige Unterstützung

Judith Andresen

Agile Coaches unterstützen Teams, Organisationen und Individuen in ihrer Veränderung im Sinne des Agilen Manifests. Sie nutzen hierfür in Abhängigkeit von Wissensstand und Handlungskompetenz der Coachees Coaching, Training und Sekundärberatung.

Wirksame agile Coaches arbeiten auf Basis einer guten Bindung zu ihren Coachees, sodass diese schnell ins Lernen kommen. Die Coachees bauen ihr individuelles Systemverständnis auf, mit dem sie das für sie optimale agile Vorgehen entwickeln können.

Da eine agile Transition, also die Veränderung eines Systems in ein agiles Vorgehen und Mindset, immer komplex ist, ist agil mit agil einzuführen. Agile Organisationsentwicklung verläuft iterativ, inkrementell und lernend. Agile Coaches designen den Veränderungsprozess der Teams und Organisationen entsprechend dem jeweiligen agilen Reifegrad.

> In diesem Beitrag erfahren Sie,
> - welche Aufgaben agile Coaches wahrnehmen,
> - wie diese Team- und/oder Organisationsentwicklung iterativ, inkrementell und lernend aufsetzen und
> - wie Sie für agile Coaching-Prozesse Erfolg und Wirksamkeit überprüfen.

Viele Unternehmen sind darauf ausgelegt, bestehende Produktideen weiterzuentwickeln und diese Entwicklungen im Markt anzubieten. Neben den etablierten Unternehmen entstehen in vielen Bereichen Start-ups, die zum Teil sehr lange bestehende Geschäftsmodelle ins Wanken bringen, weil sie die Anforderungen der Kunden auf eine vollkommen neue (meist sehr direkte) Art beantworten.

Die Aufgabenstellungen vieler Organisationen verändern sich daher. Während es gestern noch komplizierte Vorgänge zu modellieren und eine bestehende Produkt- oder Serviceidee zu optimieren galt, stehen Organisationen vor komplexen und/oder chaotischen Aufgaben.

Die digitale Transformation übersetzt sich in Fragestellungen, die nicht durch Nachspüren, Analysieren und Planen beantwortet werden können. Die digitale Transformation fordert Tribut. Alle Unternehmen stellen sich die Frage, ob und wie sie ihr Geschäftsmodell umstellen wollen oder müssen.

- Was bedeutet die digitale Transformation für uns?
- Welche Geschäftsprozesse müssen wir digitalisieren?
- Welche Geschäftsprozesse müssen wir automatisieren?
- Was erwarten und brauchen unsere Kunden von uns?
- Wie sieht unser Produkt in Zukunft aus?
- Oder sollten wir unser Produkt in einen Service verwandeln?

Vorgehensweisen, die für offensichtliche und komplizierte Vorgänge optimiert sind, liefern die Grundlagen vieler Prozesse in Unternehmen. Komplexe und chaotische Herausforderungen sind jedoch nicht planbar. Aufgrund vieler Unbekannter und einer (womöglich noch) nicht bekannten Ursache-Wirkungs-Beziehung sind die Beteiligten nicht in der Lage, die anstehenden Aufgaben sauber zu planen. Die Umstellung der Geschäftsprozesse in der digitalen Transformation ist nicht durch einen vollständigen Plan abbildbar. Nur der Zielraum „Digitalisierung" ist benennbar. Die exakten Zielqualitäten sind für die meisten Unternehmen nicht klar.

Komplexe und chaotische Bedingungen benötigen das planvolle Experimentieren, anders ausgedrückt: Komplexe oder chaotische Anforderungen erfordern ein Lernen und Verfeinern im Lösungsprozess.

Organisationseinheiten, die entsprechend einem offensichtlichen oder komplizierten System modelliert sind, folgen andere Paradigmen als Systeme, die komplexe oder chaotische Anforderungen bedienen. Prinzipien für einen Umgang mit komplexen oder chaotischen Problemen sind im Agilen Manifest (ursprünglich für die Softwareentwicklung) formuliert. Das Agile Manifest fordert eine starke Kundenzentrierung, setzt auf regelmäßiges Lernen und postuliert, dass Qualität in diesem Umfeld durch selbstorganisierte Teams erreicht wird.

Agile Coaches unterstützen Teams, Organisationen und Individuen in ihrer Entwicklung im Sinne des Agilen Manifests.

Organisationen, die komplexe oder chaotische Anforderungen gut bewältigen, sind auf vielfältige Weise anders aufgestellt als Organisationen, die offensichtliche oder komplizierte Anforderungen erfüllen. Es verändern sich die Art der Zielfestschreibung, die Führung und auch die Struktur des Unternehmens grundlegend. Die Veränderung von einem Unternehmen nach komplizierter Bauart zu einem Unternehmen, das komplexe Anforderungen beantwortet, ist als solches ein komplexer Vorgang.

Komplexe Systeme zeichnen sich durch eine Mehrdeutigkeit aus. „Best Practices" sind in einem komplexen Umfeld nicht gegeben. In einem komplexen Umfeld können sich nur neue Vorgehensweisen (für jedes Unternehmen individuell) ergeben: „emergent practices". Diese Veränderungsprozesse sind nicht vollständig planbar. Dieser Umstand begründet, warum agile Coaches eine entsprechende Veränderung begleiten sollten. Während Berater nach Analyse des Systems ein klares Zielbild und einen Plan zum Erreichen dieses vorlegen können, begleiten Coaches die Beteiligten beim Lernen bis zur Realisierung eines gesteckten Zielraums. Coaches nutzen Sekundärberatung, sofern der Lösungsraum der Coachees nicht groß genug ist. Sekundärberatung liefert weitere Optionen im Lösungsraum, die Entscheidung über das beste und nächste Experiment verbleibt dabei bei den Coachees.

Agile Coaches geben die notwendige Prozesssicherheit für die angestrebte Veränderung und designen die Lernkette der Coachees. Diese steuern so ihre Veränderung selbst. Von Lernmoment zu Lernmoment durchlaufen die Coachees ihre agile Transition (Bild 9.1).

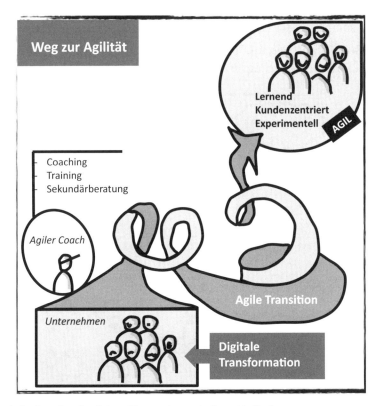

Bild 9.1 Agile Coaches begleiten Unternehmen in ihrer Veränderung.

■ 9.1 Organisationen entwickeln

Wenn Teams oder Organisationen lernen möchten, zielgerichtet und gut komplexe und/oder chaotische Anforderungen zu beantworten, müssen sich diese entwickeln. Es gilt, neben Methoden und Handlungsweisen des komplizierten Paradigmas neue, für komplexe Anforderungen angemessene Methoden und Handlungsweisen zu erlernen.

 Organisationsentwicklung wird von agilen Coaches iterativ, inkrementell und lernend aufgesetzt.

Agil zu arbeiten bedeutet, iterativ, inkrementell und lernend zu arbeiten. Für viele bedeutet dieses Vorgehen eine starke Veränderung. Diese Veränderung wird als Paradigmenwechsel empfunden. Agile Coaches begleiten diesen Paradigmenwechsel und stützen die Beteiligten darin, Methoden und Verhaltensweisen zu etablieren, die für komplexe oder chaotische Aufgaben zielführend sind (Bild 9.2).

Dabei setzen agile Coaches auf Coaching, Training und Sekundärberatung, um die Coachees in ihrer Veränderung zu begleiten.

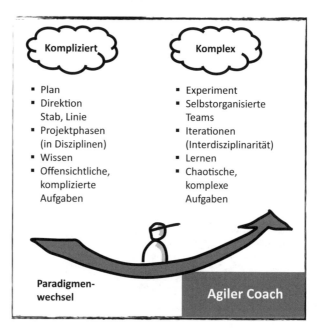

Bild 9.2 Agile Coaches unterstützen den notwendigen Paradigmenwechsel in Organisationen.

9.1.1 Inkremente liefern

Agile Coaches unterstützen die Beteiligten darin, nicht ins vollständige Planen zu wechseln, sondern in Experimenten, also in Inkrementen, zu denken. Sie motivieren eine Lernkette für die Coachees und erinnern die Beteiligten regelmäßig daran, den nächsten kleinen, möglichen Schritt zu definieren.

In Inkremente zu liefern, bedeutet eine Abkehr von Projektphasen, die jeweils durch eine Disziplin bestimmt werden. Der notwendige Paradigmenwechsel von der Projektphase zur Iteration bringt Individuen zusammen, die häufig im bisherigen Berufsleben nicht eng zusammengearbeitet haben. Entsprechend wichtig ist eine gute Teamentwicklung. Wird diese unterlassen, versuchen die Beteiligten, „im kleinen Maßstab" die Projektphasen nachzuleben.

In einem Unternehmen entscheidet sich die Geschäftsführung, neue, d. h. innovative Ideen zu finden und auszuprobieren. Das bestehende Produkt soll zu einem digitalisierten Produkt weiterentwickelt und über digitale Services vervollständigt werden.

In der Wertschöpfungskette von der Idee bis zur Auslieferung sind insgesamt acht Disziplinen beteiligt: Account Management, Business Development, Produktmanagement, Produktdesign, Produktion, Softwareentwicklung, Qualitätssicherung und Logistik. Das Innovationsteam wird aus diesen Disziplinen zusammengestellt und aufgesetzt.

In den ersten Reviews, die jeweils am Ende der zweiwöchigen Sprints stattfinden, sind keine lauffähigen Inkremente zu sehen. Stattdessen zeigt das Innovationsteam für die Stakeholder begeisternde Ideen. Nach vier Monaten wird in den Reviews die bestehende Idee immer weiter ausgeführt. Es ist kein Fortschritt zu erkennen. Es ist zu diesem Zeitpunkt keine Produktidee bei Kunden verprobt.

Auf Nachfrage erklären die Beteiligten, dass sie „Fehler" in der Analyse und während der Konzeption gemacht hätten, die sie nun nacharbeiten müssten. Einige der Teammitglieder erklären, dass es für sie mehr Sinn ergeben würde, nur zeitweilig in dem Team zu arbeiten, weil sie im Vergleich zu den anderen Disziplinen nicht viel zu tun hätten. Insgesamt herrscht große Unzufriedenheit im Team. Die Teammitglieder bemerken, dass sie das Produkt in der definierten Form als nicht vollständig und gut empfinden und daher noch nicht ausliefern können.

Die Beteiligten haben die für sie übliche Art der Zusammenarbeit in dem Innovationsteam fortgesetzt. Sie haben in den Iterationen die beteiligten Disziplinen nacheinander arbeiten lassen. Dieser „Scrum-Fall" liefert keine Inkremente. Das Team versucht, mit den den Beteiligten bekannten Verhaltensweisen ein Projektergebnis zu erzeugen.

Die Beteiligten haben den Paradigmenwechsel nicht erkannt und konnten diesen dadurch auch nicht umsetzen. Wäre dieses Team von einem agilen Coach begleitet worden, hätte dieser im Rahmen der Auftragsklärung einen Zielraum formulieren lassen: „Wir liefern als interdisziplinäres Team sechsmal im Jahr neue Produktideen an unsere Kunden aus, um unser Produktportfolio um einen digitalen Service zu erweitern."

Agile Coaches unterstützen Teams, Organisationen und Individuen im Paradigmenwechsel. Im beschriebenen Fall sind folgende Punkte im Rahmen des Paradigmenwechsels durch das Innovationsteam zu bearbeiten:

- Mit welchen Hypothesen können wir unseren Zielraum beschreiben?
- Mit welcher Art von Inkrementen können wir unsere Hypothesen stützen?
- Wie müssen wir zusammenarbeiten, um Inkremente zu erzeugen?
- Wie funktioniert unsere Zusammenarbeit?
- Wie funktionieren unsere Lernmomente?
- Welche (agile) Methode nutzen wir?

Eine agile Transition ist ein komplexes Vorhaben. Entsprechend arbeiten die Beteiligten auch in Inkrementen. Diese Inkremente werden an dem definierten Zielraum ausgerichtet. Die grundsätzliche Frage des Transitionsteams ist: „Welches Experiment müssen wir als nächstes starten, um uns dem Zielraum zu nähern?"

Während in einem klassischen Change das Zielbild sehr detailliert entsprechend der formulierten Strategie ausformuliert wird, können die Beteiligten in einem komplexen Umfeld nur die grobe Richtung, den Zielraum, formulieren. Der Zielraum wird mit jedem Experiment klarer und deutlicher.

Mögliche Inkremente einer agilen Transition können sein:

- Etablieren einer agilen Projektmethode in einem Team,
- Etablieren von Retrospektiven in der Linienorganisation,
- Etablieren von Lernformaten wie Lean Coffees oder Communities of Practice für bestimmte Disziplinen oder Rollen.

Im Gegensatz zu einem klassischen Change, bei dem nach eingehender Analyse, z. B. über Prozessanalysen oder Einzelinterviews, eine neue Struktur entwickelt und kommuniziert wird, entwickelt sich das exakte Zielbild in einer agilen Transition erst nach und nach.

 Achten Sie darauf, dass neu aufgesetzte Teams Inkremente in Iterationen ausliefern. Achten Sie bei der Abnahme von Inkrementen darauf, dass Sie die eingangs formulierte Hypothese abnehmen.
Vermeiden Sie die Verlockung, ein vollständiges Produkt abnehmen zu wollen.

9.1.2 Iterativ arbeiten

Agile Organisationsentwicklung findet in Iterationen statt. Klassische Changes definieren in einem exakten Plan sowohl Ergebnis als auch den Weg zum Ziel. Neben der Planung von Strukturen werden im Detail Kommunikationspläne entwickelt, über die alle Mitarbeiter zu definierten Zeitpunkten über die geplanten Änderungen informiert werden.

Iterative Organisationsentwicklung bedeutet,

- einen attraktiven Zielraum zu definieren und
- sich Schritt für Schritt (oder Experiment für Experiment) diesem zu nähern.

Es ist empfehlenswert, diese Schritte in festen Iterationen zu vollziehen. So können Sie ein Transitionsteam gründen, welches sowohl die Definition des Zielraums verantwortet als auch die notwendigen Schritte (d. h. Experimente) veranlasst.

Agile Coaches unterstützen Sie bei der initialen Zusammenstellung des möglichst hierarchieübergreifenden, diversen und interdisziplinär aufgesetzten Teams. Die Zusammenstellung ändert sich häufig im Laufe der agilen Transition. Je näher die Beteiligten ihrem Zielraum kommen, desto klarer wird dieser für sie. Mit einer Detaillierung des Zielraums geht häufig einher, dass andere Teammitglieder notwendig sind, um die zu gehenden Schritte zu definieren und zu gehen.

Im Gegensatz zu einem klassischen Change definieren Sie nicht vorab das Zielbild, Sie nähern sich schrittweise einem Zielraum. Wenn Teams und Organisationen auf ähnliche Anforderungen mehrfach mit ähnlichen Antworten (Methoden, Vorgehen, Strukturen) reagieren, könnten dies Kandidaten für eine Vereinheitlichung sein.

Rule of Three für Organisationen

Wenn sich ein Verhalten oder eine Maßnahme für eine Organisation zum dritten Mal als zielführend erweist, ist dieses Verhalten oder die Maßnahme ein guter Kandidat für eine Festschreibung.

Komplexe Systeme sind mehrdeutig. Es liegt kein Gewinn darin, alle Methoden, Vorgehen und Strukturen in einem komplexen System zu vereinheitlichen.

Wenn Teams oder Organisationen versuchen, ihre Methoden und Handlungsweisen umzustellen, werden sie Fehlschläge und Irrläufer erleben. Der komplizierte Reflex sind in einer solchen Situation das Innehalten, erneute, ausführliche Analysieren und die nachfolgende Umplanung des Projekts. Iterationen stützen die Beteiligten, diesem Reflex nicht zu verfallen.

Iteratives Arbeiten minimiert große monetäre Schäden. In wenig Zeit kann kein großer Schaden entstehen. Wenn das gefühlte oder erkannte Risiko zu groß ist, sind die Iterationen zu lang (und damit die Experimente zu groß).

Agile Coaches weisen ihre Coachees an, immer wieder zu hinterfragen. Bei der Definition der Experimente kann auch quergedacht werden, Mut ist hier angebracht. Gegebenenfalls sprechen sie auch die Empfehlung aus, die Iterationslänge zu verändern.

9.1.3 Lernen ermöglichen

Agil zu arbeiten bedeutet, auf allen Ebenen lernbereit und -fähig zu sein. Agile Coaches stützen die Lernerfahrungen und -möglichkeiten ihrer Coachees durch geeignete Formate. In der Team- und Organisationsentwicklung haben sich Retrospektiven als Lernformat etabliert.

Auf Basis ihrer Beobachtungen als agile Coaches und deren modellbasierter Interpretation wählen agile Coaches Methodenbausteine innerhalb der meist für maximal zwei Stunden angesetzten Sitzungen aus, welche den Coachees Lernraum und Erkenntnisse bieten.

PDCA – nicht nur für das Produkt, sondern auch fürs Team

Lernen in komplexen oder chaotischen Umgebungen erfolgt Experiment für Experiment. Es empfiehlt sich, diese Experimente zu explizieren und z. B. über das Teamboard nachzuhalten.

- Plan „P"
  - Folge den Leitideen „Just do it!" und „Kleiner geht immer!".
  - Plane das nächste Experiment mit allen notwendigen Parametern.
  - Überlege dir, mit welchen Kriterien du Erfolg oder Misserfolg bestimmen kannst.
  - Definiere den Zeitpunkt der Überprüfung (zeitlich oder fachlich).
  - Definiere Abbruchkriterien.
- Do „D"
  - Führe das Experiment durch.
  - Sei mutig!
  - Habe einen Blick für Hindernisse und Störungen.
  - Versuche, das Experiment zu Ende zu führen.
- Check „C"
  - Kontrolliere das Ergebnis fachlich.
  - Was hast du erreicht?
  - Welche Hindernisse und Störungen hast du bemerkt? Welche Auswirkungen hatten diese?

- Act „A"
  - Was lernst du aus diesem Experiment?
  - Möchtest du es fortsetzen, ausrollen, verändert fortsetzen oder final beenden?
  - Musst du etwas für einen nächsten Zyklus vorbereiten?

Agile Coaches können das Gelingen oder Nicht-Gelingen von Experimenten nicht voraussagen. Sie können aber mögliche Begleitkriterien anbieten, die über die fachlichen Entscheidungen hinausgehen: „Ihr plant gerade den Aufbau einer Wissensakademie. Für dieses Experiment scheint es mir vor allem darum zu gehen, dass nicht eine, sondern drei Personen über das Fachwissen verfügen. Wie ist die einfachste Lösung, um dieses Wissen für dieses Experiment bei drei Personen verfügbar zu haben?"

Coaches kennen dabei nicht die Antwort und (Selbst-)Erkenntnis der Coachees. Mittels Beobachtung und modellbasierter Interpretation wählen sie Methodenbausteine aus, die die Coachees dabei unterstützen sollen, zu einem schnellen und tiefen Lernen zu kommen.

Ein agiler Coach arbeitet mit einem Transitionsteam aus Vertretern mehrerer Umsetzungsteams. Diese haben sich für Scrum als Basismethode entschieden. Ziel der Transition ist es, zwei bestehende Produkte um digitale Services zu erweitern.

Im aktuellen Status haben sich fünf Serviceideen etabliert. Entsprechend hat das Transitionsteam fünf Umsetzungsteams aufgesetzt.

Der agile Coach betreut das Transitionsteam. In einer vorherigen Retrospektive konnte er beobachten, dass die Transitionsteammitglieder während des Plannings sich schnell auf anstehende Experimente einigen konnten. In der vorherigen Debatte hatten mehrere Transitionsteammitglieder das Gefühl geäußert, dass die Anzahl der Teams und die Kommunikation der Teams untereinander nicht stimmen. Ein weiteres Transitionsteammitglied sagt: „Na, das ist doch klar, wir brauchen mehr Kommunikationsformate. Wir sollten den Scrum Mastern den Auftrag geben, Lean Coffee zu etablieren. Dann reden die Teams genügend miteinander." Bei der Auswahl der weiter zu behandelnden Themen äußerte ein Teammitglied: „Ich weiß nicht, was wir hier tun sollen. Lasst uns uns auf das konzentrieren, was wir wissen. Wir wissen nur, dass es um die Kommunikation zwischen den Teams geht."

Die Interpretation seiner Beobachtungen könnte der agile Coach so zusammenfassen:
- Der Ablauf im Team scheint zu haken.
- Die Teammitglieder sind sich nicht einig über ihre Beobachtungen und Schlussfolgerungen.
- Den Teammitgliedern scheint ihre Uneinigkeit nicht klar zu sein.

> In der aktuellen Retrospektive bittet der agile Coach die Transitionsteammitglieder nach Äußerung der jeweiligen Stimmung darum, dass sie gemeinsam eine mittelalterliche Karte der Transition zeichnen. Er hat dafür ein Pinnwandpapier und viele Stifte mitgebracht. Der agile Coach hat sich für diese Methode entschieden, weil die Transitionsteammitglieder eine Ahnung über das mögliche Thema haben, dieses aber noch nicht gut greifen können. Der Wechsel aus dem analytischen Gespräch in ein anderes Medium (hier: Zeichnen) ist häufig hilfreich, um diffuse Themen besser zu erkennen und so benennen zu können.
>
> Nach kurzer Debatte (unter anderem, ob das nicht sehr „Kindergarten" sei), zeichnen einige Teammitglieder fünf Inseln in einem Meer. Diese repräsentieren die fünf Serviceteams. Die Inseln finden in stürmischer See aus den Produkten statt. Dabei stellen sie fest, dass die Scrum Master in kleinen Booten von Insel zu Insel fahren und für regen Handel zwischen den Inseln sorgen. Nachdem lauter kleine Boote in der Zeichnung gemalt sind, widerspricht ein Teammitglied: „Das stimmt so nicht. Die haben ein Mutterschiff. Das fehlt noch. Und die wissen auch, wohin sie wollen. Aber wenn wir die Product Owner einzeichnen sollten, dann stimmt das Bild: Das sind lauter kleine einzelne Boote. Und manchmal habe ich das Gefühl, dass die nicht zusammengehören. Die würden niemanden begrüßen und sagen: ‚Oh, fein, komm auf unser Mutterschiff, wir haben hier eine gemeinsame Aufgabe. Die haben irgendwie ihren Nordstern verloren.'" Ein weiteres Transitionsteam meldet sich: „Vielleicht hat sich auch gerade unsere Weltsicht verändert. Wir erwarten, dass die in veränderten Karten und in stürmischer See genau wissen, was passieren soll. Die versuchen, sich einzeln zu behaupten. Wir alle brauchen ein Mutterschiff."

Agile Coaches wählen aufgrund ihrer Beobachtungen und passender modellbasierter Interpretationen einen Methodenbaustein aus. Es ist nicht hilfreich, wenn die agilen Coaches versuchen, aus ihrem eigenen Systemverständnis heraus Lösungsvorschläge zu machen. Durch diesen Distanzverlust werden die Experimente des Teams zu Experimenten des agilen Coaches. Fehlschläge können dann in Vorwürfe umgemünzt werden. Das Lernmoment für die Coachees ginge so verloren.

Agile Coaches sind laterale Führungskräfte. Dieser Führungsanspruch und -willen, der sich z. B. in klaren Anstößen (Impulsen, Interventionen und/oder Sekundärberatung) zeigt, wird von den Coachees schnell anerkannt. Mit diesem Anerkennen machen viele Coachees den Coaches Vorwürfe, wenn ein Experiment nicht auf Anhieb funktioniert hat.

Agile Coaches können mit diesen Vorwürfen gut umgehen, da sie erkennen (können), dass die Beteiligten den notwendigen Paradigmenwechsel noch nicht vollzogen haben. Um den Coachees den Paradigmenwechsel zu erleichtern,

- markieren agile Coaches entsprechende Sekundärberatung als solche und
- steuern nur Optionen im Lösungsraum an, aus dem die Coachees sich für ihre Lösung entscheiden können.

Überprüfen Sie, ob die Teams inklusive der agilen Coaches regelmäßige Lernmomente kreieren und die daraus resultierenden Schlussfolgerungen ausprobieren. Klären Sie mit Ihren Teams, an welchen Lernmomenten Sie operativ beteiligt sein sollten.

Führungskräfte, die in einem komplizierten System sowohl disziplinarische, fachliche und prozessuale Führung innehatten, werden von vielen Coachees als „Absicherungsvorbehalt" wahrgenommen: „Wir können dieses Experiment starten, wenn Person A diesem Experiment zustimmt." Eine generelle Freigabe „Ihr macht das jetzt selbstorganisiert" kann von vielen Mitarbeitern und insgesamt Teams *nicht* genutzt werden. Die Beteiligten arbeiten in ihren Komfortzonen. In diesen werden als riskant empfundene Entscheidungen häufig Vorgesetzten zugeschrieben.

Stellen Sie sicher, dass die betreffenden Teams (Projekt-, Produkt- oder Transitionsteams) diesen Vorbehalt nicht nutzen können. Öffnen Sie Lernfelder, indem Sie entweder „Mission and Constraints" klar setzen oder indem Sie sich in der Transition in dem entsprechenden Team aktiv beteiligen. Ihre Aufgabe ist es „Agile Führung"), Individuen, Teams und Organisationen ins Lernen zu begleiten.

Wenn in Reviews spürbar wird, dass die betreffenden Teams keine Experimente finden bzw. diese sehr lange planen, stellen Sie Fragen der dienenden Leitung: „Ich sehe, dass ihr seit x Sprints weder eine Entscheidung für noch gegen das Experiment treffen könnt. Ihr habt den Auftrag, y Experimente in diesem Jahr zu starten. Was kann ich dazu beitragen, dass ihr diese Entscheidung treffen könnt?" Diese Frage öffnet Lernraum des Teams in Bezug auf Selbstorganisation. Die Übernahme der Entscheidung würde diesen nicht öffnen.

■ 9.2 Organisationsentwicklung agil vorantreiben

Nachdem ein Team oder eine Organisation einen Zielraum einer agilen Transition bestimmt hat, schlagen agile Coaches ein passendes Transitionsdesign vor (Bild 9.3). Dieses Transitionsdesign wird iterativ, inkrementell und lernend angelegt sein.

Wenn nur einzelne Teams agile Methoden erwerben, kann die Teamentwicklung im Rahmen der Projektrituale stattfinden. Stellen sich mehrere Teams, ein Bereich oder eine gesamte Organisation um, empfiehlt es sich, ein Transitionsteam aufzustellen. Dieses hat die Aufgabe, die Transition zu steuern. Das Transitionsteam

- führt Maßnahmen im Rahmen der agilen Transition durch,
- stellt in einem öffentlichen Review regelmäßig Ergebnisse der Arbeit vor und erhält Feedback von allen Mitarbeitern,
- kommuniziert über öffentliche Boards über aktuelle und im Backlog befindliche Maßnahmen,
- versucht im Sinne der „Rule of Three" Methoden, Praktiken oder Verhaltensweisen zu identifizieren, die für die Organisation besonders hilfreich sind,
- erhebt regelmäßig den Stand seiner Experimente, verändert diese, schafft diese ab oder rollt diese aus.

Auf welche Art und in welchem Rhythmus die Beteiligten lernen und sich dabei ihrem Zielraum nähern, hängt von genau dem Zielraum ab. Die agilen Coaches haben dabei den Zielraum der agilen Transition und den damit verbundenen Lernraum im Blick. Um die Transition zu designen, entwickeln diese eine Coaching-Hypothese, welche Lernmomente der Coachees vor ihnen liegen. Entsprechend eng oder weit getaktet und entsprechend (zeitlich) lange entwickeln sie ihren Vorschlag des Transitionsdesigns.

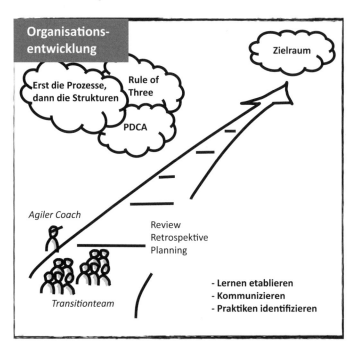

Bild 9.3 Organisationsentwicklung erfolgt Iteration für Iteration.

Dabei nehmen sie nicht die Ergebnisse der Coachees vorweg. Sie ermitteln für sich Themenfelder, in denen die Coachees einen für das jeweilige System angemessenen Umgang finden müssen. Diese Lernfelder sollten im Rahmen der offiziellen Beauftragung benannt werden. Eine Beauftragung einer agilen Transition ist für alle agilen Reifegrade immer sicherzustellen. Dies betrifft insbesondere interne agile Coaches. Agile Coaches können ihre Wirksamkeit nur im Rahmen einer klaren Beauftragung erreichen.

Begleitung eines interdisziplinären Teams

Ein Unternehmen beauftragt deren internen agilen Coach bei der Begleitung eines neu gegründeten Teams, das aus mehreren Disziplinen zusammengesetzt ist.

Der agile Coach moderiert die Sitzung zwischen der formalen Auftraggeberin und diesem Team, in dem die Beteiligten die „Mission and Constraints" formulieren.

Die Formulierung erfolgt in einer konsultativen Entscheidung. Hierfür formuliert die formale Auftraggeberin einen Vorschlag, zu dem sie durch das Team beraten wird. Die „Mission and Constraints" werden als Beratungsvorschlag durch das Team formuliert. Die formale Auftraggeberin, die fachlich das Produkt des Hauses verantwortet, formuliert am Ende der Sitzung die finale Version der „Mission and Constraints".

Der agile Coach hat im Vorweg die formale Auftraggeberin bei der Formulierung des Vorschlags der „Mission and Constraints" unterstützt (d. h., er hat kritische Fragen gestellt und mögliche Wirkungen benannt). Er hat auch das Team bei der Ausarbeitung des Beratungsvorschlags unterstützt. Er konnte auch die Verhandlung zwischen der formalen Auftraggeberin und dem Team beobachten.

Aus diesen Beobachtungen entwickelt er folgende Coaching-Hypothese:

- Das Team strebt eine agile Transition in „Agiler Reifegrad C" an (A = höchster agiler Reifegrad; D = unterster agiler Reifegrad).
- Die Teammitglieder scheinen keine echte Zusammenarbeit zu kennen. Sie suchen immer nach dem Verantwortlichen für Entscheidungen und Ansagen. Daher sind Methoden für Entscheidungen und Delegation zu finden.
- Die Beteiligten scheinen kein großes Methodenrepertoire zu besitzen. Die Art der Zusammenarbeit ist nicht explizit geklärt. Es erscheint hilfreich, wenn das Team diese explizit klärte.
- Die Beteiligten scheinen klar im Wort miteinander zu sein. Sie können – insbesondere auch gegenüber der formalen Auftraggeberin – Kritik äußern. Sie scheinen keine oder nur eine geringe Übung in ressourcenorientiertem Feedback zu haben. Dies könnte ein guter Hebel für die Produktentwicklung werden.

> Aus dieser Coaching-Hypothese entwickelt der agile Coach den folgenden Vorschlag für ein Transitionsdesign:
> - In einem initialen Workshop von zwei Tagen Länge werden die Coachees ihre agile Grundmethode festlegen. Als Trainingselement werden sie an diesen beiden Tagen „Scrum" und „Kanban" kennenlernen.
>   Ziel des Workshops ist es,
>   a) die ersten Projektrituale (inklusive von Lernmomenten) festzulegen und
>   b) eine erste Iteration inhaltlich zu planen.
> - Das Team sollte sich zum Lernen alle zwei Wochen für vier Stunden zu einem Iterationswechsel treffen. Dabei sollten folgende Projektartefakte genutzt werden:
>   c) Reviews zur Kontrolle des fachlich Erreichten,
>   d) Retrospektiven zur Veränderung der Zusammenarbeit und
>   e) Plannings zur Bestimmung der nächsten Inhalte (der kommenden Iteration).
> - Es kann sein, dass das Team während des Projektfortschritts für sich formuliert, stärker in Feedbackfähigkeiten zu investieren. Sollte dies der Fall sein, wird es hierfür ein gesondertes Training geben.
>
> Dieser Vorschlag wird Grundlage der Beauftragung. Der agile Coach vereinbart mit der formalen Auftraggeberin, dass diese sich über den Projektstand über die Reviews des agilen Teams informiert.

Abweichend von einem Vorgehen im komplizierten Umfeld entwickeln sich agile Strukturen, nachdem die Prozesse angepasst sind.

 Erst die Prozesse, dann die Struktur!

Führung und formale Strukturen werden sich etablieren, nachdem die Teams erfolgreich in die Selbstorganisation gefunden haben. Dies bedeutet, dass formale Rollenbeschreibungen und Organigramme in einer agilen Organisationsentwicklung nicht zum Beginn des Prozesses, sondern als Abschluss formuliert werden. Die Beteiligten ermitteln über die „Rule of Three", welche Zusammenstellungen und Methoden gut funktionieren. Daraus lassen sich neue, der Aufgabenstellung angemessene Strukturen ableiten.

9.2.1 Agile Reifegrade anstreben

Die agilen Reifegrade charakterisieren die Lernfähigkeit und den Lernwillen von Organisationen (Andresen 2017). Agile Reifegrade unterstützen Teams und Organisationen, einen Fokus ihrer Transition zu definieren:

- Konzentrieren Sie sich erst auf funktionierende Teams (AR-D),
- Lassen Sie diese entlang der Wertschöpfungskette wachsen (AR-C),
- richten Sie Ihre Führung daran aus (AR-B) und
- werden zu einer lernenden Organisation (AR-A).

Agile Coaches unterstützen die entsprechenden Teams und Organisationen, die unterschiedlichen agilen Reifegrade zu erreichen.

- Sie nutzen hierfür Lernmomente im Coaching-Prozess, z. B. durch Einzelsitzungen oder die Moderation von Reviews, Retrospektiven und Plannings.
- Sie trainieren agile Methoden (wie z. B. Scrum, XP, Kanban), Methodenbausteine (wie agiles Schätzen, agiles Planen) und weitere von den Coachees als notwendig erkannte Fertigkeiten (wie z. B. Entscheidungen im Team, Feedback im Dreiklang, Konfliktlösung im Team).
- Sie nutzen Sekundärberatung, um den Lösungsraum der Coachees in Bezug auf agile Methoden, Methodenbausteine und Fertigkeiten zu erweitern.

9.2.2 SWBLM: So wie beim letzten Mal

Unternehmen starten sowohl in der Linien- als auch der Produktorganisation „so wie beim letzten Mal" (SWBLM). Charakterisierend für SWBLM ist die schlechte Produktivität des Teams in Bezug auf komplexe oder chaotische Aufgabenstellungen. Mitarbeiter versuchen, komplexe und chaotische Aufgaben durch ausführliche Analyse- und Konzeptphasen zu bewältigen. Die beteiligten Teams zeigen einen hohen Kommunikationsaufwand zu anstehenden Veränderungen. Es sind wenig Handlungen zu sehen. Diese Kommunikation ist von Vorbehalten und Absicherung bestimmt.

Dabei kann es sein, dass die entsprechenden Teams ihr Tagesgeschäft, die Bearbeitung der Aufgaben aus dem komplizierten Umfeld gut bewältigen. Ziele, die sich aus der digitalen Transformation ergeben, sind für diese Teams nicht erreichbar. Sie haben keinen definierten Umgang mit Herausforderungen dieser Art.

Wissenstransfer innerhalb des Teams findet nicht oder nur wenig statt. Wissenstransfer wird als unproduktive Zeit angesehen, welche dem Lehrenden oder der Lehrenden Umsetzungszeit ohne Gegenleistung nimmt.

Wenn Teams oder Organisationen sich aus SWBLM lösen möchten, definieren agile Coaches mit den Beteiligten einen Zielraum, der realistisch erreichbar ist. Die folgenden agilen Reifegrade zeigen eine mögliche schrittweise Näherung in eine agile Organisation.

9.2.3 AR-D: Echt im Team arbeiten

Das Team einigt sich auf eine grundlegende Projektmethode wie z. B. eXtreme Programming (XP), Scrum oder Kanban. Wichtigstes Moment des agilen Reifegrads AR-D ist, dass das Team einen PDCA-Zyklus für sich etabliert hat. Im Rahmen dieses PDCA-Zyklus wird das betreffende Team nach und nach die für die individuelle Zielsetzung notwendige Methode finden und explizieren.

Nachdem das Team also diese grundlegende Änderung (im Sinne des Kaikaku) herbeigeführt hat, werden die Teammitglieder Schritt für Schritt, Lernmoment für Lernmoment (im Sinne des Kaizen) diese Methode so weit anpassen, dass sie wirklich für das Team passt. In vielen agilen Methoden wird dieses ritualisierte Lernmoment über Retrospektiven realisiert.

 Kaikaku beschreibt eine radikale Veränderung innerhalb einer Organisation. Im Gegensatz zu Kaizen erfolgt die Veränderung nicht in kleinen kontinuierlichen Schritten, sondern ist sprunghaft und grundlegend.

Teams in AR-D etablieren einen PDCA-Zyklus für ihre Aufgaben. Dabei gilt: „Weniger ist mehr." Es ist einfacher, mit wenigen Rollen und Artefakten in die Teamarbeit einzusteigen und diese zu leben. Echte Teamarbeit lässt sich an vier Faktoren ablesen:

- *Zusammenarbeit*
  Die Teammitglieder bearbeiten die Aufgaben im Team gemeinsam. Die Teammitglieder kennen gegenseitig ihre Stärken und Schwächen und bearbeiten Aufgaben so, dass das optimale Teamergebnis entsteht.
- *Lernen*
  Das Team lernt aus seinen Erfahrungen. Die Teammitglieder geben und nehmen Feedback.
- *Wissenstransfer*
  Die Teammitglieder tauschen Wissen aus und unterrichten sich gegenseitig.
- *Mission and Constraints*
  Das Team folgt einer gemeinsamen Zielrichtung. Teammitglieder ziehen das Erreichen des Teamziels vor persönlichen Zielen vor. Der Handlungsrahmen ist dem Team bekannt, und die Teammitglieder können damit umgehen.

Echtes Zusammenarbeiten zeichnet sich durch das gemeinsame Bearbeiten von Aufgaben aus. Es ist häufig zu beobachten, dass Gruppen als Teams bezeichnet werden, deren Beteiligte jeweils Einzelarbeit leisten. Formal werden Teamartefakte gelebt, faktisch werden Einzelaufgaben orchestriert.

Wenn Mitarbeiter im komplizierten Umfeld Fehler machen, zeigen sie, dass sie nicht vollständig analysiert haben. Sie zeigen also mit einem Fehler ihre eigene Inkompetenz auf. Probates Mittel zur eigenen Entlastung sind Schuldzuweisungen gegenüber anderen.

„Win or Learn"

Im komplexen Umfeld ist Experimentieren der Schlüssel zum Erfolg. Im Falle eines Experiments können alle Beteiligten lernen.

Wenn das Ergebnis gut ist, wissen alle, dass sie gerade auf einem guten Pfad in Richtung ihres Zielraums sind, und können über eine Verstärkung des Phänomens nachdenken. Wenn das Ergebnis negativ ausfällt, ist klar, dass die genutzte Hypothese zu überdenken ist. So wird aus einer Fehler- eine Lernkultur.

Echte Teamarbeit bedeutet, dass alle Teammitglieder zu jedem Zeitpunkt aus ihren Handlungen und aus Resultaten lernen. Die Teammitglieder nähern sich von Experiment zu Experiment einer guten Zusammenarbeit, die vorzeigbare Ergebnisse produziert.

Agile Coaches unterstützen Teams und Individuen im agilen Reifegrad AR-D z. B. durch

- Teamentwicklung und Ausformung echter Zusammenarbeit,
- Implementierung und Adaption von (agilen) Projektmethoden,
- Implementierung von Lernmomenten im Team oder
- Feedbacktraining.

Dabei planen die agilen Coaches nicht das Vorgehen detailliert voraus. Sie begleiten die Coachees beim Erkennen ihres Systems und lassen diese Experiment für Experiment die für die Coachees stimmige Lösung erarbeiten.

9.2.4 AR-C: Im großen Team liefern

Mit dem zweiten agilen Reifegrad AR-C beginnt die Öffnung der häufig noch monodisziplinären Teams zu einem crossfunktionalen Arbeiten. Dafür sind nicht nur fachliche und kulturelle Hürden zu nehmen. „Im großen Team zu liefern" heißt, das Team um mehrere Disziplinen zu erweitern. Die Teammitglieder sorgen für ein überlappendes Kompetenzspektrum, sodass das Team auf jedwede Anforderung souverän und schnell reagieren kann. Gleichzeitig arbeitet das Team daran, lieferfähig zu werden.

Es stellt sich mit der Erweiterung der Teams auch die Teamuhr neu. Die Teams müssen in der größeren Form wiederum um Vertraulichkeit, Feedbackfähigkeiten und Lernkultur ringen. Gleichzeitig müssen die Beteiligten ein gemeinsames Verständnis ihrer Aufgaben entwickeln. Dabei stellt sich häufig heraus, dass Disziplinen, die bisher nacheinander gearbeitet haben, ein vollkommen falsches Verständnis der Tätigkeiten der anderen Disziplinen haben.

Ziel ist eine crossfunktionale Zusammenarbeit, in der alle Beteiligten allen anderen jeweils zuarbeiten und bei Bedarf Arbeiten abnehmen können. Der Wissenstransfer ist für diese Teams besonders wichtig. Das Zusammenwachsen der Disziplinen eröffnet häufig neue Denkansätze und Möglichkeitsräume, die das Team erobern kann. Auf Teamebene lösen diese Teams das Agile Manifest ein. Pair Programming, Pairing, Shadowing und Peer-Reviews sind mögliche Methodenbausteine, ebenso Trainings, um die Teams in eine crossfunktionale Zusammenarbeit zu bringen.

 Experimentieren ist die schnellste Lern- und damit Erkenntnisart, im komplexen und chaotischen Umfeld korrekte Ergebnisse zu erzeugen.

Das Team wird lernen, mit den Ergebnissen der Experimente im Sinne von „Win or Learn" umzugehen. Dies schließt die Kommunikation gegenüber anderen Beteiligten in der Organisation ein.

Neben diesen kommunikativen Aufgaben sind häufig technische oder organisatorische Hürden zu überwinden, um die Experimente schnell beim Kunden erproben zu können. In technischen Umgebungen könnte eine solche Hürde die Release-Fähigkeit in einem verwobenen System sein. In Nicht-IT-Umgebungen gibt es oft langwierige Freigabeprozesse, die häufig mit Marketing- und Qualitätssicherungsprozessen verquickt sind. Die Teams des Reifegrads AR-C streben daher eine maximale Unabhängigkeit von ihrer Umgebung an.

Um diese Abhängigkeiten zu lösen, muss die Organisation als Ganzes den bisherigen Anspruch fallen lassen, alle Kunden zu jedem Zeitpunkt mit dem gleichen Produkterlebnis anzusprechen. Dies adressiert Unsicherheit bei den Organisationsteilen, die sich noch an einer komplizierten Aufgabenstellung ausrichten. Uneinheitlichkeit spricht in der komplizierten Welt für Inkompetenz. Standardisierung und Generalisierung sind in komplizierten Umgebungen sehr gute Leitplanken. Es bedarf großer Überzeugungsarbeit, die die agilen Teams leisten müssen, damit diese früh kundenrelevante Experimente erzeugen können. Das agile Team in AR-C versucht Schritt für Schritt, Unabhängigkeit herzustellen. Dies kann über das Ansprechen von Beta-Kundengruppen oder sehr kleine Änderungen (kleiner Experimentumfang) erzeugt werden.

Diese Veränderungen treiben das performante Team zum Kundennutzen, dabei bemüht es sich sehr um Fairness. Fairness zeigt sich schon im Reifegrad AR-D als Leitmotiv: Miteinander lernen und Vorgänge verstehen heißt auch immer, Motive und Bedürfnisse der Beteiligten zu erkennen und mit ihnen umzugehen. Diese coachende Haltung transferiert sich im Reifegrad AR-C auf den Umgang mit Nicht-Teammitgliedern: „Jedes Handeln ergibt Sinn."

9.2.5 AR-B: Führung an Teams ausrichten

In Einzelfällen ist der veränderte Umgang mit Führung leicht verhandelbar. Die Teams prägen jeweils mit den beteiligten Personen eine Einzelfalllösung aus. Das geschieht jeweils in den agilen Reifegraden AR-D oder AR-C.

Die in diesen Reifegraden gefundene Einzelfalllösung entspricht der agilen Vorgehensweise. Die Teams schaffen schnell und lernend gemeinsam mit den Führungskräften eine für sie funktionierende Lösung.

Die Teams erlangen Klarheit über schnell lernende und effiziente Prozesse. Sobald diese Prozesse stehen, kann sich die Führung formieren. Die Leitfrage dabei entsteht aus der dienenden Leitung. Die Frage „Was muss ich tun, damit das Team zur Höchstleistung kommt?" wird zur generellen Frage „Wie müssen wir uns als Führung aufstellen und verhalten, damit die Teams Höchstleistung bringen können?".

Die klassisch-hierarchische Führung nach „Command and Control" vereinigt drei Führungsaufträge, und zwar

- disziplinarische Führung,
- prozessuale Führung und
- fachliche Führung

in einer Person. In agilen Systemen werden diese Führungsaufträge häufig auf unterschiedliche Personen oder in die Teams abgegeben.

 Anstelle des „Command and Control" benötigt eine Organisation, die komplexe oder chaotische Anforderungen bewältigt, den Führungsstil „Target and Track".

Agile Teams des agilen Reifegrads AR-C versuchen, die operativen Entscheidungen der beteiligten Disziplinen im Umsetzungsteam zu treffen. Das bringt Schnelligkeit und hohes Kundenverständnis in die Entscheidungen. Damit ihnen das gelingen kann, orientieren sich die Führungskräfte in ihrem Führungsverhalten: Sie richten ihre Arbeit an der Handlungsfähigkeit der agilen Teams aus.

„Was kann ich tun, damit das Team zur Höchstleistung kommt?" ist die Frage an die dienende Leitung, an der sich alle agilen, d. h. die disziplinarischen, prozessualen und fachlichen Führungskräfte ausrichten.

Die Antworten darauf sind vom Unternehmenskern abhängig. Während es für manche Unternehmen sinnvoll ist, Triaden aus Fachlichkeit, Technik und Prozessführung zu bilden, ergibt es für andere Unternehmen mehr Sinn, die jeweiligen Führungsformen lose an die Teams zu koppeln.

Alle Führungskräfte richten ihren Fokus darauf, die Teams zur Höchstleistung zu bringen. Die Teams bringen ihr interdisziplinäres Verständnis und ihre interdisziplinäre Handlungskompetenz ein. Es ist die Aufgabe aller Führungskräfte, Hindernisse zu erkennen und für eine Änderung zu sorgen. Dabei achten alle Führungskräfte darauf, sich nicht im Kümmern und Beschützen zu verlieren. Eine Haltung als „Scrum-Mutti oder Papa Schlumpf" ist kontraproduktiv.

Agil zu werden heißt, die Teamentwicklung und insbesondere die Selbstorganisation der Teams zu fördern.

Teil des Reifens hin zu AR-B ist eine bewusste Auseinandersetzung zwischen Team und Führungskräften, wer welche Führungsfunktionen ausüben wird. Dabei sind sowohl fixe als auch laterale Rollen denkbar. Neben der disziplinarischen Führung sind auch laterale Führungsfunktionen auszuprägen und zu definieren. Mit dieser Auseinandersetzung beginnt der Weg in die lernende Organisation AR-A.

Als Leitplanke dient die Aufforderung Jurgen Appelos: „Manage the system, not the people." Welche Prozesse, Rituale und Vorgehensweisen helfen dem Team, das Teamziel performant zu erreichen?

Agile Führung hat die disziplinarische, fachliche und prozessuale Führung aufgeteilt und entsprechende Prozesse oder Rollen ausgeprägt. Die Führungskräfte handeln als dienende Leitung der Teams.

Während in AR-D und AR-C sich die einzelnen Teams im Unternehmen entsprechend ihren Aufgaben formieren und finden, entwickelt sich das Führungsteam in der Stufe AR-B am weitesten. Das Führungsteam entscheidet für die Teams normativ und gegebenenfalls auch strategisch.

9.2.6 AR-A: In und mit der Organisation lernen

Mit AR-D und AR-C etablieren sich im Unternehmen lernende Teams, die in AR-B durch Führungsteams geleitet werden. Dabei sind alle Lernerfolge eher von lokaler Natur, da jedes Team zunächst die Lösung in sich selbst sucht. Mit dem agilen Reifegrad AR-A ist die Organisation in der Lage, Erkenntnisse aus einem Wertschöpfungsstrang unmittelbar in einen anderen Strang zu transferieren.

Dabei sind nicht nur kleine, kontinuierliche Veränderungen (Kaizen) möglich. Die Organisation ist in der Lage, Impulse lokal aufzunehmen und global umzusetzen. Die Organisation ist veränderungsfähig und kann sich schnell neu ausrichten. Damit können auch große Veränderungen (Kaikaku) durch lokale Anstöße initiiert werden.

Je nach Anstoß ist die Organisation als Ganzes in der Lage, auf Impulse mit Experimenten und – wo notwendig – mit strukturellen Veränderungen zu reagieren. Je nach Anstoß und Experiment prägt die Organisation fluide oder fixe Strukturen mit interdisziplinären, crossfunktionalen oder disziplinären Teams aus.

Die Organisation begreift fehlgeschlagene Experimente nicht als Scheitern, sondern als ein wesentliches Lernmoment.

9.2.7 Scrum Master und agile Coaches erfolgreich einsetzen

Scrum hat sich als agile Basismethode für komplexe Aufgaben bewährt. Diese Methode legt ein iteratives, inkrementelles und lernendes Verfahren an, bei dem die Prozessbegleitung und die Inhalte des Prozesses voneinander getrennt sind.

Der Scrum Guide beschreibt den Product Owner als Hüter der Frage, was in einem nächsten Sprint erreicht werden sollte. Es liegt in der Selbstorganisation des Teams, wie dieses Ziel erreicht werden soll. Als Prozessverantwortlichen benennt der Scrum Guide einen Scrum Master. Im Scrum Guide sind die Tätigkeiten der einzelnen Rollen aufgeführt (Schwaber 2018):

- „Der Scrum Master ist dafür verantwortlich, Scrum entsprechend dem Scrum Guide zu fördern und zu unterstützen. Scrum Master tun dies, indem sie allen Beteiligten helfen, die Scrum-Theorie, -Praktiken, -Regeln und -Werte zu verstehen."
- „Der Scrum Master ist ein ‚Servant Leader' für das Scrum Team. Der Scrum Master hilft denjenigen, die kein Teil des Scrum Teams sind, zu verstehen, welche ihrer Interaktionen mit dem Team sich hilfreich auswirken und welche nicht. Der Scrum Master hilft dabei, die Zusammenarbeit so zu optimieren, dass der durch das Scrum Team generierte Wert maximiert wird."
- „Coachen des Entwicklungsteams hin zu Selbstorganisation und funktionsübergreifender Teamarbeit."
- „Unterstützen des Entwicklungsteams bei der Schaffung hochwertiger Produkte."
- „Beseitigen von Hindernissen, die das Entwicklungsteam aufhalten."
- „Unterstützen bei der Durchführung von Scrum-Ereignissen bei Bedarf oder auf Anfrage"
- „Coachen des Entwicklungsteams in Organisationen, in denen Scrum noch nicht vollständig angenommen und verstanden wird."

Scrum Master stellen sich grundsätzlich anders auf als agile Coaches. Sie sind nach Definition des Scrum Guides Teammitglieder des Scrum Teams. Ihnen kommt eine aktive Rolle im Team zu. Aus Sicht eines agilen Coaches arbeiten Scrum Master weder mit Distanz zur Sache noch mit Dissoziiertheit zum System.

Scrum Master beseitigen z. B. Hindernisse, die dem Entwicklungsteam (also den Entwicklern) im Wege stehen. Agile Coaches lösen Hindernisse anders auf. Sie unterstützen ihre Coachees, Hindernisse zu erkennen, und machen diese stark, diese Hindernisse selbst zu lösen. Beide Prozesse finden innerhalb eines Teams statt. Scrum Master agieren assoziiert zum System. Dies zeigt sich häufig auch in Sprachbildern. Scrum Master sprechen häufig von „wir" und meinen damit das Scrum Team. Sie machen deutlich, dass das Scrum Team liefern würde, wenn „die anderen" nicht im Weg ständen. An gleicher Stelle würde ein agiler Coach den Blick dafür öffnen, warum die Beteiligten aktuell so handeln und welche Bedürfnisse sie haben. Mit einem erweiterten Systemverständnis können Coaches häufig dem Umfeld ein Angebot unterbreiten, wie zukünftig ein gutes Vorgehen für beide Seiten aussehen könnte.

Gleichzeitig richten sie Scrum Master daran aus, im Team und in der gesamten Organisation für Scrum zu werben. Scrum Master verhalten sich somit distanzlos gegenüber Scrum. Agile Coaches versuchen das Systemverständnis der Coachees so zu erweitern, dass die Coachees eine optimale Methode im Sinne des Zielraumes etablieren und leben können.

Der Scrum Guide macht sehr deutlich, dass die in ihm beschriebenen Rollen über den gesamten Verlauf angezeigt sind. Agile Coaches werden ihren Auftrag und damit ihre Begleitung beenden, wenn der Auftrag beendet ist.

Scrum Master sind keine agilen Coaches und umgekehrt. Wenn sich Teams entscheiden, auf die agile Methode Scrum zu setzen, ist die Rolle „Scrum Master" unabhängig vom agilen Coach zu besetzen. Aus diesem Vorgehen ergeben sich Fragen für den Coach:

- Ist der Auftrag beendet? Oder gibt es Teile des Zielraums, die über die Arbeit des Scrum Masters hinausgehen?
- Ist der Auftrag beendet? Gibt es einen Folgeauftrag, den Scrum Master in seiner Arbeit zu begleiten?

Viele Unternehmen setzen Scrum Master und agile Coaches für die gleichen Aufgaben ein. In der Praxis ergeben sich daraus Problemstellungen, die alle Beteiligten in die Wirkungslosigkeit führen können:

- Die fehlende Distanz zur Sache lässt Teams und Stakeholder den Scrum Master/ agile Coach verschmelzen. Scrum Master/agile Coaches könnten dann den Scrum Guide verteidigen und führten „Rollendebatten", ohne den Blick dafür zu haben, was im Team wirklich benötigt würde.

- Die fehlende Dissoziiertheit lässt die Scrum Master/agile Coaches mit dem Team verschmelzen. Anstelle einer für die Organisation gewinnbringenden Zusammenarbeit strebten die Scrum Master/agilen Coaches eine perfekte Auslegung des Scrum Guides an.
- Der Auftrag des Scrum Masters/agilen Coaches ist die perfekte Ausführung von Scrum in dem betreffenden Team. Darüber hinausgehende Aufträge könnten verweigert werden.
- Der Scrum Master/agile Coach könnte weiteren Handlungsbedarf für das Team erkennen. Da er das Team ohne weiteren expliziten Auftrag betreut, könnten auch weitere Themen „einfach so" bearbeitet werden. Der Scrum Master/agile Coach würde dann in „Selbstbeauftragung" arbeiten. Es ist fraglich, ob diese im System zielführend ist.

Wenn Teams auf Scrum als Methode setzen, ist ein Scrum Master als Rolle zu etablieren. Wenn Organisationen für Teams oder die Organisation als solche einen Umgang mit komplexen oder chaotischen Situationen finden möchten, sind agile Coaches sinnvoll. Dies sind unterschiedliche Aufträge, die nicht gemischt werden sollten.

In größeren Unternehmen hat sich die Praxis bewährt, dass Scrum Master aus einem Team für andere Teams eine agile Coach-Funktion wahrnehmen. Diese Aufträge außerhalb des eigenen Teams können sie erfolgreich klären und entsprechend erfolgreich begleiten.

9.3 Wirksamkeit agiler Coaches überprüfen

Die eigene Unsicherheit im Paradigmenwechsel bzw. der Wunsch nach einem einfachen Kochrezept lässt viele Unternehmen in erster Linie nach einem Berater rufen. Komplexe und chaotische Anforderungen lassen sich nicht analysieren und mit einem klaren Ziel beantworten. Sie werden für Ihr Unternehmen Ihre Ausprägung iterativer, inkrementeller und lernender Arbeitsweise finden. Agile Coaches unterstützen Sie dabei.

In vielen Fällen starten Unternehmen ihren Weg in die Agilität über bestehende oder neu aufgesetzte Projektteams. Die Unsicherheit der Beteiligten zeigt sich häufig in dem Wunsch nach einer klaren Führung in diesem Prozess:

- Die Beteiligten wünschen sich einen Scrum Master, der ihnen genau sagt, wie sie eine Methode auszuführen haben.
- Die Beteiligten wünschen sich einen Product Owner, welcher stark in Führung geht und das durchzuführende Projekt stark strukturiert.
- Die Beteiligten wünschen sich einen agilen Coach, der sie täglich begleitet und ihnen Entscheidungen und operative Aufgaben abnimmt.

Diese Wünsche zeigen beispielhaft die Unsicherheit auf dem Weg in eine selbstorganisierte Teamarbeit. In Abständen finden Sie im Markt agile Coaches, die diese Wünsche vermeintlich erfüllen. Diese vermitteln keine Prozesssicherheit, sondern geben Ihnen vermeintlich Ergebnissicherheit. Sie vermitteln Ihnen das Gefühl, genau zu wissen, wie Ihre Teams sich aufstellen müssen, um zum Ziel zu kommen.

9.3.1 Die Chemie muss stimmen

Sie benötigen agile Coaches, die

- eine gute Bindung zu den Coachees aufbauen können,
- Prozesssicherheit geben und die
- Individuen, Teams und Organisationen schnell ins Lernen bringen.

Genauso wie die agile Transition selbst sollte die Auswahl des agilen Coaches oder der agilen Coaches einem PDCA-Zyklus folgen. Überprüfen Sie regelmäßig, ob die agilen Coaches mit allen Beteiligten, Coachees wie formalen Auftraggebern, die vereinbarten Aufträge erfüllen.

Agile Coaches sind dann wirksam, wenn sie eine klare Coaching-Haltung zeigen. Diese wird durch drei Komponenten maßgeblich bestimmt:

- Empathie
  Die Coaches versuchen, die Bedürfnisse und Anliegen aller Beteiligten zu verstehen. Jedes Handeln ergibt für sie Sinn. Sie werben darum, dass die Coachees Verständnis für die Bedürfnisse und Handlungen aller Beteiligten aufbauen.
- Distanz zur Sache
  Die Coaches unterstützen die Coachees darin, eine für sie stimmige und zielgerichtete (im Sinne des definierten Zielraumes) Lösung zu erarbeiten. Sie verfolgen keine eigene Agenda. Sie challengen die Coachees mit ihrer Erfahrung, geben aber keine Lösungen vor.
- Dissoziiertheit zum System
  Die Coaches können die Werte, Normen und Regeln eines Systems erkennen und benennen diese explizit. Insbesondere weisen sie auf nicht erfolgte und angemessene Paradigmenwechsel hin.

Coaching ist maßgeblich von einer guten Bindung zwischen Coaches und Coachees – und den formalen Auftraggebern – abhängig. Bei der Beauftragung von agilen Coaches, egal ob intern oder extern, ist daher darauf zu achten, dass „die Chemie stimmt".

Nur wenn die agilen Coaches sowohl bei den formalen Auftraggebern als auch den Coachees den richtigen Ton treffen, werden sie die Coachees ins Lernen begleiten können. Der Paradigmenwechsel fordert Mut. Für das Aufbringen von Mut brauchen Individuen und Teams Menschen, denen sie vertrauen und die sie in ihren Experimenten gut begleiten können.

9.3.2 Effiziente agile Coaches finden

Effiziente agile Coaches können ihr Handwerk erklären (Bild 9.4). Sie wissen um die Abläufe im agilen Coaching und können mögliche Stolperfallen und typische Widerstände und/oder Krisen im Lernen voraussagen. Effiziente agile Coaches benennen bei Auftragsannahme mögliche Abbruchkriterien. Sie vereinbaren mit den formalen Auftraggebern auch Kommunikationsanlässe, welche über den Coaching-Prozess hinausgehen. Effiziente agile Coaches wissen um Modelle wie Veränderungsannahme nach Rogers oder die Veränderungskurve nach Kübler-Ross. Sie verknüpfen dieses Wissen mit ihren Anstößen im Coaching-Prozess (also durch Impulse, Interventionen, Sekundärberatung), sodass ihre Coachees den notwendigen Paradigmenwechsel gut gehen oder erfolgreich lernen können.

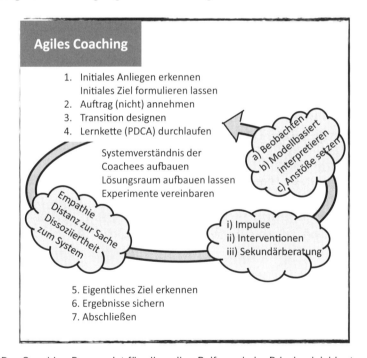

Bild 9.4 Der Coaching-Prozess ist für alle agilen Reifegrade im Prinzip gleichlautend.

Effiziente agile Coaches sprechen über die Erfolge und Lernmomente ihrer Coachees. Werden sie nach Referenzen gefragt, können sie ein System in seinen Normen, Werten und Regeln und die Veränderung durch die Transition beschreiben.

Durch das komplizierte Paradigma bestimmt suchen viele formale Auftraggeber einen Funktionsmeister des agilen Coachings. Sie versuchen, dies an vermeintlich durch die agilen Coaches implementierten Lösungen festzumachen.

Die Kompetenz eines agilen Coaches liegt nicht darin, mögliche agile Methoden besonders gut zu kennen. Die Kompetenz eines agilen Coaches liegt darin, die Coachees schnell dazu zu befähigen, ins Lernen zu kommen und eine für das jeweilige System effiziente Lösung zu entwickeln.

Daher markieren effiziente agile Coaches deutlich Sekundärberatungen. Sie grenzen diese vom Coaching ab. Dieser Vorgang ist bereits während eines Beauftragungsprozesses erlebbar: „Wenn ich dich richtig verstehe, siehst du als die einzuführende Methode für das Innovationsteam Scrum. Was du nicht erklärt hast, ist, wie ihr zu dieser Methode gekommen seid. Alternativ sehe ich, und du sprichst hier gerade mit der Sekundärberaterin, eXtreme Programming als Methode. Also, erkläre bitte, wie ihr zu dieser Entscheidung gekommen seid."

Wenn sich im Rahmen dieser Auftragsklärung herausstellen sollte, dass das betreffende Team sich über Handlungsalternativen keine Gedanken macht und die Aufgabenstellung eher im chaotischen Bereich liegt, so würde der agile Coach im Transitionsdesign einen initialen Workshop zur Methodenwahl und -bestimmung der ersten Projektrituale vorschlagen, in dem neben Scrum auch XP vorgestellt würde.

■ 9.4 Geeignete agile Coaches auswählen

Überlegen Sie sich, welche Aufgaben einer komplexen oder chaotischen Anforderung unterliegen. Bestimmen Sie hierfür einen möglichen Zielraum. Für die eigentliche Transition suchen Sie nach einem agilen Coach, der Sie und/oder das oder die betreffenden Teams in der Transition begleitet. Bei der Auswahl agiler Coaches achten Sie darauf, dass

- die formalen Auftraggeber und zukünftigen Coachees mit Vertrauen und in hoher Bindung mit den agilen Coaches arbeiten können,
- die agilen Coaches ein klares Prozessverständnis haben,
- Ihnen und allen anderen Beteiligten Prozesssicherheit geben können und
- Sie das Vertrauen haben, dass die agilen Coaches die beteiligten Individuen, Teams und Organisationen schnell ins Lernen bringen können.

Wichtige Punkte in Kürze

- Wie ordnen Sie Ihre Geschäftsinhalte in das Cynefin-Framework ein?
- Welche Aufgaben entstehen durch die digitale Transformation für Sie? In welches Cynefin-Habitat sind diese Aufgaben einzuordnen?
- Welche Zielräume möchten Sie mit Ihren Teams und Ihrer Organisation erreichen?
- Wie erfolgreich lernen Individuen und Teams in Ihrer Organisation?
- Auf welche Art setzen Sie aktuell Experimente auf? Welches Tempo erreichen Sie mit Ihren Experimenten?
- Wie schnell kann Ihre Organisation auf Marktveränderungen reagieren?
- Wie gut kann Ihre Organisationen Lernbedarfe und (neue, innovative) Handlungsfelder erkennen und diese lösen?

Literatur

Andresen, J. (2017): *Retrospektiven in agilen Projekten.* Carl Hanser, München

Eul, M.; Röder, H.; Simons, E. (2008): „Strategisches IT-Management – Vom Kostenfaktor zum Werttreiber". In: Keuper, F.; Schomann, M.; Grimm, R. (Hrsg.): *Strategisches IT-Management. Management von IT und IT-gestütztes Management.* Gabler, Wiesbaden, S. 99–114

Schwaber, K. (2018): „Nexus Guide. Der gültige Leitfaden zur Skalierung von Scrum mit dem Nexus: Die Spielregeln". PDF-Dokument vom Januar 2018. https://scrumorg-website-prod.s3.amazonaws.com/drupal/2018-01/2018-Nexus-Guide-German.pdf. Abgerufen am 11.08.2018

10 Management-3.0 – die zukunftsweisende Strategie

Valentin Nowotny

Wie Agilität auf das Verständnis von Führung zurückwirkt, beschäftigt die deutschsprachigen Länder zurzeit sehr stark. Lange Zeit gab es nur wenig passende deutschsprachige Literatur hierzu. Dabei hat der von Jurgen Appelo geprägte „Management-3.0-Ansatz" in der letzten Dekade zusammen mit dem Erstarken der agilen Vorgehensmodelle auch in Europa an Bedeutung gewonnen. Dieser Artikel beleuchtet die Grundphilosophie von Management 3.0 und stellt dessen zentrale Tools exemplarisch in Vorgehen und Wirkung vor.

> In diesem Beitrag erfahren Sie,
> - wie es zur Entwicklung von Management 3.0 gekommen ist und was die Besonderheiten dieses Ansatzes ausmachen,
> - welchen Beitrag die Inhalte, das Design sowie der Gamifizierungs-Gedanke am Erfolg und der Ausbreitung des Management-3.0-Ansatzes haben,
> - wie sich Management 3.0 in der Praxis vermitteln und anwenden lässt und welche Voraussetzungen es hierbei gibt.

Was ist Management 3.0?

Management 3.0 ist die Antwort auf das klassische Top-down-Management, welches in zunehmend komplexen Arbeitsumgebungen an Wirkung verliert. Vielmehr sind vermehrt neue Strategien im Bereich „agiles Management" gefragt. Mitarbeiterführung im Rahmen agiler Organisationen erfordert eben nicht weniger Führung, sondern manchmal sogar mehr, jedoch zumeist in einer gänzlich anderen Form.

Die drei wichtigsten Gründe, warum Unternehmen heute agil werden möchten: (1) die Beschleunigung der Produktentwicklung, (2) Verbesserung der Fähigkeit, sich verändernden Prioritäten anzupassen, und (3) um die Produktivität zu erhöhen. Doch was trägt das Management hierzu bei? Oder verhindert es dies gar? Um hier die Weichen richtig zu stellen, hat Jurgen Appelo seit 2010 mit dem Management-3.0-Ansatz einen wertvollen Beitrag geliefert, der in den letzten Jahren auch in Deutschland vermehrt Anklang gefunden hat.

> Die Grundidee von Management 3.0 ist es, die Führung von Teams so aufzubauen, dass sich die Teammitglieder gegenseitig steuern, motivieren und coachen können, Führungsaufgaben somit von der Führungskraft auf das Team übergehen.

Der Management-3.0-Ansatz wurde von dem Niederländer und erfahrenen Scrum Master Jurgen Appelo entwickelt, der nach einem geeigneten Konzept für die aktuellen Führungsherausforderungen speziell in agilen Unternehmen gesucht hatte. Der Fokus liegt dabei in der Vernetzung und Unterstützung einer spielerischen Reflexion. Damit gelingt es Führungskräften, sich und das Team zu inspirieren. „You are a leader if you have followers" ist das Führungskonzept von Jurgen Appelo, und hierfür stellt er die passenden Instrumente zusammen.

Bekannt wurde Jurgen Appelo ursprünglich mit seinem Buch „Management 3.0. Leading Agile Developers, Developing Agile Leaders", das Anfang 2011 bei Addison-Wesley auf Englisch publiziert wurde und an dem er inklusive der theoretischen Fundierung rund zehn Jahre gearbeitet hat. Die wissenschaftlich fundierten Erkenntnisse aus diesem ersten Buch, welches den Sprung zu einem internationalen Bestseller geschafft hatte, wurden dann Mitte 2012 um die Publikation „How to Change the World. Change Management 3.0" ergänzt. Weitere impulsgebende Publikationen wie „Managing for Happiness. Games, Tools, and Practises to Motivate Any Team" folgten im Jahre 2016.

Auf Basis der in „Management 3.0. Leading Agile Developers, Developing Agile Leaders" ausgearbeiteten theoretischen Basis entwickelte Appelo dann ein schlüssig aufgebautes Trainingskonzept, in welchem die Kernfragen erfolgreichen Managements im agilen Kontext mit zentralen psychologischen Überlegungen und einem ansprechenden Design verknüpft worden sind. Ein wesentliches Element bilden hierbei die System- bzw. Komplexitätstheorien, welche in vielfältiger Weise in die Management-3.0-Tools Eingang gefunden haben.

Was ist Management 1.0 bzw. 2.0

Im Verständnis von Jurgen Appelo beschäftigt sich Management 1.0 mit den klassischen Managementmethoden, welche vor allem von dem US-amerikanischen Ingenieur und Begründer der Arbeitswissenschaften Frederick W. Taylor ins Leben gerufen wurden. Dieses Vorgehen zielte auf feste Hierarchien, in denen intelligente, gut ausgebildete Führungskräfte die weniger kompetenten und nicht ausbildeten Arbeiter bei ihrer Tätigkeit beobachten und dann klare Arbeitsanweisungen formulieren. Auf dieser Basis wird die Arbeit unter Effizienzgesichtspunkten „optimal" gestaltet. Der Mitarbeiter ist hier ein reines Objekt, welches vor allem danach beurteilt wird, ob es in der Lage und willens ist, genau das auszuführen, was ihm gesagt wird. Mit heutigem Blick also ein ausgesprochen mechanistisches Bild der Ressource Mensch!

Management 2.0 hingegen sollte der Durchbruch werden, indem die Fehler von 1.0 beseitigt wurden. Die Ziele sind hier aus Sicht Appelos zwar richtig und zukunftsorientiert, allerdings passen die Methoden noch nicht! Beispiele hierfür sind der Balance-Scorecard- oder der Six-Sigma-Ansatz. Hier wird zwar genau hingeschaut, allerdings bleibt es bei einer hierarchischen Top-down-Orientierung, und es verwundert daher nicht, dass es in einem solchen Paradigma zwar Erfolge zu verzeichnen gibt, diese jedoch oft nicht nachhaltig sind. Zudem ist diese Vorgehensweise immer noch nicht geeignet, das volle Potenzial der Mitarbeitenden zu erschließen. Der Hauptgrund für Misserfolg ist hier oft die immer noch alte hierarchische Denkweise.

Management 3.0 sollte hier den Durchbruch bringen. Den Durchbruch für komplexe Organisationen mit Ausblick auf eine ausgeprägte zukunftsgewandte Veränderungsfähigkeit. Das Ziel ist es, die Teammitglieder in einer positiven Weise zu binden und in diesem Zusammenhang auch die Entscheidungsaufgaben zu dezentralisieren. Das geht nur dann, wenn Strukturen geschaffen werden, die in der Lage sind, einen Bottom-up-Ansatz erfolgreich zu unterstützen.

Damit Führungskräfte eine Firma nach den Management-3.0-Prinzipien führen können, brauchen sie bestimmte Fähigkeiten, um dieses System in einer glaubhaften Art und Weise aufzubauen.

Zukünftige Fähigkeiten von Führungskräften

Eine künftige Führungskraft muss in der Lage sein, komplexe Systeme und Strukturen zu verstehen, weiterhin jedoch aber auch wichtige Menschenkenntnisse, sprich soziale Kompetenzen, und ein psychologisches Verständnis mitbringen. Vielfach spuken jedoch in den Köpfen vieler Manager immer noch sehr mechanistische Vorstellungen herum, die sich auf der Ebene von Management 1.0 oder 2.0 abspielen. Das wären die althergebrachten Vorgehensweisen. Welches Führungsverständnis passt jedoch zu Management 3.0?

In vielerlei Hinsicht ist hier der sogenannte Servant-Leader-Ansatz passend, der im Deutschen gerne auch mit „die Führungskraft als Gastgeber" übersetzt wird. Management 3.0 entzaubert und verzaubert Management gleichermaßen. Entzauberung, da Appelo wiederholt die Aussage macht, Management sei zu wichtig, um es den Managern zu überlassen. Verzaubern deswegen, weil die Tools allesamt leichtfüßig und sympathisch daherkommen wie eine Tim-und-Struppi-Geschichte. Appelo gelingt es, die in der Realität schwierigen und konfliktreichen Themen – wie z. B. Entscheidungsfindung – so anzufassen, dass eine Spiel- und Gestaltungsfreude entsteht, die für alle Ebenen im Unternehmen ungemein motivierend sein kann. Das gilt insbesondere für das Tool „Delegation Poker".

10.1 Der grundlegende Ansatz von Management 3.0

Management 3.0 ist nicht einfach eine neue Managementtheorie, sondern ein sich fortwährend veränderndes Set an Spielen, Werkzeugen und Praktiken, die es jedem Teammitglied erlauben, Teile der Organisation zu managen.

Ähnlich der Kanban-Logik („Manage the work, not the worker!") geht Management 3.0 jedoch noch einem Schritt weiter mit dem Gedanken „Manage the system, not the people". Ziel ist die bessere Koordination und gemeinsame Ausrichtung in einer Unternehmung. Management 3.0 kann also auch als eine Art Antwort für Manager auf die sogenannte VUCA-Welt verstanden werden (vgl. Nowotny 2016) und stellt somit die dritte Welle der „agilen Bewegung" dar. Während die erste Welle vor allem mit Scrum, Kanban, Design Thinking und Lean Startup Antworten auf die Frage gibt, wie Teams agiler werden können, geben die Ansätze der „agilen Skalierung" in einer zweiten Welle Antworten auf die Frage, wie diese Frameworks im Unternehmen erfolgreich skaliert werden können. Der Management-3.0-Ansatz öffnet im Sinne der dritten Welle die Tür hin zu dem Feld einer „Business Agility", also der Frage, wie ein ganzes Unternehmen in sich agiler werden kann (vgl. Rudd 2016).

Dabei gilt dies sowohl für klassische Unternehmen als auch für Start-ups. Und insbesondere – das war die Intention von Jurgen Appelo – für agile Unternehmen bzw. solche auf dem Weg dahin, welche dabei für sich erkannt haben, dass Führung nicht etwa abgeschafft, sondern grundlegend anders verstanden und angegangen werden muss. Management 3.0 ist damit heute für sehr viele Unternehmen relevant und nutzbar.

Appelo hatte die Zielgruppe ursprünglich etwas enger ausgelegt. Sein Buch „Management 3.0" dreht sich um die Frage, wie die Rolle eines Managers in einer agilen Organisation sinnvoll ausgefüllt werden kann. „Command and Control", also das, was Appelo mit Management 1.0 umschreibt, ist für eine agile Organisation nicht mehr angemessen. Auch der Umstand, dass weltweit mehr als die Hälfte der Menschen keine Freude an ihrem Job haben, lässt sich nach Appelo vor allem auf die Existenz von Management 1.0 zurückführen. Appelo beruft sich auf Studien, die nahelegen, dass diese Organisationsform in Summe nicht gut funktioniert und hält diese Organisationsform daher für veraltet.

Unter Management 2.0 fasst Appelo all das zusammen, was von der Methodik her die Dinge besser machen will, wie z. B. Theory of Constraints, Business Process Reengineering oder Six Sigma, jedoch immer noch in einem hierarchischen System organisiert ist. Management 3.0 hingegen verwendet progressive Methoden mit der grundlegenden Idee einer Netzwerkstruktur. Auch wenn Appelo in seiner theoretischen Ableitung sehr klar ist und mit der Logik komplexer Systeme argumentiert, so geht er doch davon aus, dass jede Methode in sich je nach Kontext angepasst werden muss und dass ein übergeordnetes Konzept von „Agilität" per se antidogmatisch angelegt ist.

Das spielerische und nette Design der Management-3.0-Tools trägt dem Umstand Rechnung, dass es nicht egal ist, wie ein Instrument daherkommt und in welcher Stimmung die Anwender es nutzen. Auch der sogenannte Hawthorne-Effekt ist für Appelo ein Hinweis darauf, dass es komplexe Ursache-Wirkungs-Beziehungen gibt, die mit linearen Ansätzen nur sehr bedingt oder eben gar nicht erreicht werden können. Die Botschaft von Management 3.0 ist: Business ist leicht, Business darf, nein muss Spaß machen, und die gemeinsame Suche nach der optimal motivierenden Arbeitsumgebung ist die genuine Aufgabe des modernen Managers.

Liegt in der bisher eher stiefmütterlichen Nutzung des international sehr weitverbreiteten Management-3.0-Ansatzes vielleicht die Antwort darauf, dass sich viele Organisationen heute nach wie vor schwertun, wirklich agil zu werden? Diese Frage ist komplexer und damit gar nicht so einfach zu beantworten, denn auch die Skalierungs-Frameworks bieten letztlich keine Gewähr dafür, dass eine erfolgreiche Selbstorganisation stattfindet. Wie so oft steht und fällt der Erfolg auch in Sachen Agilität mit dem Buy-in des Topmanagements. Wird dies wirklich gewollt, bietet Management 3.0 mannigfache Chancen, gemeinsam voranzukommen!

■ 10.2 Die Themenfelder

Den Mittelpunkt von Management 3.0 bildet eine auf den ersten Blick ungewöhnliche Figur: Es ist „Martie", eine organisch daherkommende sechsäugige Pflanze mit entsprechenden Kommunikationsschnittstellen. Appelo spricht von sechs Sichtweisen, wir könnten auch sagen Zugängen, die es mit „Martie" auf eine Organisation gibt. Bild 10.1 zeigt „Martie" in abgewandelter Form.

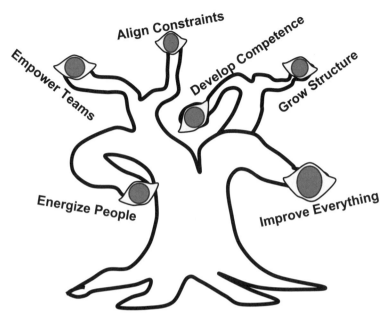

Bild 10.1 Sechs Sichtweisen auf eine Organisation (in Anlehnung an „Martie" von Jurgen Appelo)

10.2.1 Energize people – Menschen mit Energie ausstatten

Die erste Frage ist, was gegeben sein muss, damit die Mitarbeitenden im psychologischen Sinne über ausreichend Energie verfügen, um gut und gerne ihren Job zu erledigen. Das Ziel ist hierbei, dass Manager in der Lage sind, die Mitarbeitenden in einen aktiven, kreativen und motivierenden Zustand zu bringen und zu halten. Ein Schlüssel hierfür ist der Abgleich der persönlichen Motive mit der aktuellen Arbeitssituation bzw. den anstehenden Veränderungen.

Muss eine Führungskraft also gleich ein studierter Psychologe sein oder die Zusatzausbildung „Reiss Profile Master" besitzen? Nein, denn Appelo hat die in diesem Zusammenhang existierenden Theorien in einem Spiel zusammengefasst, den sogenannten Moving Motivators, welches dieses Thema in einer sehr überzeugenden Weise adressiert (Moving Motivator: Kartenset, das die zehn wichtigsten intrinsischen Motivatoren umfasst).

Weitere Möglichkeiten für ein „energiespendendes" Verhalten einer Führungskraft wären neben der Arbeit mit den Moving Motivators auch das klassische potenzialorientierte Mitarbeitergespräch oder Meeting-Formate, die mit einer offenen Agenda arbeiten, wie das Lean-Coffee-Format.

10.2.2 Empower teams – Teams erfolgreich in die Selbstorganisation führen

Was braucht es, damit Teams erfolgreich sein können? Teams sind grundsätzlich in der Lage, sich selbst zu organisieren. Die Voraussetzungen sind Ermächtigung, Autorisierung und das explizite Vertrauen des Managements. Empowerment ist nicht nur aus Sicht von Jurgen Appelo eine wichtige Grundvoraussetzung hierfür. Er versteht Empowerment als „a reflexive relationship between two equal partners", also eine wechselseitige Beziehung auf Augenhöhe, wie wir es in der deutschen Sprache formulieren würden. Appelo ist selbst lange Jahre als Scrum Master tätig gewesen und weiß daher, was es bedarf, um Selbstorganisation tatsächlich umsetzen zu können.

Allerdings ist es für agile Teams in diesem Prozess hin zur Selbstorganisation erforderlich, immer wieder neu die Entscheidungsspielräume vor allem mit dem Vorgesetzten bzw. dem Senior Management besprechbar, begreifbar und auch im Einvernehmen veränderbar auszugestalten. Hierfür hat Appelo ein sehr überzeugendes Tool namens „Delegation Poker" ausgearbeitet, welches das bereits 1958 von Tannenbaum und Schmidt entwickelte Modell des „Führungskontinuums" auf eine smarte Art und Weise neu interpretiert.

In der agilen Welt erfahren Teams noch eine zusätzliche Unterstützung: Denn es ist eine der wichtigsten Kernaufgaben des Scrum Masters, Hindernisse, die dem Erfolg einzelner Teams im Wege stehen und auch systemimmanent sein können, aus dem Weg zu räumen.

10.2.3 Align constraints – einen Erfolgsrahmen schaffen

Die Selbstorganisation von Teams könnte in eine ganz unterschiedliche Richtung gehen, daher ist es wichtig, die Mitarbeitenden und auch die begrenzten Ressourcen zu schützen. Dies geschieht in der Management-3.0-Welt über Sinnhaftigkeit und Ziele. Das Spannende besteht hierbei darin, neu sich abzeichnende Zielbilder aufzugreifen und dann zwischen diesen individuellen Zielsystemen wie auch den höheren Unternehmenszielen eine tragfähige Verbindung herzustellen.

Allerdings: Jurgen Appelo ist kein Verfechter klassischer Zielvereinbarungssysteme. Er greift hingegen vor allem jene Ansätze heraus, welche die wechselseitigen Unterstützungsleistungen im Team, aber auch darüber hinaus beispielsweise über Abteilungsgrenzen hinweg in der Gesamtorganisation honorieren. Auf diese Weise verstärkt sich die Hilfsbereitschaft, gleichzeitig steigt auch die intrinsische Motivation dramatisch an, da der individuelle Beitrag jedes Einzelnen für den anderen klarer und deutlicher ins Blickfeld gerät. Ein weiterer Aspekt, welcher hier eine entscheidende Rolle spielt, sind die Identitätssymbole eines Teams bzw. der gesamten Organisation und deren gelebte Werte. Die sogenannten Key Performance Indicators (kurz KPIs), also das Kennzahlensystem eines jeden klassischen Unternehmens, sind nach Appelo oft reif, systematisch hinterfragt zu werden.

Kriterien für Key Performance Indicators (KPIs) nach Appelo

Für Appelo sollten KPIs drei Aspekten gerecht werden (Appelo 2012a):
- Sie sollten dem Zwecken der Stakeholder dienen,
- sie sollten geeignet sein, einen Teilbereich des Systems zu verbessern, und
- sie sollten in der Lage sein, diejenigen zu unterstützen, welche die Arbeit erbringen.

Das Stichwort im Management-3.0-Kontext ist hierbei „Merit Money", welches Appelo als eine Art Peer-to-Peer-Bonussystem verstanden wissen will.

10.2.4 Develop competence – Kompetenzen entwickeln

Die Fähigkeit eines Teams zur Zielerreichung darf als eingeschränkt gelten, wenn die erforderlichen Kompetenzen nicht vorhanden sind. Das gilt sowohl auf der individuellen wie auch auf der Teamebene. Und deswegen ist es auch eine Managementaufgabe, die Entwicklung entsprechender Kompetenzen zu unterstützen und den Grundstein für eine kontinuierliche Weiterentwicklung zu legen.

Manager können dabei unterschiedliche Wege gehen, um die Teammitglieder in der Entwicklung entsprechender Kompetenzen zu unterstützen: Neben der Bereitstellung einer lernförderlichen Infrastruktur kann dies z. B. über Coaching und Monitoring, über klassisches Training, über die Teamkultur und – selbstredend auch – als selbstinitiiertes Lernen stattfinden.

Welche Kompetenzen gewinnen an Wichtigkeit? Eine aktuelle Studie zeigt, dass geistige Arbeit in Zukunft noch weiter an Bedeutung zunehmen wird (Bild 10.2). Während die anteilige Bedeutung von physikalischen und grundlegenden kognitiven Fähigkeiten zurückgeht, werden die höheren kognitiven Fähigkeiten, hierbei vor allem die sozialen und emotionalen Fähigkeiten neben den ebenfalls technologischen Fähigkeiten, deutlich in ihrer Bedeutung zunehmen.

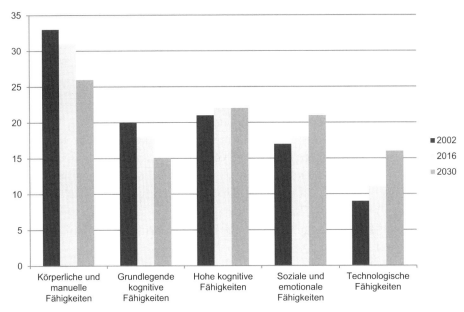

(Basis: McKinsey Global Institute Workforce Skills Model; Vereinigte Staaten; alle Bereiche)

Bild 10.2 Automatisierung und künstliche Intelligenz beschleunigen die Veränderung der Fähigkeiten(Jezard 2018)

Management 3.0 adressiert zwar keine „technologische Fähigkeiten", sehr wohl jedoch den Punkt „soziale und emotionale Fähigkeiten" in Verbindung mit den „hohen kognitiven Fähigkeiten", die weiterhin sehr wichtig bleiben.

 Emotionale Intelligenz verbunden mit der Fähigkeit zur Reflexion wird zusehends zu einem Schlüsselfaktor für die Erfolgsteams der Zukunft.

Um dieses Kompetenzspektrum zu entwickeln, ist die regelmäßige Anwendung von Management-3.0-Tools dringend zu empfehlen, übrigens praktisch ohne negative Begleiterscheinungen, da zwar anspruchsvoll in den Ausgangsfragestellungen, jedoch leicht und inspirierend in der Durchführung.

Bei den Management-3.0-Tools ist es vor allem die Team Competence Matrix, welche bei dem Einzelnen hier die entsprechenden Weiterbildungsimpulse auszulösen in der Lage ist.

10.2.5 Grow structure – Teamstrukturen intelligent skalieren

Viele Teams operieren im Rahmen komplexer Organisationsumgebungen. Es sollte daher überlegt werden, wie sich Strukturen schaffen lassen, die die Kommunikation innerhalb der Teams abteilungs- und bereichsübergreifend verbessern können.

Aus der Management-3.0-Perspektive heraus liegen die vielversprechenden Ansätze hier vor allem im Bereich der lateralen Führung (Verständigung, Vertrauen, Kommunikation, Machttransfer etc.) sowie in dem Denken in „value units". Das bedeutet, dass die einzelnen Teams hier verstanden werden als wertschöpfende Einheiten eines wertschöpfenden Netzwerks. Die Aufgabe, die für einen Manager 3.0 im Vordergrund steht, ist es somit, das gesamte sozioökonomische Unternehmenssystem zu entwickeln, und zwar gemeinsam mit den Teams. Zudem sollte dies ähnlich einem Garten auch regelmäßig mit den hierfür passenden Instrumenten gepflegt werden.

Agile Skalierung ist für Appelo nicht nur ein betriebswirtschaftliches Konstrukt, sondern auch ein Thema, das mit zahlreichen psychologischen Fragestellungen verbunden ist. Die Mitarbeitenden und die Träger von Managementverantwortung sollen hierbei spielerisch und in einem fortwährenden Dialog die für die Organisation am besten passenden Lösungen ausfindig machen und diese dann gemeinsam ausprobieren.

Ein hierfür in besonderer Weise geeignetes Tool stellt das Spiel „Meddlers" dar. Neben den Skalierungs-Frameworks kann „Meddlers" ebenfalls für die Begleitung einer agilen Transformation in Unternehmen genutzt werden.

10.2.6 Improve everything – das System nachhaltig verbessern

Jurgen Appelo erhebt mit diesem Ansatz den Anspruch, viel aus der theoretischen Literatur zum Verhalten komplexer Systeme in ein zeitgemäßes Managementsystem überführt zu haben. Er selbst kommt jedoch nicht so wissenschaftlich daher, im Gegenteil: Immer mit einem frechen Spruch auf den Lippen, verbunden trotzdem mit einer themenangemessenen Ernsthaftigkeit, gelingt es ihm, sich immer wieder fordernd und progressiv nach vorne orientiert auszurichten, frei nach dem Motto „Stillstand ist Rückschritt!".

 „Inspect and Adapt"

> Das Thema Selbstoptimierung ist bei Appelo zentral. Hierbei wird stets der agile Gedanke eines fortwährenden und in sehr vielen spielerischen Schleifen ablaufenden Lernprozesses aufgegriffen, der in der agilen Welt „Inspect and Adapt" genannt wird.

Entsprechende Management-3.0-Tools für dieses Optimierungsfeld sind die sogenannten Improv Cards und das „Change Agent Game".

10.3 Beispiele für typische Management-3.0-Tools

In diesem Abschnitt sollen einige der zentralen Management-3.0-Tools in Kurzform dargestellt werden:
- Personal Maps,
- Kudo Cards,
- Moving Motivators,
- Delegation Poker,
- Team Competence Matrix,
- Meddlers Game,
- Happiness Index/Happiness Door,
- Improvu Cards sowie
- The Change Agent Game.

10.3.1 Personal Maps – die Besonderheiten der Menschen kennenlernen, auch auf Distanz

Gerade in Projekten oder bei Teams, die nicht an einem physikalischen Ort arbeiten, ist es wichtig, eine persönliche Basis für die Zusammenarbeit zu finden. Der Management-3.0-Baukasten hält hier das Tool „Personal Maps" bereit.

Eine Personal Map ist eine Art Mindmap in eigener Sache. Im Mittelpunkt des Bildes, das von jedem Teammitglied zunächst selbst erstellt, wird, steht der eigene Name, gegebenenfalls ergänzt um eine schnelle Skizze der eigenen Person. Darum herum all das, was für die Person von Wichtigkeit ist.

Die Idee ist, dass die Teammitglieder diese „persönlichen Landkarten" sodann wechselseitig erforschen. Das eigene Bild wird also nicht etwa „präsentiert", sondern die Maps werden von einem anderen kurz vorgestellt oder einfach nur gezeigt, und dann dürfen Fragen zu den persönlichen Landkarten der anderen Teammitglieder gestellt werden, immer getriggert durch die Neugierde jedes Einzelnen.

Das Ziel der Methode ist nicht physikalische, sondern mentale Nähe. Daher lassen sich Personal Maps auch sehr gut medial einsetzen. Personal Maps sind somit eine kleine Teambuilding-Erfahrung, die in einer Videokonferenz mit der Möglichkeit des Desktop Sharings genauso gut funktioniert wie im klassischen Kick-off-Meeting. Physikalische Nähe, wie in einem Meeting oder einem Workshop, ist jedoch keinesfalls hinderlich.

10.3.2 Kudo Cards – Teammitglieder verstärken wechselseitig positives Feedback

Menschen – und damit auch Führungskräfte – sind manchmal sehr schnell mit der Kritik und ihrer Fehlerzuweisung gegenüber anderen zugange. Lob, Anerkennung und Wertschätzung auszusprechen fällt hingegen vielen Führungskräften schwer, obwohl nachgewiesen ist, dass ausgesprochenes Lob eine hohe Motivationswirkung auf die allermeisten Mitarbeitenden hat.

Die Lösung dieses bekannten Dilemmas sind die sogenannten Kudo-Karten. „Kudo" ist griechisch und steht für Anerkennung, Lob, Ehre, Ruhm usw. Die „Kudos" sind persönliche Nachrichten, die als Zeichen des Dankes und der Anerkennung an andere Mitmenschen bzw. Mitarbeitende weitergegeben werden.

Klassischerweise werden die Kudo-Karten dann auch im Raum aufgehängt, und jeder Adressat kann sich darüber lange Zeit immer wieder freuen, nicht unähnlich einer Ansichtskarte einer geschätzten Person, die bei vielen Menschen typischerweise am Kühlschrank hängt. Die Mitarbeitenden geben sich also somit wechselseitig Lob und Anerkennung, die Führungskraft wird gleichzeitig entlastet und sorgt mit der Einführung eines solchen Tools vor allem für einen Rahmen, der ein wertschätzendes Miteinander fördert!

10.3.3 Moving Motivators – Reflexion über Lebensmotive im Change-Prozess nutzen

Mit den „Moving Motivators" bezeichnet Appelo ein Kartenset, das die zehn wichtigsten intrinsischen Motivatoren umfasst. Diese sind in etwas anderer Form auch aus dem sogenannten „Reiss Motivation Profile" bekannt, dort allerdings mit 16 Motiven. Die Reduktion auf zehn Lebensmotive statt den ursprünglichen 16 begründet Appelo damit, dass einige der von Steven Reiss ursprünglich erforschten Motive für die berufliche Situation in agilen Unternehmen nicht so relevant seien. Herausgenommen aus der Ursprungsliste hat Appelo die Motive „physikalische Aktivität", „Essen", „Romantik", „Rache", „Ruhebedürfnis", „Herkunftsfamilie" sowie das Motiv „Sparen".

Wer schon einmal mit dem Reiss Motivation Profile gearbeitet hat, kann nachvollziehen, dass dies eine sinnvolle Reduktion darstellt, da die genannten zusätzlichen

Motive in der Tat zwar nicht ganz unwichtig, jedoch im Zweifel eher privater Natur sind. Die Reiss Motivation Profile lassen sich z. B. sehr gut in Einzelcoachings anwenden. Für die Optimierung der Zusammenarbeit im Team ist es jedoch nicht zwingend erforderlich, tatsächlich alle Motive in den Blick zu nehmen.

Auch hier gelingt es Appelo mit Pragmatismus und einem Sinn für das Machbare, die Anwendungskontexte zu erweitern. Das Reiss Motivation Profile ist als lizenziertes Verfahren wertvoll, speziell wenn mit Einzelnen oder einem Team intensiv gearbeitet werden soll. Für eine einfache Teamintervention mit dem Ziel der Stärkung der Reflexionsfähigkeit in Bezug auf Veränderungen sind die Moving Motivators jedoch genau die richtige Herangehensweise!

Auch über die Gedächtnisleistung der Nutzer hat sich Appelo Gedanken gemacht und so eine Abkürzung im Sinne eines Akronyms geschaffen, die sogenannten „CHAMPFROGS":

Akronym	Motiv			Beschreibung
C	Curiosity	→	Neugierde	Ich habe viel zu erforschen und denke gerne nach.
H	Honor	→	Ehre	Ich bin stolz darauf, dass sich meine persönlichen Werte in meiner Arbeitsweise widerspiegeln.
A	Acceptance	→	Anerkennung	Meine Umgebung erkennt meine Arbeit an und achtet mich.
M	Mastery	→	Perfektionierung	Meine Arbeit fordert meine Kompetenz heraus, ist jedoch immer noch innerhalb meines Kompetenzspektrums.
P	Power	→	Macht	Es ist mir wichtig, Einfluss auf meine Umgebung nehmen zu können.
F	Freedom	→	Freiheit	Ich bin unabhängig von anderen hinsichtlich meiner Arbeit und meiner Verantwortlichkeiten.
R	Relatedness	→	Beziehung	Ich habe gute soziale Kontakte zu den Menschen in meiner Arbeitsumgebung.
O	Order	→	Ordnung	Es gibt ausreichend klare Regeln und Richtlinien, was mir eine stabile Umgebung garantiert.
G	Goal	→	Zielorientierung	Mein Lebenssinn spiegelt sich in der Arbeit wider, die ich verrichte.
S	Status	→	Status	Meine Position ist gut und ich genieße Ansehen bei den Menschen, die mit mir zusammenarbeiten.

Das Tool Moving Motivators bietet die Chance zur spielerischen Selbsterkenntnis hinsichtlich der eigenen Motivwelten. Es stellt zudem eine Chance dar, wie psychologische Dynamiken von Managern und Teammitgliedern selbst erkannt werden, ohne dass sich die Beteiligten zwingend auf die Psychotherapeutencouch legen müssten!

Vordergründig arbeitet Management 3.0 auf der Tool-Ebene, das ist jedoch nur die halbe Wahrheit. Denn die spielerisch angelegten Tools ermöglichen eine veränderungsoffene (Selbst-)Reflexion. Das wiederum schlägt sich nieder in einer offenen Unternehmenskultur und führt so zu einer kraftvoll ausgerichteten lernenden Organisation.

10.3.4 Delegation Poker – gemeinsam die zentralen Leitplanken der Teams definieren

„Delegation Poker" ist eine Methode, die sich bei der Einführung agiler Teams, aber auch bei der generellen Klärung und Weiterentwicklung des Verhältnisses von Führung und Mitarbeitenden bewährt hat (vgl. Lasnia, Nowotny 2018). Nicht nur beim Übergang in die Selbstorganisation, der agilen Transition also, sondern auch bei klassisch aufgestellten Unternehmen, die sich gerade im Veränderungsprozess befinden, ist allen Beteiligten oft nicht klar, wer eigentlich was entscheidet. Wie lässt sich in einer solchen Situation verhindern, dass wichtige Entscheidungen verzögert oder am Ende gar nicht getroffen werden? Mit der Methode Delegation Poker wird dieses Problem im positiven Sinne angegangen.

Der Grundgedanke sind die Visualisierung der Entscheidungsräume und ein spielerischer und trotzdem systematischer Umgang damit. Alle existierenden Entscheidungsfragen werden auf einem großen Poster gesammelt, dazu bekommt jeder sieben Karten, die zeitgleich ausgespielt werden:

- *Stufe 1: Verkünden*
  Das Vorgehen wird durch den Delegierenden bekannt gegeben. Die Entscheidung für die Lösung liegt ausschließlich beim Delegierenden.
- *Stufe 2: Argumentieren*
  Das Vorgehen wird durch den Delegierenden „verkauft", einzelne Maßgaben werden im Detail erläutert und mit der Erfahrungswelt des Umsetzenden verknüpft. Die Entscheidung für die Lösung liegt nach wie vor beim Delegierenden.
- *Stufe 3: Konsultieren*
  Der Delegierende stellt eine Lösungsidee vor und fragt den Ausführenden nach Handlungsalternativen. Die Entscheidung für die Lösung liegt immer noch beim Delegierenden.
- *Stufe 4: Einigen*
  Delegierender und Ausführender einigen sich auf einen Lösungsweg. Die Entscheidung wird von beiden Seiten getragen.
- *Stufe 5: Beraten*
  Der Delegierende stellt vor, was das Ziel ist. Der Ausführende entwickelt dann Handlungsoptionen und wird in der Entscheidungsfindung vom Delegierenden beraten. Die Entscheidung trifft der Ausführende selbst.

- *Stufe 6: Erkundigen*
  Der Delegierende stellt das Ziel vor. Der Umsetzende entwickelt seine Lösung und setzt diese um. Der Delegierende stellt im Anschluss Fragen, wie die Entscheidung zustande kam und wie die Umsetzung funktioniert hat.
- *Stufe 7: Delegieren*
  Der Delegierende stellt vor, was das Ziel ist. Der Umsetzende entwickelt eine Handlungsoption und setzt diese um. Die Aufgabe wird durch den Delegierenden komplett abgegeben. Es werden keine weiteren Kontrollpunkte vereinbart.

Bei einem Dissens erfolgt eine Diskussion, dann wird mittels der Karten „neu abgestimmt". Kommt es zu keiner Einigung, wird die Diskussion in der Regel zurückgestellt und zu einem alternativen Zeitpunkt neu aufgegriffen. Weiteres zum Tool Delegation Poker findet sich bei Nowotny (2016, S. 307 ff.).

10.3.5 Team Competence Matrix – spielerisch erforderliche Kompetenzen erarbeiten

Mit der „Team Competence Matrix" wird die Idee aufgegriffen, dass ein Team in der Lage sein sollte, die vorhandenen und noch zu sourcenden Qualifikationen selbst festzustellen. Das Team kann so – auch ohne Auslagerung an die HR-Abteilung – selbst die passenden Ergänzungen aus dem Bewerber-Pool fischen. Oder es erkennt, an welchen Stellen die eigenen Kompetenzen nachgeschärft oder neu kombiniert werden müssen.

Für sich selbst organisierende Teams ist es wichtig, dass die Kompetenzen für jeden nachvollziehbar visualisiert werden, damit eine Optimierung des gemeinsamen Skillsets gelingt. Auch Ideen für eine gemeinsame Arbeitsweise können so entstehen, wo beispielsweise ein Experte ganz bewusst eine Aufgabe zusammen mit einem Neuling bearbeitet, damit ein Übergang von Wissen und Fähigkeiten auf eine unkomplizierte Weise möglich ist, in der agilen Welt auch „Pairing" genannt.

Der erste Schritt bei der Erstellung einer Team-Kompetenz-Matrix besteht in der Definition der erforderlichen Skills. Für jeden verständlich werden diese in der Vertikalen in einer Tabelle aufgeführt. In den Spalten finden sich dann die einzelnen Teammitglieder, und jeder ist aufgefordert, sein eigenes Skill Level zu benennen (0 = „Da bin ich blank", 1 = „Etwas Wissen", 2 = „Arbeitswissen", 3 = „Gute Kompetenzen", 4 = „Experte").

Es wird empfohlen, die Team-Kompetenz-Matrix monatlich upzudaten und auch hier sehr schnell im Projekt nachzusteuern, wenn deutlich wird, dass zentrale und erfolgskritische Skills in der aktuellen Teamkonstellation unzureichend verfügbar sind.

10.3.6 Meddlers Game – neue Strukturen gemeinsam aufstellen und mit Leben füllen

Optisch ist „Meddlers Game" an das Strategiespiel von Klaus Teuber „Die Siedler von Catan" angelehnt. An größere sechseckige Elemente, die für einzelne Organisationseinheiten wie Teams oder Abteilungen stehen, werden quadratische Spielsteine für die Rollen hinzugefügt.

Die Beziehungen zu anderen Abteilungen werden durch die Anordnung der Sechsecke simuliert. Rollen sind z. B. Scrum Master, Product Owner, Projektleiter, Teilprojektleiter, Experte etc.). Klassische und agile Rollenbeschreibungen sind hier gleichermaßen vorhanden und können im „Spielaufbau" eingesetzt werden. Auch Schnittstellen zischen Abteilungen bzw. Teams können durch die Anordnung beteiligter Rollen sehr gut visualisiert werden.

Das Spiel Meddlers Game hilft Team und Unternehmen dabei, bestehende Strukturen innerhalb einer Organisation und spezifische Teamzusammenhänge neu und kreativ zu überdenken und zu hinterfragen. Zudem können gemeinsam weiterführende Themen in einer konstruktiven Weise diskutiert werden, beispielsweise wie Strukturen agiler und kundenorientierter werden können. Der große Vorteil: „Mithilfe des Spiels entstehen Diskussionen über die internen Veränderungsmöglichkeiten des Unternehmens" (Häusling 2016).

Für die Ausgangssituation lassen sich verschiedene Szenarien ausarbeiten. Spezifische Fragen z. B. zur Größe der Teams, zur Organisation der Zusammenarbeit und zur inhaltlichen und ressourcenbezogenen Aufteilung werden hier also nicht über das Organisationsdesign vorgegeben, sondern von allen „Mitspielenden" (z. B. den Projektmitgliedern) spielerisch neu „gelegt" und dann miteinander diskutiert. Am Ende wird gemeinsam eine Entscheidung für eine der erarbeiteten Varianten getroffen.

Eine Annahme aus dem Bereich agiler Skalierung ist übrigens, dass die Struktur einer Organisation sehr stark deren Kultur prägt (vgl. Kapitel 4 „Agile Skalierung"). Hier sind alle aufgerufen, diese Strukturen wie in einem Strategiespiel neu zu denken und dann in einem gemeinsamen Wurf zu optimieren. Eine solche Erfahrung, die Strukturen erfolgreich miteinander verändern zu können, hat in der Regel einen stark kulturprägenden und für die Einzelnen hoch motivierenden Effekt!

10.3.7 Happiness Index/Happiness Door

Bei sogenannten „Happiness Index" handelt sich um eine tägliche Happiness-Messung auf einer Skala von 1 bis 5, die dann für alle Kolleginnen und Kollegen sichtbar ist. Die Idee ist hierbei, diese Messung über einen gewissen Zeitraum durchzuführen und so den „Herzschlag des Teams" abzubilden. Die Grundformel, welche

Appelo für dieses Tool nutzt, lässt sich zwar auf Kurt Levin zurückführen, wird hier jedoch auf eine ganz eigene Art genutzt.

Die Formel lautet:

  B = f(P,E)

Das Verhalten („B" = Behavior) ist demnach zu verstehen als Funktion aus der Person („P" = Person) und der Umgebung („E" = Environment). Das bedeutet: Ich kann eine Person noch so gut kennen, das finale Verhalten ist immer auch zu einem gewissen Maß von der Umgebung beeinflusst.

Menschen müssen immer wieder neu und – so Appelos Überzeugung – auch leichtfüßig und spielerisch über ihre Umwelt reflektieren und die Wirkung dieser auf das eigene Verhalten widergespiegelt bekommen. Nur so kann sich Verhalten ändern!

Was passiert, wenn es irgendwann zu langweilig werden sollte, diesen Index zu erfassen, der Reiz des „Messens" nachlässt? Hierfür hat Appelo ein zweites Tool entworfen, er nennt es die „Happiness Door".

Am Ende eines Meetings oder bei einer Meeting-Pause ist jeder aufgefordert, an der Ausgangstüre ein Post-it auf ein Flipchart zu kleben: oben – mit einem ☺ gekennzeichnet – bedeutet: Es war gut. Wird weiter unten – in einer mit ☹ gekennzeichneten Zone – geklebt, bedeutet dies: Es war weniger gut. Irgendetwas hat also gestört, war unbefriedigend. Jeder kann das mit einer kurzen Notiz auch noch inhaltlich füllen, muss es jedoch nicht.

Die Happiness Door erlaubt ein einfaches und sehr direktes Feedback aller Beteiligten und die damit verbundene Möglichkeit, schnell nachzusteuern und im Zweifel auch gemeinsam nach Wegen zu suchen, um die Bedürfnislage aller Teilnehmenden des Meetings noch besser abzubilden.

10.3.8 Mit Improvu Cards Storytelling für den Verbesserungsprozess nutzen

Der Amazon-Gründer Jeff Bezos kündigte an, wichtige Entwicklungen mit einem lediglich maximal sechsseitigen Memo vorzubereiten, welches eine aktuelle Geschichte im Sinne des Storytellings beinhaltet, und dafür auf PowerPoint-Präsentationen in diesem Zusammenhang vollständig zu verzichten (vgl. Umoh 2018). Ein guter Geschichtenerzähler ist jemand, der eine Geschichte so lebendig erzählt, dass die Zuhörer den Sinn sehr schnell und klar erfassen. Das Gegenteil wären PowerPoint-Schlachten mit zig Einzelseiten, die zwar viele Informationen beinhalten, jedoch oft nicht geeignet sind, etwas wirklich zu bewegen oder eine grundlegende Entscheidung anzustoßen.

Die sogenannten „Improvu Cards" ermutigen zur Kommunikation und Zusammenarbeit im Team. Das Instrument nutzt das Prinzip des Storytellings, um Informationen weiterzugeben und dabei neue Ideen zu entwickeln. Die Improvu-Karten selbst sind so aufgebaut, dass sie jedes Teammitglied dabei unterstützen, packende Geschichten zu formulieren, sodass die Message klar rüberkommt. Das Improvisationsvermögen des Einzelnen wird durch vielfach interpretierbares Bildmaterial unterstützt, die Nutzung der Improvu-Karten trainiert die Kommunikations- und Improvisationsfähigkeit jedes Einzelnen.

Wie geht man vor? Jedes Team erhält ein Kartenset, und eine Person ist aufgefordert, aus einigen der Karten ihre erste Geschichte aufzubauen. Inhaltlich geht es um die Zusammenarbeit im Team, das aktuelle Projekt bzw. die aktuelle Herausforderung oder Ähnliches. Da die Bildmotive vielfältige Interpretationsmöglichkeiten erlauben, dürfen die anderen Teammitglieder dann im Anschluss jeweils „ihre" Version der Geschichte erzählen.

Die Vielfalt der Perspektiven ist dabei gewollt. Eine zentrale Annahme der agilen Methodenwelt liegt darin, dass die Wirklichkeit komplex ist und es mehr als eines Individuums bedarf, um diese Komplexität begreifbar und handhabbar zu machen. Die Improvu-Karten sind daher für die Bearbeitung dieser unterschiedlichen Sichtweisen im Team gedacht. Die Erkenntnisse werden dann in einem entsprechenden Prozess erfolgreich zusammengeführt. Auf Basis dieser spielerisch angelegten Methode gelingt es, eine gemeinschaftliche Bewusstseinsbildung zu unterstützen. Die Methode erlaubt es zudem, dass Mitarbeitende auf allen Ebenen im Unternehmen in die Lage versetzt werden, neue, zuweilen auch überraschende Idee zu entwickeln und diese mit Leichtigkeit an Mitarbeitende zu kommunizieren.

10.3.9 Change Agent Game

Das „Change Agent Game" wurde ursprünglich in einem kleinen Booklet von Jurgen Appelo veröffentlich. Im Kern handelt es sich um rund drei Dutzend Fragen, die sich damit beschäftigen, wie sich „die Welt verändern lässt". Ziel ist es, dass erfolgreiche Veränderungserfahrungen auf eine einfache und spielerisch angelegte Art und Weise von den Erfahrungsträgern an Mitarbeitende bzw. das Team weitergegeben werden können.

Das Spiel konzentriert sich auf vier unterschiedliche Facetten eines jeden sozialen Veränderungsvorhabens: (1) das System, (2) das Individuum, (3) die Interaktionen sowie (4) die Umwelt. Für jede dieser Facetten gibt es entsprechende Fragen, um dies dann näher zu beleuchten.

Insgesamt greift das Spiel auf vier unterschiedliche Change-Modelle zurück:
- auf der Systemebene das PDCA-Modell (Plan, Do, Check, Act),
- auf der personenbezogenen Ebene das ADKAR-Modell (Awareness, Desire, Knowledge, Ability, Reinforcement),

- auf der Interaktionsebene das sogenannte „Adaption Curve Model" sowie
- auf der Umweltebene das „Fünf-I-Modell" (Information, Identity, Incentives, Infrastructure, Institutions).

Das Change Agent Game ist ein anspruchsvolles Lern- und Reflexionsspiel, das komplexe Erfahrungen in Geschichten verpackt und diese für Mitarbeitende zugänglich macht. Dieser gleichermaßen strukturierte wie spielerische Austausch hat dabei schon so manche Unternehmensberatung überflüssig gemacht. Zudem gibt das Spiel den Teilnehmenden das Gefühl, selbst auch die Veränderungsmotoren ihrer Organisation zu sein!

10.4 Kritik und Würdigung des Management-3.0-Ansatzes

In diesem Abschnitt sind folgende vier Aspekte zentral:
- Feedback als Schlüssel der Weiterentwicklung.
- Bedeutung von Metaphern und Geschichten.
- Alles eine große Marketingidee?
- Frischzellenkur für Traditionsunternehmen?

10.4.1 Feedback als Schlüssel der Weiterentwicklung

Für Appelo ist Feedback der Schlüssel jeglicher Weiterentwicklung. Allerdings, ist Feedback wirklich ein Geschenk, wie uns viele Trainer glauben machen wollen? Feedback wird im Gespräch oft missbraucht, z. B. um jemanden die aus dem eigenen Blickwinkel heraus erforderliche Verhaltensänderung abzutrotzen. Manchmal auch, um Politik zu machen. Und manchmal auch, um Macht zu demonstrieren oder um das eigene Ego zu befriedigen!

Wird Feedback spielerisch eingesetzt, dann reduzieren sich diese Gefahren. Und Feedback wird zu dem, was es sein soll: zu einem Reflexionsangebot für jeden Einzelnen, das man nutzen kann, aber nicht muss. Kenneth Blanchard hat einmal gesagt: „Feedback ist das Frühstück der Erfolgreichen!" In Abwandlung hierzu könnten wir formulieren:

 Das spielerische Feedback der Management-3.0-Tools ist das Frühstücksbuffet erfolgreicher Höchstleistungsteams der Zukunft!

10.4.2 Bedeutung von Metaphern und Geschichten

Während das Management von dem Monster „Martie" repräsentiert wird, so ist es „Melly Shum" die in einem Flickr-Bild für die frustrierte Mitarbeiterin steht. „Happy Melly" ist so gesehen eine andere Umschreibung für Management 3.0: Glückliche inspirierte Mitarbeitende, die ihre Arbeit gerne machen und sich selbst zu Höchstleistungen motivieren, statt mit hängenden Schultern die mehr oder minder gut bezahle Zeit abzusitzen.

Appelo ist darüber hinaus ein großer Fan von Social Media, auch eingesetzt innerhalb einer Organisation. Appelo ist Optimist; er sieht die Chance, die Gefahren, die z. B. neuerdings in Zusammenhang mit der Datenschutz-Grundverordnung in eine regelrechte Panik umgeschlagen sind, teilt Appelo nicht.

Management ist nach Appelo im Negativfall jedoch auch ein limitierender Faktor. Nach seiner Überzeugung können die Vorteile, die mit der Einführung einer agilen Organisation verbunden sind, wie z. B. der optimierte Umgang mit sich verändernden Prioritäten, ein schnellerer Marktzugang, eine Verbesserung der Stimmung in den Teams, eine erhöhte Produktivität sowie eine Reduktion des Risikos, nur erreicht werden, wenn Führungskräfte mit geeigneten Methoden ausgestattet werden, welche den stark gestiegenen Kommunikationserfordernissen der agilen Welt Rechnung tragen.

Manager sind in diesem Bild „freundliche Monster", die im Grunde etwas Positives bewirken wollen, in der agilen Welt jedoch oft überfordert sind. Diese erhalten daher über die Management-3.0-Tools neue Möglichkeiten, wirksam zu werden. Neu ausgestattet mit zusätzlichen Sinnesorganen, in Summe sind es sechs Perspektiven, die in der Figur „Martie" über die sechs Augen symbolisiert werden. Was dem einen hier als genialer Einfall erscheint, ist für andere auf den ersten Blick gewöhnungsbedürftig. Aber genau das trifft auch den Bedarf von vielen modernen Führungskräften, welche die Teammitglieder anders als bisher abholen möchten!

10.4.3 Alles eine große Marketingidee?

Für einige Autoren sind viele der Management-3.0-Konzepte nicht wirklich neu. Svenja Hofert z. B. sieht hierin eher eine „Marketingidee". Ferner vermutet sie, dass Fortgeschrittene schnell die Grenzen der Management-3.0-Tools erkennen würden: „Erstens ist Führungs- und Unternehmenserfolg nachweislich mit der Integrität der führenden Person verbunden, also mit Charakter. Das ist Mindset und kein Tool" (Hofert 2018). Und weiter führt sie aus:

> „Zu den Management 3.0 Tools gehören Kudo-Karten. Das sind bunte Danke-Postkarten, auf denen der Manager seine Wertschätzung ausdrücken kann. Es

gibt Key Note Speaker, die darüber 45 Minuten reden können. Sie sprechen auch von der Bedeutung von Personality Maps – noch etwas aus dem Management-3.0-Koffer – und dass man die Mitarbeiter wirklich kennen muss. Beziehungen über alles!" (Hofert 2018).

Wie solche Tools psychologisch wirken und welche Bedeutung sie für die Selbstorganisation von Teams haben, ist wahrscheinlich nicht immer auf Anhieb nachvollziehbar. Das wirkliche Verdienst der Kudo-Karten besteht darin, dass das Monopol positiver Verstärkung, welches im klassischen Unternehmen in der Chefetage zu Hause ist – und dort trotzdem selten eingesetzt wird –, hier von allen zur horizontalen Kommunikation genutzt wird und werden soll! Insofern ist es auch ein Feedback-Tool, vor allem aber auch ein Signal: „Wartet nicht, dass der Chef sagt, etwas sei gut, sondern kommuniziert einen positiven Impuls direkt an einen Kollegen!" In Erfolgsunternehmen braucht es eben viel positive Verstärkung. Dies ausschließlich „von oben" bekommen zu wollen, wäre einfach ein viel zu großer „bottleneck"!

Allerdings gilt immer noch: „A fool with a tool is still a fool." Auf Deutsch: „Ein Narr mit einem Werkzeug ist immer noch ein Narr." Wer ohne Vorkenntnisse oder Vorerfahrungen und vielleicht am Ende noch auf Basis eines fragwürdigen Egos mit im Prinzip guten Werkzeugen auf unschuldige Mitarbeitende losgeht, der handelt grob fahrlässig und sollte früher oder später aus dem Verkehr gezogen werden! Das schmälert jedoch nicht den Verdienst von Appelo, der sich ja immerhin die Mühe gemacht hat, sehr viele seiner Tools in existierende Konzepte einzuordnen, und dies auch publizistisch untermauert hat.

Je seriöser der Anwendungskontext und je ernsthafter das Anliegen, desto wirksamer sind diese Tools. Gerade in Großunternehmen, Behörden und anderen bislang wenig agilen Arbeitskontexten kann Management 3.0 die Freude an der Arbeit und eine gelungene Form der Selbstorganisation auch für sehr viel gut qualifizierte und ausgebildete Mitarbeitende und Chefs zurückbringen!

10.4.4 Frischzellenkur für Traditionsunternehmen?

Viele der Teilnehmenden von Leadership Workshops wünschen sich oftmals konkrete Beispiele oder ganz praktische Methoden und Techniken, um ihre Ideen zu sammeln, erfolgreiche Arbeit im Team umzusetzen oder einfach Neues auszuprobieren. Management-3.0-Tools wie z. B. Delegation Poker sind oft eine Art Starthilfe, eine Möglichkeit, Führung einmal anders als mit althergebrachten Stereotypen zu denken und die Mitarbeitenden in ganz neuer Art mit in die Verantwortung zu holen. Es ist konkretes Handwerkszeug, das praktisch einsetzbar ist und viel Stoff für den Dialog mit den Mitarbeitenden bietet.

Management 3.0 kann die Managementwirklichkeit neu beleben. Ähnlich wie das Improvisationstheater im Kontrast zum klassischen Subventionstheater den Spaß und die Spannung wieder auf die Studiobühnen dieses Landes gebracht hat, ist Management 3.0 etwas, das gerade in Deutschland, Österreich und der Schweiz noch jede Menge Potenzial hat.

Wichtige Punkte in Kürze

Jurgen Appelo folgt mit seinem Management-3.0-Ansatz dem Managementverständnis von Peter F. Drucker: „Management is about human beings. Its task is to make people capable of joint performance (...). This is what organization is all about, and it is the reason that management is the critical, determining factor" (Appelo 2012a). Menschen aus einer Leadership-Perspektive heraus zu befähigen, gemeinsam Erfolge zu erzielen, das ist der Grundgedanke von Appelo.

Das wirklich Besondere ist die sympathische und konzeptuell eigenständige und dabei gleichzeitig ansprechende grafische Umsetzung, die Jurgen Appelo und seinem Team gelungen ist. Humorvoll bzw. augenzwinkernd sind Formulierungen wie „Management is too important to be left to the managers", also „Management ist einfach zu wichtig, dass es (alleine) den Managern überlassen werden sollte". Dabei ist die Weltsicht von Appelo trotz der ein oder anderen sarkastischen Note primär von einer optimistischen Grundhaltung geprägt.

Unternehmen schneller zu machen, ein Kernanliegen des agilen Managements, ist auch für Appelo ein Wert an sich. Und mit dem Satz „The only way to win is to learn faster than everybody else" zitiert Appelo explizit auch Eric Ries (Appelo 2012a).

Das Herzstück dessen, was wir heute unter Management 3.0 verstehen, sind die inzwischen in vielen Unternehmen bekannten Management-3.0-Tools, die sich bewusst von der klassischen Form der Leistungsmessung und Incentivierung absetzen und anstelle dessen einen Baukasten von sympathischen „Games, Tools and Practices" bereitstellen.

Appelo ist der Auffassung, dass Innovation immer auch eine Weiterentwicklung von Bestehendem darstellt („steal and tweak"), als Beispiel führt er die „Happiness Door" an, eine Kreuzung aus „Feedback Door" und „Happiness Index". Auch hier ist es Appelo daran gelegen, täglich einsetzbare praktische Tools für Teams und deren Manager zu kreieren, die Feedback, Motivation, Entscheidungen, Problemlösekompetenz und Kommunikation im Team befördern.

Der Glaubenssatz „Die beste Form der Innovation ist das Stehlen von guten Ideen von anderen" schafft zunächst einmal eine leichte Irritation. Man muss ihn jedoch in Schutz nehmen: Er hat sich vieler Quellen bedient, das Ergebnis, konkret die inzwischen verfügbaren Management-3.0-Tools haben eine Eigenständigkeit und damit auch ihre Berechtigung, denn Appelo verbindet substanziellen Gehirnschmalz mit einem frechen Designansatz, und das ist – jedenfalls in der Welt der Managementausbildung und -praxis – eine seltene Ausnahme.

Die Management-3.0-Tools sind ein Werkzeugkoffer, der fortwährend erweitert wird und auf spielerisch-ernsthafte Weise immer wieder neue Facetten in der Welt der Managementaufgaben neu interpretiert und auf eine intuitive Weise begreifbar macht. Appelo ist der Picasso des Managements, mit Sinn für Ästhetik, einem klaren Blick auf Relevantes und immer auch mit einem Schuss Leidenschaft, der niemals langweilt!

Was sind die Voraussetzungen, um Management-3.0-Tools einzuführen? Es muss ein Interesse an stetiger Weiterentwicklung geben, z. B. im Sinne eines kontinuierlichen Verbesserungsprozesses oder eines gelebten Change-Management-Ansatzes. Nur wenn Teams besser werden wollen und Führung diese in diesem Prozess unterstützt, dann macht auch Management 3.0 Sinn! Die inzwischen weltweit über 200 Management-3.0-Facilitatoren – der Autor ist einer davon – profitieren von diesem großen Wurf. Die Methodik wird fortwährend weiterentwickelt, zusehends auch von der wachsenden Management-3.0-Community.

Für den agil-transformationalen Leader des 21. Jahrhunderts sind die Management-3.0-Tools ein unverzichtbarer Werkzeugkasten, um die Veränderungen für alle inspirierend, psychologisch sicher, mit einer schnellen Lernkurve und vielen direkt greifbaren Ergebnissen auf die Straße zu bringen. Wenn Scrum der ultimative Teilchenbeschleuniger für agile Teams ist, dann ist Management 3.0 die methodische Raumfähre zum Aufbruch in eine neue Galaxie.

Literatur

Appelo, J. (2011): *Management 3.0. Leading Agile Developers, Developing Agile Leaders*. Pearson Education, Boston

Appelo, J. (2012a): *Management 3.0 in 50 minutes*. https://de.slideshare.net/jurgenappelo/management-30-in-50-minutes/2-Jurgen_Appelowriter_speakerentrepreneurwwwjurgenappelocom. Abgerufen am 14.05.2018

Appelo, J. (2012b): *Management 3.0 in 50 Minutes*. YouTube-Video vom 09.09.2012. https://www.youtube.com/watch?v=2LPkbGpWMNs&t=538s. Abgerufen am 05.06.2018

Appelo, J. (2014): *#Workout: Games, Tools & Practices to Engage People, Improve Work, and Delight Clients*. Happy Melly Express, Rotterdam

Appelo, J. (2016): *Managing for Happiness. Games, Tools and Practices to Motivate Any Team*. Wiley, Hoboken

Häusling, A. (2016): „Serie Agile Spiele Meddlers: Spielerisch agile Organisationsstrukturen schaffen". *Blog-Artikel* vom 23.11.2016. https://www.haufe.de/personal/hr-management/agile-organisation-strategiespiel-meddlers-von-jurgen-appelo_80_386198.html. Abgerufen am 10.06.2018

Hofert, S. (2018): „Der Hype um bunte Bilder – und worum es wirklich gehen sollte". *Blog-Artikel* vom 08.02.2018. https://karriereblog.svenja-hofert.de/2018/02/management-3-0-der-hype-um-bunte-bilder-und-worum-es-wirklich-gehen-sollte. Abgerufen am 14.05.2018

Jezard, A. (2018). „The 3 key skill sets for the workers of 2030". *Blog-Artikel* vom 01.01.2018. https://www.weforum.org/agenda/2018/06/the-3-skill-sets-workers-need-to-develop-between-now-and-2030. Abgerufen am 10.06.2018

Lasnia, M.; Nowotny, V. (2018): *Agile Evolution – aktiv, effizient, kommunikativ. Eine Anleitung zur agilen Transformation.* BusinessVillage, Göttingen

Nowotny, V. (2016): *Agile Unternehmen – fokussiert, schnell, flexibel. Nur was sich bewegt, kann sich verbessern.* BusinessVillage, Göttingen

Rudd, C. (2016): „The Third Wave of Agile". *Blog-Artikel* vom 12.01.2016. https://www.solutionsiq.com/resource/blog-post/the-third-wave-of-agile. Abgerufen am 24.06.2018

Umoh, R. (2018): „Why Jeff Bezos makes Amazon execs read 6-page memos at the start of each meeting". *Blog-Artikel* vom 23.04.2018. https://www.cnbc.com/2018/04/23/what-jeff-bezos-learned-from-requiring-6-page-memos-at-amazon.html. Abgerufen am 29.06.2018

11 Scrum – die zentrale Herangehensweise

Sven Winkler

Bei Scrum handelt es sich um das am weitesten verbreitete Management-Framework für die agile Produktentwicklung. Als das Framework 1995 von Jeff Sutherland und Ken Schwaber auf der OOPSLA in Helsinki vorgestellt wurde, war deren Intention, ein leichtgewichtiges Framework zu schaffen.

Scrum ist ein hoch teamorientierter Ansatz, ähnlich dem Mannschaftssport. Der Grundgedanke ist, dass sich alle Fähigkeiten in einem Team vereinen, die gemeinsam und gleichzeitig auf dem Platz stehen. Das Produkt wird, ähnlich wie im Rugby der Ball, von der eigenen Grundlinie aus ins Tor getragen. Dabei stellt man den Effizienzgedanken – jeder muss immer genau das tun, was er am besten kann – in den Hintergrund und setzt darauf, dass gemeinsam immer am Wichtigsten gearbeitet wird. Konkret heißt das: Man unterstützt sich, gerade weil man neben seiner Spezialität einen Engpass hat.

Als Framework regelt Scrum den Rahmen, in dem sich ein Team bewegt. Die Normen, Regeln und Konventionen, die ein Team in der täglichen Arbeit benötigt, muss das Team selbst aufstellen. Scrum unterstützt hier mit einem empirischen Prozess und einer faktenbasierten Entscheidungsfindung, auch „Inspect and Adapt" genannt.

> In diesem Beitrag erfahren Sie,
> - welche Prinzipien hinter Scrum stecken, damit der bestmögliche Wert erzeugt werden kann,
> - welche Rollen, Meetings und Artefakte es gibt und wie diese typischerweise in der Skalierung aussehen,
> - welche Tipps und gute Praktiken es gibt, um Scrum erfolgreich einzuführen.

Scrum wird zumeist erst verstanden, wenn man es einmal komplett umrissen hat und dann nochmals betrachtet. Das liegt zum einen vor allem an der Anzahl der Fachbegriffe und zum anderen daran, dass die Elemente von Scrum sehr stark ineinandergreifen. Daher sollten Sie diesen Artikel zweimal lesen. Einmal, um den Überblick über Scrum zu festigen, und ein zweites Mal, um die Nuancen im Zusammenspiel zu reflektieren.

Laut dem *12th Annual State of Agile Report* von VersionOne wird Scrum mit 56 % am häufigsten von allen agilen Methoden verwendet. In Kombination mit anderen Techniken wie Kanban oder eXtreme Programming (XP) steigt die Kennziffer auf 70 %.

Damit Ihnen der Einstieg leichter fällt, hier ein kurzer Überblick zu den wichtigsten Begriffen und den gängigen Abkürzungen von Scrum:

- **Scrum Team:** Das „echte Team" in Scrum, bestehend aus Product Owner, Development Team und Scrum Master.
- **Product Owner (PO):** Fachliche und inhaltliche Führung im Scrum Team.
- **Development Team (Dev-Team):** Diejenigen im Team, die für die Umsetzung und Qualität verantwortlich sind.
- **Scrum Master (SM):** Führend in Prozess und Moderation mit dem Ziel, die Interaktion, Kooperation und Zusammenarbeit im Positiven zu maximieren.
- **Product Backlog (PBL oder BL):** Eine geordnete Liste an Anforderungen, die den Arbeitsvorrat des Teams darstellt.
- **Product Backlog Item (PBI oder Backlog Item):** Ein Eintrag im Product Backlog, z. B. eine User Story.
- **Definition of Done (DoD):** Eine Kriterienliste, die die umzusetzenden Aktivitäten enthält, damit ein Item aus dem Product Backlog als fertig entwickelt gilt.
- **Sprint:** Ein Entwicklungszeitraum von ein bis vier Wochen.
- **Sprint Planning (SP):** Die Planung für einen Sprint.
- **Sprint Backlog:** Das Ergebnis eines Sprint Plannings. Ein ausgewählter Teil des Product Backlogs verfeinert für einen Sprint.
- **Daily Scrum (Daily):** Tägliches, kurzes Treffen, um den Tag zu planen.
- **Refinement:** Ein Treffen, um das Product Backlog aktuell und wohldefiniert zu halten sowie um den bzw. die nächsten Sprints vorzubereiten.
- **Review:** Betrachten der Ergebnisse des Sprints, als Grundlage zur weiteren Planung. Ein Stabilisierungspunkt für die Entwicklung.
- **Potentially Shippable Product Increment:** Das Ergebnis eines Sprints als fertige und (potenziell) auslieferungsfähige Version.
- **Retrospektive (Retro):** Gemeinsames Meeting zur Verbesserung der Zusammenarbeit und des gelieferten Ergebnisses.
- **Skalierung:** Die Zusammenarbeit mehrerer Teams an einem gemeinsamen Produkt.

Der weitere Artikel ist so aufgebaut, dass die jeweiligen Elemente von Scrum in der Reihenfolge genannt werden, wie sie vor und während eines Sprints ablaufen.

Da viele Entscheider unmittelbar wissen möchten, wie das Zusammenspiel in der Skalierung funktioniert und was bei der Einführung auf sie zukommt, werden diese beiden Punkte direkt beim jeweiligen Scrum-Element erwähnt.

Sie werden an vielen Stellen auf die Herausforderungen, Probleme und Vorteile hingewiesen. Hier geht es darum, Fallstricke aufzuzeigen, damit Sie rechtzeitig darauf reagieren können:

„*I always want bad news first. Good news takes care of itself.*"

Barack Obama

■ 11.1 Scrum im Überblick

Scrum besteht aus drei Rollen, fünf Meetings bzw. Events und wenigen Artefakten. Bei den Rollen handelt es sich um den Product Owner, den Scrum Master und das Development Team – sie ergeben das Scrum Team. Die Meetings sind die Planung, das Daily Scrum, das Refinement, das Review und die Retrospektive. Zu den Artefakten zählen das Product Backlog, das Product Backlog Item, das Sprint Backlog und das potenziell auslieferungsfähige Produktinkrement. Die Entwicklung läuft in Iterationen, genannt Sprints ab (Bild 11.1).

In jedem Sprint wird ein potenziell auslieferungsfähiges Produktinkrement erstellt. Die Bedeutung von „potenziell auslieferungsfähig" hält das Scrum Team in einer Definition of Done (DoD) fest. In dieser Checkliste stehen die Punkte, die ein Backlog Item oder ein Produktinkrement als fertig kennzeichnen.

Scrum startet mit einem Product Backlog. Hier sind alle Einträge nach Wichtigkeit geordnet in einer Rangfolge festgehalten. Zu Anfang eines jeden Sprints entnimmt der Product Owner die wichtigsten und bearbeitungsfähigen Backlog Items aus dem Product Backlog und stellt sie dem Scrum Team im Planungsmeeting Teil 1 vor. Das Scrum Team wählt alle Backlog Items aus, die im Sprint umgesetzt werden können, und plant danach deren Umsetzung im zweiten Teil des Sprint Plannings. Es entsteht ein Sprint Backlog. Das Sprint Backlog wird vom Scrum Team täglich gemeinsam in einem Daily Scrum inspiziert. Dabei spricht das Development Team die Umsetzung ab. Im Sprint bereitet das Scrum Team zudem die nächsten Sprints vor. Das geschieht im Refinement, in dem das Product Backlog angemessen detailliert und geschätzt wird.

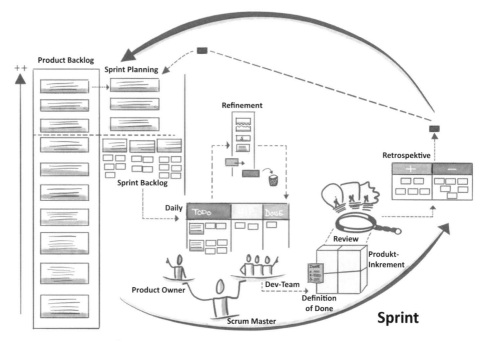

Bild 11.1 Scrum im Überblick

Jedes Backlog Item, das fertiggestellt wird, integriert man in ein potenziell auslieferungsfähiges Produktinkrement. Anhand einer Checkliste, der Definition of Done, wird definiert, was fertig bedeutet. Im Review inspiziert das Scrum Team, zusammen mit Stakeholdern und Nutzer, das Produktinkrement und gleicht das Ergebnis mit den Erwartungen ab. Zudem stellt das Scrum Team den Fortschritt dem ursprünglichen Plan entgegen, betrachtet die Abweichungen und reagiert darauf. In einer abschließenden Retrospektive reflektiert das Scrum Team den vergangenen Sprint bezüglich Ergebnis und Zusammenarbeit und leitet Verbesserungen aufgrund der neuen Erkenntnisse ein.

11.1.1 Ein Paradigmenwechsel

Mit Scrum einher kommt ein Paradigmenwechsel. Weg von dem Taylorismus, hin zu einer gemeinsamen, teambasierten, interdisziplinären, selbstorganisierten Zusammenarbeit. Die Planung und Arbeit wird gemeinsam im Team übernommen und der Arbeitsrhythmus selbst reguliert. Die Interaktion untereinander wird Schlüsselfaktor. Transparenz wird stetig untereinander und bezüglich des Arbeitsstandes hergestellt. Man liefert in kurzen Zyklen kleiner 30 Tage immerzu etwas Produktionsreifes. Es gibt keine Nacharbeit. Es gibt nicht mehr den einen Plan, dem sich alles unterzuordnen hat und der die Realität im Voraus benennen darf. Stattdessen betrachtet und misst man die regelmäßig erstellten Arbeitsergebnisse, gleicht diese mit den Erwartungen ab und passt den Plan kontinuierlich an die neuen Erkenntnisse an.

Man arbeitet in einem echten Team statt in Einzelarbeit oder arbeitsteilig. Im Team selbst arbeiten Menschen ohne hierarchische Beziehungen miteinander. Die Verbesserungen im Team und bezüglich der Organisation regelt man im Scrum Team selbst und arbeitet über die Rolle eines Scrum Masters an organisatorischen Verbesserungen. Ein klassisches Management mit einer granularen Aufgabensteuerung ist nicht notwendig.

Führung ist unterstützend, anleitend und ergibt sich aus dem Wechselspiel der Beteiligten. Die Ausrichtung der Ziele orientiert sich nicht an internen Märkten der Organisation, sondern an den Nutzern der Produkte. Die Prämisse der Entwicklung ist Wertmaximierung, nicht Vollständigkeit über alle Funktionen und deren Bestandteile.

Der vielleicht schwerwiegendste Paradigmenwechsel: Man geht davon aus, dass Menschen bereit sind, selbstverantwortlich eine gute Leistung abzuliefern und Zufriedenheit aus gut erbrachter Arbeit zu ziehen. Motivation ist etwas, das aus den Beteiligten selbst heraus entstehen muss, und kann nur zu geringen Anteilen extrinsisch erzeugt werden. Gibt man Menschen diesen Raum, entstehen die bestmöglichen Ergebnisse. Einen Raum dafür zu schaffen, ist die wesentliche Aufgabe für Management und Führung. Einen Weg dahin zu bereiten, die Herausforderung.

In der engen Zusammenarbeit bei Scrum können Spannungen entstehen und zu Konflikten heranreifen. In einer so verzahnten Zusammenarbeit ist es von besonderer Bedeutung, auf Misstöne zu hören, Vermeidungsstrategien zu erkennen, sich selbst zu reflektieren, was man besser machen kann, und darüber mit anderen in Austausch zu gehen.

11.1.2 Flaccid Scrum

Ein Management-Framework wie Scrum lässt viele Punkte in der professionellen Zusammenarbeit im Development Team offen. Da es sich um einen Paradigmenwechsel handelt, der eine regelmäßige, frühzeitige Lieferung mit sich bringt, benötigen Scrum Teams andere Fähigkeiten in der Produktentwicklung. Eine der wichtigsten Fähigkeiten, um Software modern und erfolgreich zu entwickeln, kommt aus dem eXtreme Programming (XP), der Software-Craftsmanship-Bewegung und der Clean-Code-Bewegung: Man erhöht die Testabdeckung und automatisiert diese, integriert die Entwicklungsstände stetig und automatisiert die Deployments bis in die Produktion. Es wird notwendig, Software nicht mehr von Schicht zu Schicht zu entwickeln, sondern im steten Zusammenspiel aller Schichten. Das führt dazu, dass man ein Softwaredesign entwickeln muss, welches flexibel und dynamisch auf die fachliche Nachfrage reagieren kann. Tätigkeiten wie kontinuierliches Refactoring und gute Code-Qualität sind unerlässlich und ein wesentlicher Erfolgsfaktor. Development Teams benötigen Konventionen in der Zusammenarbeit und im Coding, die die genannten Punkte unterstützen und fördern.

Unterlässt man eine Professionalisierung im Development Team bezüglich dieser Praktiken, führt das zu sehr schwachen Scrum Teams, denen Handlungsfähigkeit fehlt. Man nennt ein solches Scrum auch Flaccid Scrum (siehe auch http://martinfowler.com/bliki/FlaccidScrum.html).

Man erkennt sehr schnell, ob ein Flaccid Scrum vorliegt:

- Liefert das Team in jedem Sprint sein Produktinkrement in der geforderten Qualität?
- Ist das Produktinkrement frei von technischen Fehlern?

Punkt 1 ist der ultimative Lackmustest für ein jedes Scrum Team. Kommt die Lieferung nicht regelmäßig in der notwendigen Qualität, d. h., sie ist kaputt, so ist auch Scrum kaputt. Das Resultat eines defekten Entwicklungsprozesses sind Defekte in der Lieferung, und umgekehrt weist eine defekte Lieferung auf einen defekten Entwicklungsprozess hin.

11.1.3 Cargo Cult

Ein Scrum ohne Fachwissen und Praxiserfahrung führt zu vielen vermeidbaren Fehlern, die die Akzeptanz bei der Einführung senken. Ein Scrum ohne Werte wirkt und wird tendenziell mechanisch. Eine hohe Mechanik führt dazu, dass wenig Veränderung und Verbesserung in die tägliche Arbeit einfließen, die Entwicklung im Team stagniert und degeneriert teilweise wieder zu alten Verhaltensmustern. Hier verwendet man den Begriff Cargo Cult.

Cargo Cult bedeutet in diesem Zusammenhang, dass eine Arbeitsweise übernommen wurde, ohne den eigentlichen Kern der Arbeitsweise zu beachten, die unterliegenden Prinzipien außen vor zu lassen. Von außen sieht es wie ein wohlinszeniertes Theaterstück aus. Schaut man hinter den Vorhang, so bemerkt man, dass der eigentliche Zweck und Wert von beispielsweise einer Retrospektive, eines Daily oder einer Review nicht erreicht wird – Verbesserung ist ausgeschlossen, unwahrscheinlich oder nur in zähen, langsamen Schritten möglich.

11.2 Prinzipien

Wer Scrum erfolgreich einsetzen möchte und nicht nur die Mechanik des Frameworks nutzt (was bereits ein deutlicher Fortschritt sein kann), der verbindet Scrum mit den unterliegenden Prinzipien:

11.2.1 Empirische Prozesskontrolle und faktenbasierte Entscheidungsfindung

Scrum ist ein Rahmenwerk (Framework), was in der reinen Mechanik dazu führt, einen Plan in ein fertiges Konstrukt zu überführen und sich dann mit dem erzeugten Ergebnis auseinanderzusetzen. Konkret betrachtet man die Ergebnisse eines Sprints und der zugehörigen Lieferung und setzt auf die daraus gewonnene Erfahrung als Mittel zu Standortbestimmung und Ausrichtung der zukünftigen Tätigkeiten. Aus den Erfahrungen leitet man Erkenntnisse ab. Anhand dieser Erkenntnisse verfolgt man den eingeschlagenen Weg weiter oder passt diesen an bzw. verlässt ihn. Im *Scrum Guide* steht dazu Folgendes:

> „Scrum is founded on empirical process control theory, or empiricism. Empiricism asserts that knowledge comes from experience and making decisions based on what is known. Scrum employs an iterative, incremental approach to optimize predictability and control risk."
>
> *(Schwaber 2018)*

Die faktenbasierte Betrachtung findet in Scrum jeweils zum Ende eines jeden Sprints zweifach statt. Zum einen im Review, zum anderen in der Retrospektive. Das Review ist der Zeitpunkt, der sich mit dem fachlichen Inhalt der Lieferung beschäftigt. Hier betrachtet man die Ergebnisse, schätzt den eigenen Fortschritt gegenüber dem Plan ein und entscheidet über eine Anpassung des Plans aufgrund der beiden Erkenntnisquellen. Man validiert, ob die gelieferte Funktion den gedachten Nutzen hat, zudem passt man den aktuellen Plan aufgrund von neuen Erkenntnissen an.

In der Retrospektive betrachtet man in jeder dieser Schleifen die Prozesse und Zusammenarbeit innerhalb des Teams und den Weg in die Organisation. Auch hier kann man kontinuierliche Verbesserungen einbringen, die von Sprint zu Sprint umgesetzt, untersucht, evaluiert und entschieden werden. Man öffnet den Raum für Experimente, die aus Annahmen, Befindlichkeiten, Bedenken, Unwissen- oder Unsicherheit echte Fakten machen. Es entstehen Lernschleifen.

Typische Vertreter für eine empirische Prozesskontrolle, die mit Scrum in Verbindung gebracht werden, sind der Deming-Kreis (PDCA: Plan, Do, Check, Act; vgl. Bild 11.2) und der Build-Measure-Learn-Kreislauf aus Lean Startup.

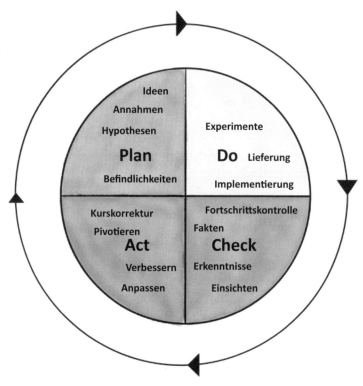

Bild 11.2 Deming-Kreis

11.2.2 Potenziell auslieferungsfähiges Produktinkrement

In jedem Entwicklungszyklus zu liefern, bedeutet bei Scrum, in der Regel alle zehn Arbeitstage einen auslieferungsfähigen, neuen Produktstand fertiggestellt zu haben. Dieser Produktstand, das Produktinkrement genannt, beinhaltet gegenüber dem vorherigen Stand einen Wertzuwachs für die Nutzer des Produkts. Das Produktinkrement (Englisch: potentially shippable product increment) ist auslieferungsfähig. Eine Nacharbeit an dem Stand ist nicht notwendig, da alle Tätigkeiten im Sprint abgeschlossen wurden.

Das Produktinkrement ist das primäre Messkriterium für den Fortschritt der Entwicklung. Scrum Teams und andere Entwicklungsteams mit einer hohen Reife liefern mit einem weitaus schnelleren Takt in der Produktion. Die Referenz hier sind nicht Releases oder Sprints, sondern Stunden oder Tage – in der Skalierung auch im Sekunden- oder Minutentakt.

Damit das möglich wird, müssen einerseits Wartezeiten und Übergaben so stark reduziert, andererseits alle zeitfressenden manuellen Aufgaben automatisiert werden. Crossfunktionale Zusammenarbeit und technische Exzellenz sind dafür notwendig.

11.2.3 Timeboxing

Unter Timeboxing versteht man, dass eine Aktivität einen definierten Start, eine definierte Dauer und ein definiertes Ende hat. In Scrum trifft dies im Sprint und in den Meetings zu. Der Sprint gibt einen kontinuierlichen Takt (Kadenz) vor, in dem geplant, gearbeitet und geliefert wird. Die darin angesetzten Meetings unterliegen einem genauen Zeitplan. Der Zeitplan gibt vor, wie lange ein Meeting dauert und wann es veranstaltet wird. Man beginnt und endet pünktlich. Alternativ verlängert man es bewusst in Übereinstimmung mit den Teilnehmern.

Beim Start von Scrum werden in Meetings nicht immer alle Timeboxen gehalten. Das ist für den Beginn in Ordnung. Hier kann, beispielsweise bei der Retrospektive und dem Daily, nachjustiert werden. Die Timebox des Sprints ist jedoch eine klare Grenze, ist man nicht fertig mit etwas, dann gilt es als nicht erledigt.

11.2.4 Pull-Prinzip

Ein weiterer, wesentlicher Punkt ist, dass man sich mit der Einführung von echten, verbindlichen Lieferzeitpunkten festlegt. Wichtig hierbei ist, dass die Timebox nicht dazu führt, dass auch der Umfang der Timebox vordefiniert wird. Statt im Vorfeld bereits den Lieferumfang zu einem Zeitpunkt festzulegen, definiert man den Zeitpunkt der Lieferungen und passt den Umfang an die echte Lieferleistung an. Konkret heißt das, man zieht den Umfang in die Entwicklung, der auch umgesetzt werden kann. Damit vermeidet man Überlast, was zu einer deutlichen Verlangsamung der Entwicklung führen würde. Die eigene Kapazität wird gemessen und basiert auf Erfahrungswerten von mehreren Sprints.

Das Scrum Team kennt seine Kapazität und trifft anhand der Kapazität und der Schätzungen der noch umzusetzenden Anforderungen die Entscheidung über die eigene Auslastung. Geschätzt wird von den Personen, die auch umsetzen, also das Development Team. Das Scrum Team entscheidet, was es zu tun bekommt. Dabei entscheidet das Development Team, wie viel im Sprint landet, Product Owner und Scrum Master sorgen für eine realistische Einschätzung, was machbar ist. Das nennt man Pull-Prinzip.

11.2.5 Selbstorganisation

Unter Selbstorganisation versteht man, dass ein Scrum Team den eigenen Fortschritt kontrolliert und den eigenen Arbeitsprozess anpasst („Monitoring and managing work process and progress", siehe http://less.works/less/management/self-managing-teams.html).

Das Scrum Team definiert, wie man miteinander arbeiten möchte, bereitet den eigenen Arbeitsvorrat vor, verändert Bestandteile des eigenen Prozesses, überwacht den eigenen Fortschritt und reagiert auf Abweichungen sowie Erkenntnisse. Zudem reguliert und behebt ein Scrum Team seine Konflikte und Probleme im Team selbst.

 Selbstorganisation ohne Selbstverantwortung und Leistungsbereitschaft funktioniert nicht. Ein unerfahrenes Team braucht zunächst Anleitung und regelmäßiges Feedback. Bei erfahrenen Teams kann man den Rahmen weiter fassen.

11.2.6 Crossfunktionale Teams

Hinter crossfunktionalen Teams verbirgt sich eine über die Zeit stabile, interdisziplinäre Zusammenarbeit. Das bedeutet, dass die Einzelpersonen als Team alle Fähigkeiten mit einbringen, die notwendig sind, um das Produkt zu entwickeln und zu liefern. Nicht jeder muss alles können, das Team muss aber möglichst jederzeit handlungsfähig sein. Die Zusammenarbeit im Team ist stabil, da die Zusammensetzung sich nicht oder nur selten verändert. Verabschiedet man sich vom Gedanken der tayloristischen Effizienz und lässt ein Team so zusammenarbeiten, entstehen neue Werte.

In der Regel passiert Folgendes: Zunächst erkennen die Teammitglieder, dass ihre Arbeit nicht alleinstehend existiert. Daraufhin verbessern sie ihre Übergaben über die Disziplinen hinweg. Unterstützen Scrum Master und Product Owner diese Zusammenarbeit, indem sie beispielsweise forcieren, dass Teams an sehr wenig Product Backlog Items arbeiten (One-Piece-Flow), dann führt das dahin, dass Teammitglieder Aufgaben aus anderen Disziplinen übernehmen. Schafft man es, dieses Momentum aufrechtzuerhalten, führt das im besten Fall dazu, dass ein Großteil der Tätigkeiten von fast allen übernommen werden kann. Der Regelfall reicht aus, damit Teams stetig neu auftretende Engpässe mit wenig oder kaum Wartezeit auflösen können und damit Blockaden und Entwicklungszeit reduzieren, die Lieferfähigkeit erhöhen und Risiken mindern.

Warum sollte sich so etwas ausprägen? Menschen sind meist hilfsbereit: „Wenn jemand etwas für mich leistet, dann bin ich bereit, das zurückzugeben." Erkennen die Teammitglieder die Bedürfnisse zwischen den zusammenhängenden Arbeitsschritten, ermöglicht man ihnen, sich gegenseitig zu unterstützen, und fördert man das im Team, dann kann echte interdisziplinäre Zusammenarbeit entstehen.

■ 11.3 Rollen

11.3.1 Das Scrum Team

Das Scrum Team umfasst genau drei Rollen: den Product Owner, den Scrum Master und das Development Team. Alle drei Rollen sind notwendig, damit Scrum durchgeführt werden kann. Es existiert eine klare Aufgaben- und Verantwortungsteilung zwischen den Rollen.

Die Rolle des Product Owners (PO) übernimmt die fachliche Führung. Als Scrum Master (SM) verantwortet man die Produktivität in der Zusammenarbeit, den Prozess und das Vollziehen des Paradigmenwandels in der Entwicklung. Das Development Team erbringt den fachlichen Zweck und verfügt dabei über alle Fertigkeiten, die dazu notwendig sind. Kurzum ein Team, das autonom einen Zweck erbringen kann. Manche „Scrum-Implementierungen" scheitern bereits, noch bevor sie begonnen haben, da ein solches Szenario undenkbar mit den existierenden Kontrollstrukturen ist.

11.3.1.1 Definition eines Teams

Heute betrachtet man viele unterschiedliche Arbeitskonstrukte als ein Team. Eine Begriffsklärung ist notwendig:

Ein Team ist eine besondere Konstellation der Zusammenarbeit (vgl. Bild 11.3). Es hat eine klare Grenze, somit wissen wir, wer innen und außen ist. Es verfolgt ein gemeinsames Ziel, das nur zusammen zu erreichen ist (Interdependenz). Um das Ziel zu erreichen, findet eine Interaktion bzw. Zusammenarbeit statt. Die Teammitglieder sind zu 100 % dem Team zugeordnet und arbeiten darin mit all ihrer zur Verfügung stehenden Zeit. Zudem ist ein Team stabil über einen langen Zeitraum, sodass die Identität des Teams gewahrt werden kann. Ein Team ist klein genug, um eine Interaktion zwischen den Teammitgliedern zu ermöglichen. Die Zusammenarbeit zwischen den Teammitgliedern basiert auf einem gemeinsamen Verständnis und auf (selbst) gegebenen Regeln und Konventionen zur Zusammenarbeit. Des Weiteren regelt ein Team die Verbindungen außerhalb des Teams selbst (siehe auch http://less.works/less/structure/teams.html).

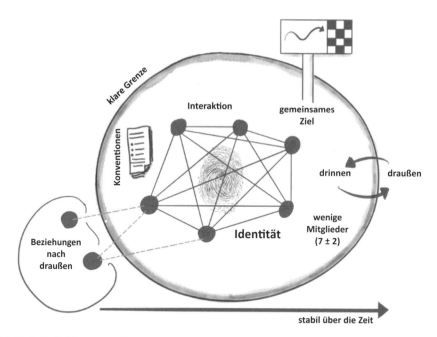

Bild 11.3 Definition eines Teams

11.3.1.2 Einführung der Scrum-Rollen

Die Schlüsselrollen in einem Scrum Team sind Product Owner und Scrum Master. Das Development Team leistet den wichtigsten Beitrag, das Produkt zu bauen (siehe auch Flaccid Scrum), jedoch sind die beiden Rollen so zentral mit unterschiedlichen Verantwortlichkeiten betraut, dass sie kaum vom Development Team zu kompensieren sind. Als Scrum Master ist man verantwortlich für die Einführung von Scrum und die Zusammenarbeit im Team und mit der Organisation. Der Product Owner verantwortet die fachliche Ausrichtung des Produkts.

Beide Rollen setzen ein Spektrum an gut ausgeprägten Fertigkeiten voraus. Es handelt sich bei diesen Rollen um Experten, die einen versierten Umgang vorweisen können. Startet man auf beiden Positionen mit Anfängern, wird sich das deutlich negativ bemerkbar machen. Eine der zwei Schlüsselpositionen sollte immer von einem Experten besetzt sein.

 Bei der Einführung von Scrum sollten Sie gerade bei der Besetzung des Teams und der Rollen auf Freiwilligkeit achten. Beispiel: Ein Scrum Master, der weder die neuen Paradigmen vertritt noch die Überzeugung und den Willen hat, die Rolle einzunehmen, ist selten förderlich.

Verzichtet man gar auf einen Scrum Master – was kein Ausnahmefall gerade bei Organisationen ist, die mit Scrum kaum bis keine Erfahrung haben –, landet man typischerweise in einem (hoch) dysfunktionalen Prozess mit gering ausgeprägter Zusammenarbeit und wenig bis keiner Lieferung am Ende eines jeden Sprints. Manche Scrum Teams verharren in diesem Zustand über Monate, manchmal Jahre hinweg.

11.3.2 Product Owner

Der Product Owner (PO) ist verantwortlich für die inhaltliche Ausrichtung und Wirtschaftlichkeit des Produkts. Der Rolle obliegen die Vision des Produkts und die Priorisierung des Product Backlogs sowie die Selektion der Product Backlog Items für den Sprint. Als Product Owner ist man verantwortlich dafür, dass der Sprint gut vorbereitet und das Product Backlog in einem angemessenen Zustand ist. Die Rolle muss sicherstellen, dass das Development Team verstanden hat, worum es im Sprint und Product Backlog geht.

Verantwortlich heißt nicht, dass ein Product Owner immer alle Tätigkeiten selbst durchführt. Ziel ist es, die Ownership auch auf das Development Team zu übertragen. Das gelingt, wenn die inhaltliche Arbeit am Product Backlog zunächst gemeinsam mit dem Development Team durchgeführt wird, später das Development Team die inhaltliche Arbeit größtenteils übernimmt. Damit das Verständnis für das zu entwickelnde Produkt steigt, bringt ein Product Owner das Development Team mit Nutzern und Stakeholdern in Kontakt.

Ein Product Owner muss für das Development Team verfügbar sein und den Entwicklungsprozess des Produkts kennen. Zudem verfügt die Person entweder über gutes Know-how in der zu entwickelnden Domäne oder sie hat die Fähigkeit, sich Domänenwissen strukturiert und schnell anzueignen. Als Product Owner sollte man entscheidungsfreudig und durchsetzungswillig sein. Zudem die Einsicht haben, dass das eigene Verständnis selten vollständig ist und man auf Informationen aus dem eigenen Scrum Team, von Stakeholdern und Nutzern angewiesen ist. Manchmal tappen Product Owner in die Denkfalle „Ich kann mir vorstellen, was der Nutzer braucht" und das, ohne mit Nutzern gesprochen zu haben.

Der Product Owner wurde ursprünglich eingeführt, um zwischen der Business- und der Entwicklungswelt zu wandeln. Der Fokus war klar darauf gerichtet, sowohl fachliches Know-how einzubringen als auch verfügbar für das Development Team zu sein, um dort einen wesentlichen Beitrag im Entwicklungsprozess des Scrum Teams zu leisten. Die Aufgabe war es, zwischen dem Business und dem Scrum Team einen Einklang herzustellen und eine Ausrichtung für das Produkt zu finden. Dafür benötigt ein Product Owner sowohl Souveränität in der Produktentwicklung als auch die Legitimation bezüglich des Entscheidungsraums für die

Ausrichtung des Produkts. Der Rolle gehört das Produkt. Sie vermittelt zwischen Stakeholdern und hat noch vor diesen die Nutzer im Fokus. Ob dazu auch die Entscheidung gehört, das Produkt einzustellen und vom Markt zu nehmen, lässt sich diskutieren. Oft ist das in Unternehmen eine gemeinsame Entscheidung, die nicht autonom getroffen werden kann.

Startet man als Product Owner neu, sollte man trotzdem ein gutes Verständnis vom Produkt und von der eigenen Rolle haben. Unternehmen manchen immer wieder den Fehler, schwach zu besetzen. Das kann heißen:

- Man setzt eine Person auf die Rolle, der die notwendigen Fähigkeiten fehlen.
- Man legitimiert die Rolle nicht.
- Man betrachtet die Rolle als einen weiteren Bonus, der Status mit sich bringt und keine Pflichten.
- Oder man setzt jemanden auf die Rolle, obwohl Zeit und Interesse fehlen.

Jeder dieser Punkte kann dazu führen, dass ein Scrum Team schlecht performt, da Orientierung, Ausrichtung und gut vorbereiteter Arbeitsvorrat fehlen.

Einen guten Product Owner erkennt man daran, dass die Person die Produktvision gegenüber dem Scrum Team formuliert. Zudem trifft sie klare Aussagen darüber, was in der nächsten Zeit geplant und entwickelt wird. Zwei bis drei Sprints sind in einem guten, entwicklungsfähigen Zustand vorbereitet.

Kann beobachtet werden, dass ein Product Owner weder die Fähigkeit noch die notwendige Verfügbarkeit einbringt, um die Rolle auszufüllen oder zu erlernen, und tritt auch keine Verbesserung ein, dann sollte eine kritische Auseinandersetzung bezüglich der Besetzung der Schlüsselrollen Product Owner und Scrum Master herbeigeführt werden.

Auch der Scrum Master muss betrachtet werden. Vielleicht fehlt dem Product Owner die notwendige Anleitung, die ein Scrum Master leisten können muss.

Die häufigsten Fehler bezüglich der Product-Owner-Rolle beschrieb Roman Pichler 2010 in seinem Buch *Agile Product Management with Scrum* (siehe auch roman-pichler.com): Machtlose, überarbeitete, partielle, distanzierte Product Owner sind genauso Anti-Patterns zu einer Product-Owner-Rolle wie der Proxy PO und das PO-Komitee. Heutzutage, im Mainstream, ist der Proxy Product Owner zum Quasistandard geworden. Oft deswegen, weil man einer Person oder einem Unternehmen den Status des Product Owners zukommen lassen möchte oder muss, die Arbeit von der Person jedoch nicht oder nicht voll ausgeführt werden kann und die Arbeit trotzdem anfällt, was kompensiert werden muss. Es ist nicht fraglich, ob eine solche Dysfunktion förderlich und schädlich ist. Ein solches Konstrukt führt nach wie vor in den allermeisten Fällen zu einer Dysfunktion der gesamten Entwicklung im Scrum Team. Roman Pichler schreibt dazu: „Using a proxy product owner is best avoided – certainly as a permanent solution."

Ein Proxy PO agiert als Platzhalter für den Product Owner und führt alle Tätigkeiten durch, die ein Product Owner selbst nicht durchführen kann oder möchte. Oft kompensiert man mit einem Proxy PO die schlechte Verfügbar-/Auskunftsfähigkeit, fehlende Entscheidungen, schlechte Arbeit am Product Backlog (inhaltlich und visionär) und das fehlende Wissen, wie das Produkt vom Entwicklungsprozess her gestaltet werden muss. Sprich den grundsätzlichen Nutzen, den die Rolle Product Owner stiften soll.

Ein besseres Vorgehen ist es beispielsweise, einen Proxy Stakeholder zu definieren. Als Proxy Stakeholder steht man für den Product Owner im Austausch zur Verfügung, stellt Kontakt in Fachabteilungen oder zu Nutzern her und ebnet den Weg innerhalb der Organisation.

11.3.2.1 Einführung

Man sollte eine Person in die Rolle bringen, die fähig und willig ist, als Product Owner so zu agieren, dass das Development Team produktiv im Backlog immer am höchsten Nutzen arbeiten kann. So der Optimalfall. Heutzutage schiebt man den Product Owner gerne aus der IT in den Fachbereich. Gründe hierfür können sein, dass die IT nicht länger den Schuldzuweisungen der Fachabteilungen ausgesetzt sein möchte, das Falsche zu entwickeln. Zudem erhofft man sich die richtigen Entscheidungen für das Produkt und stellt das fachliche Know-how an oberste Stelle.

Die häufigsten Probleme bei einem Product Owner aus der Fachabteilung sind: Es fehlt die Zeit, die Rolle gut auszuüben. Zudem fehlt das Know-how, wie man Software entwickelt und worauf man dabei achten muss. Es ist schwer für einen Experten, implizites Wissen zu teilen. Man überschätzt leicht die Fähigkeiten, den Nutzer des Produkts zu kennen, und arbeitet nur auf den eigenen Annahmen.

Arbeitet man in einem Verhältnis Auftraggeber und Auftragnehmer, dann sollte man die Laufzeit, den Ausbildungsstand sowie das Vertragskonstrukt bei der Auswahl des Product Owners berücksichtigen. Oft sucht man den Product Owner auf der Seite des Auftraggebers. Das ist allerdings gerade in der Digitalisierung nur eingeschränkt sinnvoll.

In der Digitalisierung entdecken immer mehr Unternehmen, dass ihre Produkte nun Software als Bestandteil benötigen. Hier handelt es sich vermehrt um Unternehmen, die kaum oder nur wenig Erfahrung mit Software haben und eine führende Rolle in einem dynamischen Umfeld noch nicht ausfüllen können.

Liegt für die Zusammenarbeit eine kurze Laufzeit von wenigen Monaten vor und ist der Product Owner ein Neuling, dann steht der Ausbildungsaufwand oft in einem Missverhältnis zur verfügbaren Zeit. Das Risiko, in der kurzen Zeit kein angemessenes Ergebnis zu schaffen, ist erhöht. Stellt der Auftraggeber bei einem klassischen Festpreisprojekt bzw. Werkvertrag den Product Owner, so ist der Auftragnehmer auf die Mitarbeit und angemessene Backlog-Vorbereitung des Product Owners angewiesen. Die Produktivität eines gesamten Teams ist davon abhängig.

Man sollte bei der Wahl des Product Owners keine politischen oder Statusentscheidungen treffen, das zahlt sich bei einer so zentralen Rolle selten bis nie aus.

11.3.2.2 Skalierung

In der Skalierung gibt es drei verbreitete Konzepte:

- ein Product Owner pro Team,
- ein Product Owner für mehrere, wenige Teams,
- das Product Owner Team.

Ein Product Owner pro Team war am Anfang von Scrum eher der Standard und wird heute noch dann verwendet, wenn Teams nicht selbst am Product Backlog arbeiten können oder möchten. Oft setzt man über mehrere POs einen weisungsbefugten PO. Dieses Konstrukt ist eher dysfunktional, da der höherstehende PO oft zu Mikromanagement tendiert und in Teams interveniert, ohne nah genug an der tatsächlichen Ausrichtung des Produktteils zu sein.

Ein Product Owner für mehrere Teams funktioniert in den meisten Fällen gut für zwei bis acht Teams, wenn die Teams über eine hohe Crossfunktionalität und einen guten Reifegrad bezüglich der eigenen Backlog-Arbeit verfügen. Der Product Owner ist zumeist für den Austausch und die Priorisierung der Backlog Items gegenüber den Teams verantwortlich.

Arbeiten mehr als acht Teams zusammen an einem Produkt, dann werden Requirement Areas eingeführt. Diese Areas sind inhaltlich stark zusammenhängende Verbünde von Teams, bei denen oftmals gemeinsame Arbeit bzw. Synchronisation anfällt. In diesen Konstrukten gibt es einen Product Owner pro Area und einen übergreifenden für alle Areas.

Baut man ein Konstrukt aus hierarchisch organisierten Product Ownern auf, dann spricht man auch von einem „Big PO, Small PO"-Konstrukt. Ein solches Konstrukt führt zu Dysfunktionen, da die „Big POs" teilweise den Fortschritt der Teams nicht mitbekommen, damit unzufrieden sind und sich dann über die „Small POs" hinwegsetzen und direkt in die Teams „hineinregieren". Ein solcher Konflikt entsteht zumeist, wenn die Synchronisation zwischen den PO-Hierarchien nicht ausreichend gegeben ist, Big POs gerne Mikromanagement machen oder das Product Backlog nicht gemeinsam geplant wird.

Das Product Owner Team ist eine Art Community of Practice innerhalb eines Produkts. Hier treffen sich alle Product Owner eines Produkts für einen regelmäßigen

Austausch ein- bis zweimal wöchentlich. Sie gleichen ihre Arbeit ab und arbeiten gemeinsam am Product Backlog.

Daneben gibt es weitere übergreifende Product Owner Communities, oft auch Gilden genannt. Solche Communitys werden zum Wissensaustausch genutzt. Hier empfiehlt es sich, einen Wissensaustausch nicht nur auf Product Owner zu beschränken, sondern weitere interdisziplinäre Rollen einzuladen. Die Teilnahme erfolgt freiwillig.

11.3.3 Development Team

Das Development Team verantwortet die Qualität und die damit verbundene Umsetzung der Entwicklung. Um das zu gewährleisten, verfügt das Development Team (kurz Dev-Team) über alle Fähigkeiten, die notwendig sind, um das Produkt im Sprint für den Produktiveinsatz zu bauen. Dazu gehört sowohl die kontinuierliche Arbeit, den eigenen Arbeitsvorrat zu definieren und optimal vorzubereiten, als auch die Entwicklung von A bis Z. Kurzum die Fähigkeiten, ein Produktinkrement von 0 auf 100 in beispielsweise zehn Arbeitstagen zu bringen. Die Zusammenarbeit erfolgt selbstorganisiert, d. h., die Mitglieder regeln ihre Zusammenarbeit selbst und reduzieren die planerische Komplexität der Zusammenarbeit von außerhalb des Scrum Teams auf null. Dabei muss nicht jedes Mitglied alles können, sondern das Team muss crossfunktional aufgestellt und interdisziplinär arbeitend sein.

 Es ist von Vorteil, Generalisten an Bord zu haben, da diese sich in mehreren Disziplinen bewegen können, aber nicht zwingend notwendig. Generalisten haben ein besseres Verständnis, Arbeit angemessen zu übergeben, und besitzen die Fähigkeit, Engpässe außerhalb der eigenen Spezialisierung aufzulösen.

Fehlen das Verständnis und die Fähigkeit, Engpässe außerhalb der eigenen Spezialisierung aufzulösen, dann steht man vor einem der wichtigsten Entwicklungsschritte in einem Scrum Team: dem Stärken der Zusammenarbeit über die Grenzen der eigenen Spezialisierung hinweg. Eine Möglichkeit, sich zu verbessern, die unbedingt genutzt werden sollte.

In solchen Fällen nähern sich die jeweiligen Disziplinen, z. B. Frontend und Backend, zunächst einander an, verstehen einander besser und erkennen, was die andere Disziplin in der Schnittstelle der Zusammenarbeit benötigt. Es entsteht Empathie füreinander. Im nächsten Entwicklungsschritt liefern sich die Disziplinen einander besser zu. Bleibt der Engpass weiter bestehen, dann können einfache Aufgaben übernommen werden. Zuarbeit wird zum Mitarbeiten im Kleinen. Das lässt sich intensivieren, und über die Zeit entstehen in einer stabilen Zusammenarbeit weitere solcher Querverbindungen. Das ist auch die intentionale Absicht, da nun nicht mehr Personen möglichst optimal mit unterschiedlichen Produkten/Projekten ausgelastet werden, sondern sich im Team Arbeit suchen müssen. Das Vorgehen ist besonders wertvoll, da es immer einen Engpass gibt und die Stellen, an denen die Engpässe auftreten, in einem dynamischen Umfeld häufig wechseln.

11.3.3.1 Einführung

Für einige Development Teams ist es befreiend, die Verantwortung für die eigene Arbeit übertragen zu bekommen. Für andere Development Teams ist die neue Verantwortung überraschend oder gar überfordernd. Im Gegensatz zur klassischen Entwicklung kommen hier folgende Punkte verstärkt oder neu zum Tragen:

- Es wird in kurzen, teilweise deutlich kürzeren Zyklen entwickelt und geliefert.
- Es wird gemeinsam an Backlog Items gearbeitet, und der Fokus liegt auf fertig gelieferten Anforderungen.
- Das Development Team besteht nicht nur aus Mitgliedern der eigenen Disziplin, sondern aus unterschiedlichen.
- Es gibt nicht mehr den vollständigen Plan, es muss mit Ungewissheit umgegangen werden.
- Das Software Design muss eine emergente Entwicklung zulassen.

Damit in kurzen Zyklen lieferfähige Produktinkremente erzeugt werden können, erfordert das nicht nur ein ausgereifteres Skill-Set, sondern auch eine andere Herangehensweise. Beides muss potenziell im Development Team erst entwickelt werden. Auch die Zusammenarbeit verändert sich. Es wird notwendig, gleichzeitig und zusammen an einem Backlog Item zu arbeiten. Das führt über die Zeit zu einem besseren, schnelleren Ergebnis, da weniger Übergaben mit unfertiger Arbeit entstehen und Feedback zu Übergaben direkter und zeitnaher erfolgt. Auf der anderen Seite erfordert es echte Teamarbeit. Einzelarbeit oder Arbeitsteilung reicht nicht mehr. Der Beitrag zum Arbeitsergebnis des Einzelnen wird transparent, spätestens dann, wenn Wartezeiten aufkommen und Teammitglieder anderer Disziplinen Arbeit übernehmen.

Ein konkreter Punkt, bei dem Kompetenz häufig entwickelt werden muss, ist die emergente bzw. evolutionäre Architektur (siehe auch martinfowler.com).

Da Anforderungen an das zu entwickelnde Produkt über die Zeit entstehen und verfeinert werden, ist es notwendig, die Architektur auch über die Laufzeit zu entwickeln und anzupassen. Das entspricht einer weiteren Paradigmenänderung, da die Architektur und das damit verbundene Softwaredesign nicht mehr vollständig vorgeplant sind.

11.3.3.2 Skalierung

In der Skalierung bleibt ein Development Team im Grundsatz ein Development Team. Die Crossfunktionalität wird zum entscheidenden Faktor. Es wird unerlässlich, dass regelmäßig geliefert wird, zudem muss das Team viel stärker am eigenen Backlog arbeiten und einen wesentlichen Teil, wenn nicht den Löwenanteil, der Backlog-Arbeit beitragen.

Fehlen im Development Team Fähigkeiten oder sind diese nur gering ausgebaut, dann zeigt sich das nun nicht mehr nur lokal im Team, sondern auch zwischen den Teams: Es kommt zu Konflikten zwischen den Teams, aufgrund der mangelnden Fähigkeiten und der daraus resultierenden, mangelhaften Interaktion.

Skaliert man mit einem Scrum-Ansatz, dann zeigt sich zu Anfang oftmals das folgende Muster: Die Scrum Teams blicken in den ersten Sprints vor allem nach innen, auf sich selbst. Erst wenn sie im Team klarer miteinander auskommen, blicken sie nach außen und auf die anderen Teams. In diesem Moment stellen Teams regelmäßig Dysfunktionen in der Zusammenarbeit mit anderen Teams fest. Die Arbeitshypothese eines jeden Teams ist hier meist: Die anderen Teams müssen sich ändern und besser arbeiten.

Damit der Blick zwischen den Teams und auf die Skalierung anfangs nicht verloren geht und nicht zu viel Dysfunktion zwischen den Teams entsteht und sich aufstaut, unterstützen die Scrum Master die Teams.

11.3.4 Scrum Master

Als Scrum Master beherrscht man Scrum und vertritt die dahinterliegenden Werte und Prinzipien. Das ist nicht immer der Fall, weil der Bedarf an qualifizierten Scrum Mastern höher ist als das Angebot. Der Scrum Master ist die essenzielle Rolle in Scrum, und diese Rolle wird seit Jahren geschliffen. Das geschieht aufgrund von Werte- bzw. Qualifikationsmangel und Nichtbesetzung der Rolle. Es ist wenig verwunderlich, dass der Start von Scrum-Initiativen häufig holprig ist.

 Als Scrum Master bewegt man sich im Scrum Team zwischen trainieren, anleiten, vorleben, auffangen, coachen, zurückziehen und Verantwortung gänzlich loslassen. Konkret heißt das, dass das Scrum Team theoretisch und praktisch Scrum erfahren und lernen muss. Das geschieht in Trainingseinheiten, Anleitung während der Arbeit (Training on the Job), in Workshops und gemeinsamer Arbeit.

Die Aufgaben eines Scrum Masters sind vielseitig und variieren mit der Zeit. Zu Anfang liegt der Fokus darauf, den Prozess in Gang zu bekommen, Menschen auszubilden und ein Verständnis zwischen den Disziplinen herzustellen. In vielen Fällen gehört die Ausbildung des Product Owners und gemeinsame Arbeit am Product Backlog ebenfalls zum Verantwortungsbereich eines Scrum Masters. Sofern das Product Backlog in einem noch schwer zu bearbeitenden Zustand ist, sollte das Hauptaugenmerk darauf liegen, dass dieses blockadefrei und wertvoll wird.

Weitere Tätigkeiten sind Vor- und Nachbereiten der Meetings, Moderation, Gesprächsführung und Konfliktmanagement, Reflexionsräume aufmachen, Zusammenarbeit stärken, Scrum in die Organisation tragen sowie Organisationsentwicklung in Richtung agiles Unternehmen durchführen.

Meetings müssen kurzweilig, ergebnisorientiert und gut vorbereitet sein. Hier stellt ein Scrum Master sicher, dass dies eintritt, und übernimmt die Moderation bzw. die Gesprächsführung. Treten Konflikte in der Organisation mit dem Scrum Team oder im Scrum Team auf, so löst ein Scrum Master diese mit den Beteiligten. Teil der täglichen Arbeit ist es, Raum für Reflexion zu öffnen, für die eigene und die der Teammitglieder sowie der Außenstehenden. Ziel von Reflexion ist es, die Kooperation zu verbessern und die Zusammenarbeit zu stärken. Das gilt insbesondere an den Kontaktpunkten in die Organisation hinein. Hier handelt es sich beispielsweise um Verträge und Personalthemen, die teamorientierter gestaltet werden können, sowie um gemeinsame Zusammenarbeit mit anderen Teilen der Organisation. Treten Hindernisse auf, die nur mit der Organisation bewältigt und verbessert werden können, dann tritt ein Scrum Master dafür ein und hält das Thema beharrlich auf der Agenda.

11.3.4.1 Einführung

Zunächst bringt ein Scrum Master allen Teammitgliedern bei, was Scrum bedeutet. Es muss verstanden und Menschen müssen befähigt werden, es praktisch umzusetzen. Das heißt, dass neben einer Anleitung in Meetings auch eine direkte Reflexion nach Meetings durchgeführt wird. Teilweise muss der Scrum Master anfangs Teammitgliedern dieses hierfür notwendige Verhalten zeigen und vorleben, damit dieses imitiert werden kann. Zudem kann es förderlich sein, anfangs Dinge, die schiefgehen, aufzufangen, damit keine größere Frustration auftritt.

Auch wenn es heißt, dass Scrum Master keine Aufgaben des Dev-Teams und des Product Owners übernehmen sollen, so ist das nicht der produktivste und erfolgreichste Weg, um mit Scrum zu starten. Solange man die Aufgaben rasch und kontrolliert übergibt, stellt das kein Problem dar.

Damit ein Team Verantwortung übernehmen kann, zieht sich ein Scrum Master schnell aus den Tätigkeitsbereichen zurück, die zum Verantwortungsbereich der übrigen Rollen gehört. Am besten gelingt dies, wenn klargemacht wird, wer welche Aufgaben zu übernehmen hat, und besprochen wird, wie der Übergang vonstattengeht. Hier empfiehlt es sich, progressiv voranzugehen und kleine Risiken und auch

Scheitern in Kauf zu nehmen. Daraus lernt ein Team bzw. Teammitglied mehr, als wenn es in Watte gepackt wird.

„Ein guter Scrum Master kann zwei Teams, ein sehr guter ein Team." Das ist ein häufig zu hörender Spruch, der besonders für die Einführung eines Scrum Teams gilt. Reife Scrum Teams benötigen weniger Anleitung und mehr Veränderung und Kooperation mit dem Rest der Organisation, da die neuen Erkenntnisse und Vorgehensweisen mit den alten Paradigmen in Spannung geraten. Hier gilt es, wieder eine produktive Zusammenarbeit herzustellen.

11.3.4.2 Skalierung

In der Skalierung arbeiten Scrum Master entweder dezidiert für ein Team oder für zwei bis drei Teams. Hier gilt es, auf den Reifegrad sowie auf das Aufgabenspektrum des Scrum Masters und Scrum Teams zu achten. Es soll keine Überlast entstehen, zudem sollen die Aufgaben akzeptabel umgesetzt werden.

Als weiteres Konzept treffen sich Scrum Master übergreifend in eigenen Communitys. Hier entstehen Austausch, Lernen und ein abgestimmtes, gemeinsames Vorgehen.

11.4 Product Backlog und Product Backlog Item

Das Product Backlog (kurz Backlog) ist die Liste aller Anforderungen an ein Produkt, welche umgesetzt werden können. Es besteht aus Einträgen, genannt Product Backlog Items (kurz Backlog Items oder Items). Die Items im Product Backlog folgen einer strikten Rangfolge von wichtig nach unwichtig. Es gibt keine zwei Items mit der gleichen Rangfolge.

In einem Product Backlog sind die wichtigsten Items im oberen Abschnitt des Backlogs zu finden. Diese Items entsprechen der Selektion für die kommenden Sprints. Daraus folgt, dass die oben stehenden Items zugleich konkret und klein genug für die Umsetzung sein müssen. Mit abnehmender Priorität werden die Items im Backlog gröber bis hin zu groben Themen mit wenig Beschreibung im Detail.

Metaphorisch vergleicht man ein Product Backlog oft mit einem Eisberg (Bild 11.4). Über dem Wasserspiegel ist wenig Masse gut sichtbar, unter dem Wasserspiegel liegt viel Masse, schwer sichtbar je tiefer bis nahezu unsichtbar. Man spricht hier von einer der Wichtigkeit angepassten Detaillierung, die angemessen mit den eingesetzten Ressourcen umgeht: Wichtiges und Unwichtiges werden nicht gleichermaßen intensiv vorbereitet. Man verschwendet auch keine Zeit an Dinge, die weit in der Zukunft sind und sich ändern können bzw. noch nicht spruchreif sind.

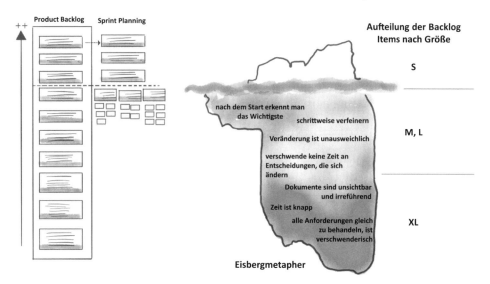

Bild 11.4 Product Backlog und Eisbergmodell

Ein gutes Backlog liegt immer priorisiert und geschätzt vor. Zudem können neue Erkenntnisse dazu führen, dass sich die Struktur, Priorisierung und die Inhalte des Backlogs ändern.

 Product Backlogs sollen DEEP sein: Detailed appropriately, Estimated, Emergent und Prioritized. (Siehe auch www.mountaingoatsoftware.com/blog/make-the-product-backlog-deep)

Backlog Items können jede Art von Einträgen im Product Backlog sein. Typischerweise strukturiert man ein Product Backlog über zwei Stufen hinweg:

- Einen Sammler für zusammengehörige Themen, oft Epic genannt.
- Konkrete Backlog Items ohne oder unterhalb des Sammlers, oft User Stories genannt.

Ein Backlog muss für die Entwicklung in einem gut bearbeitungsfähigen Zustand vorliegen. Zudem sollte es nicht zu stark vorgeplant sein, damit man möglichst wenig Zeit auf Dinge verschwendet, die sich verändern. Trotzdem muss der Füllstand im Backlog von gut oder anteilig gut vorbereiteten Backlog Items so hoch sein, dass ein Team nie oder nur selten mit schlecht vorbereiteten Storys arbeiten muss (Bild 11.5). Fällt ein Team unter diese Marke, dann fällt zugleich die Performance im Team deutlich ab. Hält dieser Zustand zu lange an, dann kommt es im schlimmsten Fall zu einem Stillstand in der Entwicklung. Daher ist es in der Vorbereitung des Produkts notwendig, zunächst den Füllstand des Backlogs auf einen Stand zu heben, der einen ausreichenden Detaillierungsgrad sicherstellt. Ein performantes Development Team arbeitet schneller ab, als eine oder wenige Personen das Product Backlog vorbereiten und „on the fly" detaillieren können. (Metaphorisch gleicht es einem Muskel, der zunächst mit genug Sauerstoff arbeiten kann (aerob) und dann in eine Überlastung ohne Sauerstoffbeteiligung kommt (anaerob). Dabei entsteht Milchsäure, die den Muskel bei starker Anreicherung zum Stillstand zwingt.)

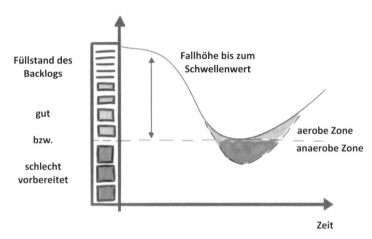

Bild 11.5 Füllstand des Backlogs

User Stories sind ein häufig verwendetes Format für Backlog Items. Eine User Story hat immer einen Wert für einen Nutzer. In einer User Story beschreibt man die beteiligte Rolle des Nutzers, die zu implementierende Funktion und den damit verbundenen Nutzen für den Anwender.

Als <Rolle> möchte ich <Funktion>, damit ich <Nutzen> erhalte.

Man beantwortet damit die folgenden Fragen:

- Für wen ist es relevant?
- Was ist die konkrete Vorstellung der Nutzung?
- Wozu wird es benötigt?

Die erste und die dritte Frage sind die besonders relevanten. Wenn man weiß, für wen man welchen Nutzen erreichen möchte, dann transportiert man die wesentlichen Bestandteile des Problemraums. Der Nutzen für eine konkrete Rolle in der Anwendung kann meist auf mehrere Arten erreicht werden. Das heißt, in vielen Fällen ist die Funktion austauschbar, da mehrere Wege möglich sind. Die Funktion selbst ist somit kein Wert, sondern nur Mittel zum Zweck. Der Nutzen in Kombination mit der jeweiligen Rolle ist die Grundlage der Priorisierung.

Der Grundgedanke hinter einer User Story ist es, Konversation zu betreiben und miteinander in Austausch zu kommen. Man hält zudem die Kriterien fest, die auf eine erfolgreiche Implementierung hinweisen: Man nennt diese Akzeptanzkriterien. Dabei handelt es sich um einfache, binäre Kriterien, die mit einem geringen Zeitaufwand nachvollzogen werden können. Man weiß also schnell, ob etwas funktioniert oder nicht. Mittels Konversation soll sichergestellt werden, dass die gleiche Interpretation bei den Beteiligten existiert und ein gemeinsames Bild entsteht.

▪ 11.5 Der Sprint

Der Sprint entspricht dem Herzstück von Scrum und dem Herzschlag der Entwicklung. Es ist der wiederkehrende Takt, in dem geplant, entwickelt, geprüft und reflektiert wird. Ein Sprint ist der Entwicklungszeitraum, eine Iteration, in der eine stabilisierte, taktische Planung gemeinsam getroffen und umgesetzt wird. Ein Sprint startet mit der Planung und endet mit dem Betrachten der Ergebnisse sowie dem Reflektieren über die gemeinsame Arbeit. Beides kann zu einer Anpassung des bisherigen Plans führen. Die typische Sprintdauer ist zwei Wochen. Ein, drei oder vier Wochen sind legitim, kommen jedoch deutlich seltener zum Einsatz. Hat ein Team seine Sprintdauer gewählt, so behält sie diese bei.

 Der Zweck eines Sprints ist es, einen Entwicklungszeitraum so zu stabilisieren, dass ein potenziell auslieferungsfähiges Produktinkrement entstehen kann. Daher muss ein Sprint frei von Blockaden sein, d. h., zum Start sind alle wesentlichen Fragen geklärt und Abhängigkeiten aufgelöst oder so abgesprochen, dass sie koordiniert gelöst werden können – ohne Koordinations- oder Kommunikationsprobleme.

Stabil heißt auch, dass alle dafür ausgewählten Backlog Items verstanden sind und sich in ihrem Inhalt nicht ändern. Man erkennt schlecht formulierte Backlog Items schnell am Unmut des Teams.

Eine gute Kennzahl, um zu erkennen, ob ein Team gesund „sprintet", ist die Änderungen des Sprintumfangs (Scope) während des Sprints. Ändert sich der Scope häufig, dann kann das auf Probleme hinweisen, beispielsweise dass Items im Vorfeld nicht ausreichend abgestimmt oder abgeklärt waren, bisher unbekannte oder ignorierte Abhängigkeiten aufgetreten sind.

11.5.1 Forecast und Velocity

Der Umfang des Sprints wird im Sprint Planning bestimmt. Nach dem „Yesterday Weather Principle" geht man in einer stabilen Teamumgebung davon aus, dass ein Team im Durchschnitt immer eine gewisse Kapazität liefern kann. Diese Kapazität nennt man Velocity.

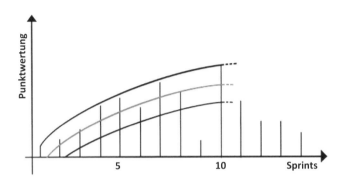

Bild 11.6 Das Velocity Chart

Die am Ende des Sprints festgestellte Velocity wird zumeist in einer Punktwertung (z. B. Story Points) gemessen. Anhand der letzten und der durchschnittlichen Velocity eines Teams erstellt man einen Forecast für den nächsten und die kommenden Sprints. So kann das Scrum Team die Punkte der vorigen Sprints mit dem Umfang kommender Sprints abgleichen und entscheiden, wie viel in den Sprint aufgenommen wird.

Bild 11.6 zeigt drei Trendlinien. Die mittlere Linie zeigt die durchschnittliche Velocity an. Die obere und untere Linie zeigen die Bandbreite der Velocity an. Die Werte an den Rändern kann man für den Forecast nutzen, indem man neben dem durchschnittlichen auch den maximalen und minimalen Fortschritt aufzeigt. Die Abbildung zeigt zudem den typischen Verlauf einer Velocity in den ersten Sprints. Nach einem flachen Start pendelt sich die Velocity typischerweise um einen Wert ein. Große Abweichungen gibt es dann, wenn wesentliche Teile in einem Sprint nicht fertig werden und erst im nächsten geschafft werden (siehe Sprint 9 und 10). Wiederholt sich ein Muster wie in Sprint 9 und 10 häufig, ist das ein Indikator für eine Dysfunktion im Scrum Team. Fällt die Velocity kontinuierlich (Bild 11.6 ab Sprint 11), dann kann das ein Zeichen sein, dass das Produkt nicht mehr wirtschaftlich entwickelt werden kann.

11.5.2 Forecasts und Burndowns

Den Forecast bezüglich des Fortschritts des Sprints und des Produkts erhebt man mittels Burndowns (Bild 11.7). Es gibt Charts für Sprint und Release Burndowns.

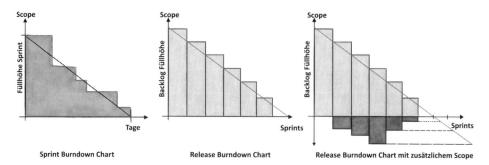

Bild 11.7 Sprint und Release Burndown

Der Sprint Burndown macht den Fortschritt bezüglich des Sprint Backlogs deutlich. Täglich aktualisiert man den Stand der abgearbeiteten und abgenommenen Backlog Items.

Der Release Burndown zeigt den Fortschritt im Product Backlog über die Sprints hinweg auf. Hier prognostiziert man anhand des aktuellen Füllstands des Backlogs und der angenommenen Velocity, wann man den vollen Umfang des Product Backlogs abgearbeitet hat.

Zusätzlich kann man nachträglich hinzugekommene Arbeit visualisieren, indem man unter der Nulllinie das Backlog in die Tiefe wachsen lässt (siehe Bild 11.7 ab Sprint 2). Man zieht eine verlängerte Linie parallel zur Nulllinie des Backlogs. So erkennt man, wie viele Sprints noch zusätzlich notwendig werden. Entfernt man Items aus dem Backlog, so schrumpft es nun von unten nach oben. Es gibt zwei Szenarien. Zum einen entfernt man etwas von dem zusätzlich Hinzugekommenen. Hier ist klar, dass dies vom unten Angetragenen entfernt wird. Zum anderen kann man etwas aus dem im Vorfeld definierten Backlog entfernen. Das gilt nun als „Change for Free", jetzt rutscht anteilig das zusätzlich Hinzugekommene in den Teil des Backlogs über der Nulllinie.

11.5.3 Der Sprintabbruch

Ob ein Sprintabbruch ein Team nachhaltig verstört, lässt sich schwer beurteilen. Was definitiv ein Sprintabbruch mit sich bringt, das kann zweierlei sein: zuerst der Ärger über die verschwendete Zeit. Das tritt beispielsweise auf, wenn es im Vorfeld dazu schon Indikatoren gab oder sich Autorität gegenüber dem Scrum

Team bei unterschiedlichen Meinungen durchsetzt. Zweitens können während eines Sprints bereits so wertvolle Erkenntnisse gefunden worden sein, dass ein Abbruch Zeit spart und weiterer Verschwendung entgegenwirkt. In beiden und auch weiteren Fällen sollte ein Sprintabbruch immer transparent sein und sollten die dazu geführten Ursachen und Auswirkungen reflektiert, bewertet und in der Organisation geteilt werden.

Eine Randnotiz, die man im Hinterkopf halten sollte, ist die folgende: Liefert man nur alle paar Sprints in die Produktion, dann können die meisten Störungen vom Sprint ferngehalten werden, da diese nicht unmittelbar live gehen und auch nicht direkt umgesetzt werden müssen. Aktionismus sollte immer weniger wichtig als die Stabilität der Entwicklung gehalten werden.

Anders sieht das mit kritischen Fehlern aus, welche die Stabilität des Produkts in Produktion gefährden.

11.5.4 Einführung

Beim Wählen der Sprintlänge geht man im Zweifel auf die kürzere Zeitspanne. Auch wenn unklar ist, ob in der Zeitspanne etwas Sinnvolles geliefert werden kann. Das hat zwei Gründe: Zum einen erhöht das zu Anfang die Anzahl der Lernschleifen für das Team, wovon die Zusammenarbeit profitiert. Zum anderen fordert der kürzere Zeitraum das Team auf, sich mit den gegebenen Beschränkungen auseinanderzusetzen. Innerhalb einer solchen Grenze zu arbeiten führt wahrscheinlicher zu der gewünschten Lösung, ein Ergebnis in einem kurzen Zeitraum zu liefern.

Manche Teams übernehmen sich beim Planen und ziehen zu viel in einen Sprint hinein, andere sind zögerlich und ziehen zu wenig. In beiden Fällen kennt das Team die eigene Kapazität (Velocity) nicht oder ignoriert diese.

Zieht ein Team zu viel, kann das anfangs daran liegen, dass es noch nicht ausreichend interdisziplinär zusammenarbeitet und möglichst viel aufgenommen wird, damit jeder immer etwas zu tun hat. In der Konsequenz heißt das, dass viele Backlog Items gleichzeitig bearbeitet werden und diese jeweils von nur wenigen oder einem Teammitglied. In jedem Fall kommt das Team in die Überlast, und das zerstreute Arbeiten führt dazu, dass wenig fertig wird. Dazu kommen ein stressiger Sprintabschluss und ein zunehmender Erschöpfungszustand des Teams, sofern das Verhalten über Sprints hinweg fortschreitet.

Zieht ein Team zu wenig, dann ist das zunächst weniger kritisch, da regulär während des Sprints nachgezogen werden kann. Das verändert zwar auch den Sprintumfang (Scope Change), ist jedoch teilweise auch positiv, da ein Team so bewusst mit der eigenen Kapazität umgehen kann. In der Regel sind unerfahrene Teams etwas unsicher während des Sprints, ob und vor allem wann nachgezogen werden soll. Hier helfen Vereinbarungen, die für Klarheit sorgen, beispielsweise ein fester Termin im Sprint, um nachzuziehen, ein Termin in der Mitte des Sprints, um den Termin zum Nachziehen zu vereinbaren, oder eine regelmäßige Inspektion im Daily.

11.5.5 Sprint 0

Der Sprint 0 ist kein offizielles Scrum-Konzept, wird allerdings verbreitet verwendet. Es handelt sich hier um die Vorbereitungsphase, bevor der erste offizielle Sprint startet. Dabei führt man nicht unbedingt den gleichen Sprint-Rhythmus wie bei späteren Sprints durch, sondern oftmals handelt es sich um eine längere Phase, die sowohl die Vorbereitung des Set-ups, als auch die ersten praktischen Entwicklungsarbeiten mit einschließt. Meist geht es darum, das Backlog auf einen guten, bearbeitungsfähigen Startzustand vorzubereiten, die ersten Konventionen zur Zusammenarbeit zu definieren, die Entwicklungsumgebungen aufzubauen, die notwendigen, fehlenden Skills zu schulen und das Vorgehen zu kommunizieren.

Der Sprint 0 lässt sich auch zur Prüfung des Vorhabens nutzen hinsichtlich der Machbarkeit der Idee und Lieferfähigkeit des Teams. Da in diesem Zeitraum das initiale Product Backlog aufgebaut wird, kann der technische Test des Unterfangens der erste Arbeitsauftrag sein. Beides lässt sich auch als Ziel in einem Vertrag festhalten, der nur dazu dient, das weitere Vorhaben zu konkretisieren.

11.5.6 Umgang mit Fehlern im Sprint

Fehler, die im Sprint bekannt werden, gehören einer von zwei Kategorien an. Sie beziehen sich entweder auf Items, die gerade im Sprint entwickelt werden, oder auf Items aus vorhergehenden Sprints.

Im ersten Fall gilt, solange es Fehler zu einem Item gibt, ist das noch nicht abgeschlossen. Die zugehörigen Fehler werden unmittelbar behoben. Ein Item mit Fehlern ist nicht fertig und trägt nichts zur Velocity bei.

Im zweiten Fall entscheidet man, ob der Fehler kritisch, relevant oder irrelevant ist. Es gibt weitere Abstufungen, die drei genannten sind für einen einfachen Prozess, der stetig alle wichtigen Fehler behebt, ausreichend. Jede der Abstufungen sollte klar anhand von Kriterien definiert und veröffentlicht werden. Die Einstufung des Fehlers kann dann anhand der Kriterienliste vorgenommen werden. Welcher Klasse ein Fehler zugeordnet wird, entscheidet entweder der Product Owner oder er übergibt diese Verantwortung an das Scrum Team.

Stuft der Product Owner bzw. das Scrum Team den Fehler als kritisch ein, dann wird dieser unmittelbar im Sprint behoben. Ist der Fehler nur relevant, dann landet der Fehler im Product Backlog und wird für den oder die nächsten Sprints geplant. Wichtig ist, dass Fehler so schnell wie möglich behoben werden. Fehler, die irrelevant sind, schließt man und kommuniziert darüber mit den Einreichenden.

11.6 Sprint Backlog

Das Sprint Backlog ist der Teil des Product Backlogs, der in einem Sprint umgesetzt wird. Hierbei handelt es sich um den im Sprint Planning bestimmten Umfang für den Sprint, inklusive des technischen Plans zur Umsetzung der Items. Für jedes Product Backlog Item erstellt das Development Team Unteraufgaben (Sub Tasks), die für die Fertigstellung des Items notwendig sind.

Ein Sprint Backlog überträgt in der Regel das Development Team auf ein Taskboard. Bei der Abarbeitung behalten die Items des Sprint Backlogs die vereinbarte Priorität. Das Development Team arbeitet von wichtig nach unwichtig. Es werden so wenig Backlog Items wie möglich bzw. so viele wie nötig parallel bearbeitet.

 Limit work in progress and stop starting, start finishing!

Im Optimalfall arbeitet das Development Team an ein bis drei Backlog Items zeitgleich, und jedes dieser Items sollte in der Größe nicht ein Fünftel der Velocity überschreiten. Somit gewährleistet man, dass ein Backlog Item in einem Sprint umgesetzt werden kann.

Ein Blick auf das Sprint Backlog gibt Auskunft über den Stand der Fertigstellung im Sprint. Ein Backlog Item ist nur dann fertig, wenn alle Aufgaben dazu erfolgreich abgeschlossen sind, es fehlerfrei vorliegt und alle Kriterien erfüllt sind, die zur Fertigstellung definiert wurden. Ist das Backlog Item fertig, so rechnet man es zur Velocity hinzu.

11.6.1 Einführung

Ist ein Team noch nicht fähig, an maximal drei Backlog Items gleichzeitig zu arbeiten, dann liegt hier ein hohes Verbesserungspotenzial vor. Das Development Team wird sich zunächst schwertun, gemeinsam an einem Item zu arbeiten, und es wird es in der Planung herausfordern. Hat man die Anfangsschwierigkeiten überwunden und kann gemeinsam an wenigen Items arbeiten, dann entsteht ein deutlicher Produktivitätsgewinn. Die Wahrscheinlichkeit, dass der Sprint Ergebnisse liefert, steigt deutlich an.

Wird ein bereits angefangenes Sprint Backlog Item nicht im ersten Sprint fertig, so wird dieses üblicherweise im nächsten Sprint fertiggestellt. Dabei empfiehlt es sich, ein angefangenes Backlog Item an höchster Priorität fertigzustellen, eben weil es abzuschließen ist. Verschiebt ein Development Team regelmäßig mehrere Items von Sprint zu Sprint, dann liegt meist eine Dysfunktion in der Planung vor.

Häufige Ursachen dafür sind:

- Es wird zu viel in den Sprint gezogen.
- Es wird an zu viel Items parallel gearbeitet.
- Items sind zu groß oder blockiert.
- Dem Development Team fehlen essenzielle Fähigkeiten.
- Die Anforderungen sind unklar, schlecht beschrieben oder ändern sich.
- Das Development Team arbeitet nicht am geplanten Sprint, sondern an anderen Aufgaben.

Verschieben Development Teams regelmäßig mehrere Items über mehrere Sprints hinweg, dann liegt meist eine starke Dysfunktion in Planung und Umsetzung vor. Häufige Ursache, die hinzukommen können, sind:

- Das Development Team beherrscht die eingesetzte Technologie nicht.
- Das Scrum Team versteht die zu entwickelnde Domäne nicht.
- Fremdsysteme sind nicht verfügbar oder stehen in mangelhafter Qualität zur Verfügung.
- Zulieferungen fehlen, und die Entwicklung startet trotz mangelhafter technischer oder fachlicher Voraussetzungen.
- Scrum Master und Product Owner sind inkompetent.

11.6.2 Skalierung

In der Skalierung bleiben Sprint Backlogs in der Hoheit der Teams. Gibt es zu synchronisierende Arbeit zwischen Teams, dann unterstützen diese sich z. B. beim Erstellen des Sprint Backlogs.

11.7 Definition of Done

Die Definition of Done (Bild 11.8) ist eine Checkliste, die definiert, wann ein Backlog Item und das Produktinkrement als fertig gelten. Nur ein Backlog Item, das komplett fertiggestellt ist, gilt in Scrum als umgesetzt.

Ein Product Backlog Item ist fertig, wenn es alle Kriterien erfüllt, die notwendig sind, damit es in Produktion gehen kann. Einfach gefragt: „Müssen wir noch irgendetwas tun, damit wir live gehen können?" Man spricht hier davon, eine Artefakt-Transparenz hergestellt zu haben. Es ist klar, in welchem Zustand das Backlog Item ist, welches man bearbeitet hat, und ob es wirklich fertig ist.

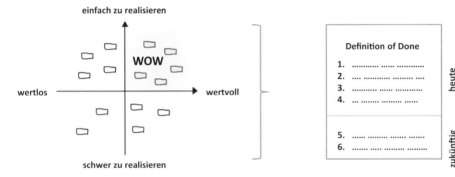

Bild 11.8 Definition of Done

Done ist, wenn diese Frage mit „Nein" beantwortet werden kann und keine Nacharbeit offen ist. Kann eine Aktivität nicht auf Item-Ebene durchgeführt werden, so muss in jedem Fall auf Ebene des Produktinkrements ein Zustand, der Done entspricht, hergestellt werden. Manche Aktivitäten können vom Development Team anfangs noch nicht für jedes Item umgesetzt werden. Es ist notwendig, dass diese Aktivitäten am Ende des Sprints nachgeholt werden. Nur so staut sich unfertige Arbeit nicht auf.

Wichtig ist, dass jeder im Scrum Team und auch alle, die von den Ergebnissen abhängen, wissen, was Done bedeutet. Die Definition of Done (DoD) ist die Liste der Aktivitäten, welche die Artefakt-Transparenz herstellen. Typische Einträge umfassen Themen aus den Bereichen:

- Coding, z. B. Konventionen und Standards eingehalten, statische Code-Analyse,
- Testing, z. B. alle Tests grün, Code-Coverage gehalten bzw. verbessert, Akzeptanzkriterien automatisiert getestet,
- Dokumentation, z. B. aktualisieren der fachlichen Dokumentation, User Guide, Design-Dokumente,

- Integration, z. B. mit allen Fremdkomponenten und Schnittstellen integriert und getestet,
- Fachliches, z. B. fehlerfrei, alle Akzeptanzkriterien umgesetzt,
- Deployment, z. B. automatisierte Deployments der Produktivstände.

Diese Einträge sammelt das Scrum Team und bewertet sie beispielsweise anhand einer Zwei-mal-zwei-Matrix (Bild 11.8). Die Punkte, die wertvoll und einfach umzusetzen sind, sind die DoD, mit der man direkt starten kann. Gibt es Punkte, die noch nicht umgesetzt werden können, so sind diese ein Entwicklungsziel für die nächsten Sprints. Punkte, die keinen oder nur einen geringen Wert liefern, sollte man nicht umsetzen.

11.7.1 Einführung

Führt man zum ersten Mal eine Definition of Done ein, dann kann es helfen, zunächst ein Selbst- und ein Fremdbild bezüglich „produktionsreif liefern" zu erstellen. Was sind die Dinge, die dem eigenen Anspruch an Qualität Genüge tun? Zusätzlich dazu: Was sind die Dinge, die die Organisation, der Kunde vom Scrum Team erwarten, damit etwas als produktionsreif gilt? Als dritten Punkt kann man einen Abgleich mit den besten, verwendeten Praktiken der Softwareentwicklung heranziehen.

Hat man die wesentlichen Punkte gelistet, dann startet man mit den Punkten, die realistisch für die ersten Sprints umzusetzen sind. Die Definition of Done kann dann iterativ, Sprint für Sprint erweitert werden. Ein zu hohes Ziel bei der Definition of Done führt tendenziell eher dazu, dass niemand mehr auf die gestellten Kriterien achtet und sie nicht eingehalten werden.

11.7.2 Skalierung

Arbeiten mehrere Scrum Teams in einem Verbund zusammen, so erstellt man eine gemeinsame Definition of Done. Diese gemeinsame Definition of Done umfasst das Minimum, das notwendig ist, um wirklich fertig zu liefern. Auch hier kann ein schrittweises Erweitern sinnvoll sein. Jedes Team kann die eigene Definition of Done um Aktivitäten erweitern.

Kann ein Team oder ein Verbund von Teams nicht nach der Definition of Done liefern, so entsteht ein ungenauer Entwicklungsstand. In der Skalierung beantwortet man ein solches Defizit beispielsweise mit Hardening Sprints, Integrationsteams oder Undone Departments. Ein Hardening Sprint ist ein Sprint, der nur zur Stabilisierung des Produktinkrements durchgeführt wird.

Ein Hardening Sprint ist ein starkes Zeichen dafür, dass der eigene Entwicklungsprozess selbst defekt ist, da es nicht möglich ist, sprintweise einen lieferfähigen Stand zu liefern. Ist das Inkrement am Ende eines Sprints kaputt, dann ist der zugehörige Scrum-Prozess defekt.

Das Integrationsteam bildet die Grundlage für eine effektive gemeinsame Integration mit allen Teams. Dabei achtet es darauf, dass die Integration der Teams täglich erfolgt. Dafür werden die technischen Grundlagen geschaffen und die Teams dabei unterstützt, dass diese die entsprechenden Tätigkeiten erlernen und selbst übernehmen können.

Bei einem Undone Department übergibt man die anfallende unfertige Arbeit an ein weiteres Team. Hier ist der Vorteil, dass die Aktivitäten, die nicht umgesetzt werden können, durch das Undone Department zeitnah in das Produktinkrement fließen. So stellt man sicher, dass die liegen bleibenden Aufgaben keinen unkontrollierten Berg an Tätigkeiten in der Zukunft aufhäufen. Undone bleibt damit bewältigbar und wächst nicht von Sprint zu Sprint an.

■ 11.8 Die Events bzw. Meetings

Ob Events oder Meetings – Wortspielerei? Vielleicht! In jedem Fall sind sie notwendig und ersetzen zum größten Teil alle anderen Zusammentreffen, die in der Entwicklung bisher zur Iterationsplanung notwendig waren. Zweck der Scrum Meetings ist es, einen transparenten Stand über die aktuelle Entwicklung herzustellen und ausgehend von dem aufgedeckten Sachverhalt Korrekturen vorzunehmen und sich an die aktuelle Situation anzupassen (Inspect and Adapt).

Prinzipiell sind alle Meetings mit ausreichend Zeit geplant. Passt die Dauer eines Meetings nicht, dann kann sie angepasst werden. Es ist in den meisten Fällen realistisch, dass eine Planung von zwei mal zwei Stunden für einen zweiwöchigen Sprint ausreichend ist. Reicht hier die Zeit nicht, kann man untersuchen, ob es Faktoren gibt, die den zeitlichen Aufwand unnötig in die Länge treiben. Hier kann man sich des Timeboxings bedienen. Läuft die Timebox eines Meetings aus, ohne jedoch den Zweck erreicht zu haben, kann das Abbrechen des Meetings zum geplanten Zeitpunkt zu einer nützlichen Intervention führen. Beispielsweise kann man einem Development Team vor Augen führen, dass es viel Zeit damit verbringt, sich in Diskussionen zu verstricken, ohne einen Wert in angemessener Zeit zu schaffen. Das kann zu einer angemessenen Reflexion im Umgang mit Zeit führen.

Die von Scrum angesetzten Meetings sind obligatorisch und die Grundpfeiler des Scrum-Prozesses.

11.8.1 Einführung der Events

Eine gelungene Kommunikation, damit gemeinsam an einem Produkt gearbeitet werden kann, umfasst typischerweise eine gemeinsame Planung sowie ein regelmäßiges Sichten der Ergebnisse. In einem iterativen Umfeld, das auf wechselnde Anforderungen reagiert, schärft man regelmäßig den Arbeitsvorrat nach und plant diese Änderungen ein. Sind Menschen miteinander in einer engen Zusammenarbeit, dann ist eine tägliche Absprache von signifikantem Vorteil. Einen Raum für Verbesserungen der Zusammenarbeit und für bessere Ergebnisse zu öffnen, erscheint den meisten Menschen als sinnvoll. Genau das fordert man mit Scrum ein, genau das fördert man mit Scrum, denn:

„If communication fails, everything else is just painting the corpse."

Gojko Adzic (2012)

Existieren zu viele Klagen, dass in Scrum zu viele Meetings existieren, dann liegt das oft daran, dass die Meetings entweder schlecht vorbereitet sind, Teile des Teams nicht an einer gemeinsamen Arbeitsweise interessiert sind oder um Scrum herum zu viele Meetings existieren, sodass die Teammitglieder nicht störungsfrei arbeiten können.

11.8.2 Refinement

Das Refinement, teilweise auch Grooming oder Story Time genannt, ist der Prozess, der iterativ das Product Backlog bearbeitet. Im Refinement bereitet das Scrum Team die nächsten Sprints vor. Es ist ein wesentlicher Teil der strategischen Arbeit des Product Owners und wird in jedem Sprint mit einem Umfang von ca. 10 % veranschlagt. Das Refinement führt der Product Owner mit Teamvertretern oder dem ganzen Scrum Team durch.

In einem Refinement werden die folgenden Tätigkeiten auf Ebene der Product Backlog Items (PBIs) durchgeführt:

- Schätzen (Estimation Meeting),
- Hinzufügen,
- Schneiden,
- Detaillieren,
- Entfernen,
- Estimation.

Der Zweck des Estimation Meetings ist es, eine grobe Schätzung für die Product Backlog Items abzugeben. Das ist allerdings nicht das ganze Bild: In einem Estimation Meeting kann das ganze Team anwesend sein und sich schnell und einfach einen Überblick über das Product Backlog und den anstehenden Sprint machen. Das Team meldet dem Product Owner durch eine hohe Schätzung, welche Items verfeinert werden müssen. Hier ist der Product Owner nicht alleine, dass Development Team sollte hier Vorschläge äußern und gemeinsam mit dem Product Owner eine Lösung erarbeiten.

Die gängigsten Schätzmethoden sind Magic Estimation und Planning Poker. Neben einer Punktwertung (z. B. Story Points) verwendet man T-Shirt-Größen und Ideal Man Days als weitere Schätzgrößen. Laut dem *11th Annual State of Agile Report* von VersionOne verwenden 51 % Punktschätzungen und 23 % Schätzungen mit T-Shirt-Größen. Stundenschätzungen kommen auf einen Betrag von 13 %.

11.8.2.1 Verfeinern

Das Backlog Refinement ist die kontinuierliche Arbeit am Product Backlog. Große Items müssen geschnitten und in Details aufgeteilt werden. Details müssen zu den Items hinzugefügt werden, sodass ein bearbeitungsfähiger Detaillierungsgrad entsteht.

Zum Estimation Meeting hingegen bietet es sich an, nicht immer mit dem gesamten Team teilzunehmen, da eine gewisse Vorarbeit manchmal nicht nur effizienter, sondern auch effektiver ist. Auch vermeidet das Frust, da keine schlecht vorbereiteten Items in großer Runde diskutiert werden. Hier ist es ratsam, auf ein Konstrukt wie die „Drei Amigos" zurückzugreifen. Eine Verfeinerung mit dem ganzen Team oder weiteren Teamvertretern schließt man gut an ein Estimation Meeting an.

Die „Drei Amigos" stehen für eine kleine Gruppe von Teamvertretern jeweils aus einer eigenen Fachdomäne, beispielsweise Design, Test und Development, sodass möglichst viele unterschiedliche Blickwinkel vertreten sind.

11.8.2.2 Triage

Die Triage ist kein Scrum-Mittel. Sie ist der Katastrophenmedizin entlehnt und bedeutet Sichtung/Einteilung zur Priorisierung der medizinischen Hilfeleistung. Eine Triage lässt sich auch auf das Product Backlog anwenden. Man sichtet regelmäßig alle Product Backlog Items und entscheidet, ob diese im Backlog verbleiben sollen. Wenn man sich unsicher ist oder dazu tendiert, diese aus dem Backlog zu entfernen, dann stellt man diese auf „Triage".

In einer weiteren Session beschäftigt man sich mit allen Items, die auf Triage stehen. Die Entscheidung fällt hier zwischen „wird entfernt/gelöscht" und „kann im Product Backlog bleiben".

Nutzt man die Triage konsequent, so hält man sein Backlog übersichtlich und wertvoll.

11.8.2.3 Einführung

Startet man mit Scrum, so ist der anfängliche Aufwand für das Backlog Refinement typischerweise höher als zu einem späteren Zeitpunkt. Zunächst muss ein großer Teil des bekannten Backlogs gesichtet und klassifiziert werden. Zudem müssen die ersten bearbeitungsfähigen Sprints vorbereitet werden.

Eine gute Regel ist es, als Product Owner zwei bis drei Sprints vorbereitet in der Schublade zu haben. Das sollte auch die mindeste Menge an Items sein, die das gesamte Team kennt, damit sinnvolle Zusammenhänge in der Entwicklung klar und planbar werden.

11.8.2.4 Skalierung

Wenn mehrere Teams zusammenarbeiten, ist es weiterhin notwendig, dass jedes Team sein eigenes Refinement hat, damit die eigenen Arbeitsinhalte vorbereitet werden. Zudem greift man auf Ansätze von gemeinsamen Refinements mit Teamvertretern zurück, sogenannte Cross Team Refinements. Hier werden einzelne Backlog Items, meist gröbere Items, von den Teamvertretern untersucht, heruntergebrochen und an Teams verteilt. Werden gemeinsame Arbeiten zwischen Teams sichtbar, so werden diese markiert, synchronisiert oder gemeinsam bearbeitet.

Im Cross Team Refinement trifft man Entscheidungen, welches Team welches Backlog Item vorbereitet und welches Team voraussichtlich welches Item in den Sprint zieht. Der stets gemeinsame Blick auf das Backlog, um immer den höchsten Wert zu liefern, steht hier im Mittelpunkt.

11.8.3 Sprint Planning

Zu Anfang eines jeden Sprints wird der Umfang (das Was) und das Design bzw. die Umsetzung (das Wie) besprochen. Man nennt das auch die taktische Planung eines Sprints. Im *Scrum Guide* werden beide Teile des Plannings Part 1 und Part 2 genannt. Zu Anfang waren es noch zwei strikt getrennte Meetings, heute bleibt es unscharf und dem Scrum Team vorbehalten, das selbst zu regeln. Es spricht jedoch einiges dafür, das Was und das Wie aufzutrennen und als eigene Meetings zu veranstalten.

11.8.3.1 Teil 1 (Part 1)

Zweck des ersten Teils ist es, die Selektion vorzunehmen, die während des Sprints umgesetzt werden soll. Sprich der Product Owner kommt mit einem abgestimmten Einkaufskorb an Backlog Items in das Planning. Das Team kennt bereits den groben Plan und bespricht, welche Items umgesetzt werden können und welche Reihenfolge sinnvoll ist. Zudem werden die letzten Fragen geklärt und alle noch offenen Entscheidungen getroffen, sofern diese nicht auf direkten Erkenntnissen im Sprint beruhen. Das Sprint Planning ist somit die letzte Verteidigungslinie gegenüber Blockaden – was nicht klar ist, wird unmittelbar analysiert und entschieden oder abgewiesen bzw. zurückgestellt.

Damit alle Fragen ausreichend geklärt werden können, ist es manchmal ratsam, manchmal notwendig, Stakeholder zur fachlichen Klärung einzuladen.

11.8.3.2 Teil 2 (Part 2)

Steht der Umfang fest, muss das Team definieren, wie es umgesetzt wird. Dafür ist es wichtig, ein gemeinsames Bild zur Implementierung entstehen zu lassen. Da eine agile Softwareentwicklung weitgehend auf emergente Architekturen setzt, ist es ratsam, sich über die Implementierung bezüglich des Softwaredesigns auszutauschen. Hier empfiehlt es sich, die Punkte zu definieren, an denen gemeinsame Arbeit Überschneidungspunkte hat. Je mehr ein Team sich darüber klar wird, wie die Software im Ganzen funktioniert, desto leichter können die Teammitglieder miteinander interagieren und desto leichter lassen sich Fehlerquellen identifizieren und Fehler dadurch vermeiden.

Im Part 2 sind meist nur noch das Development Team und der Scrum Master vertreten. Der Product Owner ist auf Abruf und die Stakeholder können sich wieder ihren anderen Aufgaben widmen. Da es hier um ein Bild für die Implementierung und ein Testen von Ideen geht, sollten sich die Teilnehmer visuell austauschen. Konkret heißt das: Abläufe und Strukturen auf Whiteboards skizzieren und daraus Aufgaben und die Anlässe zur Zusammenarbeit ableiten. Insbesondere Schnittstellen sollten geklärt werden, sodass rechts und links von den Schnittstellen gearbeitet werden kann. Wenn Konventionen oder Design-Patterns ausgeleitet werden können, dann ist das besonders wertvoll. Über die Zeit hinweg entsteht oft eine gemeinsame Sprache, und die Meetings werden immer detailreicher und effizienter.

Sofern ein Team nicht in der verfügbaren Zeit fertig wird, ist das kein Problem. Das ist vielleicht ein Anzeichen für den Reifegrad des Teams. Hier öffnet man dem Team etwas Raum zur Entwicklung. Das Team kann während des Sprints die noch nicht fertig geplanten Items nachplanen. Das kann sogar von Vorteil sein, da neue Erkenntnisse verfügbar sind und das Team gedanklich up to date ist. In jedem Fall sollte das Team einen Termin nennen, an dem realistisch für die unbesprochenen Items geplant wird. Für den Fall, dass man weiß, dass die Zeit im Part 2 knapp ist, kann man den wichtigsten Items mehr Zeit einräumen, den weniger wichtigen Items weniger. So ist man handlungsfähig und kann zum geeigneten Zeitpunkt nachplanen.

Part 2 kann zu der Erkenntnis führen, dass weniger oder mehr im Sprint möglich ist. Im ersten Fall „weniger ist möglich" kann der Umfang reduziert werden. Man sollte das mit dem Product Owner absprechen, denn das letzte Wort gehört zu dieser Rolle. In jedem Fall achtet man darauf, weiterhin das Sprintziel möglichst gut zu erfüllen. Um ein gutes Erwartungsmanagement zu gewährleisten, empfiehlt es sich, auch die Stakeholder zu informieren. Im zweiten Fall „es geht mehr" kann man direkt nachziehen oder einen Termin zum Nachziehen vereinbaren.

Nach dem Part 2 ist mit Backlog Items und deren Aufgaben das Sprint Backlog entstanden. Die Aufgaben werden dokumentiert, optimalerweise wird beides auf ein Taskboard übertragen und es empfiehlt sich zudem, mit dem ersten Daily des Sprints zu starten. So kann sichergestellt werden, dass von Anfang an die Interaktion geplant abläuft und jeder einen ersten Blick auf die Zusammenarbeit erhält.

11.8.3.3 Skalierung

In der Skalierung haben sich folgende Praktiken zur Zusammenarbeit der miteinander liefernden Teams herauskristallisiert:

- Gemeines Planning für Part 1, um den Umfang und die gemeinsame Arbeit zu bestimmen.
- Getrennter, zeitlich synchronisierter Part 2 und räumliche Nähe, um gemeinsame Arbeit und deren Synchronisation abzusprechen sowie um Erkenntnisse und Abhängigkeiten zu teilen.

Part 1 wird entweder mit Vertretern der Teams oder allen Teammitglieder in beispielsweise „Big Room Plannings" durchgeführt. Der Gedanke dabei ist, dass wenn ein Team einen gesamtheitlichen Blick auf sein Produkt haben muss, dann ist es ebenso unerlässlich, dass bei einem gemeinsamen Produkt mehrerer Teams alle an der Planung beteiligt sein müssen.

Big Room Planning bedeutet, dass die Mitglieder oder Vertreter aller Teams an einem gemeinsamen Sprint Planning in einem Raum teilnehmen.

Damit ein Planning Part 1 möglichst effektiv und effizient abläuft, bekommt das Cross-Team Refinement einen höheren Stellenwert. Die Auswahl der meisten Inhalte wird bereits dort getroffen und von den jeweiligen Teams vorbereitet. Es gilt, hier etwas mehr vorzuarbeiten als in der normalen Ein-Team-Konstellation.

11.8.4 Daily

Das Daily bzw. Daily Scrum ist ein täglicher Austausch des Development Teams, um den Tag zu planen und Zusammenarbeit zu synchronisieren. Es findet zum gleichen Zeitpunkt am gleichen Ort statt, dauert 15 Minuten und wird im Stehen abgehalten (Stand-up Meeting). Das Development Team plant hier den Tag und checkt den Fortschritt, die Ziele und die Hindernisse anhand des Sprint Backlogs.

„Plane den Tag" bedeutet, das Development Team aktualisiert sein Sprint Backlog und spricht darüber, was an diesem Tag erreicht werden soll. Konkret kann man folgende Fragen beantworten:

- Was wollen wir heute erreichen? (Was ist das Ziel des Tages?)
- Was müssen wir dafür tun? (Was müssen wir dafür erledigen?)
- Wer macht was? (Wer übernimmt welche Aufgaben?)

Diese Fragen weichen von den üblichen Standardfragen ab. Die üblichen Fragen richten den Fokus stärker auf einzelne Personen und nicht auf die Interaktion des Scrum Teams: Was habe ich erledigt? Was mache ich heute? Was behindert mich?

Orientiert sich das Scrum Team am Tagesziel, erfasst es, was für das Ziel getan werden muss, und klärt es, wer was übernimmt, so entsteht ein guter Blick auf die notwendige gemeinsame Interaktion.

11.8.4.1 Einführung

Das Daily ist kein Status-Meeting. Es gehört dem Development Team. Product Owner und Scrum Master sollten sich im Hintergrund halten. Der Product Owner steht für Fragen bereit und informiert über neue Sachverhalte. Der Scrum Master moderiert. Stakeholder können zuhören, solange sie das Meeting nicht stören. Wenn das Development Team anteilig mehr zu Personen außerhalb des Development Teams spricht, dann ist das ein Indikator für eine Zweckverfehlung des Meetings.

Als Scrum Master achtet man darauf, dass die Kommunikation fließt, wichtige Details außerhalb des Meetings geklärt werden und das Development Team sein Sprint Backlog eigenständig aktualisiert.

11.8.4.2 Skalierung

In der Skalierung gibt es die beiden Ansätze, synchronisierte Dailies hinzuzufügen oder es nur bei den Team Dailies zu belassen.

LeSS verzichtet beispielsweise auf ein synchronisierendes Daily und setzt dafür auf das Verantwortungsbewusstsein der Teams, sich bei gemeinsamer Arbeit selbständig zu synchronisieren. Das wird beispielsweise durch eine gemeinsame Planung, Workshops innerhalb des Sprints oder durch das Entsenden von Teammitgliedern zu den Dailies der anderen Teams hergestellt.

Scrum of Scrum (SoS) und Nexus setzen auf ein gemeinsames Daily von Vertretern aus den Teams. Hierbei unterscheiden sich beide Ansätze im Zeitpunkt des gemeinsamen Dailys. Das gemeinsame Daily im Nexus wird vor den Team-Dailies abgehalten. Bei Scrum of Scrum findet das gemeinsame Daily nach den Dailies der Teams statt. Bei Nexus können Integrationsprobleme und übergreifende Infos direkt in die Team-Dailies getragen werden. Beim dem Scrum of Scrum Daily können

Probleme, Informationen und Hilfegesuche aus den Dailies der Teams in das gemeinsame Daily weitergetragen werden. In beiden Fällen muss der Rückkanal informell oder durch eigene Prozesse gestaltet werden.

Das gemeinsame Daily besuchen Teamvertreter. Diese Vertreter sollten einen guten Überblick über das eigene Team und Offenheit gegenüber einer kooperativen Zusammenarbeit mit den anderen Teams haben. Täglich den Vertreter zu wechseln und immer neue Ansprechpartner ohne Kontext in die gemeinsame Runde zu schicken, ist wenig zielführend. Ein Scrum Master ist kein Teamvertreter.

11.8.5 Review

Das Review ist der Kontrollpunkt für die empirische Prozesskontrolle. Hier gleicht das Scrum Team den Fortschritt mit dem Plan für den Sprint und gegenüber der Produkt-Roadmap ab. Zudem betrachtet man die Ergebnisse des Sprints und gleicht diese mit den Erwartungen ab. Man inspiziert, um Erkenntnisse zu erlangen, Risiken aufzudecken und den Fortschritt zu kontrollieren. Anhand der neuen Informationslage passt man die Entwicklung an und stabilisiert sie dadurch.

Im Review demonstriert das Development Team das potenziell auslieferungsfähige Produktinkrement. Den aktuellen Stand inspiziert das Scrum Team gemeinsam mit weiteren Stakeholdern oder Nutzern. Im Optimalfall können Nutzer das Produktinkrement selbst testen und stehen im Nachgang für Interviews oder Usability-Tests zur Verfügung.

11.8.5.1 Einführung

Führt man zum ersten Mal ein Review durch, sollte man darauf achten, dass vor dem Review alles abgeschlossen ist: Die Lieferung ist gebaut und steht auf einer Demonstrationsumgebung zur Verfügung. Das Sprint Backlog ist aktualisiert und aufgeräumt. Es ist klar, was geschafft wurde und was noch offen ist und wie mit den offenen Punkten umgegangen wird. Zudem ist die Velocity bestimmt, und man ist aussagefähig, was für den nächsten Sprint geplant wird. Man hat im Vorfeld bestimmt, wer aus dem Development Team das Produktinkrement demonstriert, und die Demo ist vorbereitet, durchgespielt, und es ist klar, was gezeigt werden kann und muss.

Die Agenda ist zusätzlich abgestimmt, die Aufteilung innerhalb des Scrum Teams klar, und die weiteren Teilnehmer sind darüber informiert, was sie erwarten können. Kommt niemand, dann wird das Review zur internen Standortbestimmung verwendet. Kommen harsche Kritik oder tiefer gehende Erkenntnisse bzw. Nachfragen im Review auf, dann verlegt man die Diskussion diesbezüglich auf den direkten Anschluss an das Review.

Ein Review sollte man nicht ausfallen lassen. Gerade wenn nichts zu zeigen ist, dann liegt ein deutlicher Bedarf vor, gemeinsam den aktuellen Stand zu inspizieren und zu benennen, was schiefgelaufen ist, und Gegenmaßnahmen einzuleiten.

11.8.5.2 Skalierung

In der Zusammenarbeit mit mehreren Teams wird das Review gemeinsam abgehalten. Hier nutzt man meist Formate, die einem Basar ähneln. Beispielsweise setzt man für jedes Team einen eigenen Stand zur Demo auf. Als weitere Option kann man jedes Team gestaffelt nacheinander demonstrieren lassen. Zudem kann man pro Team auch kleine Demo-Videos aufnehmen und an Stakeholder verteilen und kommentieren lassen.

11.8.6 Retrospektive

Die Retrospektive bildet den Abschluss des Sprints. Hier untersucht das Scrum Team gemeinsam den vergangenen Sprint auf Erfolge und Misserfolge. Man sucht nach Optimierungen in der Zusammenarbeit und stößt Veränderungsprozesse im Team und für die Organisation an.

Dabei betrachtet man zum einen das Lieferergebnis, zum anderen die Zusammenarbeit, die zum Ergebnis geführt hat. Das Gute möchte man benennen, konservieren und gegebenenfalls verstärken. Misserfolge, Hindernisse und Rückschläge möchte man ansprechen und Gegenmaßnahmen einleiten.

Jede Retrospektive zielt darauf ab, Erkenntnisse zwischen den Teilnehmern zu erzielen und sich bei aufkommenden Konflikten frühestmöglich auszusprechen. Konkrete Maßnahmen zur Verbesserung sind das Ergebnis einer Retrospektive. Da bei Scrum in kurzen Zyklen iteriert wird, kann man von Sprint zu Sprint mit Verbesserungen experimentieren. Diese Experimente können klein sein. Man untersucht die Experimente in ihrem Wirkungsgrad regelmäßig. Auch hier gilt „Inspect and Adapt". Liefert ein Experiment nicht das gewünschte Ergebnis, ändert man es.

Der *Scrum Guide* schreibt mittlerweile vor, dass jedes Scrum Team in der Retrospektive eine Verbesserung identifiziert, die im nächsten Sprint umgesetzt wird. Schafft man es nicht, eine Maßnahme zu identifizieren, so nimmt man die Lösungsfindung zur Bearbeitung mit in den Sprint.

11.8.6.1 Einführung

Die Retrospektive in Scrum ist die Lernschleife im Prozess. Setzt diese aus, fehlt dem Scrum Team ein wesentlicher Bestandteil zur eigenen Verbesserung und Kurskorrektur. Es ist wichtig, die Retrospektive relevant für die Teilnehmer zu halten und die vorgenommenen Verbesserungen umzusetzen.

Tritt keine der Verbesserungen ein, setzt man nichts um, redet man immer wieder über dieselben Dinge, ohne dass eine Konsequenz erfolgt, dann verliert man schnell die Motivation und Unterstützung des Scrum Teams. Statt erneut die gleichen Themen aufzunehmen, sollte man lieber die Zeit nutzen, um an den Problemen zu arbeiten.

11.8.6.2 Skalierung

Skaliert man Scrum, so skaliert man auch die Retrospektive. In den meisten Fällen schließt der Sprint mit den Retrospektiven der einzelnen Teams und einer darauffolgenden gemeinsamen Retrospektive aller Teams ab. An der gemeinsamen Retrospektive nehmen Vertreter der Teams teil. Es geht vor allem um die Zusammenarbeit am Produkt sowie um organisatorische Punkte, die den Teams Schmerzen bereiten.

Es gibt zudem das Prinzip der eingebetteten Retrospektive. Hier startet man mit einer gemeinsamen Retrospektive von beispielsweise Teamvertretern und identifiziert übergreifende Themen. Diese Themen werden dann in Teamretrospektiven vertieft. Danach führt man die unterschiedlichen Blickwinkel der Teams wieder mittels einer weiteren gemeinsamen Retrospektive zusammen und beschließt das weitere Vorgehen im nächsten Sprint auf der Ebene der Skalierung.

11.9 Allgemeines zur Einführung

Zu Beginn ist es wichtig, schnell lieferfähig zu werden. Wer regelmäßig liefert, der gewinnt Vertrauen. Wer regelmäßig nicht liefert, der hat einen defekten Scrum-Prozess. Dabei muss man als Scrum-Neuling nicht unmittelbar das Wichtigste liefern. Bedeutender ist es, die Fähigkeit aufzubauen, kontinuierlich jeden Sprint liefern zu können.

Außerdem ist es besser, mit gut bearbeitbaren Backlog Items in die ersten Sprints zu gehen, auch wenn diese nicht den höchsten Wert liefern. Mit blockierten Sprints zu starten, ist eine schlechte Idee.

11.10 Allgemeines zur Skalierung

Skalieren heißt, eine Zusammenarbeit über mehrere Teams hinweg aufzubauen. Der Bedarf liegt darin, dass der Durchsatz pro Zeit erhöht werden soll oder etwas so Großes entstehen muss, das mit einem Team alleine nicht machbar ist. Wenn man skaliert, dann bedeutet das im positiven Fall, dass tatsächlich mehr Arbeit parallel verrichtet werden kann. Dabei entsteht für gewöhnlich ein erhöhter Koordinationsaufwand zwischen den Teams. Skaliert man, so skaliert man auch alle Abhängigkeiten, die in der täglichen Arbeit existieren. Besonders stark spüren Teams das, wenn sie in technischer Abhängigkeit zueinanderstehen, denn diese skaliert man mit. Vor jeder Skalierung ist es daher ratsam, die Anzahl der Abhängigkeiten zu überprüfen und zu reduzieren.

Gängige Meinung ist, soweit möglich auf die Skalierung zu verzichten. Beispielsweise kann auch ein höherer Durchsatz dadurch erreicht werden, dass das Team in Summe professionalisiert wird, d. h., die Teammitglieder lernen, ihre Arbeit und die Arbeit anderer Mitglieder besser zu verrichten.

Kann auf eine Skalierung nicht verzichtet werden, dann gibt es mittlerweile eine große Anzahl an Skalierungs-Frameworks, aus denen gewählt werden kann. Die populären Frameworks sind: LeSS, Nexus, SAFe und Scrum of Scrum.

LeSS, Nexus und Scrum of Scrum sind eher leichtgewichtige Frameworks, die auf ein solides Scrum und die Empirie des Prozesses setzen. Der empirische Prozess und die kontinuierliche Verbesserung und Anpassung an die eigenen Umstände sind ein wesentlicher Gedanke bei Scrum und Agile.

SAFe ist ein umfassendes Framework, das viele Antworten bereithält. SAFe wird oft gewählt, um viele Fragen im Vorfeld zu beantworten und mit einem Baustein aus einem Framework zu versehen.

Die wichtigste Frage scheint zu sein: Was mache ich mit all den Menschen in den Positionen? Bei SAFe lässt sich das fast weiter eins zu eins zuweisen. Dadurch verändert man nur die Namen der Positionen, selten die Arbeitsweise. Erfahrungswissen ist gut, das Sicherheitsbedürfnis ist relevant. Wichtig ist hier, dass die Empirie von Scrum Erkenntnisse und Lernerfahrungen schafft, um Prozess und Zusammenarbeit zu verbessern. Dem sollte man offen gegenübertreten.

Wichtige Punkte in Kürze

- Wenn Sie Scrum einführen, dann führen Sie ein Framework ein. Scrum spannt einen Rahmen, der Zusammenarbeit untersuchbar und transparent macht. Darin liegen Stärke und Schwäche.
- Erkenntnisse während der Entwicklung einzuarbeiten und kurzfristig das zu planen, was wertvoll ist, sind wesentliche Stärken. Dazu kommt, dass die Entwicklung stabilisiert wird und alle wenige Wochen ein auslieferungsfertiges Ergebnis vorliegt. Der Preis für diese Dynamik ist ein stabiles Team, das interdisziplinär zusammenarbeitet. Das ist die Stabilität, die die Dynamik ermöglicht.
- In einem transparenten System wird klar, wer was leistet. Im Scrum Team kann das ein Problem darstellen, typischerweise unterstützen sich Teammitglieder jedoch. Ein Scrum Master achtet darauf, dass niemand ausgegrenzt wird. Schwieriger ist zumeist der Blick auf die Organisation. Ist diese veränderungsresistent, so wird einem Scrum Team schnell vor Augen geführt, wie wenig Verbesserung es selbst in der Hand hat und wie wenig die Organisation ein Interesse hat oder die Fähigkeit besitzt, etwas zum Besseren zu wenden. Aus einem schlechten Gefühl werden Fakten, mit denen schwerer umzugehen ist. Auch möchten nicht alle mit Scrum arbeiten, und das ist in Ordnung. Die Frage, wo diese Personen dann arbeiten, ist eine, mit der man sich vor der Einführung von Scrum beschäftigen sollte.
- Scrum bedeutet in der Skalierung die Einführung einer neuen Art der Produktentwicklung. Diese Form der Zusammenarbeit muss sich auch organisatorisch auswirken. Neben der bestehenden Organisation sollte man keine Organisationsschicht einführen, die stetig mit der ersten in Konkurrenz tritt. So verschwendet man Motivation, Zeit und Geld.
- Scrum ist einfach und bleibt doch für viele unerreicht. Im Mainstream wird das innewohnende Potenzial selten gehoben, zu viel wird im Vorfeld manipuliert, weggelassen und ohne dahinterliegende Prinzipien als Laientheater aufgeführt. Hinterfragen Sie häufig und bleiben Sie neugierig.

Literatur

Andresen, J. (2017): *Retrospektiven in agilen Projekten.* Carl Hanser, München

Adzic, G. (2012): *Impact Mapping. Making a big impact with software products and projects.* Provoking Thoughts, Woking

Gloger, B. (2014): *Wie schätzt man in agilen Projekten.* Carl Hanser, München

Gloger, B. (2016): *Scrum: Produkte zuverlässig und schnell entwickeln.* Carl Hanser, München

Gloger, B. (2017): *Scrum Think b!g.* Carl Hanser, München

Larman, C.; Vodde, B. (2009): *Scaling Lean & Agile Development.* Pearson Education, Boston

Larman, C.; Vodde, B. (2010): *Practices for Scaling Lean & Agile Development.* Pearson Education, Boston

Larman, C.; Vodde, B. (2016): *Large-Scale Scrum*. Addison-Wesley, Crawfordsville

Mathis, C. (2018): *SAFe – Das Scaled Agile Framework*. dpunkt.verlag, Heidelberg

Pichler, R. (2010): *Agile Product Development with Scrum*. Addison-Wesley, London

Pichler, R. (2016): *Strategize*. Pichler Consulting, London

Schwaber, K.; Sutherland, J. (2018): *The Scrum Guide*. http://www.scrumguides.org/. Abgerufen am 01.08.2018

12 Kanban – der alternative Pfad zu Agilität

Wolfgang Wiedenroth

Die Kanban-Methode ist neben Scrum die am weitesten verbreitete agile Methode. Dabei ist Kanban nicht als agile Methode für Teams konzipiert worden. Kanbans Fokus liegt auf dem System und der kontinuierlichen Verbesserung des Arbeitsflusses von Services in der Wissensarbeit. Das macht Kanban zu einer sehr flexiblen Methode, die auf alle Ebenen und Bereichen einer Organisation anwendbar ist.

> In diesem Beitrag erfahren Sie,
> - was die Kanban-Methode ist,
> - auf welcher Ebene der Organisation Kanban eingesetzt werden kann und
> - welche Wirkung auf der jeweiligen Ebene Kanban hat.

Vermutlich haben Sie schon einmal im Zusammenhang mit Toyota oder der Produktion von Gütern von Kanban gehört. Das folgende Kapitel handelt jedoch nicht über das von Taiichi Ohno bei Toyota eingeführte Kanban des Toyota-Produktionssystems (kurz TPS). Vielmehr geht es um die Kanban-Methode, wie sie David J. Anderson in seinem Buch *Kanban. Successful Evolutionary Change for Your Technology Business* beschrieben hat. Dieses Kanban wird im Bereich der Wissensarbeit angewendet. Ihr primäres Ziel ist die kontinuierliche Verbesserung von Services für deren Nutzer. Dafür bedient sich die Kanban-Methode zweier grundlegender Mechaniken, der Limitierung von paralleler Arbeit und des Pull-Prinzips aus dem Produktions-Kanban. Daher auch die Namensgleichheit.

Eine weitere häufige Assoziation, die man in Verbindung mit der Kanban-Methode hört, ist das Kanban Board. Das ist nicht verwunderlich, hängt das Board doch meist sehr zentral und für alle zugänglich an einem prominenten Ort. Hört man nun Kanban und sieht lediglich ein Board, ist es nur natürlich, dass man Kanban auf das Board bzw. die Visualisierung reduziert.

Das Kanban Board ist ein wichtiges Werkzeug von Kanban. Es hilft dabei, zu erkennen, wo sich Arbeit innerhalb des Systems befindet und wo es Probleme bei der Erledigung dieser Arbeit gibt. Mit anderen Worten, das Kanban Board hilft uns dabei, zu erkennen, wo der gleichmäßige Arbeitsfluss (Flow) in unserem System gestört ist. So lässt sich erkennen, wo der Service einem erhöhten Risiko ausgesetzt ist und damit Gefahr läuft, die Bedürfnisse und Erwartungen des Kunden nicht zu erfüllen.

Meist hat man auch schon länger so ein Gefühl, dass etwas nicht stimmt, oder man bekommt direktes Feedback in Form von Rückmeldungen oder Daten. Die Visualisierung auf dem Kanban Board hilft dabei, die Gründe dafür zu identifizieren. Mit der Erkenntnis, wo die Probleme zu finden sind, können dann gezielt Gegenmaßnahmen eingeleitet werden.

 Das Kanban Board funktioniert zuallererst als Analysetool, das die Probleme offenbart und Sie damit in die Lage versetzt, gezielt Einfluss zu nehmen.

Mit der neu gewonnenen Transparenz kann die Verbesserung beginnen. Denn dass der Service im Flow ist und entsprechend den Bedürfnissen und Erwartungen des Kunden liefert, ist keine Selbstverständlichkeit. Eine Visualisierung des Problems allein wird nicht helfen. Flow, die Balance zwischen den Anforderungen an das System und seiner Leistungsfähigkeit (vgl. Bild 12.1), muss aktiv herbeigeführt bzw. gemanagt werden. Die Denkweise der Kanban-Methode orientiert sich hier sehr stark an der des System Thinkings.

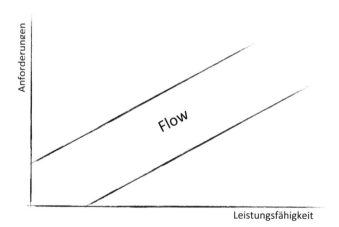

Bild 12.1 Flow wird erreicht, wenn Anforderungen und Leistungsfähigkeit des Service in Balance sind

Das System „Service" nimmt Arbeit an, verarbeitet diese den Anforderungen entsprechend und liefert das Ergebnis an den Kunden aus. Der Arbeitsfluss wird durch Rückkopplungsschleifen gesteuert, die nach zuvor festgelegten Regeln funktionieren. Diese Regeln werden mit jeder Schleife reflektiert und gegebenenfalls angepasst (vgl. Bild 12.2).

Solche Anpassungen können durch externe Einflüsse nötig werden, wenn sich z. B. Märkte oder Kundenanforderungen ändern. Es können aber auch interne Abhängigkeiten zwischen unterschiedlichen Services oder die Änderung der Unternehmensziele Einfluss auf die Regeln haben.

Was auch immer die Gründe sein mögen, die eine Änderung nötig machen, Änderungen werden immer als Safe-to-fail-Experimente eingeführt und, wie es sich für Experimente gehört, auch auf ihre Wirkung überprüft. Mit dem neu erlangten Wissen wird dann entschieden, ob das Experiment weitergeführt, verändert oder abgebrochen wird. So wird Stück für Stück dafür gesorgt, dass sich der Flow des Systems verbessert und damit der Service nachhaltig schneller und vorhersagbarer liefert. So kann ein Service sich auch Stück für Stück in Richtung agiler Arbeitsweise entwickeln.

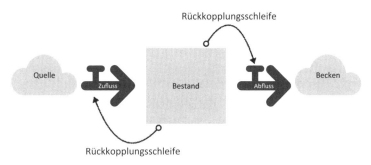

Bild 12.2 Die Elemente eines Systems (in Anlehnung an Meadows 2008)

Denn wie eingangs erwähnt ist Kanban erst einmal nicht Agile. Kanban überlässt es uns, ob wir uns am „Agilen Manifest" oder einem anderen Modell orientieren, um unseren Service zu verbessern. Das gewählte Modell muss dabei nicht immer das gleiche sein. Viel eher suchen wir in den verschiedenen Modellen Ideen für mögliche Lösungen zu einem identifizierten Problem. Das „Agile Manifest" kann aber auch als Vision dienen, der man sich annähern möchte. Ist das der Fall, würden Verbesserungen so gestaltet werden, dass sich die Arbeitsweise des Service immer weiter an die agilen Werte und Prinzipien annähert.

■ 12.1 Prinzipien und Praktiken

Kanban besitzt zwei Sätze Prinzipien. Dabei unterscheidet Kanban zwischen Veränderungsprinzipien und Serviceprinzipien. Die Veränderungsprinzipien beschreiben, wie Veränderung mit Kanban angegangen werden soll. Die Serviceprinzipien beschreiben wiederum, wo der Fokus des Service liegt und wie der Service gemanagt und verbessert werden soll. Gemeinsam beschreiben die Veränderungs- und Serviceprinzipien die Denkweise, die mit der Verwendung von Kanban einhergeht.

12.1.1 Veränderungsprinzipien

- *Beginne mit dem, was du gerade tust.*
  - *Verstehe die Prozesse, wie sie tatsächlich verwendet werden.*
  - *Respektiere Rollen, Verantwortlichkeiten und Job-Titel.*
- *Vereinbare, dass evolutionäre Veränderung verfolgt wird.*
- *Ermutige dazu, Leadership auf jeder Ebene der Organisation zu zeigen – vom einzelnen Mitarbeiter bis zum höheren Manager.*

Verstehe die Prozesse, wie sie tatsächlich verwendet werden

Bei Kanban beginnt jede Veränderung mit dem Verstehen der aktuellen Situation und Probleme. Bei der Einführung von Kanban wird zuerst der zu verbessernde Service identifiziert. Welche Anforderungen werden wie und wann an den Service gestellt? Hat der Service zu jeder Zeit genügend Leistungsfähigkeit? Wie sieht der Arbeitsfluss des Service aus? Welche Abhängigkeiten bzw. Risiken lassen sich hier identifizieren? Dabei ist es wichtig, dass nicht die eigene Wunschvorstellung, sondern der gelebte Ist-Zustand beschrieben und analysiert wird. Ein Verweis auf die Prozessbeschreibung reicht hier also nicht aus, denn die Wahrheit sieht meist doch ein wenig anders aus.

Respektiere Rollen, Verantwortlichkeiten und Job-Titel

Die verschiedenen Rollen, Verantwortlichkeiten und Job-Titel bleiben erst einmal unangetastet und verändern sich auch erst einmal nicht. So wird verhindert, dass Mitarbeiter vom Gefühl erfasst werden, sich gegen Veränderungen wehren zu müssen, weil sie um ihren sozialen Status fürchten. Jeder bleibt also erst einmal das, was er war, und erfüllt dieselben Tätigkeiten wie zuvor.

Kanban denkt also nicht von Beginn an in Lösungen, sondern will erst einmal die aktuelle Situation verstehen. Erst wird das System verstanden und danach werden dessen Probleme systemisch gelöst. Die Mitarbeiter und ihre Aufgaben werden initial nicht verändert. So versucht Kanban, für ein sicheres Umfeld für Mitarbeiter zu sorgen, um damit die Bereitschaft für Veränderungen zu erhöhen.

Vereinbare, dass evolutionäre Veränderung verfolgt wird

Das zweite Prinzip mag auf den ersten Blick etwas übertrieben klingen. Vielleicht fragen Sie sich, ob Sie mit jedem einzelnen Mitarbeiter sprechen und sich seine Zustimmung zur evolutionären Veränderung unterschreiben lassen sollen. Das sollen Sie natürlich nicht. Vielmehr geht es hier darum, dass allen Mitarbeitern bewusst ist, dass sich mit Kanban Dinge verändern werden. Diese Veränderungen werden jedoch nicht mit dem üblichen Big Bang eingeführt, sondern evolutionär, in kontinuierlichen kleinen Schritten. Diese Vorgehensweise hilft dabei, möglichst wenig Widerstand bei den Mitarbeitern den Veränderungen gegenüber zu erzeugen.

Die ersten beiden Prinzipien fordern uns also im Kern zum Verstehen und Mitnehmen auf. So erhöht sich die Chance, dass Veränderungen an den richtigen Stellen im System eingeführt werden und der Widerstand diesen Veränderungen gegenüber reduziert wird.

Sie können Ängste bzw. Widerstände gegenüber Veränderungen reduzieren, indem Sie eine neue Methode oder Vorgehensweise zusätzlich zur alten als zeitlich begrenztes Experiment einführen. Die Idee dahinter ist, dass niemandem etwas verloren geht und die neue Vorgehensweise sich parallel zur alten als die bessere beweisen kann. In der Kanban Community spricht man dabei auch von der „Eichhörnchen-Methode", angelehnt an das Grauhörnchen, das das europäische Eichhörnchen in manchen Teilen Europas über kurz oder lang verdrängt.

Ermutige dazu, Leadership auf jeder Ebene der Organisation zu zeigen – vom einzelnen Mitarbeiter bis zum höheren Manager

Das letzte Veränderungsprinzip ist eine klare Aufforderung, Mitarbeiter zu ermutigen, Führung zu übernehmen. Der Grund dafür liegt auch hier in dem Wunsch, die Wahrscheinlichkeit für erfolgreiche Veränderungen zu erhöhen.

Stellen Sie sich einfach vor, Mitarbeiter handeln in ihrem Verantwortungsbereich selbstorganisiert, übernehmen Führung, sobald ein Problem identifiziert wurde, und lösen es, solang es ihre Kompetenzen nicht übersteigt. In diesem Fall eskalieren sie das Problem an die nächste Führungskraft, und diese führt eine Lösung auf ihrer Ebene herbei. Für jedes Problem wird von und mit denjenigen eine Lösung gefunden, die von dem Problem betroffen sind. Vorbei sind die Zeiten, wo Mitarbeiter sich beim Kaffee über die letzte (wieder einmal) sinnlose Veränderung auslassen, weil ihre Führungskräfte nicht wissen, worin das eigentliche Problem besteht.

Die Idee dahinter ist simpel. Ihre Umsetzung ist es jedoch nicht. Dafür benötigt man erst mal einen klaren Auftrag. Dieser muss auf allen Ebenen kommuniziert und vor allem verstanden worden sein. Nur so können Mitarbeiter überhaupt feststellen und bewerten, ob es ein Problem gibt, und wenn ja, in welche Richtung eine Veränderung wirken muss. Damit Probleme dann auch transparent gemacht bzw. selbstorganisiert gelöst werden, muss kontinuierlich in eine vertrauensvolle und sichere Arbeitsumgebung investiert werden.

12.1.2 Serviceprinzipien

- *Verstehe die Bedürfnisse und Erwartungen deiner Kunden und fokussiere auf diese.*
- *Manage die Arbeit, lass die Menschen sich um sich selbst organisieren.*
- *Entwickle Strukturen, die den Service für deine Kunden und dich kontinuierlich verbessern.*

Verstehe die Bedürfnisse und Erwartungen deiner Kunden und fokussiere auf diese

Der Fokus auf Services erklärt sich aus der Anwendung von Kanban auf Wissensarbeit. Der Begriff Wissensarbeit bedeutet, dass Anforderungen nicht physisch produziert, sondern durch die Zusammenführung von relevanten Informationen gelöst werden. Das Ergebnis wird dann als Produkt oder Service dem Kunden zur Verfügung gestellt oder für die Produktion von physikalischen Gütern verwendet. Wissensarbeit ist also immer ein Service für jemanden oder etwas.

Ein Service besitzt also immer einen Kunden. Kunden wiederum haben Bedürfnisse und Erwartungen, die sie durch den Service erfüllt sehen wollen. Das Bedürfnis des Kunden kann mit dem zu erfüllenden Zweck gleichgesetzt werden, z. B. „Hunger stillen". Die Erwartungen beschreiben die bestimmenden Kriterien für die Auswahl eines Service, um den Zweck zu erfüllen. Für den Zweck „Hunger stillen" könnte das z. B. die Art und Zubereitung des Essens und dessen Liefer- bzw. Herstellungsgeschwindigkeit sein. Kanban bezeichnet diese Kriterien als Fitnesskriterien. Fitnesskriterien beschreiben, wann ein Service „Fit for Purpose" also zweckdienlich ist. Kanban geht davon aus, dass ein Service, der „Fit for Purpose" ist, immer wieder für diesen Zweck ausgewählt wird. Der Fokus auf Kundenbedürfnisse und -erwartungen ist jedoch nur der Anfang.

Manage die Arbeit, lass die Menschen sich um sich selbst organisieren

Das zweite Prinzip fordert zusätzlich dazu auf, die Erledigung von Anforderungen (Arbeit im System) aus Sicht des Kunden zu betrachten. Als Kunde möchte ich, dass meine Anforderungen möglichst schnell bzw. entsprechend meinen Erwartungen erledigt werden. Lange Wartezeiten, in denen sich meine Anforderungen nicht bewegen, sind nicht gewünscht. Wartezeiten im System lassen sich nur dann reduzieren, wenn es Mitarbeiter mit freier Kapazität gibt, die die Arbeit annehmen können. Kanban ist mehr daran gelegen, dass Arbeit im Flow ist, und weniger, dass Menschen voll ausgelastet sind.

Das Prinzip bedeutet, dass die Gestaltung des Systems und der Arbeit eine größere Rolle spielt als das Management der Mitarbeiter im System. „Command and Control" gehört mit Kanban der Vergangenheit an, und Führungskräfte müssen ihren Blick stärker auf das System lenken. Ein Change in der Art und Weise zu führen ist nicht zu unterschätzen.

Entwickle Strukturen, die den Service für deine Kunden und dich kontinuierlich verbessern

Kanban legt seinen Fokus auf die Verbesserung von Services. Dabei kann zwischen dem Service für den Endkunden und einem internen Service innerhalb der Organisation unterschieden werden.

Ein interner Service, üblicherweise in Form eines Teams oder einer Abteilung, der keinen Kundenkontakt hat, erhält und liefert Arbeit an einen oder mehrere andere interne Services (Teams). Anforderungen eines Kunden fließen von Team zu Team, bis die jeweilige Lösung komplett ist und ausgeliefert wird (Bild 12.3). Wie Arbeit durch die voneinander abhängigen Teams fließt, wird durch deren Regeln und Vereinbarungen bestimmt.

Diese Regeln und Vereinbarungen, die Unternehmensstruktur, gilt es zu entwickeln, kontinuierlich auf ihre Wirksamkeit zu überprüfen und bei Bedarf zu ändern. Die Veränderungen sollten sich dabei aber immer positiv auf das Unternehmen und den Kunden auswirken.

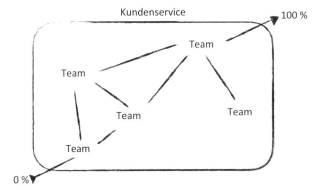

Bild 12.3 Die Erledigung einer Anforderung bzw. das Bereitstellen des Kundenservice erfordert meist mehr als nur ein Team

Wir können unseren Service verschenken bzw. kostenlos anbieten und unsere Mitarbeiter zu immer mehr Überstunden drängen, um die Erwartungen unserer Kunden zu erfüllen. Beides sind aber Strategien, die auf Dauer dem Unternehmen und seinen Mitarbeitern und infolgedessen unseren Kunden schaden. Die Fokussierung auf den Kunden ist wichtig für einen erfolgreichen Service. Veränderungen sollten aber immer mit Blick auf das Unternehmen und den Kunden geschehen.

12.1.3 Praktiken

- *Visualisiere.*
- *Limitiere die Menge paralleler Arbeit im System (Work in Progress, WiP).*
- *Manage den Arbeitsfluss.*
- *Mache Prozessregeln explizit.*
- *Implementiere Rückkopplungsschleifen.*
- *Erziele Verbesserung kollaborativ (unter Verwendung von Modellen und der wissenschaftlichen Methode).*

Die Menge an Prinzipien macht deutlich, wie viel Wert die Kanban-Methode auf die Denkweise legt. Die Denkweise allein wird aber keinen Service verändern geschweige denn fit für seinen Zweck werden lassen. Die Veränderung kommt erst mit der Einführung bzw. der Umsetzung konkreter Praktiken. Dabei unterscheiden sich die Kanban-Praktiken von denen anderer Methoden in zwei Dingen. Die Kanban-Praktiken müssen nicht in Reihenfolge und nicht komplett eingeführt werden. Vielmehr werden sie nach Art des identifizierten Problems angewendet. So werden Stück für Stück immer mehr Praktiken angewendet und wird deren Verwendung ausgebaut.

Vermute ich ein Problem, kann aber seinen Einfluss oder dessen Herkunft nicht bestimmen? Dann kann es helfen, das Problem zu visualisieren, um so zu verstehen, ob es überhaupt ein Problem gibt, und wenn ja, wie groß dessen Einfluss ist. Weiß keiner so recht, wie bestimmte Prozesse funktionieren, oder die Qualität schwankt stark, weil Aktivitäten unterschiedlich ausgeführt werden? Explizite Regeln können hier Klarheit und eine Grundlage für fokussierte Diskussionen schaffen. Gleiches gilt für Vereinbarungen zwischen Abteilungen oder Teams, zwischen denen Abhängigkeiten bestehen.

Ein weiterer Unterschied zu anderen Methoden besteht darin, dass die Praktiken viel Spielraum zulassen. Keine der Praktiken gibt Hinweise auf eine konkrete Umsetzung. Das kann Fluch und Segen zugleich sein. Ein Fluch, weil man sich die Lösung selbst erarbeiten muss und die Fülle an Optionen einen schnell überfordern kann. Ein Segen ist es, weil es einem die Freiheit gibt, spezifische Lösungen für das individuelle Problem zu finden und nicht auf irgendwessen Lösung zurückgreifen muss, die dann nur unter großen Schmerzen oder sogar gar nicht funktioniert.

Visualisiere

Das Kanban Board als Ergebnis der ersten Kanban-Praktik ist sehr wahrscheinlich die bekannteste Form der Umsetzung. Üblicherweise verbindet man mit der Praktik die Visualisierung des Workflows, der aktuellen Arbeit in Form von Karten und selten die Verwendung von Zeilen, um z. B. Services, Projekte, Kunden oder Produkte voneinander abzugrenzen. Das Visualisieren allein auf Spalten und Zeilen zu beschränken, wäre jedoch fahrlässig.

Egal ob Blockaden im Workflow, häufige Unterbrechungen durch vermeintlich kleine Aufgaben, um den Kollegen einen Gefallen zu tun, weil „Geht ja fix!", Abhängigkeiten zu anderen Services oder der aktuelle Fortschritt beim Versuch, Kopfmonopole abzubauen – eine entsprechende Visualisierung hilft dabei, diese Dinge transparent zu machen.

Die Visualisierung von Daten in Form von Tabellen hilft uns zudem dabei, die Fitness des Service zu bewerten. Fragen zur derzeitigen Liefergeschwindigkeiten bzw. der Time-to-Market, der Liefertreue oder der Qualität lassen sich viel leichter beantworten, wenn wir die Daten visualisiert als Balken oder Kurven statt in Form endloser Zahlenreihen betrachten.

Die gewonnene Transparenz über die aktuelle Situation oder den gemachten Fortschritt bzw. die vereinfachte Darstellung großer Datenmengen hilft dabei, Trends zu erkennen, ein gemeinsames Verständnis zu schaffen, um dann gezielt Entscheidungen treffen zu können. Eine gemeinsame, für alle nachvollziehbare Entscheidung erhöht die Chance auf Akzeptanz und damit den Erfolg einer Maßnahme. Deswegen sollte eine Visualisierung immer in Betracht gezogen werden.

 Visualisieren Sie alles das, was Ihnen hilft, das gemeinsame Verständnis der Situation zu stärken. Überprüfen Sie Visualisierungen auf ihren Nutzen. Hören Sie auf, Dinge zu visualisieren, die keinen Mehrwert schaffen. So vermeiden Sie, sich und Ihre Mitarbeiter mit unnötigen Informationen zu überfordern.

Limitiere die Menge paralleler Arbeit im System (Work in Progress, WiP)

Das Limitieren von paralleler Arbeit im System ist eine zentrale Praktik und Namensgeber der Kanban-Methode. Ein durch physikalisches oder virtuelles Kanban limitiertes System nennt man Kanban-System. Als Beispiel für physikalisches

Kanban können Sie sich einen handelsüblichen Toaster mit zwei Schlitzen vorstellen. Die Schlitze repräsentieren das (physikalischen) Kanban. Das „System Toaster" ist also auf zwei (Toast) limitiert. Wenn einer der Schlitze frei geworden ist, kann ein neuer Toast eingelegt werden.

In der Wissensarbeit ist der Service der Organisation das Äquivalent zum Toaster. Natürlich besitzt der Service keine Schlitze, in die wir Anforderungen einlegen. Aber auch für unseren Service können wir eine Anzahl von Kanbans festlegen, die bestimmen, wie viele Anforderungen parallel bearbeitet werden dürfen. In Verbindung mit einem Kanban Board wird die Anzahl von Kanbans meist als entsprechende Zahl visualisiert und als WiP-Limit bezeichnet (vgl. Bild 12.4). Die Zahl bzw. das WiP-Limit auf dem Board ist ein virtuelles Kanban, da es nicht physisch repräsentiert wird.

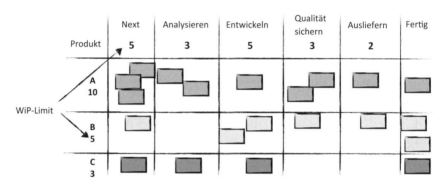

Bild 12.4 Work-in-Progress-Limits (WiP-Limits) begrenzen die Spalten und Swimlanes (horizontale Linien)

Ein weiteres Merkmal eines Kanban-Systems ist das Pull-Prinzip. Das Pull-Prinzip bedeutet nichts anderes, als dass Arbeit vom System bzw. den Mitarbeitern in das System gezogen (gepullt) wird und nicht von außen in das System geschoben (gepusht) wird. Das heißt, es muss erst eine erfüllte Anforderung das System verlassen und damit ein Kanban frei werden, damit eine neue Anforderung gezogen werden kann. Das Pull-Prinzip führt so zu einem selbstorganisierten System, das Arbeit nur dann annimmt, wenn die entsprechende Leistungsfähigkeit zur Verfügung steht.

Die Einführung eines Kanban-Systems hat zur Folge, dass man das System nicht mehr auf Auflastung optimiert, sondern auf den optimalen Durchsatz. Das heißt, die Ankunftsrate von Anforderungen wird tatsächlichen Auslieferungsraten (Durchsatz) des Systems angepasst. Dieser Paradigmenwechsel, weg von Ressourcenoptimierung hin zu Flussoptimierung, widerspricht jedoch allem, was man bis dato gelernt und gemacht hat. Das macht die Einführung von WiP-Limits meist schwierig, obwohl WiP-Limits genau für die Probleme eine Lösung sind, die man in der Wissensarbeit lösen möchte.

Die Limitierung von paralleler Arbeit im System sorgt z. B. für eine erhöhte Liefergeschwindigkeit. Das lässt sich am einfachsten mit dem Gesetz von Little aus der Warteschlangentheorie erklären. Das Gesetz von Little besagt, dass die durchschnittliche Menge (WiP) in einem stabilen System gleich dem Produkt aus der durchschnittlichen Ankunftsrate (Durchsatz) und der durchschnittlichen Verweildauer (Durchlaufzeit) dieser ist:

ØWiP = ØDurchsatz · ØDurchlaufzeit

Die durchschnittliche Durchlaufzeit für eine Anforderung in unserem Service ist also gleich die durchschnittliche Anzahl paralleler Anforderungen im Service (WiP) geteilt durch den durchschnittlichen Durchsatz des Service:

ØDurchlaufzeit = ØWiP : ØDurchsatz

Um die Geschwindigkeit unseres Service zu erhöhen bzw. die Durchlaufzeit zu reduzieren, kann man also entweder die parallele Arbeit reduzieren oder den Durchsatz erhöhen. Die Reduzierung des Work in Progress ist dabei die schnellere und kostengünstigere Maßnahme (Bild 12.5).

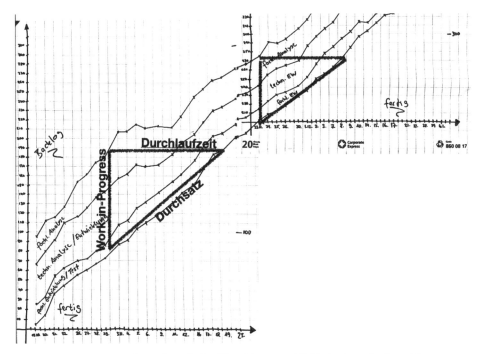

Bild 12.5 Foto eines echten Cumulative Flow Diagrams (CFD), in dem die Auswirkung von reduziertem Work in Progress auf die Durchlaufzeit gut zu sehen ist

Neben der erhöhten Liefergeschwindigkeit durch die Limitierung von paralleler Arbeit gibt es noch weitere Vorteile, die Auswirkungen auf Mitarbeiter und den Service haben:

- **Reduzierung von Multitasking**
  Die Reduzierung von Multitasking erhöht die Mitarbeiterzufriedenheit, indem es weniger oft zu Änderung in der Priorität kommt und damit ein fokussiertes Arbeiten ermöglicht. Gleichzeitig führt die Reduzierung paralleler Arbeit zu mehr Kollaboration zwischen Mitarbeitern und einer Entlastung dieser.

- **Erhöhte Termintreue**
  Die erhöhte Termintreue erreicht das Kanban-System durch die gleichbleibende Menge an Arbeit innerhalb des Systems. Denken Sie an das Gesetz von Little zurück und stellen Sie sich vor, die Menge an paralleler Arbeit würde kontinuierlich steigen. In dem Fall würde sich mit jedem weiteren Stück Arbeit die Durchlaufzeit erhöhen und eine Vorhersage unmöglich machen. Mit einem stabilen System (WiP) erhalten wir das Ergebnis in immer der gleichen durchschnittlichen Durchlaufzeit.

- **Erhöhte Qualität**
  Die erhöhte Qualität wiederum ist ein Resultat des Pull-Prinzips und der Limitierung von paralleler Arbeit, die in Kombination dafür sorgen, dass Mitarbeiter sich die Zeit nehmen können und dürfen, Anforderungen entsprechend den festgelegten Qualitätsmerkmalen zu erledigen, ohne Druck durch neu ankommende Arbeit zu erfahren.

Manage den Arbeitsfluss

Mit der Visualisierung des Workflows und der sich darin befindenden Arbeit und der Limitierung der gleichen lassen sich einige Vorteile erzielen. Damit das Kanban-System nicht zufällig die Bedürfnisse und Erwartungen des Kunden erfüllt, muss jedoch regelmäßig in die Pflege und Verbesserung des Workflows investiert werden. Dazu fordert die Praktik „Manage den Arbeitsfluss" auf.

Aus der Erklärung der vorherigen Praktik der Limitierung von paralleler Arbeit im System ist eventuell die Frage entstanden: „Was passiert, wenn mal doch eine neue dringende Anforderung gemacht werden muss und das Limit schon erreicht ist?" Ja, was passiert denn dann? Antworten auf genau solche Fragen zu finden ist das Ziel des Flussmanagements.

Die Antwort auf diese Frage beantwortet Kanban durch den Einsatz von sogenannten Serviceklassen. Serviceklassen beschreiben die Dringlichkeit einer Anforderung und wie diese behandelt werden soll. Serviceklassen werden vom Service bestimmt und sollten an die Bedürfnisse des Kunden angepasst werden. Ein Beispiel für Serviceklassen und die dazugehörigen Regeln finden Sie in Bild 12.6.

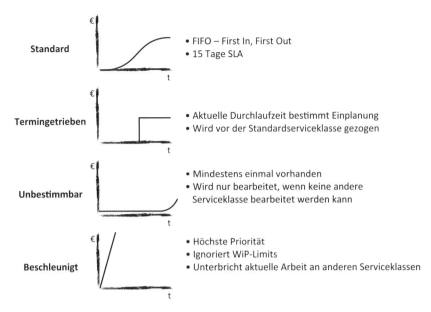

Bild 12.6 Serviceklassen nach Verzögerungskosten (Cost of Delay) und die dazugehörigen Pull-Regeln

 Bei der Verwendung von Serviceklassen sollte auf eine gesunde Mischung geachtet werden. Sorgen Sie dafür, dass auch einmal eine Verbesserung (Serviceklasse „Unbestimmbar") in das System gelangt, um so Verbesserungen zu fördern, die andernfalls hintenüberfallen würden. Limitieren Sie die Nutzung der Serviceklasse „Beschleunigt", da sonst das gesamte Kanban-System ausgehebelt wird. Am besten erarbeiten Sie die Serviceklassen gemeinsam mit Ihren Kunden.

Neben den Serviceklassen kann Arbeit sich auch in seiner Art unterscheiden. Hierfür verwendet Kanban den Begriff der Arbeitstypen. Arbeitstypen beschreiben die Art der zu erledigenden Arbeit und definieren den Workflow, der zu Erledigung der Arbeit nötig ist. Ein einfaches Beispiel für zwei Arbeitstypen sind zwei Anforderungen namens Kostenanalyse und Feature. Für die Kostenanalyse werden Aktivitäten wie „technische Machbarkeit prüfen", „Aufwand schätzen" und „Ergebnis vorstellen" notwendig sein. Für das Feature könnte der Workflow aus folgenden Aktivitäten bestehen: „planen", „programmieren", „Qualität sichern", „ausliefern".

Beide Arbeitstypen können von einem Service erledigt werden. Der Unterschied in den Workflows führt jedoch dazu, dass unter Umständen unterschiedliche Fähigkeiten und externe Services zur Erledigung benötigt werden. Das wiederum führt zu unterschiedlichen Durchlaufzeiten. Die Unterscheidung ermöglicht außerdem die Möglichkeit, Kapazitäten für den jeweiligen Arbeitstyp festzulegen.

Das Management des Arbeitsflusses beschränkt sich jedoch nicht nur auf die Einführung von Serviceklassen und Arbeitstypen. Das Entfernen von Blockaden im Workflow und das Design des Kanban-Systems zur erfolgreichen Fertigstellung der Arbeit gehören genauso dazu wie die Erarbeitung von Vereinbarungen mit zuarbeitenden Teams.

Mache Prozessregeln explizit

Explizite Prozessregeln sind extrem wichtig, um die Arbeit bzw. die Zusammenarbeit innerhalb des Systems zu steuern und nach außen dem Kunden klar zu kommunizieren, was er vom Service erwarten kann. Das macht die Diskussion und Einigung auf die Regeln einfacher und die Verbindlichkeit wahrscheinlicher. Gleichzeitig sorgt das explizit dafür, dass sich nicht funktionierende Regeln leichter identifizieren, diskutieren und am Ende verändern lassen.

Beispiele für Regeln und Vereinbarungen in einem Kanban-System sind

- WiP-Limits,
- Exit-Kriterien (wann eine Karte eine Aktivität verlassen darf),
- Ticket-Design,
- Serviceklassen und Arbeitstypen,
- Termine für Meetings,
- Service Level Agreement (SLA) mit Kunden und anderen Services,
- Eingangskriterien (welche Bedingungen erfüllt sein müssen, um in das Kanban-System zu dürfen),
- Mantra, wie z. B. „Stop Starting, Start Finishing".

 Hängen Sie die Regeln möglichst dort auf, wo sie verwendet werden. Exit-Kriterien können Sie beispielsweise über oder unter die jeweilige Aktivität schreiben. Machen Sie die Regeln möglichst einladend für Veränderungen. Schreiben Sie die Regeln beispielsweise handschriftlich auf Moderationskarten. Achten Sie außerdem darauf, dass die Menge an Regeln und Vereinbarungen nicht ausufert. Sie wollen keinesfalls ein Regelbuch, das dem Strafgesetzbuch Konkurrenz macht.

Implementiere Rückkopplungsschleifen

Bei der Erledigung von Anforderungen und der Zusammenarbeit mit Kunden und anderen Services erhalten wir eine große Menge an Informationen, die Probleme beschreiben. Zu einem großen Teil passiert dies über das Kanban Board. Persönliche Erfahrungen sind jedoch mindestens von gleicher Bedeutung, um den Service für den Kunden und die Organisation zu verbessern. Das Kanban Board ist in diesem Fall meist keine Hilfe. Doch egal, ob Probleme über das Kanban Board angezeigt oder von Menschen geteilt werden, die den Service bereitstellen oder nutzen, sie müssen verarbeitet werden.

Verarbeiten bedeutet, dass die Probleme analysiert und verstanden werden müssen, um aus dem Gelernten eine Veränderung entwickeln zu können, die zu einer Verbesserung des Service führt. Genau dafür fordert die Kanban-Methode die Einführung von Rückkopplungsschleifen. Eine Empfehlung liefert Kanban in Form der Kanban-Kadenzen (vgl. Bild 12.7).

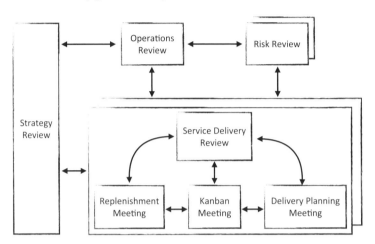

Bild 12.7 Die Kanban-Kadenzen

Die **Service-Delivery-Kadenzen** bestehen aus dem Replenishment Meeting, dem Kanban Meeting und dem Delivery Planning Meeting. Der Reihenfolge entsprechend sind sie zuständig für das Auffüllen (replenishen) des Kanban-Systems, die Erledigung der Arbeit und die Auslieferung der erfüllten Anforderungen.

Die **Improvement-Kadenzen** bestehen aus dem Service Delivery Review, dem Risk Review und dem Operations Review. Für einen Service sollte es immer ein Service Delivery Review und ein Risk Review geben. Im Service Delivery Review wird reflektiert, wie gut der Service für den Kunden funktioniert und was eventuell geändert werden muss. Im Risk Review werden Risiken, die die Service Delivery stören, identifiziert und entsprechende Lösungen erdacht. Das Operations Review wird notwendig, wenn es mehr als einen Service gibt und diese koordiniert werden müssen.

Im **Strategy Review** wird die aktuelle Strategie überprüft. Außerdem werden neue Erkenntnisse über den eigenen Markt und eventuelle Chancen reflektiert. Die daraus resultierenden Erkenntnisse fließen in die Strategie ein bzw. ändern diese. Diese Änderungen haben dann einen Einfluss auf die Services der Organisationen (Änderungen im Operations Review und im Service Delivery Review) und auf die Auswahl der Anforderungen (Replenishment Meeting).

Verstehen Sie die Kanban-Kadenzen nicht als Pflichtprogramm. Die Wahrscheinlichkeit ist hoch, dass Sie ähnliche Rückkopplungsschleifen schon in Ihrer Organisation durchführen und eine Änderung des Fokus dieser Meetings meist schon ausreicht.

Erziele Verbesserung kollaborativ (unter Verwendung von Modellen und der wissenschaftlichen Methode)

Die letzte Praktik ist zentral, wird aber dennoch häufig vernachlässigt. Im Grunde sagt sie nichts anderes aus, als dass Probleme gemeinsam, im Team, angegangen werden sollen. Das Problem soll von allen Beteiligten in Besitz genommen werden. Dazu ist es wichtig, dass es ein gemeinsames Verständnis davon gibt, wie die Dinge in einem Kanban-System funktionieren. So können Probleme gemeinsam verstanden werden. Lösungen zu den jeweiligen Problemen können dann gemeinsam erarbeitet werden, was wiederum die Chance auf eine Einigung erhöht. Modelle, wie z. B. die Engpasstheorie, können dabei helfen, dieses gemeinsame Verständnis zu fördern und Lösungen zu finden.

Der letzte Teil der Praktik fordert dazu auf, die wissenschaftlichen Methoden zu verwenden. Was bedeutet, dass Änderungen nicht einfach aus dem Bauch heraus gemacht werden sollen. Zugegeben, das funktioniert auch manchmal. Häufiger ist es aber so, dass man später nicht mehr weiß, welches Problem zu der Änderung geführt hat und was man damit erreichen wollte. Deswegen ist es wichtig, dass Änderungen strukturiert passieren. Ein einfaches Werkzeug hierzu ist beispielsweise der PDCA-Zyklus (vgl. Bild 12.8).

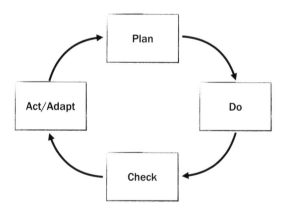

Bild 12.8 Der PDCA-Zyklus nach Walter E. Deming

12.2 Kanban im Einsatz

War Kanban anfangs noch hauptsächlich in der Softwareentwicklung und der IT zu finden, lassen sich heute unzählige Beispiele aus allen Bereichen der Wissensarbeit finden. Beispiele aus der Personalentwicklung, dem Marketing, von Anwaltskanzleien und Design von Vakuumtoiletten für Züge zeigen eindrucksvoll, wie flexibel Kanban eingesetzt werden kann. Dabei ist der Einsatz in diesen Bereichen absolut nicht überraschend oder ungewöhnlich, denn sie alle haben gemein, dass es sich um Services in der Wissensarbeit handelt.

Dabei ist Kanban nicht nur flexibel in der Anwendung verschiedener Branchen, sondern auch äußerst flexibel einsetzbar innerhalb der Organisation. Auf welcher Ebene der Organisation Kanban eingeführt werden kann und wie die zu erwartenden Vorteile aussehen, beschreibt Klaus Leopold in seinem Modell der Flight Levels (vgl. Bild 12.9).

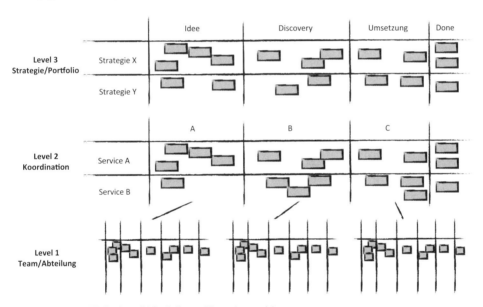

Bild 12.9 Das Flight-Level-Modell von Klaus Leopold

12.2.1 Kanban auf Team- und Abteilungsebene

Kanban auf der Ebene von Teams und Abteilungen bzw. der operativen Ebene macht vermutlich den Großteil aller Implementierungen aus. Das ist wenig verwunderlich, wird Kanban oft als „die andere agile Methode" neben Scrum gesehen und deswegen auf der Teamebene verortet. Obwohl Kanban keine typische Teammethode ist, kann es Teams und Abteilungen auf jeden Fall dabei helfen, ihren eigenen Service zu verbessern.

Insbesondere Probleme der Überlastung, der häufige Wechsel zwischen Anforderungen und das Auflösen von Wissensinseln lassen sich mit Kanban auf der operativen Ebene lösen. Das Ergebnis sind ein Service mit erhöhter Effizienz in der Abarbeitung von Anforderungen und zufriedenere Mitarbeiter.

Der Endkunde wird durch zufriedenere Mitarbeiter wahrscheinlich keinen Unterschied im Service feststellen und auch die Effizienzsteigerung wird nur eine geringe oder sogar gar keine spürbare Verbesserung für den Endkunden sein. Der Grund dafür liegt darin, dass ein Service meist nicht allein verantwortlich für die Umsetzung einer Kundenanforderung ist. Viel häufiger muss eine Anforderung eine Reihe von Services in der Organisation durchlaufen, die jeder für sich ein Stück zur Lösung beitragen. Selbst dann, wenn wir davon ausgehen, dass jeder einzelne Service in der Kette hocheffizient arbeitet, wird der Kunde nur wenig davon spüren. Denn der größte Teil der Kundendurchlaufzeit, also der gemessenen Zeit von der Beauftragung bis zur Auslieferung an den Kunden, besteht nicht aus Arbeitszeit, sondern Wartezeit.

Hier sind Kanban auf der Teamebene Grenzen gesetzt. Denn die Wartezeit zwischen zwei Services lässt sich nur verringern, wenn die Arbeit zwischen beiden Systemen koordiniert wird. Hier kann ein Kanban-System auf Flight Level 2 helfen.

12.2.2 Kanban zur Koordination

Auf Flight Level 2 verlassen wir die operative Ebene und nehmen einen ganzheitlichen Blick ein. Dieser umfasst nun nicht mehr nur ein einzelnes Team, sondern den gesamten Workflow einer Anforderung. Das heißt alle Services von der Entstehung einer Anforderung bis zu ihrer Auslieferung.

Auf dieser Ebene visualisieren und limitieren wir nicht mehr einzelne Aufgaben für die Teams, sondern die Anforderungen, die zur Erfüllung einer Strategie nötig sind oder Wert für den Kunden liefern. Das heißt, jede Karte, die das Ende des Workflows erreicht, liefert einen echten Mehrwert für den Endkunden.

Ein Kanban-System auf Flight Level 2 ermöglicht eine sehr viel schnellere Absprache zwischen Teams und erhöht damit die Wahrscheinlichkeit, dass eventuelle Abhängigkeiten früher erkannt und kurzfristig aufgelöst werden können. So können die Wartezeiten für die Kundenanforderungen reduziert werden, und die damit verbundene Effizienzsteigerung kommt tatsächlich beim Endkunden an.

Zusätzlich sorgt die Limitierung auf wenige Anforderungen für eine intensivere Kollaboration zwischen Teams und einen Zwang, sich auf wenige gemeinsame

Ziele zu einigen. Das Kanban-System verhindert, dass sich Projekte oder Anforderungen gegenseitig die Kapazitäten nehmen und Mitarbeiter andauernd zwischen den Anforderungen hin und her wechseln müssen.

Die Entscheidung, welche Arbeit in das Kanban-System auf Flight Level 2 gelangt, wird jedoch noch eine Ebene darüber getroffen.

12.2.3 Kanban auf Portfolio-Ebene

Kanban kann auch auf der Portfolio-Ebene eingesetzt werden. Mit einem sogenannten Portfolio-Kanban-Board werden die verschiedenen Projekte und Produkte visualisiert. Genauer wird alles das visualisiert, was in irgendeiner Art und Weise Kapazitäten bindet oder erfordern wird.

Durch die Visualisierung hilft das Portfolio-Board dabei, den Überblick zu behalten und eine fokussierte Diskussion zu führen. Die Limitierung der Initiativen sorgt zusätzlich dafür, dass bewusster mit Kapazitäten umgegangen wird, und zwingt dazu, sich mit dem Mehrwert von Initiativen auseinanderzusetzen, da nicht mehr willkürlich alles zur gleichen Zeit gestartet werden kann.

 Führen Sie Kanban möglichst auf Flight Level 3 oder 2 ein. Die Limitierung bzw. Reduzierung des Work in Progress auf diesen Ebenen wird sich über kurz oder lang auch auf die darunter liegenden Ebenen auswirken, und Sie sparen sich die Arbeit mit mehreren einzelnen Teams.

12.2.4 Kanbans drei Agenden

Egal, auf welcher Ebene Sie mit Kanban beginnen, Sie werden zu Beginn mit sich selbst beschäftigt sein. Das ist überhaupt nicht schlimm, und Kanban hat dafür sogar einen Namen bzw. drei Agenden, die dabei helfen, zu verstehen, wo man sich gerade befindet und wo die Reise noch hingehen kann, und zwar die Nachhaltigkeitsagenda, Agenda der Serviceorientierung und Agenda der Überlebensfähigkeit.

Bei der *Nachhaltigkeitsagenda* dreht sich noch alles um einen selbst. Das Ziel der Nachhaltigkeitsagenda ist es, ein nachhaltiges System zu schaffen, in dem sich Mitarbeiter wohlfühlen und regelmäßig Arbeit fertiggestellt wird. Erst mit der *Agenda der Serviceorientierung* beginnt sich der Fokus von innen nach außen auf den Kunden zu ändern. Jetzt wird daran gearbeitet, das System so aufzustellen, dass es nicht nur nachhaltig irgendetwas liefern kann, sondern dass es entsprechend den Bedürfnissen und Erwartungen des Kunden liefert. Die *Agenda der*

Überlebensfähigkeit ist die logische Fortsetzung der Serviceorientierung auf das gesamte Unternehmen. Die Idee dahinter ist, dass das Unternehmen in die Lage versetzt wird, jede Änderung am Markt registrieren und damit notwendig gewordene Anpassungen an Services ohne großen Aufwand durchführen zu können.

Wichtige Punkte in Kürze

- Kanban steht nicht mit Scrum in einer Reihe agiler Methoden.
- Kanban beschränkt sich nicht nur auf den Einsatz in der Softwareentwicklung oder IT, sondern kann in allen Bereichen der Wissensarbeit eingesetzt werden.
- Kanban kann zur Optimierung einzelner Teams, zur Koordinierung von Arbeit zwischen Teams und für das Management des Portfolios verwendet werden.
- Die Einführung von Kanban sollte möglichst auf Flight Level 2 oder 3 geschehen, da sich Entscheidungen auf diesen Ebenen auch auf die darunter liegenden Ebenen auswirken.

Literatur

Anderson, D. J.; Roock, A.; Wolf, H. (2011): *Kanban. Evolutionäres Change Management für IT-Organisationen.* dpunkt.verlag, Heidelberg

Burrows, M.; Eisenberg, F.; Wiedenroth, W. (2015): *Kanban. Verstehen, Einführen, Anwenden.* dpunkt. verlag, Heidelberg

Goldratt, E. M. (2014): *The Goal. A Process of Ongoing Improve.* North River Press, Great Barrington

Leopold, K. (2018): *Kanban in der IT. Eine Kultur der kontinuierlichen Veränderung schaffen.* Hanser, München

Meadows, D. H. (2008): *Thinking in Systems. A Primer.* Chelsea Green Publishing, White River Junction

Reinertsen, D. G. (2012): *The Principles of Product Development Flow. Second Generation Lean Product Development.* Celeritas Publishing, Redondo Beach

13 Agiles Projektmanagement – alt und neu kombiniert

Sabine Herr und Magdalena Richtarski

Agiles Projektmanagement ist die Adaption agiler Prinzipien und Herangehensweisen auf Projekte, die in komplexen Umfeldern stattfinden. Es zeichnet sich im Gegensatz zum klassischen Projektmanagement durch kürzere Arbeitszyklen, Kollaborationsförderung, Effizienzsteigerung und Flexibilität aus. Durch fortwährende zyklische Überprüfung und Anpassung wird eine kontinuierliche Verbesserung gefördert und ein schnelles Reagieren auf veränderte Rahmenbedingungen ermöglicht.

> Dieser Beitrag über agiles Projektmanagement gibt Antworten auf folgende Fragen:
> - Wann ist es sinnvoll, Projekte agil zu organisieren?
> - Welche Voraussetzungen müssen für agiles Arbeiten in Projekten erfüllt sein?
> - Was unterscheidet agiles von klassischem Projektmanagement?
> - Wie wichtig sind die drei Säulen „Vision", „inkrementell und iterativ" und „Selbstorganisation" für einen erfolgreichen Projektablauf?
> - Welche Rolle spielt Führung im agilen Arbeitsumfeld?

In den 1980er-Jahren war die Informationstechnologie mehr und mehr auf dem Vormarsch, und computergestützte Systeme etablierten sich in verschiedensten Bereichen. Der Bedarf an moderner Software stieg stetig, und die vorhandenen, unflexiblen Prozesse machten es schwer, die gestiegenen Anforderungen zu erfüllen. Aus dieser Unzufriedenheit heraus entwickelten sich neue, flexible Arbeitsmethoden, die eine effizientere Softwareentwicklung ermöglichten. Als Basis für dieses agile Arbeiten kristallisierten sich eine starke Wertorientierung und ein Fokus auf bestimmte Prinzipien heraus, die 2001 im sogenannten „Agilen Manifest" niedergeschrieben wurden (vgl. Beck et al. 2001).

Seit ihrer Entstehung sind agile Arbeitsmethoden aus der IT- und Softwarebranche nicht mehr wegzudenken. Durch die immer komplexer und unvorhersehbarer gewordenen Rahmenbedingungen in vielen Märkten und durch die Verschmelzung von neuen Technologien mit klassischen Branchen kommt agiles Projektmanagement auch im Maschinenbau, der Automobilindustrie, bei Versicherungen, Banken und in großen Konzernen vermehrt zur Anwendung. Inzwischen interessieren sich auch Geschäftsfelder aus den Bereichen Marketing, HR und Vertrieb immer mehr für die flexiblen Arbeitsmethoden des agilen Projektmanagements.

Einer der Vorteile, Projekte mit agilen Methoden und einem agilen Mindset umzusetzen, liegt darin, dass sich das Team im Projektablauf kontinuierlich verbessern kann, indem die während des Projekts gewonnenen Erkenntnisse direkt in das Projekt einfließen. Dies wird systematisch mithilfe verschiedener Tools und Frameworks (z. B. Scrum oder Kanban) umgesetzt. Durch diese anpassbare Planung und die schrittweise Ausdifferenzierung des Projekts lassen sich einzelne Projektschritte flexibler an veränderte Rahmenbedingungen anpassen. Auch agiles Projektmanagement funktioniert nicht ohne gemeinsame Ziele.

Essenziell für den Erfolg und somit die Basis für agile Projekte sind: eine klare Vision, selbstorganisiertes Arbeiten und eine iterativ-inkrementelle Vorgehensweise im Projekt.

Doch wann genau ist es jetzt sinnvoll, agile Arbeitsmethoden anzuwenden? Um besser bewerten zu können, ob ein Projekt oder Vorhaben dazu geeignet ist, agil durchgeführt zu werden, sollten folgende Kriterien geprüft werden:

- Können die Projektanforderungen aktuell nur vage beschrieben werden?
- Sind die Projektanforderungen derart durch Veränderungen getrieben, dass eine ständige Anpassung der Anforderungen erfolgen muss?
- Zeichnet sich das Projekt durch ein komplexes Ziel aus?
- Ist zum Projektstart noch nicht klar, was das Endprodukt sein soll?
- Müssen aufgrund von Marktbedingungen schnell Ergebnisse geliefert werden?

Wenn ein Großteil dieser Fragen mit „Ja" beantworten werden kann, ist das Projekt gut geeignet, mit agilem Projektmanagement umgesetzt zu werden.

Agiles Projektmanagement bewährt sich vor allem dann, wenn Projekte durch ein hohes Maß an Variablen und Unbekannten gekennzeichnet sind, da durch kürzere Umsetzungszyklen immer wieder auf Veränderungen reagiert werden kann. Diese Anpassungsfähigkeit trägt durch seine Marktorientierung sowohl zur höheren Kundenzufriedenheit als auch zur Risikominimierung bei. Ein Scheitern des Gesamtprojekts wird unwahrscheinlicher.

13.1 Klassisches Projektmanagement vs. agiles Projektmanagement – eine Gegenüberstellung

Worin genau unterscheiden sich nun agiles und klassisches Projektmanagement? Erst mal ist festzuhalten, wodurch sich ein Projekt definiert:

Ein Projekt definiert sich durch die Faktoren:

- Umfang, Inhalt und Qualität der Projektergebnisse,
- Aufwand/Kosten,
- Zeit: Projektdauer und Termine.

Diese Definition ist für alle Projekte gleich, unabhängig davon, ob das Projektmanagement agil oder klassisch durchgeführt wird. Der Unterschied zwischen beiden Methoden liegt in der festen Definition der Faktoren (Tabelle 13.1). So ist das Projektmanagement der agilen Vorgehensweise durch den Geschäftswert gesteuert. Der Umfang ist variabel, wobei die Faktoren Zeit und Aufwand fest definiert sind. Im klassischen Projektmanagement hingegen ist dieses Verhältnis umgekehrt. Der Umfang ist fest definiert, wobei Zeit und Aufwand variable Faktoren darstellen. Besonders anschaulich wird dies im „magischen Dreieck des Projektmanagements" (vgl. Bild 13.1).

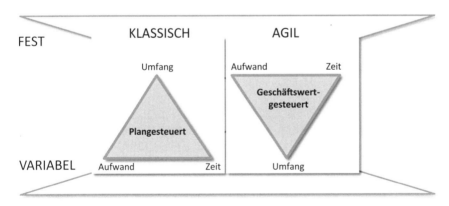

Bild 13.1 Schematische Darstellung klassisches vs. agiles Projektmanagement (frei gestaltet nach https://www.microtool.de/was-ist-agiles-projektmanagement/)

Tabelle 13.1 Klassisches vs. agiles Projektmanagement

Klassisches Projektmanagement	Agiles Projektmanagement
Umfang ist definiert, Zeit und Aufwand sind variabel	Zeit und Aufwand sind definiert, Umfang ist variabel
Plangesteuert	Geschäftswertgesteuert
Vorgehensweise ist linear und erfolgt in genau definierten Schritten	Vorgehensweise ist iterativ, die Länge der Iterationen ist definiert, in einer Iteration werden mehrere Schritte wiederholt
Der Prozess ist vorab genau definiert	Der Prozess wird stetig überprüft, angepasst und verbessert
Stakeholder haben zu Beginn des Projekts den größten Einfluss	Der Einfluss von Stakeholdern ist gleichbleibend
Die Anforderungserhebung erfolgt zu Beginn des Projekts	Zu Beginn des Projekts werden am Geschäftswert orientierte Ziele definiert, Anforderungen werden durchgehend definiert und angepasst
Das Projektergebnis wird am Ende des Projekts geliefert und bewertet	Teilergebnisse werden wiederholt geliefert und bewertet, die Bewertung fließt in folgende Iterationen ein
Die Verantwortung für das Projekt wird nur von einer Person getragen – dem Projektmanager	Das interdisziplinäre Projektteam organisiert sich selbst
Hohe Planungssicherheit bei gleichzeitig hohem Risiko des Projektmisserfolgs	Geringe Vorhersagbarkeit des genauen Projektergebnisses, Risikominimierung durch hohe Flexibilität
Arbeiten in abgegrenzten Silos	Arbeiten in einem interdisziplinären Team

Ein signifikanter Vorteil des agilen Projektmanagements ist der starke Einbezug des Kunden/Auftraggebers in den gesamten Prozess. Durch kurze Feedbackzyklen entstehen Transparenz und die Möglichkeit für den Kunden/Auftraggeber, direkt auf die einzelnen Arbeitsschritte Einfluss zu nehmen (sogenanntes Scope Management). Die Arbeitsweise in agilen Projekten fußt auf einem gemeinsamen Verständnis des Zielbildes und spiegelt sich in einer Zusammenarbeit auf Augenhöhe wider, die oftmals von klassischen Dienstleister-Auftraggeber-Beziehungen abweicht. Das transparente, iterative Vorgehen hilft aber auch dem Umsetzungsteam, zielführend zu arbeiten. Die Arbeitsweise im agilen Projektmanagement beruht auf dem Prinzip des „Value-Driven Project Management", d. h., der Nutzen jeder einzelnen Anforderung steht im Vordergrund und nicht die Erfüllung eines Plans (vgl. Narayan 2015). Durch eine auf die Wertschöpfung fokussierte Arbeitsweise kann das Team aus vorangegangenen Iterationen lernen und das Gelernte für die nächsten Schritte nutzen.

Im Vergleich zu klassischem Projektmanagement bedeutet agiles Projektmanagement, anders an Projekte und deren Umsetzung heranzugehen. Dies erfordert in vielerlei Hinsicht nicht nur ein Umdenken, sondern vielmehr auch einen Perspektivwechsel im Hinblick auf Projekte, Arbeit und Rollen.

Worin besteht dieser Perspektivwechsel genau? Der Perspektivwechsel beginnt schon ganz zu Beginn, im Aufbau eines Projekts. Die Zusammenarbeit des Projektteams beginnt hier schon viel früher. Die Vision, aus der sich später die auch im agilen Arbeiten festgelegten Ziele ableiten, wird im Idealfall gemeinsam erarbeitet und mithilfe von Tools wie beispielsweise dem Impact Mapping wiederum gemeinsam zur Strategie entwickelt.

Vision, Ziele und Strategie sind wichtige erste Rädchen, um den Erfolg eines Projekts sicherzustellen. Darüber hinaus bilden die iterativ-inkrementelle Vorgehensweise und das häufig in crossfunktionalen Teams aufgestellte, selbstorganisierte Arbeiten die Grundvoraussetzungen für die gelungene Anwendung agiler Arbeitsmethoden.

13.2 Vision und Ziele

„Wenn du ein Schiff bauen willst, dann trommle nicht Männer zusammen, um Holz zu beschaffen, Aufgaben zu vergeben und die Arbeit einzuteilen, sondern lehre die Männer die Sehnsucht nach dem weiten, endlosen Meer."

Antoine de Saint-Exupéry (1969)

Dieses Zitat des berühmten Schriftstellers Antoine de Saint-Exupéry veranschaulicht den Sinn einer Vision. Eine Vision bietet eine Orientierung an langfristigen Zielen und eine einfache und effektive Möglichkeit, zu motivieren. Dies gilt für die Schiffsbauer genauso wie für die Organisationsmitglieder heutiger Projekte. Die Orientierung an einer gemeinsamen Vision hilft, Prioritäten innerhalb der verschiedenen Aufgabenstellungen im Unternehmen zu setzen.

Agiles Projektmanagement ist visions- statt plangetrieben. In agil aufgesetzten Projekten ist der genaue Scope häufig, aufgrund einer hohen Komplexität, nicht von Beginn an klar. Daher ist es besonders wichtig, den Lösungsraum offenzulassen, um nicht vorschnell in einen Lösungsmodus zu verfallen, obwohl die Problemstellung noch gar nicht allumfänglich bekannt ist. Die Vision unterstützt den Ansatz, Lösungen offenzulassen und dabei dennoch eine klare Ausrichtung zu verfolgen.

13.2.1 Warum eine klare Vision wichtig ist

„Eine Vision ohne Handeln ist ein Tagtraum. Handeln ohne Vision ist ein Albtraum."

Japanisches Sprichwort

Dieses japanische Sprichwort unterstreicht die Wichtigkeit der Vision als Orientierung für das gemeinsame Arbeiten. Projekte können nur dann gelingen, wenn alle Beteiligten motiviert sind, sich mit dem Projekt identifizieren und genau wissen, was mit dem Projekt erreicht werden soll. Das gilt für klassisch organisierte, in höherem Maße aber für agil organisierte Projekte. Denn agiles Projektmanagement ist ergebnisoffener, d. h., zu Beginn des Projekts ist häufig das konkret erwartete Projektergebnis noch nicht bekannt und die Planung differenzierter Lösungen nicht vorgesehen.

Daher ist die Vision ein signifikanter Baustein für das sogenannte „Commitment" aller am Projekt Beteiligten. Nur wenn alle ein gemeinsames Verständnis davon haben, worin die Intention des Projekts liegt, welche positive Veränderung das Ergebnis für den Kunden bedeutet und welche Geschäftsziele erreicht werden sollen, können alle motiviert und selbstorganisiert an dem Projekt arbeiten.

Eine klare Vision, die entweder für das Projekt alleine steht oder an die Unternehmensvision angelehnt ist, ist also zwingend notwendig. Sie ist das übergreifende und zukunftsorientierte Ziel, aus dem sich die konkreteren Geschäfts- bzw. strategischen Ziele ableiten.

Unternehmensvision von VAUDE

„Als nachhaltigster Outdoor-Ausrüster Europas leisten wir einen Beitrag zu einer lebenswerten Welt, damit Menschen von morgen die Natur mit gutem Gewissen genießen können. Wir setzen weltweit Zeichen und Standards in Sachen Nachhaltigkeit."

(Quelle: *https://nachhaltigkeitsbericht.vaude.com/gri/vaude/integrierte-nachhaltigkeitsstrategie.php*)

13.2.2 Was eine Vision erreichen kann

Sinn stiften und fokussieren

Eine klare Vision wirkt als verbindende Kraft und wirkt sich positiv auf die Effektivität eines Projekts aus. Eine von allen Projektbeteiligten geteilte Vision bringt die Mitarbeiter zusammen; sie fokussieren sich auf ein gemeinsames Ziel.

Die Vision sollte idealerweise von allen Beteiligten gemeinsam erarbeitet werden, dies hilft, entscheidend den Ergebniserfolg sicherzustellen, da die gemeinsam erarbeitete Version wichtiger ist als eventuelle singuläre Ziele einzelner Akteure. Die Kernfragen bei der Visionsentwicklung sind: Was ist die Motivation der Beteiligten, an dem Projekt oder Produkt zu arbeiten? Was soll den Kunden des Projekts ermöglicht werden?

Die richtigen Entscheidungen treffen

In einem Projekt sinnvolle Entscheidungen zu treffen ist dann einfach, wenn die Projektziele klar und bekannt sind. Eine Vision dient dabei als Richtschnur für das Handeln und die Entscheidungsfindung der Projektbeteiligten. Sie richtet alle Handlungen aus, indem sie allen Beteiligten dabei hilft, ständig zu hinterfragen, ob und wie das, was sie tun, auf die Vision und letztlich die Ziele des Projekts einzahlt. So schafft eine Vision Orientierung und hilft, den Fokus des Projekts zu bewahren.

Für Führungskräfte ist es dabei wichtig, im Blick zu behalten, dass eine Vision lebendig ist. Sobald sich im Projektverlauf neue Erkenntnisse zeigen, die eine Auswirkung auf die Vision haben, muss sie überarbeitet werden. Eine besondere Relevanz hat diese Orientierung, um Prozesse der Selbstorganisation zu ermöglichen.

Motivieren und inspirieren

„If you are working on something exciting that you really care about, you don't have to be pushed. The vision pulls you."

Steve Jobs (quotefancy.com)

Mit jedem Projekt sollen die besten Ergebnisse erreicht werden. Engagierte und inspirierte Mitarbeiter tragen maßgeblich zum Erfolg eines Projekts bei. Eine gute Vision ist attraktiv – sie hat, wie Steve Jobs es beschreibt, einen „Pull-Effekt". Sie lässt dabei Freiraum für kreative Lösungen und Innovationen, weil sie diese nicht vorgibt und beschreibt, sondern das übergreifende Ziel verdeutlicht. Eine solche Vision kann begeistern und motivieren, sie weckt das Potenzial, unterschiedliche Ideen und Strategien zu entwickeln. Wer von einer Vision begeistert ist, wird sich wesentlich mehr für eine gelungene Umsetzung engagieren als jemand, der wenig Sinn in einem Projekt sieht.

13.2.3 Eine Vision ist keine Strategie

Eine Vision ist nicht zu verwechseln mit dem tatsächlichen Projektergebnis, einem Produkt oder den Geschäftszielen. Vielmehr wird darin die Intention hinter dem Projekt oder Produkt zusammengefasst und der Mehrwert für die Kunden beschrieben. Wie im Beispiel von VAUDE: Mit seinen Produkten möchte das Unternehmen dazu beitragen, dass Menschen auch in Zukunft die Natur genießen können. In der

Vision sind nicht spezifische Produkte festgehalten, sondern der Mehrwert für den Menschen und die Umwelt. Zugleich bietet diese Vision durch die Ausrichtung auf Nachhaltigkeit eine klare Orientierung, aus der sich Strategien ableiten lassen.

Die Vision ist also der Anreiz, ein Projekt umzusetzen, das Projekt dagegen ist der Weg, das übergreifende Ziel der Vision zu erreichen. Die Umsetzung der Vision ist die Strategie. Geschäftsziele gehören demzufolge zur Strategie und sind keine Vision.

In vielen Unternehmen wird das häufig verwechselt – klare Geschäftsziele sind wichtig, aber werden diese nicht von einer sinnstiftenden Vision getragen, fehlt den Mitarbeitern, die solche Ziele oder Teilziele erreichen sollen, oft das Verständnis für die eigentliche Motivation dahinter.

Das Product Vision Board von Roman Pichler ist ein einfaches Tool, das bei der Erstellung einer Produktvision unterstützt. In dem Board werden die Vision, die Zielgruppe(n), das Wertversprechen (Value Proposition), die Kernfunktionen des Produkts sowie die Geschäftsziele, auf die das Produkt einzahlt, kurz und präzise zusammengefasst.
(Quelle: *http://www.romanpichler.com/blog/the-product-vision-board/*)

13.2.4 Von der Vision zur Strategie mit einem agilen Ansatz – Ziele definieren mit Impact Mapping

Wie gelingt es nun, die gemeinsam erarbeitete Vision in strategische Ziele und Maßnahmen zu übersetzen? In agilen Arbeitsumfeldern hat sich das von Gojko Adzic entwickelte Impact Mapping als strategische Planungsmethode etabliert. Kern dieser Methode ist es, zu hinterfragen, welche Auswirkungen bestimmte Lösungen haben:

> „Impact mapping helps to reduce waste by preventing scope creep and over-engineered solutions. It provides focus for delivery by putting deliverables in the context of impacts they are supposed to achieve. It enhances collaboration by creating a big-picture view that business sponsors and delivery teams can use for better prioritisation and as a reference for more meaningful progress monitoring and reporting. Finally, it helps to ensure that the right business outcomes are achieved, or that unrealistic projects are stopped before they cost too much, by clearly communicating underlying assumptions and allowing teams to test them."
>
> (Quelle: https://www.impactmapping.org/about.html)

Methodik und Vorteile

Das Impact Mapping besteht aus den zwei Phasen Vorbereitung (Preparation) und Zuordnung (Mapping).

In der ersten Phase geht es darum, Ziele zu finden, Messmethoden festzulegen und den ersten Meilenstein zu definieren. Die Ziele müssen spezifisch, messbar, aktionsorientiert und zeitnah erreichbar sein (SMART). So können unrealistische Erwartungen schnell identifiziert und aussortiert werden.

In der zweiten Phase werden dann der Umfang und die zugrunde liegenden Annahmen in der Impact Map visualisiert, in der vier Aspekte im Fokus stehen:

- „Warum?" (Ziel) beschreibt das Ziel in Form eines Mission Statement und sollte einen geschäftlichen Bezug haben.
- „Wer?" (Akteur) beschreibt die möglichen Stakeholder oder Akteure (Persona), also wer es umsetzt, wer es nutzt, wer dadurch beeinflusst wird usw.
- „Wie?" (Wirkung) beschreibt die Auswirkungen, die sich für den jeweiligen Akteur ergeben.
- „Was?" (Anforderungen) beschreibt letztendlich die Anforderungen, was und in welchem Umfang getan werden muss, um die Ziele zu erreichen.

Bei der Erstellung einer Impact Map im Rahmen eines Projekts sollen die wichtigsten Beteiligten mit ihren unterschiedlichen Perspektiven einbezogen werden (Bild 13.2).

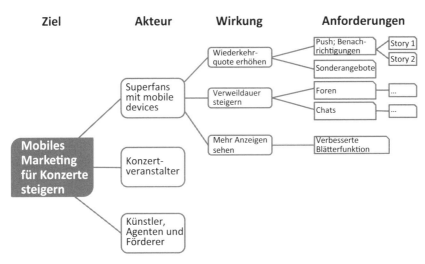

Bild 13.2 Schematische Darstellung einer Impact Map in Anlehnung an Gojko Adzic (2012)

Vorteile des Impact Mapping
- Das Impact Mapping fördert iterative Vorgehensweisen und stellt die Relevanz und Werthaltigkeit einer Lösung oder eines Produkts sicher. Durch die Fokussierung auf ein Ziel und die immer wiederkehrende Inspektion der Auswirkungen entwickeln sich die Anforderungen in Zyklen.
- Neue Anforderungen können nur dann „eingekippt" werden, wenn es eine klare Zuordnung zum Impact (Auswirkung) und zu einem Stakeholder gibt. Damit werden Anforderungen im Stil von „man könnte mal, es wäre auch gut, vielleicht bräuchten wir ..." vermieden, und es ist sichergestellt, dass jede Anforderung auf das Ziel einzahlt, einem Stakeholder (Actor) und einer Auswirkung (Impact) dient.
- Mithilfe einer Impact Map schafft das Projektteam auch Transparenz über den Scope eines Projekts oder Produkts. Durch die Visualisierung in Form einer Mindmap wird es leichter, zielgerichtet zu priorisieren und notwendige Anpassungen zu erkennen. Auch die Zielerreichung innerhalb des Projekts kann anhand der Impact Map messbar gemacht werden.

13.2.5 Von der Strategie zum Ergebnis: Das Richtige messen – Outcome statt Output

Im agilen Projektmanagement sind per definitionem Zeit und Aufwand für ein Projekt festgelegt, nicht aber dessen Ergebnis. Wie lässt sich nun der Erfolg eines agil organisierten Projekts messen, wenn es keine Verpflichtung auf das eine „richtige" Ergebnis gibt? Ist agiles Projektmanagement nur ein Prozess, der lediglich der schnelleren Umsetzung dient?

Wichtig ist, dass auch bei der Ergebnisbewertung ein Perspektivwechsel stattfindet. Zur generellen Messung eines Projektergebnisses werden häufig Metriken gewählt, die auf Durchsatz oder Output fokussieren. Mit dem Durchsatz wird die Geschwindigkeit gemessen, mit dem Output die Liefermenge. Beides sind wichtige Messgrößen. Allerdings lässt sich mit ihnen keine Aussage darüber treffen, ob das richtige Problem gelöst wurde oder die festgelegten strategischen Ziele erreicht wurden, also was der Outcome ist. Dabei führt das Definieren und Messen von Outcome zu einer starken Fokussierung auf die Wertschöpfung.

Outcome bezeichnet den Wert, der geschaffen wurde. Das kann beispielsweise eine höhere Kundenzufriedenheit sein, die zu Umsatzsteigerungen führt, die Erschließung neuer Zielgruppen oder der erfolgreiche Launch eines neuen Produkts.

Wie definiert sich Outcome?
- Ein erreichter Endzustand: der Nutzen, den der Kunde von diesem Endzustand hat. Dies umfasst alle Dinge, die der Kunde in diesem zukünftigen Zustand tut oder erlebt.
- Durch messbare Ergebnisse verifiziert: Die Ergebnisse sind prüfbar und beobachtbar, aber nicht zwangsläufig finanziell. Sie müssen durch qualitative Methoden überprüft werden – im agilen Projektmanagement durch den engen Kontakt zu Kunden und Stakeholdern.
- An ein höheres Ziel gebunden: Ist ein Ziel nur ein Mittel zum Zweck oder erfüllt es – im Sinne einer Vision – ein übergreifendes Ziel? Beispiel: Ein Ziel wie „Unserem Außendienstteam Handheld-Geräte zur Verfügung zu stellen" ist ein Mittel zu einem größeren Zweck, wie z. B. „Ausfallzeiten minimieren".

(Quelle: *https://go.forrester.com/blogs/10-04-26-how_would_you_define_customer_outcome/*)

Um den Outcome eines Projekts zu messen, muss schon im Projektverlauf kontinuierlich getestet und überprüft werden, ob die Fragestellungen und die gewählten Lösungswege die richtigen sind. Dies geschieht im agilen Projektmanagement durch das iterative Vorgehen.

Vision und Ziele im agilen Kontext richtig einsetzen
- Finden Sie eine Vision, die den Anreiz, die Daseinsberechtigung für Ihr Unternehmen oder Ihr Produkt verkörpert.
- Entwickeln Sie die Strategie und die Ziele anhand Ihrer Vision in Iterationen und vor allem im Team. Nutzen Sie Impact Mapping.
- Richten Sie all Ihr Handeln, die Projektorganisation und Ihre Strategie nach dem Geschäftswert aus und fokussieren Sie sich auf die Wertschöpfung.
- Messen Sie Outcome statt Output.
- Tragen Sie die agilen Prinzipien in alle Unternehmens- und Projektbereiche hinein.

13.3 Iterativ und inkrementell – die Basismethode für agiles Projektmanagement

Was ist iteratives Vorgehen?

Die iterative („iterativ" lateinisch „sich wiederholend") Vorgehensweise ist eine Methodik sich wiederholender Arbeitsschritte, die einen Umgang mit Überraschungen und ungewissen Geschehnissen in komplexen Situationen ermöglicht. Iteratives Vorgehen bedeutet, in komplexen, schwer vorhersagbaren Projektverläufen durch ein Herantasten in kleineren Etappen nach und nach Klarheit entstehen zu lassen und damit das Risiko eines Scheiterns zu minimieren. Die konkreten Handlungen und Themen des nächsten Arbeitsschrittes ergeben sich etappenweise aus dem vorherigen Schritt und auf Basis der eingetretenen Veränderungen und gewonnenen Erkenntnisse.

Agiles Projektmanagement ist iterativ, um schnell das Richtige liefern zu können. Grundvoraussetzung dafür ist es, schnell lernen zu können und das Gelernte schnell einfließen zu lassen. Ganz zu Beginn steht also die Frage danach, was zu lernen ist.

Die Antwort darauf geben die von der Vision abgeleiteten strategischen Ziele. Sie beinhalten die gewünschten Projektergebnisse sowie die strategischen Geschäftsziele. Durch deren gemeinsame Erarbeitung wird allen Projektbeteiligten klar, welche Auswirkungen (sogenannte Impacts) die Umsetzungsidee haben soll und wie sie gemessen wird.

Was bedeutet inkrementell?

Eine rein inkrementelle *(„inkrement" lateinisch „Zuwachs")* Vorgehensweise eignet sich, wenn zu Beginn klar ist, was gemacht werden muss, wenn also klar ist, wie das Produkt am Ende im Detail aussehen soll. Dies entspricht der Vorgehensweise im klassischen Projektmanagement. Die Arbeit wird in kleine überschaubare Arbeitsschritte zerlegt, sodass sie besser planbar wird. Der Wert des Produkts entsteht erst, wenn der letzte Arbeitsschritt abgeschlossen ist. Dieses Vorgehen birgt Risiken, denn oft haben Kunden eine vermeintlich genaue Vorstellung davon, was sie brauchen, aber vielleicht ihre Herausforderungen auf eine andere Weise besser gelöst werden. Feedbackschleifen in diesem Prozess beziehen sich nur auf die feste Ausgangsidee oder Anforderung und lassen wenig Raum für echte Verbesserungen.

Iterativ-inkrementell

Im agilen Projektmanagement wie z. B. in Scrum werden beide Vorgehensweisen miteinander kombiniert. Deutlich wird dies im unten stehenden Beispiel der Anwendung von Scrum.

Scrum! iterativ und inkrementell

Auf die agile Methode Scrum angewendet, lässt sich das Zusammenspiel beider Prinzipien veranschaulichen:

Ein Team arbeitet in festen Zyklen (sogenannten Sprints). Das sind genau vorgegebene Iterationen und produzieren im Sprint ein Produktinkrement. Das Inkrement fügt dem Produkt neue Funktionen hinzu, die auf (Kunden-)Anforderungen (sogenannten User Stories) basieren und damit den Umfang der angebotenen Funktionalität erweitern. Das macht das Ergebnis am Ende eines Sprints inkrementell (das Bestehende wurde um etwas Neues erweitert). Jedes Inkrement kann vorhandene Funktionalität schrittweise weiter verfeinern und verbessern. Das macht das gesamte Vorgehen iterativ.

Das bedeutet, agiles Arbeiten ist sowohl iterativ → schrittweise Optimierung des Produkts aufgrund des Gelernten, als auch inkrementell → Optimierung in kleinen Arbeitsschritten.

Eine bekannte Veranschaulichung des iterativ-inkrementellen Ansatzes ist die „Mona Lisa von Jeff Patton". Bild 13.3 veranschaulicht, wie wichtig eine Vorstellung (Vision) vom Endergebnis ist. Die inkrementelle Umsetzung zieht sich konsequent anhand der Vision durch die einzelnen Iterationen.

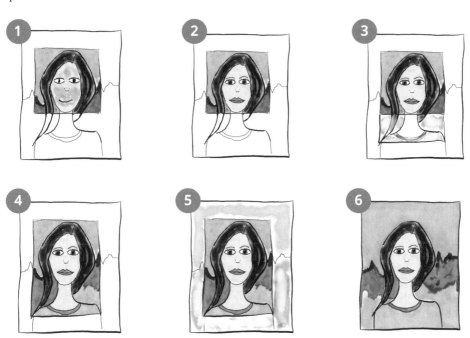

Bild 13.3 Visualisierung nach Jeff Patton (2015, S. 66 ff.)

13.3.1 Iteratives Vorgehen und Planung

Klassische Planungsmethoden mit starren Reihenfolgen und vorab langfristig ausgelegten Planungen der einzelnen Arbeitsschritte und Projektressourcen funktionieren unter diesen Bedingungen sich rasch ändernder Umfelder nicht mehr. Diese starre Planung kann auf die zunehmend schnellere Veränderung von Rahmenbedingungen, Kundenbedürfnissen und Marktbedingungen nicht dynamisch genug reagieren. Diese veränderten Bedingungen machen ein Umdenken bereits in der Planungsphase nötig, die kontinuierliche Anpassung von Strukturen, sprich die Erhöhung der Flexibilität bei der Planung, ist ein signifikanter Unterschied zwischen agiler und klassischer Projektplanung. Aber sind agile Projekte überhaupt planbar?

Planung gibt es auch in agilen Projekten

Agile Methoden verfolgen mit dem iterativ-inkrementellen Ansatz einen neuen Lösungsweg. Häufig wird agiles Arbeiten mit sehr kurzfristigem und planlosem Vorgehen verwechselt. Die Arbeit in kurzen Iterationszyklen (oder Sprints) bedeutet nicht, dass überhaupt keine langfristige Planung erfolgt oder Projekte im schlimmsten Fall kopflos im Sande verlaufen.

Der vierte Wert im „Agilen Manifest", das den kleinsten gemeinsamen Nenner aller agilen Vorgehensmodelle darstellt, lautet: „[Wir schätzen das] Reagieren auf Veränderung mehr als das Befolgen eines Plans." Weiter heißt es dort: „Obwohl wir die Werte auf der rechten Seite wichtig finden, schätzen wir die Werte auf der linken Seite höher ein." Damit wird nicht anarchistischem, planlosem Vorgehen Tür und Tor geöffnet, sondern betont, dass es keinen Sinn ergibt, Erkenntnisse, die in der Zeit zwischen ursprünglicher Planung und dem aktuellen Status gewonnen wurden, zu ignorieren und stur dem initialen Plan zu folgen (vgl. Beck et al. 2001).

Adaptiv und transparent planen

Auch im agilen Projektmanagement sind Pläne, die sich an den Geschäftszielen orientieren, wichtig. Anders als im klassischen Projektmanagement liegt der Fokus hier darauf, adaptiv und transparent zu planen. Dies erfordert den Einsatz unterschiedlicher Methoden, die insbesondere Anpassung, Flexibilität und schnelle Abstimmung im Team unterstützen. Zudem werden Veränderungen am Markt und das direkte Feedback der Kunden bereits in frühen Phasen des Projekts direkt berücksichtigt. Es findet ein permanenter Abgleich zwischen Kunde, Markt und Produkt/Geschäftszielen statt. Auftraggeber und Auftragnehmer des Projekts einigen sich beim Projektauftakt auf ein erstes funktionales Minimalergebnis, das einer groben Zielvorgabe folgt. Während der Projektumsetzung findet ein regelmäßiger und offener Austausch über die erreichten Ergebnisse und gewonnenen Erkenntnisse statt. Jeder weiß zu jeder Zeit, in welchem Status sich das Projekt befindet. Mit jedem erreichten Inkrement nähert man sich dem Zielbild und werden neue Erkenntnisse gewonnen, neue Möglichkeiten eröffnen sich. Oftmals entstehen in diesen Prozessen Innovationen und neue Aspekte, die direkt auf das Geschäftsmodell einzahlen. Die Stärke agiler Methoden liegt also darin, dass durch dieses adaptive Vorgehen neue Potenziale direkt in die Projektplanung einfließen können.

Granularität der Planung im agilen Projektmanagement

Durch die im Laufe des Projekts gewonnenen Erkenntnisse ist es notwendig, auch die Planung in Inkrementen und Iterationen vorzunehmen, um auf die einfließenden Veränderungen möglichst flexibel eingehen zu können. Der große Unterschied zum klassischen Projektmanagement ist, dass sich die Planung im zeitlichen Kontext gesehen in ihrer Granularität unterscheidet. Je weiter ein Projektbaustein in der Zukunft liegt, desto gröber ist die Planung dafür. Je näher ein Thema an die Umsetzung rückt, umso detaillierter wird es spezifiziert. Wichtig ist hierbei, dass alle, die am Projekt beteiligt sind, sich regelmäßig austauschen und im Idealfall als crossfunktionales Team gemeinsam die Granularität der Planung entwickeln. Auf Basis der schnell gewonnenen Erkenntnisse steigt das Wissen in komplexen Projekten schnell an, und anfängliche Unsicherheiten werden mit jeder Iteration einfacher und damit auch abschätzbarer, also planbarer (Bild 13.4). „Inspect and Adapt" bedeutet dabei, dass der Arbeitsschritt überprüft und die zukünftigen Schritte dem Ergebnis der Überprüfung angepasst werden.

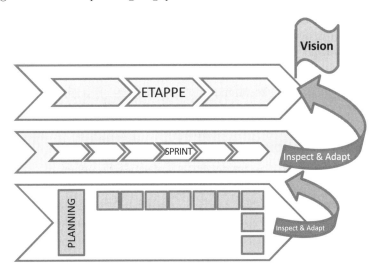

Bild 13.4 Langfristplanung in agilen Projekten in Anlehnung an Matthias M. Wolf (2015)

Verglichen mit klassischen Projektmanagementmethoden, wie z. B. dem Wasserfall, werden agile Methoden insbesondere bezüglich des Aspekts der Planung zuweilen als konfus und unpräzise kritisiert. Dabei sind sie lediglich dynamischer. Agile Ansätze bauen auf das Paradigma, dass es in komplexen und schnell veränderlichen Projekten nicht möglich ist, zu Beginn jedes Detail in einem Plan linear festzuhalten und zu spezifizieren. Pläne im agilen Projektmanagement müssen während des Projektverlaufes auch kurzfristig korrigiert und damit dynamisch behandelt werden, ohne das Zielbild aus den Augen zu verlieren.

Wann ist iterativ-inkrementelle Projektplanung sinnvoll?
Je unbekannter die Anforderungen und je volatiler (schwankend, flüchtig) und unvorhersehbarer die Rahmenbedingungen sind, desto sinnvoller ist es, bereits bei der Projektplanung anhand kleiner Schritte (Inkremente) in Zyklen (Iterationen) vorzugehen. Dabei ist eine grobe Zielvorgabe, die sich an einer Vision ausrichtet, als Richtwert wichtig. Diese Zielvorgabe wird unter dem Bewusstsein verfolgt, dass sich die einzelnen Projektplanungsschritte anhand neuer Erkenntnisse immer wieder verändern können.

13.3.2 Inspect and Adapt – mit Feedbackschleifen lernen und Risiken minimieren

Mit der Anwendung der iterativ-inkrementellen Vorgehensweise wird ein strukturierter Rahmen geschaffen, der es ermöglicht, mit Unvorhersehbarem vergleichsweise schnell und flexibel umzugehen. Wichtig dabei ist, permanent zu überprüfen, ob die gewählte Umsetzung der richtige Weg ist, um das gewünschte Projektergebnis zu erreichen, oder ob sich die vorab gesetzten Ziele verändert haben. Regelmäßige Feedbackschleifen auf unterschiedlichen Ebenen sind in jeder Iteration fest verankert und folgen dem Prinzip **Inspect and Adapt** – Überprüfen der vorhergehenden Arbeitsschritte und deren Outcome und Anpassen der zukünftigen Schritte auf Grundlage der Überprüfung.

Dieses grundlegende Prinzip ist die Basis für agiles Vorgehen in Projekten und Teil der empirischen Prozesssteuerung, die insbesondere für das Arbeiten mit der Methode „Scrum" die Grundlage bildet. Empirische Prozesssteuerung (oder auch „Empirie") bedeutet, dass Wissen aus Erfahrungen gewonnen wird und Entscheidungen auf der Basis des Bekannten getroffen werden. Falsche Annahmen oder Hypothesen, die sich nicht belegen lassen, werden auf diese Weise schnell sichtbar.

Die empirische Prozesssteuerung

Die empirische Prozesssteuerung besteht aus drei Säulen:
- Transparenz,
- Überprüfung,
- Anpassung.

Indem das Inkrement (Ergebnis) einer Iteration transparent gemacht wird (es wird dem Auftraggeber/Kunden vorgestellt), bietet sich diesem die Möglichkeit, „Inspect and Adapt" direkt anzuwenden und Einfluss auf die zukünftigen Ergebnisse zu nehmen. Aber auch das Team selbst führt eine Überprüfung des Inkrements und des vergangenen Umsetzungszeitraumes durch und reflektiert damit das Erreichte. Dies geschieht auf der Teamebene zum einen in sogenannten Retrospektiven und zum anderen auf Arbeitsebene in den täglichen sogenannten Stand-ups. Auch hier wird nach dem Prinzip „Inspect and Adapt" vorgegangen. Damit kann das Team mit angepassten Lösungen schnell auf neue Komplexitäten reagieren und die nachfolgenden Inkremente anpassen. Durch diesen Dreiklang können Risiken im Projektverlauf minimiert werden, Komplexität wird zunehmend aufgelöst, und die Qualität der erreichten Ergebnisse kann kontinuierlich gesteigert werden (vgl. Scrum Guide, 2017).

Feedback ist auf allen Ebenen des Projekts fester Bestandteil des Vorgehens

Wie funktioniert „Inspect and Adapt"? Welches Tool, welche Voraussetzungen benötigt dieses Vorgehen? Um zu überprüfen, ob das Projekt auf dem richtigen Weg ist, die Rahmenbedingungen unverändert sind und der richtige Outcome erzielt wurde, ist der regelmäßige Austausch aller Projektbeteiligten unerlässlich. Hierzu eignen sich Feedbackschleifen. Sie kommen auf allen Projektebenen zum Einsatz:

- Auf **Produktebene**: Eine erste grobe Umsetzung, ein funktionierendes Minimalergebnis oder ein Prototyp wird durch direktes Feedback von Nutzern/Kunden/Anwendern und Stakeholdern validiert. Das Feedback fließt in die nächste Iteration – den nächsten Umsetzungszyklus – ein. Jegliche Weiterentwicklung muss auf den Geschäftswert einzahlen.
- Auf der Ebene der **Geschäftsziele** oder gegebenenfalls des Geschäftsmodells: Regelmäßiges Überprüfen des Marktes und Beobachtung der Konkurrenz sowie deren Weiterentwicklung müssen in die Geschäftsmodelle einfließen. Durch kontinuierliches Hinterfragen und Überprüfen der Nachfrage und des Bedarfs der Geschäftsidee wird deutlich, ob das Produkt weiterhin auf die Geschäftsziele einzahlt und die Annahmen und Erwartungen erfüllt.
- Auf **Projektteamebene**: Feedback wird auch als Instrument genutzt, die Zusammenarbeit so zu gestalten, dass die Ziele erreicht werden können. Hindernisse werden schnell erkannt und neue Lösungswege im Team gefunden.

> **Workhack – Retrospektiven als „Lessons Learned" nutzen!**
> Um die Zusammenarbeit auf Produkt-, Geschäfts- und Teamebene regelmäßig zu überprüfen und gegebenenfalls anzupassen, bietet sich das Format der Retrospektive an. Diese kann auch losgelöst vom Scrum-Framework eingesetzt werden (vgl. Kruschwitz 2017). Eine Retrospektive sollte von einem neutralen Moderator durchgeführt werden.

Zusammenfassend ist diese zweite Säule des agilen Projektmanagements, das Prinzip des iterativ-inkrementellen Vorgehens, die Basis aller agilen Vorgehensweisen. Der Kern dieses Vorgehens ist, Komplexität durch empirisches Vorgehen beherrschbar zu machen, Fokus auf Wertmaximierung zu legen, in kurzen Zyklen Hypothesen zu überprüfen und weiteres Vorgehen aufgrund neu gewonnener Erkenntnisse anzupassen.

■ 13.4 Selbstorganisation im agilen Projektmanagement

„Errichte Projekte rund um motivierte Individuen. Gib ihnen das Umfeld und die Unterstützung, die sie benötigen, und vertraue darauf, dass sie die Aufgabe erledigen."

Kent Beck et al. (2001)

Vision und Ziele sind die Basis für den Erfolg von Projekten und, insbesondere in agilen Projekten, die Grundvoraussetzung für das Gelingen von selbstorganisiertem Arbeiten. Selbstorganisiertes Arbeiten bildet wiederum die Basis für die Umsetzung des Projekts.

Agil organisierte Projekte sind weitestgehend so strukturiert, das interdisziplinär aufgestellte Teams selbstorganisiert arbeiten. Was genau bedeutet selbstorganisiertes Arbeiten und welche Voraussetzungen müssen erfüllt sein, um dieses Prinzip erfolgreich umzusetzen? Substanziell ist, dass Unternehmen die richtigen Rahmenbedingungen und Voraussetzungen schaffen, und die Führungskraft ihre Rolle als zentral und essenziell versteht. Selbstorganisation bedeutet nicht „Führungslosigkeit" oder gar Chaos, im Gegenteil, Selbstorganisation braucht Führung. Wie sieht diese Führung aus und wie spielen Selbstorganisation, intrinsische Motivation und wertebasiertes Arbeiten mit den Aufgaben der Führungskraft zusammen? Welche Voraussetzungen benötigen diese neuen Führungskräfte, um im agilen Kontext ihrer Rolle gerecht zu werden?

13.4.1 Was ist Selbstorganisation?

Wenn einem Team ein Ziel vorgegeben wird, ohne dass dabei vorab festgelegt wird, welcher Weg dahin führt und wie er genau beschritten werden soll, geschieht in der Theorie Folgendes: Innerhalb des Teams bildet sich eine eigene Ordnung, ein eigenes System aus. Jedes Teammitglied bringt sich entsprechend seinen Fähigkeiten und Fertigkeiten ein, um dem Ziel gemeinsam einen Schritt näher zu kommen. Das Team erarbeitet selbstorganisiert eine Lösung für seine Zielsetzung.

Wie wichtig dabei die Rahmenbedingungen (Erfahrungen und Persönlichkeiten der Teammitglieder, Arbeitsumgebung, Unternehmenskultur, Führungsverständnis) sind, zeigt das folgende Gedankenexperiment: Ein Ziel wird an verschiedene (voneinander unabhängige) Teams, die unter verschiedenen Rahmenbedingungen handeln, gegeben, und als Ergebnis entstehen ganz unterschiedliche Lösungswege. Die Ergebnisse der einzelnen Teams sind abhängig von den Rahmenbedingungen und Vorerfahrungen der einzelnen Teammitglieder sowie von der Umgebung und der Situation, in der sich die jeweiligen Teams und ihre Mitglieder befinden. Jede Gruppe/jedes Team bringt unterschiedliche Vorerfahrungen mit, ist anderen Rahmenbedingungen ausgesetzt und entwickelt dadurch eine eigene Dynamik. Treffen beispielsweise Person A, B und C aufeinander, wird das Ergebnis ein anderes sein, als wenn Person A, B und D interagieren. Mithilfe dieses Experiments lässt sich feststellen, welche Rahmenbedingungen und Teamkonstellationen förderlich für die Zielerreichung sind und welche Faktoren sich negativ auf die Zielerreichung auswirken.

Selbstorganisation muss jedes Teammitglied erst lernen. Das Übernehmen von mehr und mehr Verantwortung durch die Mitarbeiter braucht Zeit und stellt an Führungskräfte hohe und teils auch ungewohnte Anforderungen. Sie müssen Mitarbeiter in ihrer neuen und vielleicht ungewohnten Verantwortung unterstützen und begleiten. Dies erfordert Führungsmethoden, die beratend, moderierend und coachend angelegt sind, um Lernprozesse anzuregen und Weiterentwicklung zu ermöglichen.

13.4.2 Warum braucht agiles Projektmanagement Selbstorganisation?

Selbstorganisation ist die notwendige Voraussetzung für die Wirkungsfähigkeit aller agilen Methoden. Agiles Projektmanagement ist besonders in Projekten mit einem hohen Grad an Volatilität, Unsicherheit und Komplexität sinnvoll. Lineares Denken, Arbeiten in Silos und streng hierarchische Führung sind für solche Rahmenbedingungen und die darin enthaltenen Herausforderungen ungeeignet, weil sie wenig Flexibilität und Anpassungsfähigkeit ermöglichen.

Lösungen für komplexe Aufgabenstellungen lassen sich nicht vorab im Detail durchplanen und anschließend Schritt für Schritt umsetzen. Stattdessen fördern die folgenden fünf Faktoren maßgeblich die Selbstorganisation im agilen Projektmanagement (vgl. Barbarski 2016):

- **Flexibilität**: Unternehmen und alle Mitarbeiter darin müssen flexibel sein können. Sie müssen schnell auf sich ändernde Anforderungen auf verschiedensten Ebenen (Kundenfeedback, Märkte, Disruption) reagieren können. Stetige Verbesserung und Weiterentwicklung der Dienstleistungen oder Produkte bis hin zum Geschäftsmodell kann nur in flexibel gehaltenen Systemen erfolgreich sein.
- **Kreativität**: Neue Ideen und innovative Lösungsansätze sind in diesem Kontext essenziell. Die Entwicklung guter Ideen benötigt viele Köpfe sowie unterschiedliche Sichtweisen und Expertisen. In einem Kontext, der sich nur schwer in seiner Komplexität erfassen lässt, ist es äußerst wertvoll, die Prämisse „Think outside the box" ernst zu nehmen.
- **Wissensarbeit**: In vielen Unternehmen ist Wissen die Quelle der Wertschöpfung. Menschen, die komplexe Probleme lösen, sind Wissensarbeiter. Wissensarbeit lässt sich nicht linear organisieren, sondern braucht Raum zum Wissensaufbau und -austausch. Die Organisation muss allen Mitarbeitern das kontinuierliche Lernen ermöglichen.
- **Produktivität** : Durch die klare Ausrichtung an einer Vision bzw. Zielen, die nicht auf individueller Ebene liegen, sondern der Wertschöpfung im Unternehmen dienen, sorgt agiles Projektmanagement für Fokus und Wertorientierung. Das Erreichen von Zielen und das Verfolgen der gemeinsamen Vision gelingen besser, wenn alle Akteure partizipativ eingebunden sind und selbst mitbestimmen können, wie Ziele erreicht werden.
- **Intrinsische Motivation**: Die Voraussetzung für erfolgreiches und kreatives Arbeiten ist eine starke innere Motivation. Es geht darum, aus einem inneren Anreiz heraus zu handeln und eine Tätigkeit zu verfolgen. Aufgaben, die ein hohes Maß an Kreativität erfordern, gelingen mit einer starken intrinsischen Motivation besser als durch eine „von außen einwirkende", extrinsische Motivation. Es ist wissenschaftlich belegt, dass extrinsische Motivatoren wie beispielsweise Boni einen negativen Einfluss auf die Leistungsfähigkeit haben, wenn die Aufgabe Kreativität erfordert (vgl. Pink 2010).

13.4.3 Wie gelingt Selbstorganisation?

Selbstorganisation gelingt, wenn bestimmte Voraussetzungen erfüllt werden. Zentrale Aspekte sind dabei:
- Orientierung an Werten als Grundlage der Zusammenarbeit,
- ein Umfeld, das intrinsische Motivation ermöglicht und fördert,
- crossfunktional aufgestellte Teams.

Daraus ergeben sich vor allem zahlreiche wichtige Aufgaben für Führungskräfte.

Die Herausforderung für Führungskräfte liegt darin, die entsprechenden Rahmenbedingungen zu schaffen und Teams zu begleiten. Nur dann kann Selbstorganisation gelingen.

Wertorientierung

Agiles Projektmanagement ist, wie alle agilen Frameworks und Methoden, wertebasiert. Klarheit über ein gemeinsames Wertesystem ist unabdingbar, damit eine gemeinsame Basis für die Zusammenarbeit geschaffen werden kann. Werte bilden die Grundlage von Unternehmenskulturen – und werden in agilen Vorgehensweisen in den Vordergrund gestellt. Werte prägen die Art der Zusammenarbeit und der Arbeitsweise. Deshalb sind die agilen Werte für den erfolgreichen Einsatz im agilen Projektmanagement so wichtig. Besonders hervorgehoben werden die Werte beim Einsatz von Scrum. Sie dienen als Leitprinzipien für selbstorganisiertes Arbeiten und können auch unabhängig vom Framework Scrum als Grundlage für erfolgreiche Selbstorganisation im agilen Projektmanagement genutzt werden.

Werte in Scrum

Selbstverpflichtung (Commitment): Das Team verpflichtet sich, ein bestimmtes Ergebnis zu erzielen. Selbstverpflichtung erhöht die Wahrscheinlichkeit der Umsetzung.

Fokus: Das Team richtet sich auf das gemeinsam vereinbarte Ziel aus, leitend ist hier die Vision. Fokus bedeutet auch, Multitasking zu vermeiden und möglichst nur an einem Projekt zu arbeiten.

Offenheit: Das Team braucht Zugang zu allen relevanten Informationen, um qualifizierte Entscheidungen treffen zu können. Um zu lernen und mit Veränderungen produktiv umgehen zu können, sich auf Neues einzulassen, andere Perspektiven anzuerkennen, sind Offenheit und Transparenz auf vielen Ebenen notwendig.

> **Respekt**: Agiles Arbeiten ist teamorientiert und erfordert eine enge Zusammenarbeit. Diese kann nur dann gelingen, wenn ein respektvoller und wertschätzender Umgang miteinander und gegenseitige Beziehungen auf Augenhöhe gelebt werden. Diese Haltung bezieht sich auch auf die Beziehung zu den Kunden und Stakeholdern.
>
> **Mut**: Offenheit, der Wille zur Veränderung und das Ansprechen von Problemen erfordern Mut. Sowohl auf Teamebene als auch in der Haltung von Geschäftsführung und Führungskräften. Wenn gewonnene Erkenntnisse aus dem iterativen Vorgehen nicht den Erwartungen und Annahmen entsprechen, müssen mutige Entscheidungen getroffen werden, neue Ideen auszuprobieren, alte Ideen zu verwerfen und sich selbst ständig zu hinterfragen.

13.4.4 Crossfunktionale Teams und die Vorteile des interdisziplinären Arbeitens

Teams haben eine lange Erfolgsgeschichte. Es gibt sie nicht nur im Berufsleben, auch in der Literatur, in Märchen oder Filmen sind sie präsent und inspirieren mit ihren heldenhaften Taten die Menschen, wie etwa die drei Musketiere, die fünf Freunde, die Gefährten aus dem Herrn der Ringe und viele mehr. Was haben diese „Teams" gemeinsam? Sie haben eine gemeinsame Vision und gemeinsame Ziele, sie teilen dieselben Werte und haben unterschiedlichste Fähigkeiten. Sie können jederzeit füreinander einstehen und auch mit unerwarteten Situationen umgehen – sie agieren wie agile Teams und sind crossfunktional zusammengesetzt (vgl. Roock, Roock 2013).

Was ist Crossfunktionalität?

Crossfunktionale oder auch interdisziplinäre Teams haben alle notwendigen Fähigkeiten, um eine Aufgabe zu lösen oder ein Projekt abzuschließen. Das bedeutet, dass das gesamte dafür erforderliche Wissen und die Fähigkeiten im Team vorhanden sind. Ein Team ist mehr als eine Gruppe. Der Teamgeist ergibt sich aus der von allen geteilten Vision und den gemeinsamen Zielen. Andere oder konkurrierende Ziele werden diesen Zielen untergeordnet. Alle Teammitglieder kennen die Fähigkeiten und Schwächen der anderen und wissen, damit umzugehen (vgl. Roock, Roock 2013).

Crossfunktionalität wird häufig missverstanden. Sie bedeutet nicht, dass jedes Teammitglied alles können und wissen muss, das ist unrealistisch und überfordert einzelne Teammitglieder. Crossfunktionalität besagt auch nicht, dass auf eine tiefe Expertise verzichtet werden soll. Es meint vielmehr, dass das gesamte Team die spezifischen Projektanforderungen erfüllen können sollte. Entsprechend ist das gesamte Team rechenschaftspflichtig. Wissenstransfer zwischen einzelnen Teammitgliedern ist zentral, damit Aufgaben nicht jeweils an nur einer Person hängen und im Falle einer geplanten oder ungeplanten Abwesenheit nicht weiterbearbeitet werden können.

Es geht also darum, Wissensüberschneidungen zwischen einzelnen Teammitgliedern herzustellen.

Das Modell des sogenannten T-Shaped Skillsets hilft bei der Veranschaulichung der Voraussetzungen für crossfunktionale Teammitglieder (Bild 13.5). Der Querbalken steht für das breite, weniger spezifische Wissen, der Längsbalken für die Fachexpertise (vgl. Rubin 2012).

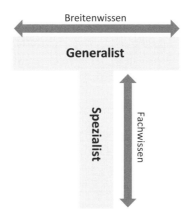

Bild 13.5 T-Shaped Skillset nach Kenneth S. Rubin (2012)

In einem Team mit „T-Shaped"-Ausprägung werden Risiken durch eine breite Wissens- und Kompetenzverteilung minimiert. Häufig wird hier das „Busfaktor"-Beispiel zur Veranschaulichung herangezogen. Der „Busfaktor" bezeichnet die minimale Anzahl von Teammitgliedern, die plötzlich aus einem Projekt verschwinden können, bevor das Projekt aus Mangel an sachkundigen oder kompetenten Mitarbeitern scheitert.

> „The number of people on your team who have to be hit with a truck before the project is in serious trouble."
>
> Michael Bowler (2005)

Wie erreicht man Crossfunktionalität

Das crossfunktionale Team sollte weitestgehend autark arbeiten und Entscheidungen mithilfe des vorhandenen Wissens treffen können. Wenn dies von Anfang an nicht möglich ist, sollten bewusst Übergänge geschaffen und Wissen in das Team transferiert werden.

Vor allem in den Anfangsstadien crossfunktionaler Teams werden Wissenslücken transparent, die jedoch sowohl durch Fortbildungen als auch durch internen Wissensaufbau geschlossen werden können. Im Sinne einer stabilen und nachhaltigen Teamentwicklung ist es selbstverständlich, dem Team hier auch genügend Zeit zu gewähren.

Im Verlauf vieler Projekte treten auch immer wieder Situationen ein, die tiefer gehendes Expertenwissen erfordern. Hier empfiehlt es sich, die Experten (z. B. Fachjuristen) so früh wie möglich hinzuzuziehen. Die Abstimmung kann z. B. in Form von kurzen fokussierten sogenannten Daily Stand-ups erfolgen, in denen sich Team und Experten kurz (ca. fünf bis zehn Minuten) täglich im persönlichen Kontakt abstimmen.

Um Crossfunktionalität zu etablieren, ist es hilfreich, möglichst alle Beteiligten in einen Raum zu setzen, auch diejenigen, die nur punktuell als „Berater" innerhalb ihrer Fachexpertise gebraucht werden. Bei der Zusammensetzung der Teams ist es wichtig, auf Effizienz zu achten und eine Teamgröße von drei bis maximal neun Personen anzustreben.

 Gute Vernetzung, räumliche Nähe (bei virtuellen Teams ist die Kommunikation über einen Videochat empfehlenswert) und das Ermöglichen geeigneter Austauschformate fördern die Bildung und Entwicklung crossfunktionaler Teams erheblich.

Noch erfolgreicher werden crossfunktionale Teams mit einer klaren Rollenverteilung: So wird z. B. im Scrum-Framework Selbstorganisation durch die Rollen des Product Owners, des Entwicklungsteams und des Scrum Masters unterstützt. Hier gibt es keine disziplinarische Führung – anders als bei einem Teamleiter, der sowohl fachlich als auch disziplinarisch führt, trennen die Scrum-Rollen das Was vom Wie.

 Die Team Competency Matrix ist ein Tool, mit dem man definieren kann, welche Kompetenzen für ein bestimmtes Projekt benötigt werden und wie sie in einem Team verteilt sind. So lässt sich schnell und einfach der Handlungsbedarf herausfinden. (Quelle: *management30.com/practice/competency-matrix/*)

Was erreicht man mit crossfunktionalen Teams?

Crossfunktionale Strukturen in Teams wirken sich auf das gesamte Projekt risikominimierend, qualitätssteigernd und innovationsfördernd aus. Durch eine breitere Verteilung des Wissens und einen intensiven Austausch über den Projektfortschritt werden Wissensinseln und Abhängigkeiten von einzelnen Personen stark reduziert. Das Gesamtergebnis mit einer 80 %-Lösung zu erreichen ist besser, als aufgrund von Abhängigkeiten gar nicht weiterarbeiten zu können. Auch wenn die Teams zu Beginn eine längere „Set-up-Phase" benötigen, zahlt sich diese Investition schnell im Laufe des Projekts aus: Insgesamt werden die Durchlaufzeit und die Qualität in komplexen Projekten erhöht. Das Prinzip der Crossfunktionalität ermöglicht Teams, zu großen Teilen unabhängig alle Anforderungen selbst lösen zu können und in schlanken Prozessen und kurzen Abstimmungsschleifen Schritt für Schritt das Projektziel zu erreichen. Neben dem verringerten Ausfallrisiko wird also auch die Umsetzungsgeschwindigkeit erhöht und die Innovationskraft durch regelmäßigen Austausch gefördert.

Was bedeutet der Einsatz crossfunktionaler Teams für ein Unternehmen? Die Entscheidung, Teams crossfunktional und selbstorganisiert aufzustellen und dieses Modell in der Organisation zu fördern, geht mit einem weitgreifenden Kulturwandel innerhalb der Organisation einher. Selbstorganisation braucht Führung und vor allen Dingen Zeit und Geduld auf vielerlei Ebenen.

Selbstorganisation basiert auf Vertrauen und Transparenz und entsteht nicht von selbst. Ohne eine stabile Feedbackkultur und dem Prinzip der Freiwilligkeit funktioniert dieses Organisationsmodell nicht. Zur Einführung von Selbstorganisation sind qualifizierte Führungskräfte und die Bereitschaft zu einem Kulturwandel des Unternehmens nicht zuletzt auch vonseiten der Geschäftsführung erforderlich.

Dieses Fundament ist grundlegend für die Umsetzung von agilem Projektmanagement, und nicht wenige Projekte scheitern an der mangelnden Bereitschaft, eben diesen unternehmenskulturellen Wandel mitzutragen.

13.4.5 Welche Art von Führung braucht Selbstorganisation und wie sehen die Aufgaben von Führungskräften in diesem Kontext aus?

„Watch and learn, rather than dictate."

Edgar E. Schein (Hofert 2018)

Selbstorganisiertes Arbeiten bedarf eines unternehmensinternen Kulturwandels, der nicht zuletzt auch Änderungen in der Führung zur Folge hat. Nachdem sich Führungsaufgaben in den letzten Jahrzehnten von der Aufgabenverteilung und der Kontrolle ihrer Ausführung über Konfliktmanagement hin zum Coaching gewandelt haben, umfasst Führen im agilen Kontext inzwischen alle diese Aufgaben und noch mehr. Führungskraft im agilen Umfeld zu sein bedeutet nicht, eine neue Managementtheorie zu erlernen und umzusetzen, sondern vielmehr, eine flexible Haltung zum Thema Führung zu entwickeln. Für Führungskräfte, die in der Lage sein wollen, selbstorganisierte Teams anzuleiten, ist es essenziell, den Fokus auf die Transformation von Menschen und Prozessen zu legen und offen zu sein für dynamische Veränderungen. Dabei ist agiles Denken nicht als revolutionär zu verstehen. Vielmehr ist es ein evolutionärer Prozess, der Ideen, Werkzeuge und Ansätze aus der Vergangenheit in die Entwicklung neuer Ideen und Handlungsansätze integriert. Dieser Wandel folgt also, wenn auch in zeitlich größer gefasstem Rahmen, ebenfalls dem Prinzip „Inspect and Adapt".

 Agile Führung ist als sogenannte „Servant Leadership" zu verstehen, also eine dienende, steuernde, sinnvermittelnde und visionsorientierte Führung.

Führung im Kontext der Selbstorganisation unterscheidet sich demnach von klassisch hierarchischer Führung. Es geht nicht darum, Macht oder Verantwortung in einer Führungsrolle zu konzentrieren und Mitarbeiter mittels extrinsischer Faktoren (vgl. Management by Objectives) zu motivieren. Es geht vielmehr darum, die eigenen Mitarbeiter, sowohl individuell als auch als Team, dazu zu befähigen, mehr Verantwortung zu übernehmen und kompetent qualifizierte Entscheidungen zu treffen. Damit dieser evolutionäre Prozess vom klassischen „Command and Control" hin zum „Servant Leading" für selbstorganisierte Teams erfolgreich sein kann, müssen folgende fünf Grundvoraussetzungen im Denken und Handeln verankert sein:

- **Sinnstiftung geben**: Eine klare Vision und Zielvorstellungen – sowohl für das Unternehmen als auch für die entsprechende Abteilung – sind die Grundvoraussetzung für selbstorganisiertes Arbeiten. Sie ermöglichen den Mitarbeitern, einen klaren Auftrag für sich abzuleiten und ihre Arbeit danach auszurichten.
- **Rahmenbedingungen schaffen**: Wichtig für selbstorganisiertes Arbeiten ist, dass sowohl die durch die Führungskräfte geschaffene Infrastruktur als auch die strukturellen Organisationsformen dazu geeignet sind, Kollaboration zu ermöglichen und zu fördern.
- **Unternehmenskultur etablieren**: Selbstorganisation braucht eine Fehlerkultur. Fehler ermöglichen es, aus ihnen zu lernen und sich selbst zu optimieren. Dabei spielen gegenseitiges Vertrauen und Wertschätzung eine große Rolle. In einem von der Führungskraft vorgelebten Umfeld aus Vertrauen, Wertschätzung und Freiwilligkeit entsteht eine neue Unternehmenskultur.
- **Feedback geben**: Konstruktives und wertschätzendes Feedback schafft die Basis dafür, mehr Verantwortung zu übernehmen und Vertrauen in die eigene selbstorganisatorische Fähigkeit zu entwickeln.
- **Transparenz schaffen**: Transparenz ist das A und O agiler Arbeitsweisen. Sie sind nicht nur selbst transparent, sie brauchen auch ein vertrauensvolles Umfeld, in dem Transparenz gelebt wird, um effizient zu sein.

Neue Aufgaben für Führungskräfte

„Agile Führung unterstützt Mitarbeiter dabei, schnell und kreativ auf wechselnde Bedürfnisse von Kunden und Märkten zu reagieren. Sie ist geprägt von einem bestimmten Mindset, einer Denk- und Handlungslogik, die Markt und Kunden in den Mittelpunkt stellt. Sie ist richtungsweisend, unterstützend und stellt das Team in den Mittelpunkt, nicht mehr die Einzelperson"

(Hofert 2018).

Die Aufgabe der Führung im agilen Umfeld liegt darin, Menschen zu befähigen und ihnen ein Umfeld zu geben, in dem sie sich zu mehr Eigenverantwortung und Selbstorganisation hin entwickeln können. Führungskräfte im agilen Projektmanagement müssen also die fünf Faktoren Flexibilität, Kreativität, Wissensarbeit, Produktivität und intrinsische Motivation, die maßgeblich für die Selbstorganisation sind, aktiv fördern, einfordern, transparent machen und bei deren Umsetzung unterstützen.

So klar diese Aufgaben auch formuliert sind, deren Umsetzung erfordert ein gewisses Maß an Fingerspitzengefühl. So gilt es zu beachten, aus welchem arbeitskulturellen Umfeld die einzelnen Mitarbeiter stammen, wer bereits welche Verantwortung trägt und welches Wissen vorhanden ist.

 Eine Führungskraft mit agilem Mindset muss Lernanreize schaffen und die Bereitschaft fördern, anders zu arbeiten als bisher, und dabei selber lernen, Macht und Verantwortung schrittweise loszulassen.

Die wichtigste Voraussetzung für ein Gelingen dieses Umdenkens ist Vertrauen – Vertrauen sowohl in die Kompetenz der Mitarbeiter als auch Vertrauen in die eigene Selbstführungskompetenz. Und wie jeder evolutionäre Prozess erfordert auch die Etablierung gut funktionierender Selbstorganisation Zeit und Geduld aller Beteiligten. Hierbei fungieren Vertrauen und Wertschätzung und generell eine Orientierung an den Werten des Scrum-Frameworks als Prozessbeschleuniger, wohingegen Zweifel und Misstrauen die Entwicklung von Selbstorganisation verlangsamen.

Führung im agilen Kontext ist anspruchsvoll und stellt eine Herausforderung, insbesondere im Verlassen einer angestammten, eventuell autoritären Positionsmacht und Vollverantwortung dar. Sie ist aber auch vielfältiger, menschlicher und dynamischer. Ziel der Führungskraft ist also, durch Vertrauen und Freiräume gegenüber den Mitarbeitern eine selbst verwaltete Zusammenarbeit zu ermöglichen. Dadurch wird den zusammenarbeitenden Teams ermöglicht, selbst kreative Problemlösungen zu finden. Visionärer Antrieb für agile Führung sollte also sein, sich durch ideales Befähigen der Mitarbeiter, Beseitigen von Hindernissen, Vorleben von Werten und agilem Mindset selbst überflüssig zu machen. Das bedeutet, dass der immer wieder angesprochene und wichtige agile Perspektivwechsel auch das

Verständnis von Führung umfasst. Es geht nicht länger um eine „Ohne mich geht gar nichts!"-Haltung, sondern vielmehr um das Selbstverständnis „Ich habe geschafft, dass es ohne mich läuft!".

Delegation Board von Jurgen Appelo (vgl. Appelo 2016) als Managementtool nutzen

Mithilfe der Methode kann die Führungskraft nach und nach Delegationsstufen in ihrem Team erhöhen. Wichtig ist es, die Erwartungen zu jeder Zeit auf beiden Seiten zu klären. Was erwartet der Vorgesetzte, was „können" die Mitarbeiter bereits und welche Erwartungen haben sie wiederum an die Vorgesetzten? Viele Informationen zur Anwendung und praktische Hilfsmittel sind auf folgender Webseite zu finden: *https://management30.com/practice/delegation-board/*

Wichtige Punkte in Kürze

- Agile Methoden auf die Organisation von Projekten anzuwenden, ist dann sinnvoll, wenn diese in komplexen und planungsunsicheren Umfeldern angesiedelt sind.
- Ideal für die Umsetzung mit agilen Methoden sind Projekte, bei denen sich
  - Anforderungen nur vage beschreiben lassen,
  - anpassungsbedürftige Veränderungen im Projektverlauf zu erwarten sind,
  - das Projektziel komplex oder gänzlich unklar ist oder
  - die Marktsituation eine hohe Auslieferungsgeschwindigkeit erfordert.
- Agiles Projektmanagement ist dynamischer und adaptiver als klassische Planung. Bei agil aufgesetzten Projekten ist der Umfang variabel, wobei die Faktoren Zeit und Aufwand fest definiert sind. Die Projektplanung wird im agilen Kontext kontinuierlich nach dem Prinzip „Inspect and Adapt" angepasst.
- Eine gemeinsam getragene Vision ist unerlässlich für den Erfolg agil organisierter Projekte. Sie beschreibt ein gemeinsames Zielbild, welches allen Projektbeteiligten Orientierung bietet und sie motiviert. Sie ist ein grundlegender Baustein für selbstorganisiertes Arbeiten.
- Iterative (sich wiederholende) und inkrementelle (Zuwachs erzeugende) Arbeitsweisen unterstützen kombiniert den agilen Ansatz und bilden einen methodischen Rahmen um das Projekt. Beispiel: Ein Produkt wird in festgelegten Etappen (Iterationen) erstellt, wobei jede Iteration dem Produkt ein neues Detail (Inkrement) hinzufügt.

- Selbstorganisation ist die Basis der agilen Projektarbeit. Sie bedarf einer neuen Art von Führung, und der Bereitschaft aller, Verantwortung neu zu verteilen. Wichtig ist, dass insbesondere zu Beginn der selbstorganisierten Arbeit die nötigen Rahmenbedingungen geschaffen und Räume für Wissensaustausch und kontinuierliches Lernen ermöglicht werden. Zeit und Geduld bei der Umstellung sowie Vertrauen in sich und das Umfeld sind dabei unabdingbar.
- Selbstorganisation stellt an Führungskräfte hohe Ansprüche. Führung ist als „Servant Leadership" zu verstehen und bedeutet einen Abschied vom bisher unter Führung verstandenen „Command and Control". Mitarbeiter müssen in ihrer neuen und vielleicht ungewohnten Verantwortung unterstützt und begleitet werden und neue Werte vorgelebt bekommen. Dies erfordert Führungsmethoden, die beratend, moderierend und coachend angelegt sind, um Lernprozesse anzuregen und Weiterentwicklung zu ermöglichen.

Literatur

Adzic, G. (2012): *Impact Mapping. Making a big impact with software products and projects*. Provoking Thoughts, Woking

Appelo, J. (2010): *Management 3.0. Leading Agile Developers, Developing Agile Leaders*. Addison-Wesley Professional, Boston

Appelo, J. (2016): *Managing for Happiness*. Wiley, New York

Barbarski, K. (2016): „Ohne die richtige Motivation ist alles nichts". https://www.deutsche-startups.de/2016/01/19/ohne-die-richtige-motivation-ist-alles-nichts/. Abgerufen am 28.06.2018

Beck, K. et al. (2001): „Manifest für Agile Softwareentwicklung". http://agilemanifesto.org/iso/de/manifesto.html. Abgerufen am 28.06.2018

Benefield, G. (2014a): „Outcome Metrics. Measure what matters". http://www.evolvebeyond.com/outcome-metrics/measure-what-matters/. Abgerufen am 28.06.2018

Benefield, G. (2014b): „Post Agile – Outcome Generation". http://www.evolvebeyond.com/outcome-metrics/post-agile-outcome-generation/. Abgerufen am 28.06.2018

Bowler, M. (2005): „Truck Factor". http://www.agileadvice.com/2005/05/15/agilemanagement/truck-factor/. Abgerufen am 28.06.2018

Hofert, S. (2018): *Agiler führen*. Springer Gabler, Wiesbaden

Kruschwitz, R. (2017): „Workhack Retrospektive". In: Schültken, L.: *Workhacks. Sechs Angriffe auf eingefahrene Arbeitsabläufe*. Haufe Fachbuch, Freiburg im Breisgau, S. 131 ff.

Microtool (o. J.): „Was ist agiles Projektmanagement?" https://www.microtool.de/was-ist-agiles-projektmanagement/. Abgerufen am 28.06.2018

Narayan, S. (2015): „Value-Driven Projects". In: *ProjectManagement.com*, 01.10.2015. https://www.projectmanagement.com/articles/305126/Value-Driven-Projects. Abgerufen am 04.06.18

Patton, J. (2015): *User Story Mapping*. O'Reilly, Heidelberg

Pichler, R. (2014): „8 Tips for creating a compelling product vision". https://www.romanpichler.com/blog/tips-for-writing-compelling-product-vision/. Abgerufen am 28.06.2018

Pink, D. H. (2010): *Drive. Was Sie wirklich motiviert*. Ecowin, Salzburg

Roock, A.; Roock, S. (2013): „Cross-funktionale Teams". https://stefanroock.files.wordpress.com/2013/08/crossfunktionaleteams_roocks.pdf. Abgerufen am 28.06.2018

Rubin, K. S.: (2012): *Essential Scrum: A Practical Guide to the Most Popular Agile Process.* Addison-Wesley Professional, Boston

Saint-Exupéry, A. d. (1969): *Die Stadt in der Wüste.* Karl Rauch, Düsseldorf

Scheller, T. G. (o. J.): „Selbstorganisation". http://www.agil-werden.de/themen-archiv/selbstorganisation/. Abgerufen am 28.06.2018

Schmidt, J. (2017): „Crossfunktionale Teams – aktiver Wissenstransfer im Team". https://entwickler.de/online/agile/crossfunktionale-teams-agile-wissenstransfer-260755.html. Abgerufen am 28.06.2018

Schültken, L. (2017): *Workhacks. Sechs Angriffe auf eingefahrene Arbeitsabläufe.* Haufe Fachbuch, Freiburg im Breisgau.

Schwaber, K.; Sutherland, J. (2018): „The Scrum Guide". https://www.scrumguides.org/scrum-guide.html. Abgerufen am 28.06.2018

Thomas, S. (2012): „Revisiting the Iterative Incremental Mona Lisa". http://itsadeliverything.com/revisiting-the-iterative-incremental-mona-lisa. Abgerufen am 28.06.2018

Wikipedia: „Bus factor". https://en.wikipedia.org/wiki/Bus_factor. Abgerufen am 28.06.2018

Wikiquote: „Vision". https://en.wikiquote.org/wiki/Vision. Abgerufen am 28.06.2018

Wolf, M. M. (2015): „Langfristplanung in agilen Projekten". https://matthiasmwolf.de/langfristplanung-in-agilen-projekten/. Abgerufen am 28.06.2018

Wolter, S. (2014): „Impact Mapping – Eine Methode, zwei Sichtweisen". http://www.wolter.biz/2014/05/impact-mapping-eine-methode-zwei-sichtweisen/. Abgerufen am 28.06.2018

14 Agilität in der Softwareentwicklung – praxisbewährt und erfolgreich

Fabian Schiller

Die Welt wird zunehmend zu einer Welt der Software. Die erste bemannte Reise zum Mond – Apollo 11 – kam noch mit 145.000 Lines of Code (LOC) aus, um einen Menschen sicher dorthin und zurück zu bringen. Als Curiosity dann den Mars erkundete, waren schon 2,5 Millionen LOC nötig. Und wenn Sie sich heute in Ihr Auto setzen, sind darin vermutlich schon um die 20 Millionen LOC integriert. Auch und vor allem Hardwareprodukte differenzieren sich heute oft über die zugehörige Software. Selbst einfachste Küchengeräte sind kaum mehr ohne Software oder zumindest begleitende Apps vorstellbar. Software hat die Welt erobert und wird immer komplexer. Um mit dieser Komplexität und den sich ständig verändernden Kundenbedürfnissen umgehen zu können, müssen Unternehmen gewaltig umdenken. Agile Methoden können einen Weg dorthin aufzeigen.

> In diesem Beitrag erfahren Sie,
> - welche agilen Frameworks und Methoden von erfolgreichen Unternehmen eingesetzt werden,
> - welche konkreten Praktiken sich dahinter verbergen und
> - welche Herausforderungen die Einführung agiler Methoden in der IT mit sich bringt.

Wir schreiben das Jahr 2007. Ein Team entwickelt ein Online-Portal für ein Mobilfunkunternehmen. Das Projekt wurde klassisch geplant. Der Architekt hat gut verstanden, was der Kunde braucht, und der Kunde hat genaue Vorgaben geliefert, wie die Oberfläche des Portals aussehen soll. Beste Voraussetzungen für ein erfolgreiches Projekt. Ein junges und motiviertes Team von Softwareentwicklern setzt die vorgelegten Anforderungen um und ist optimistisch, ein gutes Produkt zu liefern. Kurz vor dem Go-live des Portals passiert etwas Unerwartetes. Plötzlich fällt dem Team auf, dass doch noch eine Menge Arbeit zu erledigen ist, die zwar nicht sichtbar, aber für einen nachhaltigen Betrieb dringend notwendig ist. Der Kunde merkt, dass die gelieferten Masken nun doch nicht dem entsprechen, was er eigentlich braucht. Der Architekt hatte das Projekt schon kurz nach dem Start verlassen, und das Entwicklungsteam ist mit der von ihm vorgegebenen Architektur überfordert. Es kommt, wie es kommen muss. In den letzten zwei Wochen scheitert das Projekt grandios. Ein Jahr Entwicklungsarbeit wandert auf den Müllhaufen der Geschichte. Lange Gesichter allerorts.

Bild 14.1 zeigt den klassischen wasserfallartigen Softwareentwicklungsprozess, von dem schon Royce 1970 sagt: „I believe in this concept, but the implementation described above is risky and invites failure."

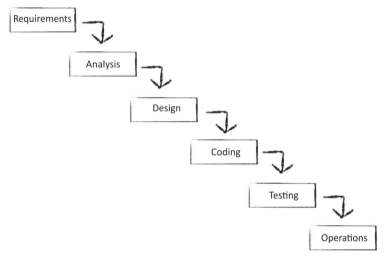

Bild 14.1 Klassischer wasserfallartiger Softwareentwicklungsprozess

Wir schreiben das Jahr 2008. Ein Team entwickelt ein Online-Portal für einen Mobilfunkanbieter. Dieses Mal liefert der Kunde keine Masken. Es gibt keine vorgegebene Architektur. Das Team ist wieder jung und motiviert und diesmal in direktem Kontakt mit den Endbenutzern. Spätestens alle zwei Wochen demonstrieren sie diesen den aktuellen Entwicklungsstand und nehmen Feedback und Änderungswünsche auf (Bild 14.2). Der Kunde ist begeistert vom Fortschritt und lernt schnell, was möglich ist und wo er seine Erwartungen anpassen muss. Das Team ist begeistert, weil es häufig gutes Feedback von den Menschen bekommt, die seine Software später verwenden sollen. Nach nur einem halben Jahr ist das Produkt so weit, dass es öffentlich ausgeliefert werden kann und in kleinen Schritten weiter an die Bedürfnisse der Anwender angepasst wird. Der Mobilfunkanbieter ist so begeistert vom Projekt, dass er allen Beteiligten ein Wellnesswochenende spendiert.

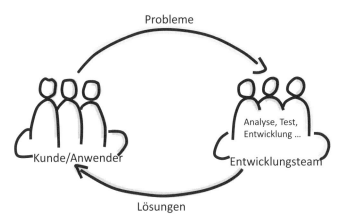

Bild 14.2 Agiles Vorgehen bedeutet enge Zusammenarbeit von Kunde bzw. Anwender und Team (siehe Hoffmann und Roock 2018).

Zwei Projekte mit ähnlichem Inhalt und ähnlichen Anforderungen. Teilweise sogar dem gleichen Team. Und trotzdem mit sehr unterschiedlichen Ausgängen. Der bemerkenswerte Unterschied im Ergebnis kam vor allem daher, dass im zweiten Projekt auf agile Softwareentwicklung mit engem Kontakt zwischen Entwicklungsteam und Anwender gesetzt wurde. Agilität in der Softwareentwicklung ist kein Garant für Erfolg. Aber agiles Vorgehen in Projekten erhöht die Erfolgswahrscheinlichkeit signifikant (siehe z. B. *CHAOS Report* der Standish Group 2015: standishgroup.com). In einer Welt, in der Software immer mehr zum Unterscheidungsmerkmal und Erfolgskriterium wird, kommt man an diesem Thema nicht mehr vorbei.

14.1 Geschichtlicher Rückblick

Agilität in der Softwareentwicklung entstand in den 1990er-Jahren als Gegenbewegung zu der Verbreitung immer schwergewichtigerer Vorgehensmodelle wie RUP (Rational Unified Process), dem V-Modell oder anderen wasserfallartigen Vorgehensweisen. Verschiedene führende Software-Professionals haben bereits damals verstanden, dass Softwareentwicklung nicht mit Bereichen wie Architektur oder dem Bauwesen vergleichbar ist und erfolgreiche Softwareentwicklung sehr stark von einem kontinuierlichen Dialog mit dem Kunden abhängt. In der Folge entwickelten einige dieser Professionals Vorgehensmodelle, die sehr viel leichtgewichtiger und dialogorientierter waren als wasserfallartige Prozesse.

Bei der Entwicklung dieser Modelle bedienten sich die Erfinder häufig Ideen aus dem Ideenpool der Lean-Gemeinde (Referenz: Lean, TPS) und der Erkenntnis, dass innovative Produkte oft in sehr viel kürzeren und überlappenden Entwicklungszyklen hergestellt werden, als wasserfallartige Vorgehen das möglich machen (siehe Takeuchi, Nonaka 1986).

Im Jahr 2001 trafen sich einige Vordenker dieser Methoden und verfassten ein Dokument, das heute zu den am häufigsten zitierten der Softwarebranche gehören dürfte: das Agile Manifest. In diesem beschrieben sie, auf welche Werte und Prinzipien sich Projekte stützen sollten, um erfolgreich Software liefern zu können.

Mit der zunehmenden Popularität des Internets und damit der Möglichkeit des Kunden, direkt mit den Entwicklern der Software zu interagieren, wurden die sogenannten agilen Methoden der Softwareentwicklung schnell sehr viel populärer. Heute kann man wohl sagen, dass gerade im Online-Bereich die agilen Methoden klassische Vorgehensmodelle längst als Standard abgelöst haben.

■ 14.2 Was ist Agilität in der Softwareentwicklung?

Der Ruf nach „Agilität" in der Softwareentwicklung ist heute laut geworden. Fragt man aber nach, was genau damit gemeint ist, bekommt man häufig diffuse und unterschiedliche Antworten. Häufig ist dann das Erste, was man hört, nachdem über Agilität gesprochen wird, das Wort „Scrum". Dies ist zwar eines der populärsten Frameworks für agile Softwareentwicklung, aber bei Weitem nicht das einzige. Und schon gar nicht die Antwort auf die Frage „Was ist agil?". Was aber bedeutete Agilität dann?

Zum einen kann man hier auf das Agile Manifest (Beck et al. 2001) verweisen, das 2001 entwickelt wurde. Es besteht aus vier Wertepaaren und zwölf Prinzipien. Diese beschreiben knapp eine Verschiebung des Fokus von Prozessen und Planung hin zu Individuen, Dialog und Flexibilität.

Eine weitere Kernidee von Agilität findet sich bei Hoffmann und Roock (2018). Hier wird der Lernzyklus im Dialog zwischen Nutzer und Entwicklungsteam in den Vordergrund gerückt (siehe Bild 14.2).

■ 14.3 Wie agil müssen wir sein?

Agilität bedeutet in erster Linie, schneller auf veränderte Rahmenbedingungen antworten zu können. Der Preis, den man für hohe Flexibilität zahlt, ist der der Planungssicherheit, denn man kann nicht für einen großen Zeithorizont fest planen und gleichzeitig flexibel sein. Ein gutes Denkmodell, um sich bewusst zu machen, wie viel Flexibilität man benötigt und wo vielleicht Planungssicherheit wichtiger ist, ist das Drei-Horizonte-Modell (Bild 14.3). Es teilt die Welt der Produktentwicklungen in drei Bereiche auf:

- Horizont 1: Den Bereich der bestehenden Produkte, die das aktuelle Überleben des Unternehmens sichern und für den Cashflow sorgen.
- Horizont 2: In diesem Bereich werden neue Produkte entwickelt, die sich in absehbarer Zeit monetarisieren lassen sollen.
- Horizont 3: In diesem Bereich werden Optionen gesichert. Man versucht experimentell herauszufinden, was beim Kunden ankommt.

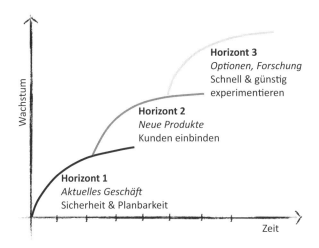

Bild 14.3 Das Drei-Horizonte-Modell

In jedem dieser Horizonte sind die Anforderungen an Sicherheit und Flexibilität völlig anders. Während es in Horizont 1 vor allem darauf ankommt, den Kunden ein zuverlässiges und stabiles System zur Verfügung zu stellen, stehen in Horizont 2 die Flexibilität und der Fokus auf die Bedürfnisse der Kunden stark im Vordergrund. In Horizont 3 spielt Planungssicherheit dann keine Rolle mehr, da es hier nur darum geht, den Raum zu öffnen für potenzielle weitere Geschäftsfelder.

Je nachdem in welchem Horizont man sich mit seiner Produktentwicklung bewegt, spielen agile Methoden und die damit verbundene Flexibilität eine größere oder kleinere Rolle. Agilität ist nicht binär: Wir sind nicht agil oder nicht agil. Vielmehr muss die Frage lauten: Wie viel Flexibilität brauchen wir in unserer Domäne und welche Ideen aus dem Agilen können uns dabei unterstützen? Und wo benötigen wir viel Planungssicherheit und schränken damit unser Potenzial zur Agilität und damit unsere Flexibilität bewusst ein?

14.4 Dimensionen der Agilität

Bevor wir uns mit der Frage beschäftigen, wie wir die Agilität in der Softwareentwicklung erhöhen können, betrachten wir noch die Dimensionen, die Agilität betrifft. Häufig ist der erste Gedanke im Zusammenhang mit Agilität die *fachliche Flexibilität*. Das bedeutet, wir können an einem Markt schneller auf veränderte Bedürfnisse der Kunden reagieren.

Fachliche Flexibilität hängt allerdings direkt zusammen mit zwei weiteren Dimensionen, die im Kontext von Agilität beachtet werden müssen. Zum einen ist das die *technische Flexibilität*. Es nützt nicht viel, Änderungen der Kundenbedürfnisse schnell aufnehmen zu können, wenn die technischen Strukturen im Hintergrund keine zügige Umsetzung dieser zulassen. Ein hoher Grad an manuellem Testen oder viele Abhängigkeiten zwischen einzelnen Komponenten und Teams sind beispielsweise häufig Faktoren, die die technische Flexibilität dramatisch einschränken.

Eine weitere Dimension der Flexibilität ist die *organisatorische Flexibilität*. Spätestens seit der Formulierung von Conways Law sollte klar sein, dass hochgradig technische Flexibilität mit starren organisatorischen Strukturen nicht funktionieren kann.

> *„Organisationen, die Systeme entwerfen ... sind auf Entwürfe festgelegt, welche die Kommunikationsstrukturen dieser Organisation abbilden."*
>
> Melvin E. Conway (1968)

Um technische und fachliche Flexibilität dauerhaft gewährleisten zu können, muss ich auch die Organisation deutlich anpassen. Ein Beispiel hierfür ist das vermehrte Arbeiten in crossfunktionalen Teams.

Agilität und Flexibilität kennen mehrere Dimensionen, die nicht unabhängig voneinander entwickelt werden können (Bild 14.4). Eine Weiterentwicklung in einer Dimension bedingt auch Entwicklungen in den anderen Dimensionen, um die Flexibilität des Gesamtsystems zu erhöhen. Alle Dimensionen der Agilität sind gleichmäßig zu entwickeln, um nachhaltig Erfolg mit der Anwendung agiler Methoden haben zu können.

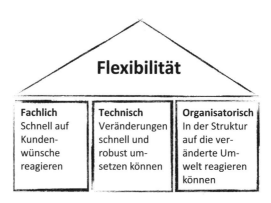

Bild 14.4 Dimensionen, um die Flexibilität des Gesamtsystems zu erhöhen

14.5 Wie werden wir agil?

Agiler werden heißt in erster Linie flexibler werden. Das bedeutet, die Organisation muss sich derart verändern, dass sie schneller lieferfähig wird. Durch zunehmende Lieferfähigkeit wird die steigende Planungsunsicherheit kompensiert durch höhere Sicherheit in der taktischen Entwicklung des Produkts. Das bedeutet, dass wir die Illusion verlieren, vorhersagen zu können, was wir in einem Jahr liefern können, dafür aber regelmäßig Bestätigung gewinnen, dass wir auf dem richtigen Weg unterwegs sind.

Dieses sehr stark auf Anwenderfeedback basierende Vorgehen bedingt auch eine Änderung in der Organisation, da sie mit diesem Feedback arbeiten muss. Dafür muss in der Regel der vorhandene Portfolio-Planungsprozess angepasst und überarbeitet werden.

Kein Framework löst die hierbei entstehenden Herausforderungen. Der Pfad, auf den sich Organisationen begeben, die agiler werden möchten, ist ein hochgradig individueller Lernpfad und in jedem Kontext und jeder Organisation einzigartig. Im Wesentlichen müssen aber, um höhere Flexibilität zu erzielen, Abhängigkeiten reduziert, individuelle und organisatorische Kompetenzen erweitert und eine Umgebung für schnelles Lernen geschaffen werden. Genau hierfür gibt es im agilen Kontext verschiedene Praktiken, die auf diesem Weg sehr hilfreich sein können. Einige sehr populäre Ideen betrachten wir im Folgenden.

14.5.1 Arbeit in Teams

Eines der zentralen Merkmale in der agilen Softwareentwicklung ist, dass praktisch alle Frameworks davon ausgehen, dass die Arbeit in Teams erledigt wird. Die Arbeit in Teams ist relativ teuer, da zusätzlich zur reinen Arbeitszeit auch Zeit für Kommunikation und Synchronisation zwischen den einzelnen Teammitgliedern aufgewendet werden muss. Trotzdem setzen agile Methoden auf interdisziplinäre Teams, da diese häufig schneller und kreativer mit Herausforderungen umgehen können als einzelne Mitarbeiter. Ein weiterer Vorteil von Teams ist, dass hier schnell gegenseitige Qualitätskontrolle bei fachlichen, technischen und organisatorischen Entscheidungen erfolgen kann. Dadurch können Entscheidungen leichter an den Ort der tatsächlichen Arbeit gebracht und dort mit hoher Qualität getroffen werden.

Damit dies allerdings tatsächlich eintritt, ist es notwendig, dass die Mitarbeiter in echten Teams zusammenarbeiten und nicht nur in losen Gruppen. Häufig wird in Organisationen die Bezeichnung Team für eine Ansammlung von Mitarbeitern verwendet, die in einem ähnlichen Kontext arbeiten. Derartige Teams heben aber kaum die Potenziale, die agile Methoden sich von Teams erhoffen. Vielmehr müssen folgende Rahmenbedingungen vorliegen, damit die Arbeit in Teams auch den erwünschten Mehrwert bietet (Hackman 2002):

- *Echtes Team*: Allen Teammitgliedern ist klar, wer im Team ist und wer nicht, um Verlässlichkeit zu gewährleisten. Das bedeutet auch, dass Teams möglichst über einen längeren Zeitraum stabil bleiben sollten und nicht aus Mitarbeitern bestehen, die nur einen Teil ihrer Arbeitszeit im Team verbringen.
- *Überzeugende Richtung*: Damit Teamgeist entstehen kann, braucht es eine gemeinsame Vision und ein gemeinsames Ziel, mit dem sich die Mitarbeiter identifizieren und für das sie sich begeistern können.
- *Befähigende Teamstruktur*: Die Aufgabenstellung für das Team ist dergestalt, dass es auch das ganze Team braucht, um diese lösen zu können. Die Aufgaben sind insbesondere nicht so formuliert, dass sie von einzelnen Mitarbeitern autonom umgesetzt werden können. Das bedeutet auch, dass die Persönlichkeitsstrukturen der Mitarbeiter im Team zusammenpassen müssen.

14.5.2 Dialogische Entwicklung mit dem Kunden

Hätte man vor 30 Jahren einen Nutzer eines Mobilfunktelefons gefragt, über welche Funktionen dieses Gerät in Zukunft verfügen soll, hätte er wohl kaum gesagt: „Mit Überwachung der eigenen Vitalfunktion, verbunden mit dem Kühlschrank daheim und unbegrenzter Speicherkapazität." Die meisten Menschen können ihre Anforderungen und Bedürfnisse erst dann konkret artikulieren, wenn sie etwas in der Hand halten, über das sie sprechen können. Daher ist eine der zentralen Ideen in der agilen Softwareentwicklung, das Produkt gemeinsam mit dem Kunden zu entwickeln, diesem häufig funktionierende Produkte zu zeigen und das Feedback des Anwenders sofort in die Weiterentwicklung einfließen zu lassen.

Auf diese Art wird nicht nur das Risiko der Fehlentwicklung minimiert, sondern auch der Kunde mitverantwortlich einbezogen. Die Softwareentwicklung gleicht hier mehr einem Dialog zwischen Kunde und Anbieter, dessen Ergebnis dann das fertige Produkt ist. Gleichzeitig wird hiermit auch implizit sehr früh Erwartungsmanagement auf beiden Seiten betrieben, was dazu führt, dass beide Seiten in der Regel mehr Verständnis füreinander entwickeln und die Produktentwicklung reibungsloser verläuft. Eine Herausforderung ist es, hier immer wieder dem Anwender oder Kunden die Vorteile dieses Vorgehens so klarzumachen, dass er die damit verbundene Verantwortung auch akzeptiert und entsprechend Zeit investiert.

14.5.3 Fachübergreifende Zusammenarbeit: Crossfunktionalität

Um Abhängigkeiten aufzulösen, mehr Kreativität und Perspektiven in die Problemlösung zu bringen und damit schneller günstigere Entscheidungen treffen zu können, ist ein wichtiges Prinzip in agilen Kontexten die Crossfunktionalität (Bild 14.5). Das bedeutet, dass Teams aus allen Experten bestehen sollten, die nötig sind, um das Produkt ein Stück weiterzuentwickeln. Dies umfasst in der Regel mindestens die Kompetenzen Anforderungsanalyse, Softwareentwicklung und Test, kann aber – je nach Kontext – auch weitere Funktionen wie User Interface Design, Betrieb etc. beinhalten.

Die Idee, Fachexperten domänenübergreifend in Teams zusammenarbeiten zu lassen, ist nicht neu und wird in der Entwicklung neuer Produkte in vielen Bereichen sehr erfolgreich eingesetzt. Sie ermöglicht deutlich kürzere Zyklen, weil Entscheidungen unter Einbezug des gesamten Teams schnell möglich sind und Abhängigkeiten reduziert werden. Außerdem eröffnet sie durch die Integration verschiedener Perspektiven einen größeren Lösungsraum für die Probleme der Kunden und Anwender (siehe Takeuchi, Nonaka 1986).

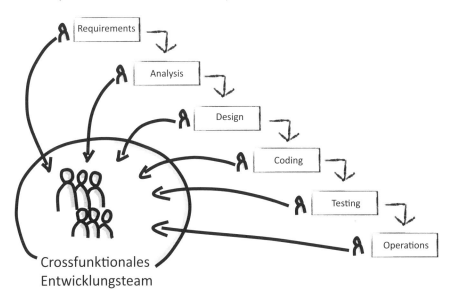

Bild 14.5 Crossfunktionales Team: Experten aller Domänen arbeiten gemeinsam und gleichzeitig an der Lösung von Kundenproblemen

14.5.4 Colokation

Damit ein Team effektiv zusammenarbeiten kann, müssen die Kommunikationswege im Team möglichst einfach und kurz gehalten werden. Jede Türe oder Mauer, die Teammitglieder trennt, ist ein nicht zu unterschätzendes Hindernis für schnelle

Kommunikation. Dieser Grundsatz gilt auch über Teamgrenzen hinaus, und daher ist das enge Zusammenziehen der Menschen, die zusammenarbeiten sollen, wichtig, wird aber häufig unterschätzt.

Je flexibler ein Kontext ist, desto schwieriger ist es, vorherzusehen, wie Informationen fließen müssen und wer welche Informationen haben sollte, um effektiv arbeiten zu können. In einem agilen Kontext mit sehr hoher Flexibilität ist daher die einfachste Möglichkeit, die Wahrscheinlichkeit zu erhöhen, dass die richtigen Informationen bei den richtigen Mitarbeitern landen, die Colokation (örtliches Zusammenführen).

Zu beachten ist hier, dass aufgrund des erhöhten Aufkommens von Kommunikation auch Mitarbeiter in ihrem Arbeitsfluss gestört werden können. Um dieses Risiko zu minimieren, ist es sehr wichtig, auf eine geeignete Raumgestaltung und Rückzugsmöglichkeiten zu achten.

14.5.5 Visual Management und Taskboards

Eine der größten Herausforderungen in der IT ist, dass Softwareentwicklung kaum messbar und praktisch unsichtbar ist. Erschwerend kommt hinzu, dass es bei der Komplexität der heutigen Anwendungen kaum mehr möglich ist, dass eine einzige Person den Überblick behalten kann. Umso wichtiger wird es, möglichst große Teile dessen, was in der Produktentwicklung passiert, wieder sichtbar zu machen. Das bekannteste Artefakt hierfür ist in agilen Kontexten das Taskboard, auf dem ein Team oder auch ein Bereich physikalisch sichtbar macht, was gerade passiert und wo Probleme liegen (Bild 14.6).

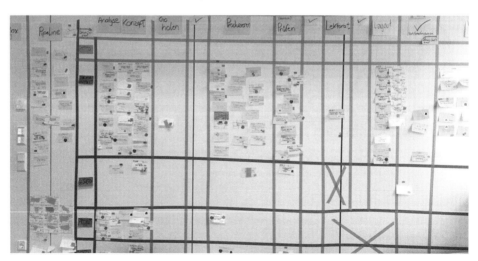

Bild 14.6 Taskboard eines Kanban-Teams

Taskboards sind allerdings nur ein Mittel, um Prozesse oder Arbeitsfortschritte sichtbar zu machen. Es gibt unzählige andere Ideen, Informationen visuell zu verbreiten. Diese Artefakte werden auch als Information Radiator bezeichnet. Beispiele hierfür sind Ampeln, die den aktuellen Zustand des Builds anzeigen, oder auch Flipcharts, auf denen der aktuelle Stand der Softwarequalität dargestellt wird.

14.5.6 Kurze Iterationen und schnelles Liefern

Würden wir – aus der klassischen Welt mit langen Planungshorizonten kommend – einfach die Flexibilität in einem Projekt erhöhen, so würde das die Unsicherheit über den Projektausgang enorm steigern. Um dieser höheren Unsicherheit in der Planung etwas entgegenzusetzen, ist es beim agilen Vorgehen wichtig, regelmäßig und möglichst häufig lauffähige Software zu liefern und diese dann inkrementell weiterzuentwickeln.

Durch die regelmäßige Lieferung kann der Anwender schnell Feedback zum Produkt geben und damit die Unsicherheit im Verlauf der Produktentwicklung minimieren. Weitere Vorteile der kurzen Entwicklungszyklen sind, dass schneller Wert beim Anwender geschaffen werden kann, da er die Software früher verwenden kann und der Fortschritt der Produktentwicklung für alle Parteien sehr viel transparenter wird.

Viele Unternehmen haben allerdings große Schmerzen damit, häufig zu liefern, da die bekannten Lieferroutinen oft sehr aufwendig und langwierig sind. Hier muss eine solide technische Basis geschaffen werden, um vor allem die technische Flexibilität zu erhöhen. Nur mit hoher technischer Flexibilität kann langfristig auch eine hohe fachliche Flexibilität gewährleistet werden.

Um die Lieferfähigkeit zu erhöhen, werden in agilen Kontexten zwei Praktiken notwendig:

- **Continuous Integration:** Mit Continuous Integration bezeichnet man den Vorgang des fast ständigen Bauens des kompletten Produkts aus allen Einzelteilen. Gemäß dem Grundsatz „Wenn etwas wehtut, tu es öfter" wird der Integrationsprozess hochgradig automatisiert und robuster gestaltet, damit der Prozess deutlich weniger aufwendig wird. Continuous Integration ist nicht denkbar ohne einen gewissen Grad an Testautomatisierung.
- **Continuous Delivery:** Auch der Prozess der Auslieferung an den Kunden ist häufig sehr aufwendig und schmerzhaft. Continuous Delivery bezeichnet die Idee, auch die Auslieferung des Produkts an den Kunden möglichst stark zu automatisieren und Deployment-Pipelines aufzubauen. Durch häufige Lieferung an den Anwender wird zudem Risikomanagement betrieben, da kleine Ände-

rungen meist auch nur kleine Fehler erzeugen, die dann auch sehr schnell gefunden und bereinigt werden können. Continuous Delivery hat massive Auswirkungen auf den Entwicklungsprozess und muss von Entwicklungsteams mit neuen Strategien in der Versionsverwaltung angegangen werden.

14.5.7 Testautomatisierung

Eine wichtige Voraussetzung für häufiges Liefern und das damit verbundene Anwenderfeedback ist Testautomatisierung. Es ist eine Conditio sine qua non. Es ist nicht möglich, eine komplexe Software oft zu liefern und alle Tests manuell auszuführen. Denn es muss vor jeder Lieferung nicht nur das getestet werden, was neu entstanden ist. Es müssen auch alle bereits vorhandenen Funktionalitäten wieder getestet werden (Regressionstests). Wenn nicht ein großer Teil der Tests im Laufe der Entwicklung automatisiert wird, so steigt der manuelle Testaufwand von Iteration zu Iteration und wird irgendwann so groß, dass er nicht mehr in einer Iteration zu bewältigen ist.

Testautomatisierung ist ein höchst komplexes Thema und bedarf großer fachlicher und technischer Expertise in der jeweiligen Domäne. Häufig werden schnell viele automatisierte Tests angelegt, ohne dass bedacht wird, dass diese später auch gepflegt werden müssen. Ein großer Fehler, da so auch wieder der Aufwand von Iteration zu Iteration steigt und irgendwann nicht mehr zu handhaben ist.

Die Lösung des Problems liegt in Testautomatisierung mit Augenmaß, die vom Team mit den entsprechenden Anwendern oder Kunden gemeinsam entwickelt werden muss. Nur so kann der Anwender Vertrauen in die automatisierten Tests gewinnen und langsam Abstand von der Idee nehmen, dass er alles manuell nachtesten muss. Eine der großen Herausforderungen neben allen technischen Herausforderungen bei der Testautomatisierung ist die Akzeptanz beim abnehmenden Kunden.

Bei der Testautomatisierung muss zudem darauf geachtet werden, dass auf verschiedenen Ebenen verschieden viel Aufwand betrieben werden sollte. Dies wird veranschaulicht in der Testpyramide (Bild 14.7). Automatisierte Tests müssen auf verschiedenen Ebenen der Applikation angelegt werden. Dabei bilden schnell ausführbare Unit Tests, d. h. Tests von kleinen Komponenten, das Fundament. Der größte Aufwand sollte in schnell ausführbaren Komponententests liegen. Darüber muss es eine Schicht von automatisierten Tests geben, die die integrierte Gesamtlösung testen. Einige Tests des User Interfaces runden die Testautomatisierung ab. Können aber das manuelle Testen nicht vollständig ersetzen.

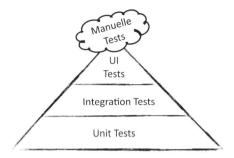

Bild 14.7 Tests auf verschiedenen Ebenen der Applikation

14.5.8 Test First

Eine gängige Praktik in agilen Kontexten sind verschiedene Ausprägungen des Test-First-Gedankens. Gleichzeitig ist dieser Ansatz auch eine Antwort auf die Frage, was Tester in einem agilen Team machen und wie sie idealerweise arbeiten. Mit dem Test-First-Gedanken bezeichnen wir die Idee, nicht – wie das klassisch häufig passiert – erst eine Analyse, dann die Umsetzung und am Ende den Test zu machen, sondern dieses Vorgehen auf den Kopf zu stellen. Wir fangen also mit dem Test an und beschreiben damit, welche Funktionalität am Ende des Prozesses geliefert werden soll. Der Test wird zu einer Form von ausführbarer Fachspezifikation, der dann die Entwicklung folgt.

Idealerweise werden die Testfälle dann so beschrieben, dass sie automatisiert ausführbar sind, um gleich zwei Fliegen mit einer Klappe zu schlagen: Zum einen wird der Grad der Testautomatisierung erhöht, und es fällt wenig Aufwand für Regressionstests an. Zum anderen weiß das gesamte Team aus dem Dialog über den Testfall, wann das Produktinkrement fertig ist. Nämlich genau dann, wenn alle Testfälle fehlerfrei ausgeführt werden können.

Der Test-First-Gedanke findet sich sowohl im Test-Driven Development (TDD), bei dem auf der Komponentenebene zuerst die Tests mit entsprechenden Testautomatisierungs-Frameworks verfasst werden, bevor der entsprechende Code dafür erstellt wird. Er findet sich aber auch auf der fachlichen Ebene beim Acceptance Test-Driven Development, wo Fachanalysten auf fachlicher Ebene unter Zuhilfenahme von entsprechenden Frameworks fachliche Anforderungen an das Produkt als Tests spezifizieren. Diese Spezifikation ist dann im Idealfall auf Knopfdruck automatisch ausführbar und validiert die fachliche Korrektheit des Produktinkrements.

> Die großen Vorteile des Test-First-Ansatzes sind, dass Anwender und Entwicklungsteam für die Erstellung der Tests schon früh eng zusammenarbeiten müssen. Außerdem sorgt die Anforderung, dass einzelne Teile der Software automatisiert testbar sein sollen, häufig dafür, dass die Architektur einen modulareren Aufbau bekommt, was wiederum für die Wartbarkeit des Produkts ein Vorteil ist.

14.5.9 Pair Working

Wenn ein Unternehmen flexibel auf Änderungen in der Umwelt reagieren möchte, dann ist es notwendig, dass das Wissen in den Köpfen der Mitarbeiter breiter verteilt wird. Schließlich kommt der Kunde nicht immer mit den gleichen Anforderungen. Und wenn sich diese ändern, werden in der Organisation auch andere Fähigkeiten oder eine andere Verteilung der Fähigkeiten benötigt.

Um sicherzustellen, dass das Wissen in der Organisation breiter verteilt ist, bieten sich Ansätze wie das Pair Working – am bekanntesten in Form des Pair Programmings – an, um dieses Problem anzugehen. Pair Working – also der Ansatz, Tätigkeiten von zwei Personen gemeinsam durchführen zu lassen – hat den Vorteil, dass sich automatisch immer mindestens zwei Personen mit einem Thema befasst haben. Zum anderen werden fachliche und technische Skills über die direkte Zusammenarbeit organisch weitergegeben, und die Qualität der Produkte steigt durch das Vier-Augen-Prinzip.

Häufig fürchten Organisationen, dass durch Pair Working der Aufwand für die Umsetzung von Produkten deutlich höher wird. Schließlich kümmern sich jetzt immer zwei Personen um jedes Arbeitspaket. Tatsächlich scheint das Pair Working aber den Aufwand für die Produktentwicklung mittelfristig zu reduzieren, da von deutlich sinkenden Fehlerquoten und der Entstehung hochwertigerer Lösungen berichtet wird. Pair Working sollte in agilen Organisationen eher der Standard als die Ausnahme sein. In agilen Frameworks wie eXtreme Programming wird Pair Programming sogar vorgeschrieben.

14.5.10 Agile Architektur

Eine besondere Herausforderung bei agilem Vorgehen in der Softwareentwicklung ist das Thema Architektur. Der klassische Weg, einen dedizierten Architekten für dieses Thema verantwortlich zu machen, bringt verschiedene Schwierigkeiten mit sich. Zum einen möchten wir bei agilem teambasiertem Vorgehen die Verantwortung für das Produkt im ganzen Team sehen und nicht bei einzelnen Personen. Die

Ernennung eines Architekten unterstützt aber genau das Gegenteil. Ein wichtiger Teil der Verantwortung – nämlich der für die Architektur – wird dem Team genommen. Daher gibt es in Frameworks wie Scrum auch explizit keine Rollen im Team.

Eine weitere Herausforderung mit dem klassischen Architekturansatz ist, dass dieser versucht, am Anfang die richtige Lösung für das fertige Produkt zu etablieren. Dies widerspricht aber dem agilen Ansatz, Veränderungen im Projektverlauf zu berücksichtigen und sich entsprechend anzupassen. In der agilen Produktentwicklung muss also ein anderer Ansatz für Architektur gewählt werden.

Die Grundsätze eines solchen Ansatzes sollten sein:

- Entscheidungen über die Architektur werden so spät wie möglich und so früh wie nötig getroffen.
- Die Architektur sollte möglichst viele Optionen für die Weiterentwicklung offenhalten.
- Entscheidungen zur Architektur werden im gesamten Team gefällt und getragen.
- Die Architekturdokumentation sollte kompakt, aktuell, wartbar und klar sein.
- Architektur ist ein ständig laufender Prozess.

In agilen Teams können und sollen Softwarearchitekten mitarbeiten. Allerdings ist in einem agilen Team für einen Architekten eine andere Geisteshaltung notwendig. Er sollte seine Rolle eher als Trainer und Coach für das Team sehen denn als derjenige, der Architekturentscheidungen im Alleingang trifft.

Auch das Thema der übergreifenden Architektur sollte im Idealfall nicht von einzelnen Mitarbeitern geprägt und bestimmt werden. Je mehr Beteiligung der Teams an übergreifenden Architekturentscheidungen ermöglicht wird, desto wahrscheinlicher ist es, dass diese auch breit verstanden und umgesetzt werden. Auch Rollen wie die des Unternehmensarchitekten sollten daher umdenken und sich eher als Enabler, Unterstützer und Moderatoren von Communities of Practice (themenbezogene Arbeitsgruppen) sehen, die Architekturentscheidungen moderieren, denn als alleinverantwortlich für das Thema.

In der agilen Softwareentwicklung nehmen wir bewusst in Kauf, dass Architekturentscheidungen, die wir treffen, vielleicht in naher Zeit revidiert oder angepasst werden müssen. Dies ist in der Softwareentwicklung meist kein großes Problem. Der Vorgang der kontinuierlichen Architekturpflege und des ständigen Redesigns der Anwendung bezeichnet man als *Refactoring*. Diese Tätigkeit sollte ständig vom gesamten Team durchgeführt werden, wenn neue Anforderungen auf das Produkt treffen.

14.5.11 Domain-Driven Design

Ein Architekturansatz, der mit agilen Methoden Hand in Hand geht, ist das Domain-Driven Design. Die grundlegende Idee ist, dass der Fokus des Softwareentwurfs auf der Fachlichkeit und der Fachlogik der entsprechenden Domäne liegen sollte. Entsprechend sollte ein Domänenmodell in der Architektur erkennbar sein, das den entsprechenden Kontext offensichtlich macht und wiedergibt.

Domain-Driven Design beruht auf dem Grundgedanken, dass komplexe Domänenmodelle mit der Zeit entstehen und sich weiterentwickeln. Domain-Driven Design empfiehlt explizit Techniken aus dem eXtreme Programming, wie die Verwendung von Systemmetaphern, um die Kommunikation zwischen allen an der Produktentwicklung Beteiligten zu erleichtern.

14.5.12 Retrospektiven

Das vielleicht wichtigste Prinzip agiler Frameworks ist das Prinzip der ständigen Reflexion und Verbesserung. Im Agilen Manifest heißt es: „In regelmäßigen Abständen reflektiert das Team, wie es effektiver werden kann, und passt sein Verhalten entsprechend an."

Die Verwendung agiler Methoden ist kein Selbstläufer. Erfolgreiches agiles Arbeiten bedarf ständiger Inspektion und Reflexion des eigenen Verhaltens und der Nutzung der daraus gewonnenen Erkenntnisse.

Oft ist der erste Schritt bei der Einführung agiler Methoden und Ideen eine Retrospektive – nicht nur, um zu sehen, wo Verbesserungen nötig sind, sondern auch, um zu sehen, auf welchen Stärken Teams und Unternehmen aufsetzen können, um erfolgreich agile Produktentwicklung betreiben zu können.

14.5.13 Zusammenfassung und Überblick

Die genannten Praktiken dienen der Entwicklung der Agilität im Unternehmen, indem sie auf die verschiedenen Dimensionen der Agilität einzahlen. Tabelle 14.1 zeigt, welche Praktiken im Wesentlichen auf welche Dimensionen wirken.

Tabelle 14.1 Wirkung der jeweiligen Praktik

Praktik/Technik	Organisatorisch	Fachlich	Technisch
Arbeiten in Teams	✓	✓	✓
Dialogische Entwicklung mit dem Kunden		✓	
Colokation		✓	
Visual Management und Taskboards	✓	✓	✓
Kurze Iterationen und schnelles Liefern			✓
Test First		✓	✓
Testautomatisierung			✓
Pair Working	✓	✓	✓
Fachübergreifende Zusammenarbeit: Crossfunktionalität	✓	✓	
Portfolio-Kanban	✓	✓	
Agiles Architekturmanagement			✓
Domain-Driven Design		✓	
Refactoring			✓
Retrospektiven	✓		✓

14.6 Agile Frameworks

Als die schwergewichtigen Methoden des Softwareengineerings in den 1990er-Jahren immer mehr in die Kritik gerieten, wurden verschiedene sehr schlanke alternative Modelle entwickelt, um Projekte erfolgreich abzuwickeln. Heute werden aus dieser Vielfalt von Modellen fast nur zwei (Scrum und Kanban) häufig erwähnt und verwendet. Im Folgenden möchten wir einen kurzen Überblick über einige agile Modelle zur Softwareentwicklung geben.

14.6.1 Crystal Clear

Ein relativ unbekanntes, aber beachtenswertes Modell für agile Softwareentwicklung ist das von Alistair Cockburn vorgestellte Crystal Clear. Es basiert auf dem Kerngedanken, die kleinste Menge an Methode zu sein, die potenziell noch funktionieren kann.

Crystal Clear schreibt keinen bestimmten Prozess, keine Rollen und keine Praktiken vor, die verpflichtend einzusetzen sind. Vielmehr konzentriert sich Crystal

Clear darauf, welche Eigenschaften ein Projekt haben muss, um erfolgreich sein zu können. Dabei gibt es drei Eigenschaften, die kritisch sind:

- häufige Auslieferung,
- kontinuierliche Reflexion und Verbesserung,
- osmotische Kommunikation.

Des Weiteren fordert Crystal Clear folgende Eigenschaften von Projekten, die Crystal Clear implementieren:

- individuelle Sicherheit,
- Fokus,
- einfacher Zugang zu Anwendern,
- eine technische Umgebung mit automatisierten Tests, Konfigurationsmanagement und häufiger Integration.

Außerdem erwähnt Crystal Clear eine Reihe von Strategien und Techniken, die hilfreich sind, um die oben genannten Eigenschaften gut implementieren zu können. Die Strategien zielen im Wesentlichen darauf ab, den Nutzern früh ein Produktinkrement anbieten zu können. Die Techniken beschreiben verschiedene Good Practices für erfolgreiche Projektarbeit in der Softwareentwicklung.

Im Gegensatz zu anderen Methoden ist Crystal Clear wenig dogmatisch in der Forderung nach bestimmten Praktiken und respektiert auch, dass Projekte verschiedener Größe und Kritikalität auch andere Ansprüche an den Prozess haben. Dies spiegelt sich darin wider, dass Crystal im Prinzip aus einer ganzen Familie von Prozessen besteht, in der verschiedene Kommunikationsformen und Testmaßnahmen je nach Kritikalität und Anzahl Beteiligter vorgeschlagen werden (Bild 14.8).

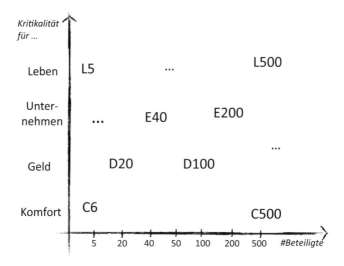

Bild 14.8 Crystal-Clear-Familie: Kommunikationsformen und Testmaßnahmen je nach Kritikalität und Anzahl Beteiligter

14.6.2 eXtreme Programming

Im Kontrast zu beispielsweise Crystal Clear schreibt eXtreme Programming (XP) strikt vor, wie Software zu entwickeln ist, um ein Projekt erfolgreich zu machen. Diese Striktheit ist auch dafür verantwortlich, dass mit XP häufig sofort bestimmte Praktiken in Verbindung gesetzt werden. Im Kern basiert XP allerdings auf vier Werten: Kommunikation, Einfachheit, Feedback und Mut. Aus diesen folgen dann die Prinzipien:

- Gib schnelles Feedback.
- Nimm Einfachheit an.
- Verändere inkrementell.
- Heiße Veränderung willkommen.
- Liefere Qualität.

Um diese Prinzipien befolgen zu können, schreibt XP auch eine Reihe von konkreten Praktiken vor, die in einem Projekt zu verwenden sind. Die bekanntesten sind Pair Programming, kontinuierliche Integration und die 40-Stunden-Woche. Andere Praktiken sind:

- Das Planning Game: Das Team bestimmt schnell die Inhalte des nächsten Releases und führt die dafür nötigen Schätzungen und Planungen aus.
- Kleine Releases: Kleine Releases sollen schnell an Anwender geliefert und dann inkrementell an die Ansprüche angepasst werden.
- Metaphern: Anwender und Entwickler kommunizieren in Metaphern und Geschichten miteinander.
- Einfaches Design: Um ein Feature umzusetzen, wird immer das einfachste mögliche Design verwendet, um zu vermeiden, unnötige Komplexität einzubauen.
- Refactoring.
- Kollektive Code Ownership: Jeder Entwickler darf in jedem Teil der Software Eingriffe vornehmen.
- Coding Standards: Das Entwicklungsteam einigt sich auf einheitliche Standards für den Sourcecode.
- Testen: Für jedes Stück Programm müssen auch automatisierte Tests vorliegen.

14.6.3 Scrum

Während sich eXtreme Programming sehr auf Praktiken konzentriert, stellt das Produktentwicklungs-Framework Scrum eher Strukturen und Verantwortungen in den Vordergrund (Bild 14.9). Es tut dies, indem es regelmäßig stattfindende Termine definiert und auch die Artefakte und Rollen beschreibt, die in diesen Terminen eine Rolle spielen. Der zentrale Begriff in Scrum ist der Sprint. Ein Zeitrahmen von maximal einem Monat, nach dem jeweils ein potenziell auslieferbares Produktinkrement stehen soll.

Ein Sprint beginnt immer mit einem Planungs-Meeting, in dem die Inhalte und Ziele für den kommenden Sprint definiert werden. Im Sprint Review am Ende des Sprints wird mit allen Stakeholdern das erstellte Produktinkrement begutachtet und Feedback angenommen. Scrum schreibt außerdem eine regelmäßige Retrospektive vor, in der Verbesserungsmaßnahmen erarbeitet werden.

Das zentrale Planungsartefakt in Scrum ist das Product Backlog. Dabei handelt es sich um eine eindeutig priorisierte Liste von Anforderungen an das Produkt. Das Product Backlog liegt in der Verantwortung des sogenannten Product Owners, der dafür verantwortlich ist, eine sinnvolle Priorisierung im Backlog herzustellen und die Richtung für die Produktentwicklung vorzugeben.

Weitere Rollen in Scrum sind die des Entwicklungsteams, das – anders als der Name impliziert – nicht nur aus Softwareentwicklern besteht, sondern alle Funktionen enthält, die notwendig sind, um das Produkt liefern zu können.

Eine spezielle Rolle in Scrum ist die des Scrum Masters, der dafür sorgen soll, dass das Entwicklungsteam sich in einem Kontinuierlichen Verbesserungsprozess weiterentwickelt und besser liefern kann. Er hat außerdem die Aufgabe, moderierend tätig zu sein und allen Beteiligten ihre Verantwortung und Rolle im Scrum-Rahmenwerk zu erklären.

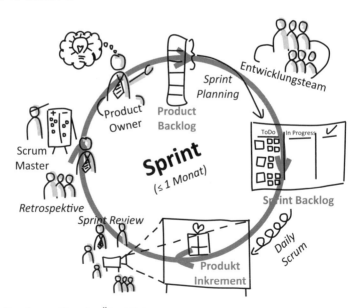

Bild 14.9 Der Scrum-Flow im Überblick

14.6.4 Kanban

Während Scrum sich auf die optimale und kundenorientierte Entwicklung eines Produkts konzentriert, liegt der Fokus bei Kanban auf der Prozessoptimierung. Das wesentliche Ziel eines Vorgehens mit Kanban ist es, Durchlaufzeiten von Anforderungen durch das System (z. B. Team) zu optimieren und dabei einen Kontinuierlichen Verbesserungsprozess zu leben. Kanban ist also eher ein Rahmen für evolutionäres Change Management als für Produktentwicklung. Daher gibt es in Kanban auch keine vordefinierten Prozesse oder Rollen. Vielmehr gibt Kanban einige Prinzipien und Kernpraktiken vor, um schrittweise Verbesserung zu erreichen.

Die Grundprinzipien von Kanban lauten:

- Starte mit dem, was du jetzt machst.
- Verfolge inkrementelle, evolutionäre Veränderung.
- Respektiere initiale Prozesse, Rollen, Verantwortlichkeiten und Job-Titel.
- Fördere Leadership auf allen Ebenen in der Organisation.

Neben den Prinzipien gibt es einige Praktiken, die in Kanban Anwendung finden sollen:

- Mache Arbeit sichtbar: Häufig finden sich in Kanban-Teams Arbeitsvisualisierungen in Form von Taskboards, an denen der Arbeitsprozess sichtbar gemacht wird.
- Limitiere den Work in Progress (WiP): Erfolgreiche Kanban-Teams limitieren bewusst den WiP.
- Mache Prozessregeln explizit.
- Implementiere Feedbackmechanismen.
- Führe Verbesserung gemeinschaftlich durch.

Die Einführung von Kanban in Organisationen ist in der Regel meist einfacher als die anderer Modelle, da im ersten Schritt keine großen Veränderungen nötig sind. Diese sehr positive Eigenschaft ist in der Praxis auch gleichzeitig eine große Herausforderung, da stark darauf geachtet werden muss, dass die Prinzipien und Kernpraktiken auch tatsächlich gelebt werden und ein Verbesserungsprozess in Gang kommt.

14.6.5 Feature-Driven Development

Ein weiteres agiles Prozessmodell in der Softwareentwicklung ist Feature-Driven Development (FDD). Entwickelt in den späten 1990er-Jahren für größere Projekte stellt es – anders als die anderen vorgestellten Modelle – den Feature-Begriff in den Mittelpunkt. Das bedeutet, dass sich – unabhängig vom verwendeten Vorgehensmodell – die Entwicklung darauf konzentriert, möglichst schnell ein Feature nach dem anderen fertigzustellen.

In FDD wird ein grober Gesamtplan nach Features entwickelt. Jeder Prozessschritt bzw. jedes Feature wird auf den Kunden ausgerichtet und stellt einen Mehrwert für den Kunden dar. Diese Features werden dann in möglichst kurzen Iterationen an den Anwender geliefert. Dieser FDD-Prozess in Projekten ist in fünf Stufen unterteilt (Bild 14.10):

1. Entwickle ein Gesamtmodell: Es wird unter Einbezug der Fachexperten und Entwickler ein Modell des Gesamtsystems erarbeitet.
2. Erstelle eine Feature-Liste: Eine Liste von Features wird gesammelt und nach einem bestimmten Schema abgelegt.
3. Plane je Feature: In diesem Schritt legen die Führungskräfte des Projekts fest, in welcher Reihenfolge die Features umgesetzt werden sollen, und kümmern sich um Abhängigkeiten.
4. Entwerfe je Feature: Die Entwicklerteams und der Chefentwickler entwerfen für jedes Feature einzeln das Design und starten grobe Implementierungen.
5. Konstruiere je Feature: Im letzten Schritt wird das gerade entworfene Feature umgesetzt.

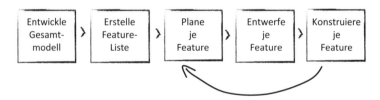

Bild 14.10 Entwicklung eines groben Gesamtplans

14.6.6 Zusammenfassung und Überblick

Die vorgestellten Frameworks bezeichnen sich zwar alle als Frameworks der agilen Softwareentwicklung, haben aber teilweise einen unterschiedlichen Fokus. In Tabelle 14.2 erhalten Sie einen Überblick über diese Ausrichtungen.

Tabelle 14.2 Jeweiliger Fokus der unterschiedlichen Frameworks

Framework	Fokus	Stichwörter
Crystal Clear	Eigenschaften erfolgreicher Projekte	Häufig liefern, kontinuierliche Verbesserung, osmotische Kommunikation
eXtreme Programming	Entwicklungspraktiken und Vorgehen	Einfachheit, kurze Releases, TDD, Pair Programming, Metaphern
Scrum	Kundenorientierte Produktentwicklung	Rollen, Meetings und Artefakte im Vorgehen
Kanban	Prozessoptimierung	Kontinuierlicher Verbesserungsprozess (KVP), Work in Progress (WiP) Limits, Change Management
Feature-Driven Development	Fokus auf Features	Features sequenziell und möglichst schnell liefern

■ 14.7 Herausforderungen bei der Einführung agiler Methoden und Praktiken

Die Einführung agiler Methoden in der Softwareentwicklung ist mit großen Veränderungen in der Organisation, in den Abteilungen und Teams, aber auch bei einzelnen Mitarbeitern verbunden. Es ist daher wichtig, alle Beteiligten frühzeitig auf dem Weg einzubinden und die Dringlichkeit und Notwendigkeit einer Veränderung transparent zu machen.

Außerdem ist es von großer Bedeutung, den Menschen und der Organisation die notwendige Zeit und die Mittel für den Veränderungsprozess zur Verfügung zu stellen. Wie bei jeder Veränderung sollten Sie nicht erwarten, dass Sie sich für Agilität entscheiden und unmittelbar in den Genuss der Vorteile dieser Ansätze kommen. Vielmehr bedeutet diese Entscheidung eine Investition in die Zukunft.

14.7.1 Im Team

Zuerst sind bei der Einführung agiler Methoden einzelne Teams betroffen. Für die Mitarbeiter in den Teams ändert sich die Arbeitsweise häufig gravierend. Die kurzen Produktentwicklungszyklen stellen sie vor große Herausforderungen, die sie mit den bisher gelernten Mitteln kaum bewältigen können. Außerdem erfordern die Arbeit im crossfunktionalen Team und der enge Kundenkontakt sehr viel mehr Offenheit, gegenseitigen Respekt, Lernbereitschaft und Mut.

Die Teams sollten möglichst gute Unterstützung erfahren, indem sie die Gelegenheit bekommen, agile Prozesse und Praktiken kennenzulernen und zu reflektieren, wie sie diese in ihrer Domäne sinnvoll einsetzen können. Gerade die Themen Testautomatisierung und agile Entwicklungspraktiken kommen häufig zu kurz. Die Konsequenz sind dann eine Überforderung der Mitarbeiter und sinkende Motivation und Qualität.

14.7.2 In der Organisation

Wenn die ersten agilen Teams in der Organisation laufen, stellen sich häufig schnell organisatorische Fragen. Eine der ersten großen Herausforderungen ist es oft, Bereichsgrenzen im Unternehmen zu überwinden und echte crossfunktionale Teams bilden zu können. Schrecken Sie nicht davor zurück, frühzeitig diesen Gedanken zu transportieren und zu diskutieren. Wenn die Organisationsstruktur der Ablauforganisation mittelfristig nicht folgt, dann führt dies häufig zu großen Reibungsverlusten und Kommunikationsproblemen. Sie müssen dafür nicht gleich Bereiche auflösen und neu strukturieren. Ein erster guter Schritt ist meist schon das örtliche Zusammenführen der Teammitglieder (Colokation). Wenn sich die Zusammenarbeit dann aber nachhaltig als erfolgreich herausstellt, sollten die Organisationsstrukturen bald nachgeführt werden, da es sonst aufgrund des organisatorischen Rahmens oft zu verschiedenen Informationsständen und Zielen innerhalb eines Teams kommt, was die Arbeit im Team dramatisch erschwert.

Eine weitere Herausforderung ist die zunehmende Flexibilität in den Anforderungen. Genau das möchte man ja mit agilen Methoden erreichen. Gleichzeitig sind die Portfolio-Prozesse in Unternehmen häufig auf die Planung ganzer Jahre ausgerichtet. Hier entsteht meist in kürzester Zeit ein nennenswerter Konflikt. Wenn Sie mit agilen Methoden arbeiten, müssen Sie früher oder später Ihren Portfolio-Prozess überdenken und an die zunehmende Flexibilität anpassen. Das bedeutet auch, dass Sie mit Unsicherheit und Veränderung taktisch umgehen können müssen.

Solange eine Organisation wächst, kann sie leicht auf veränderte Bedürfnisse des Kunden reagieren. Hat die Organisation eine feste Größe und Struktur (X) erreicht, kann die Flexibilität in den Anforderungen beim Kunden nicht mehr leicht abgefangen werden. Der Portfolio-Prozess fängt an, sich an den Kompetenzen und Strukturen der Organisation auszurichten statt an den Anforderungen der Kunden. Die einzige Lösung für dieses Problem ist es, organisatorische Flexibilität zu fördern (Bild 14.11).

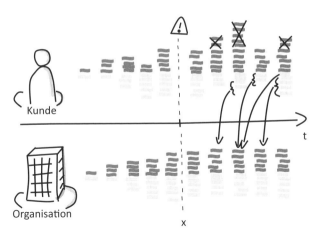

Bild 14.11 Ab einer bestimmten Organisationsgröße (X) bestimmt die eigene Struktur die Flexibilität

Ein drittes großes Thema für Organisationen, die mit agilen Teams arbeiten, sind die Systemarchitektur und dort insbesondere die Abhängigkeiten. Wenn Sie für die Lieferung von Funktionen, die dem Anwender einen echten Wert bieten, immer mehrere Teams benötigen, so werden Sie das Potenzial agiler Methoden nur schwer schöpfen können. Daher sollte ein Leitgedanke bei der Einführung agiler Methoden sein, Abhängigkeiten zu reduzieren. Dabei wiederum können crossfunktionale selbstorganisierte Teams helfen. Sie sind aber nicht die Lösung des Problems. Oft ist es nötig, die bestehende Systemarchitektur zumindest zu hinterfragen.

 Wichtige Punkte in Kürze

- Die Einführung von agilen Methoden in der Softwareentwicklung ist in Unternehmen oft eine große Herausforderung, da viele funktionierende Prozesse hinterfragt und verändert werden müssen.
- Geben Sie sich nicht mit Artefakten zufrieden. Schauen Sie hinter die Kulissen und versuchen Sie, klarzumachen, **warum** welche Praktiken und Prozesse Anwendung finden sollen.
- Schaffen Sie eine Umgebung für schnelles Lernen und stellen Sie die dafür nötigen Mittel und Rahmenbedingungen zur Verfügung.
- Achten Sie darauf, dass agile Prozesse und agile Praktiken – insbesondere die Testautomatisierung – Hand in Hand gehen, da sonst schnell Ernüchterung eintreten kann.
- Versuchen Sie, Abhängigkeiten zwischen den Teams zu reduzieren, um mehr Flexibilität in der Planung zu ermöglichen.

Literatur

Anderson, D. J. (2010): *Kanban. Successful Evolutionary Change for Your Technology Business.* Blue Hole Press, Sequim

Beck, K. (2000): *eXtreme Programming eXplained. Embrace Change.* Addison-Wesley, Boston

Beck, K. (2002): *Test-Driven Development. By Example.* Addison-Wesley, Boston

Beck, K. et al. (2001): *Manifesto for Agile Software Development.* http://agilemanifesto.org/. Abgerufen am 01.08.2018

Cockburn, A. (2005): *Crystal Clear. A Human-Powered Methodology for Small Teams.* Addison-Wesley, Boston

Conway, M. E. (1968): *How do Committees Invent?.* Thompson Publications (Hrsg.): Datamation. Band 14, Nr. 5, April 1968, S. 28–31

DeMarco, T. (2009): „Software Engineering: An Idea Whose Time Has Come and Gone?". In: *IEEE Software* Volume 26, Issue 4

Gärtner, M. (2012): *ATDD by Example: A Practical Guide to Acceptance Test-Driven Development.* Addison-Wesley, Boston

Hackman, R. J. (2002): *Leading Teams. Setting the Stage for Gread Performances.* Harvard Business Press, Boston

Hoffmann, J.; Roock, S. (2018): *Agile Unternehmen. Veränderungsprozesse gestalten, agile Prinzipien verankern, Selbstorganisation und neue Führungsstile etablieren.* dpunkt.verlag, Heidelberg

it-agile (2018): „Agil mit FDD (Feature Driven Development). Whitepaper". https://www.it-agile.de/fileadmin/docs/Whitepaper-FDD.pdf. Abgerufen am 01.08.2018

Leopold, K.; Kaltenecker, S. (2013): *Kanban in der IT. Eine Kultur der Kontinuierlichen Verbesserung schaffen.* Carl Hanser, München 2013

Martin, R. C. (2008): *Clean Code. A Handbook of Agile Software Craftsmanship.* Prentice Hall, Upper Saddle River et al.

Pieper, F.-U.; Roock, S. (2017): *Agile Verträge. Vertragsgestaltung bei agiler Entwicklung für Projektverantwortliche.* dpunkt.verlag, Heidelberg

Royce, W. W. (1979): *Managing the Development of Large Software Systems.* IEEE/Wescon

Rubin, K. S. (2013): *Essential Scrum. A Practical Guide tot he Most Popular Agile Process.* Addison-Wesley, Boston

Schwaber, K.; Sutherland, J. (2018): *The Scrum Guide.* http://www.scrumguides.org/. Abgerufen am 01.08.2018

Takeuchi, H.; Nonaka, I. (1986): „The New New Product Development Game". In: *Harvard Business Review*, Januar 1986

15 Agil und Lean – ähnlich, und doch verschieden

Albert Schlotter

Die immer komplexer werdenden Marktbedingungen gerade in der Softwareentwicklung haben seit Beginn des 21. Jahrhunderts zu einem Hype um Agilität geführt. Auf der anderen Seite erleben wir eine Art Renaissance der über 60 Jahre alten Ideen aus der Lean-Welt unter den Start-ups, welche im Wettbewerb um die schnellste Time-to-Market stehen. Schnell verliert man hier den Überblick zwischen den beiden Strömungen. Was sind die Unterschiede und was die Gemeinsamkeiten?

> In diesem Beitrag erfahren Sie
> - mehr über ein generisches Modell, welches eine Orientierung für beide Ideenwelten liefert, indem es deren Bestandteile sichtbar macht,
> - welche Unterschiede und Gemeinsamkeiten beide Strömungen prägen, welche Hürden in der Praxis zu nehmen sind und wie man das Beste aus beiden Welten im eigenen Kontext anwenden kann sowie
> - welche Konsequenzen daraus für die Entscheider entstehen.

Die Erfinder und Berater der Methoden und Praktiken ordnen sich selbst meist einer der beiden Hauptströmungen „Agil" oder „Lean" zu. Es muss etwas Identitätsstiftendes im Spiel sein. Man hat den Eindruck, hier präzise differenzieren zu müssen, als ob es sich um etwas Unvereinbares handelt. Muss ich mich als Anwender für den einen und gegen den anderen Weg entscheiden?

Neben der Beantwortung dieser Fragen werden im Folgenden unterschiedliche Auswirkungen in der Praxis sowie konkrete Handlungsempfehlungen vorgestellt. Die Unterschiede werden mithilfe eines intuitiven Modells erklärt, welches eine gewisse Ordnung und dadurch einen Überblick über die jeweiligen Bestandteile ermöglicht. Doch werfen wir zunächst einen detaillierten Blick auf das Angebot an Methoden.

15.1 Wettbewerb im Methodenmarkt

Durch die hohe Nachfrage nach Mitteln und Wegen, wie man Organisationen agiler machen kann, ist seit Beginn des 21. Jahrhunderts ein mannigfaltiger Fundus an Methoden und Praktiken entstanden.

Cargo-Kult-Gefahr

Entschließt sich ein Unternehmen dazu, agiler zu werden, werden gerne einzelne Methoden als Patentrezept eingesetzt. Das kann mehr Schaden als Nutzen bewirken. Zum einen verschwendet man wertvolle Zeit und Energie in etwas, was sich nicht oder lediglich kurzfristig auswirkt. Zum anderen läuft man Gefahr, das Ziel beim Weg von Methode zu Methode aus den Augen zu verlieren. Und das ist kein seltenes Phänomen. Die Situation, dass Mitarbeiter und Führungskräfte Methoden anwenden oder anwenden müssen und gar nicht mehr verstehen, welches Problem damit ursprünglich adressiert wurde, ist weitverbreitet. Einen Begriff aus der Sozialwissenschaft hört man in diesem Zusammenhang immer wieder: Cargo-Kult. (In Anlehnung an Dueck 2017, Position 2112)

Cargo-Kult

Als Cargo-Kult bezeichnet man die Situation, wenn ein Verhalten nur beobachtet und kopiert wird, ohne die dahinterliegenden Zusammenhänge verstanden zu haben, und darauf hofft, dass die gleichen Ergebnisse erzielt werden.

Der Einsatz von Methoden ändert zwar das Verhalten, aber die dahinterliegenden Zusammenhänge sind weit mächtiger. Bei Agil und Lean handelt es sich jeweils um in sich kohärente Mindsets, die durch bestimmte Prinzipien und Werte beschrieben sind.

Zwei Umstände verstärken nach den oft zu engen Fokus auf die Ebene der Methoden: Geschäftsinteressen und Karrierestreben:

- **Methode als Ware**
  Oftmals steht hinter einer Methode speziell ein Berater mit einem Geschäftsmodell. Das heißt, jemand möchte mit der neuen Erfindung schließlich auch Geld verdienen. Dadurch erleben wir immer öfter neue Kombinationen mit marginalem Unterschied oder längst bekannte Methoden im Gewand einer neuen Bezeichnung. Das ist für sich genommen nicht schädlich. Wettbewerb belebt das Geschäft. Je größer die Auswahl im Methodenkoffer, desto besser. Allerdings wird es zunehmend schwierig, den Überblick zu behalten.

- **Methode als Steigbügelhalter für Karriere**
  Die zweite Ursache für einen zu engen Blick auf die Methoden ist innerhalb von eher konservativen, traditionellen Organisationen zu finden: das individuelle Streben nach Karriere im Rahmen klassischer Führungslaufbahnen. Der Effekt lässt sich auf mehreren Hierarchieebenen beobachten:
  - In den niedrigeren Hierarchiestufen, wenn eine Methode als kurzfristige Lösung den schnellen Erfolg bringen soll. Das Ziel ist, Aufmerksamkeit durch kurzfristige Erfolge zu erzeugen (vgl. Dueck 2017; Position 702). Schließlich geht es um den nächsten Karriereschritt. Kurzfristige Erfolgsformeln sorgen für Aufmerksamkeit, die vom Anreizsystem positiv belohnt wird.
  - Die andere Ausprägung für einen zu eindimensionalen Blick auf die Methodik aufgrund von Karrierestreben resultiert aus der Idee, eine Methode oder ein Methodenset zu skalieren, um eine hohe Verbreitung zu generieren. Derartige Rollouts stellen vor allem für das mittlere Management einen Anreiz dar, da kurzfristig viel Aufmerksamkeit erzeugt werden kann. Eine schnelle und erfolgreiche Einführung hat plötzlich eine höhere Priorität als die Notwendigkeit, alle Beteiligten im Sinne eines Konsents (ohne Veto) einzubeziehen und kontextabhängig zu agieren. Falls Partikularinteressen über den gemeinsamen Werten und Zielen stehen, ist ein hoher unternehmensinterner Aufwand notwendig, um einen ganzheitlichen Kontinuierlichen Verbesserungsprozess zu etablieren.

15.2 Das Zwiebelmodell

Doch das Risiko solcher dysfunktionalen Begleiterscheinungen wie Cargo-Kult lässt sich minimieren. Ein wichtiger erster Schritt ist, dass man sich vor einem Einsatz einer neuen Methode vergegenwärtigt, worum es eigentlich geht.

Bild 15.1 zeigt das Zwiebelmodell, welches sich in der Praxis gut bewährt hat, um einen ganzheitlichen Blick auf alle vorhandenen Bestandteile unabhängig von der jeweiligen Ideenwelt herzustellen: **Werkzeuge, Methoden, Praktiken, Prinzipien und Werte**. Das gewählte Schema der konzentrischen Kreise verdeutlicht dabei zwei Dimensionen: Sichtbarkeit und Hebelwirkung.

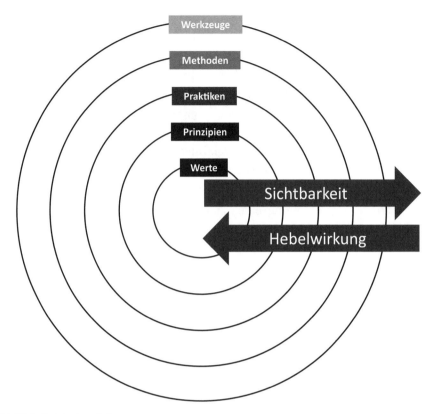

Bild 15.1 Zwiebelmodell

15.2.1 Sichtbarkeit

Werkzeuge, wie z. B. ein Kanban Board mit Zettel an der Wand, sind gut sichtbar. Meist hängen sie an einem zentralen Ort. Man kann sie aus großer Entfernung bereits als Werkzeuge erkennen. Deshalb ordnet man sie in der äußersten Schicht des Zwiebelmodells ein (vgl. Bild 15.2).

 Je weiter außen, desto besser sichtbar; je weiter innen, desto schwerer sichtbar.

15.2 Das Zwiebelmodell

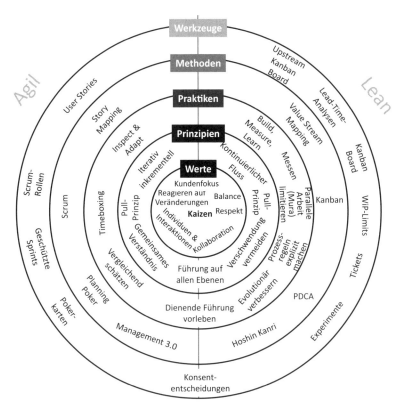

Bild 15.2 Lean und Agil im Zwiebelmodell (entstanden in Zusammenarbeit mit Dr. Adrian Andronache)

Wenn man etwas genauer hinsieht, erkennt man, dass in diesem Kontext Kanban als **Methode** eingesetzt wird. Stellen wir uns vor, das Design des Boards lässt diesen Rückschluss zu, da z. B. typische Merkmale wie die Unterteilung jeder Spalte in „in Arbeit" und „fertig" eingezeichnet sind.

Noch genauer muss man hinsehen, wenn man die **Praktiken** in der Zusammenarbeit des Teams erkennen möchte. „Genauer hinsehen" könnte in diesem Beispiel bedeuten, dass man zur richtigen Zeit vor Ort sein muss, z. B. während des morgendlichen Stand-up Meetings. Um die Praktiken sehen zu können, sollte man die Menschen und deren Verhalten beobachten. Wenn man z. B. wissen möchte, ob ein Kanban-Team die Kernpraktik „Mache Prozessregeln explizit" (Burrows 2015, S. 7 ff.) verinnerlicht hat oder ob die anfänglich formulierten Wunschregeln nie angepasst wurden und von allen ignoriert werden, lässt sich das nur vor Ort validieren.

Noch mehr Sichtbarkeit geht verloren, wenn man herausfinden möchte, welche **Prinzipien** angewendet werden und welche wie wichtig sind. Eines der mächtigsten Prinzipien aus der Lean-Welt ist, dass Arbeit möglichst gezogen wird, das sogenannte Pull-Prinzip. Ob die Tickets über das Board gepusht oder gepullt werden, ob das Pull-Prinzip wirklich angewendet wird, kann nur im Dialog erörtert werden.

Gar nicht mehr sichtbar sind **Werte**. Um den Wertekanon und damit die Kultur einer Organisation verstehen zu können, müssen Sie länger nah dabei sein und auf Augenhöhe mit den Beteiligten reden. Stellen wir uns im Kanban-Beispiel vor, das Pull-Prinzip wird konsequent angewendet. Wozu wurde es eingeführt? Steht die Vermeidung von individueller Überlastung im Vordergrund, weil der Respekt vor den Menschen ein wichtiger Wert des Unternehmens ist? Oder geht es darum, Verschwendung zu vermeiden, um mehr Freiraum für kontinuierliche Verbesserung zu kreieren? Beides mag erstrebenswert sein. Die relevante Frage ist, nach welchen Werten strebt man im jeweiligen Kontext.

15.2.2 Hebelwirkung

Wenn der Bezug von der äußersten Hülle zur nächstinneren, weniger gut sichtbaren, für alle klar ist und es ein Commitment im Sinne eines Konsents gibt, dann ergibt sich ein konsistentes Bild. Dies führt uns zur zweiten Dimension im Zwiebelmodell:

 Je weiter außen, desto geringer die Hebelwirkung; je weiter innen, desto größer die Hebelwirkung.

Bleiben wir bei dem genannten Beispiel und beginnen wir wieder außen, mit den **Werkzeugen**. Ein Board mit Tickets zu besitzen, ist für sich genommen nahezu wertlos. Solche Cargo-Kult-Szenarien lassen sich fast nicht verhindern, wenn sich Organisationen für einen Wandel hin zu agilem oder Lean Mindset entscheiden. Jedenfalls ist die Wahrscheinlichkeit in Abhängigkeit zum Reifegrad der Führungskultur umso höher oder niedriger. Konkret:

 Je weniger partizipativ Entscheidungen getroffen werden, desto höher die Wahrscheinlichkeit von Cargo-Kult-Szenarien. In Unternehmen mit einem hohen Grad an Selbstorganisation, in welchem Entscheidungen kollaborativ getroffen werden, ist die Wahrscheinlichkeit niedriger.

Eine **Methode** einzuführen, hat eine höhere Hebelwirkung als zufällig ausgewählte Werkzeuge. Methoden-Sets wie z. B. Scrum vereinen meist mehrere Werkzeuge und Praktiken zu einem Paket. Das funktioniert oft sehr gut. Dennoch sind lediglich eher zufällige Erfolge zu erwarten, wenn die damit verbundenen Prinzipien und Werte unklar sind.

Gewisse **Praktiken** können dagegen singulär eine höhere Hebelwirkung erzeugen. Ein Team, welches für sich erkennt, dass es eine schlechte Kommunikation lebt, kann von einem Daily Stand-up Meeting profitieren und effizienter werden.

Vorausgesetzt das Team weiß, wozu es diese Praktik eingeführt hat und warum es für sie wertvoll ist. Die Frage nach der konsistenten Ausrichtung von innen nach außen im Zwiebelmodell stellt sich an jedem einzelnen Übergang.

Konsistente Ausrichtung ermöglicht Cherry-Picking

Je tiefer die Ausrichtung nach innen, desto potenter sind die eingesetzten Methoden und Praktiken. Wenn z. B. alle im Team verstehen, dass die WiP-Limits am Kanban Board dazu dienen, Verschwendung des Typus „Mura" zu reduzieren, und dies wiederum helfen soll, eine Balance zwischen Anforderungen an das System und dessen Leistungsfähigkeit herzustellen, dann hat man die maximale Hebelwirkung.

Liegt eine konsistente Ausrichtung im Zwiebelmodell nach innen vor, kann frei improvisiert werden. Unter diesen Voraussetzungen kann man sozusagen Cherry-Picking betreiben; und das aus den Methodenkoffern beider Welten.

In Lean unterscheidet man drei Typen von Verschwendung: Muda, Mura und Muri. Unter Mura versteht man häufig wechselnde Tätigkeiten bzw. Task-Switching. Muda steht für Arbeit, die dem Ergebnis keinen Wert hinzufügt. Muri bedeutet Verschwendung im Sinne von Überlastung.

Wertevermittlung durch disziplinierten Methodeneinsatz

Um eine maximale Hebelwirkung zu erreichen, hat sich in der Praxis bei der Verwendung neuer Methoden ein Muster bewährt:

Bevor die Methode an den eigenen Kontext angepasst wird, empfiehlt es sich, die neue Methode zunächst „schulbuchmäßig" zu erlernen und gewissermaßen zu trainieren, gegebenenfalls eingegrenzt in kleinerem Kontext und als Experiment.

Durch einen disziplinierten Methodeneinsatz wird schneller klar, wozu sie dienen. Dadurch kann zeitnah validiert werden, ob sie den gewünschten Effekt bieten und ob die unterstützten Prinzipien und Werte im eigenen Kontext nützlich sind.

Kein professionelles Training ohne Trainer

Das Erlernen einer Methode oder Praktik erfordert ein gewisses Maß an Disziplin und gegebenenfalls Coaching. Bei einem Training ohne Trainer läuft man Gefahr, zu schnell in alte Muster zu verfallen. Cherry-Picking sollte also nicht der erste

Schritt sein. Die Versuchung, die Methode zügig an seinen Kontext anzupassen, bevor man sie richtig erlernt hat, ist nicht zu unterschätzen. Erfahrene Trainer bzw. Coaches helfen dabei, schneller eine konsistente Ausrichtung und damit ein entsprechendes Werteverständnis zu erreichen.

Diese Idealvorstellung des Methoden-Cherry-Pickings und vollständig konsistenter Ausrichtung eröffnet vor dem Hintergrund des Zwiebelmodells eine zunächst nicht naheliegende Erkenntnis: Sie macht deutlich, worin die Gemeinsamkeiten und Unterschiede zwischen Agil und Lean liegen.

■ 15.3 Gemeinsamkeiten

Beginnen wir mit den Gemeinsamkeiten, denn die beiden Welten sind mehr und mehr ineinander übergegangen. Klar, die Bedingungen, unter denen die jeweiligen Ideale entstanden sind, könnten unterschiedlicher kaum sein. Lean hat seinen Ursprung in der Mangelwirtschaft der japanischen Nachkriegsindustrie. Das Agile Manifest (Beck et al. 2001) hingegen wurde aus der Erkenntnis heraus niedergeschrieben, dass klassisch ablaufende Projektmanagementmodelle nicht das adäquate Mittel sind für komplexe Märkte wie die Softwareentwicklung.

Dennoch gibt es mehr Gemeinsamkeiten, als man vor diesem Hintergrund annehmen mag. Allen voran die Haltung, dass sich stets etwas ändern muss, damit es besser wird. Wenn sich nichts ändert, wird sich nichts verbessern. In Anlehnung an:

„Ich weiß nicht, ob es besser wird, wenn es anders wird. Aber es muss anders werden, wenn es besser werden soll."

Georg Christoph Lichtenberg (zitate-online.de)

15.3.1 Sichtbare Gemeinsamkeiten

Werfen wir zunächst einen Blick auf die etwas leichter sichtbaren, weiter außen im Zwiebelmodell (vgl. Bild 15.2) liegenden Bestandteile, die Praktiken und Prinzipien, die beiden gemein sind.

15.3.1.1 Feedbackschleifen auf allen Ebenen

Im Kern geht es darum, dass man sich stets explizit vor Augen führt, was man erreichen möchte, bevor man handelt. Wenn man diesen Ablauf um den Schritt ergänzt, dass man Abweichungen zwischen erwartetem Ziel und erreichtem Ziel misst und analysiert, spricht man vom sogenannten Deming-Zyklus, von der Feedbackschleife *Plan, Do, Check, Act* (PDCA). Solche Methoden und Praktiken liefern die notwendige Transparenz für die Feedbackschleifen. Diese ist wiederum die Voraussetzung dafür, dass man Verbesserungen überhaupt erst einleiten kann. Sie setzen – richtig angewendet – Lernprozesse in Gang und beschleunigen sie.

Variationen im Feedbackzyklus

Die noch sehr junge Lean-Start-up-Welt hebt den Faktor Messen besonders hervor, nicht zuletzt da die technischen Möglichkeiten durch die Digitalisierung vielfältiger geworden sind. Der *Build-Measure-Learn-Zyklus* wurde durch Ries (2011) populär. Es handelt sich um eine Adaption des Deming-Zyklus, der lediglich den Schwerpunkt vom Planen zum Lernen verschiebt. In einer noch jüngeren Variation von Olson (2015) wird die Feedbackschleife weiter verfeinert zu vier Schritten: *Hypothesize, Design, Test, Learn*. In der agilen Welt dominiert der Slogan *Inspect and Adapt*. Diese und sämtliche anderen Variationen von Feedbackschleifen finden sich gleichermaßen in beiden Welten wieder.

15.3.1.2 Limitierung paralleler Arbeit und Pull-Prinzip

In beiden Welten wendet man die Praktik der Limitierung von paralleler Arbeit an. Lediglich die Methodik unterscheidet sich.

In der Lean-Welt strebt man nach einer Balance zwischen Nachfrage und Leistungsfähigkeit des eigenen Systems. Die Idee ist, einen möglichst gleichmäßigen Arbeitsfluss herzustellen, in dem die Arbeit von Prozessschritt zu Prozessschritt gezogen wird (Pull-Prinzip), um Überlastung in Form von Mura sowohl individuell als auch systemisch zu limitieren. Dies wird in der Praxis z. B. bei der Methode Kanban durch das Setzen von Stücklimits pro Bearbeitungsschritt umgesetzt, sogenannte *WiP-Limits*.

Aus der agilen Welt, speziell von Scrum, kennen wir Praktiken wie das Festlegen von *Timeboxes*, also fix definierten Zeitscheiben, auch Sprints genannt. Diese sind geschützt. Unter „geschützt" versteht man, dass innerhalb einer solchen Timebox das Team zusätzliche Anforderungen ablehnen darf. Erst nach Ablauf der Timebox zieht sich das Team neue Aufgaben (Pull-Prinzip) aus einer priorisierten Liste. Über den Faktor Zeit wird somit ebenso parallele Arbeit begrenzt.

Pull-Prinzip in der Praxis

Das Pull-Prinzip wirklich umzusetzen, ist in der Praxis eine große Herausforderung. Am langen Ende führt es dazu, dass viele Rollen im Unternehmen an Macht verlieren, sofern man unter Macht das Anweisen (Pushen) von Aufgaben versteht. Sogleich ist man mit einem kulturellen Wandel insbesondere in der Führungsebene konfrontiert. Hier scheitern viele Initiativen, sofern das Commitment nicht über alle Ebenen vorhanden ist. Etliche dysfunktionale Begleiterscheinungen resultieren aus unvollständig angewendeten Methoden, die das Pull-Prinzip nicht beachten. Das wird dann sichtbar, wenn WiP-Limits ignoriert werden oder die agilen Timeboxes nicht geschützt werden können. Eines der wichtigsten Lean-Prinzipien verliert dadurch ihre mächtige Hebelwirkung.

15.3.1.3 Leichtgewichtige, effiziente Prozesse

Mit der Forderung, Individuen und Interaktionen im Zweifel als wichtiger zu erachten als Prozesse und Werkzeuge, schreibt sich das Agile Manifest (Beck et al. 2001) die Forderung nach leichtgewichtigen und effizienten Prozessen direkt als zentralen Wert ins Heft. Das setzt man in der Regel durch Praktiken wie z. B. das Durchführen von Retrospektiven in kurzen Iterationen um. In Scrum stellen die Teams hierfür den eigenen Prozess, wie das Produkt entwickelt wird, infrage und passen ihn bei Bedarf an – Inspect and Adapt. Da die Iterationen in der Regel sehr kurz gewählt sind (ein bis vier Wochen), werden die Verbesserungen in kleinen Schritten evolutionär umgesetzt.

In der Lean-Welt steht der Wert Kaizen über allen anderen Werten. Kaizen bedeutet das gemeinschaftliche, unentwegte Streben nach einer Veränderung zum Guten. Das heißt, dass man den Ist-Zustand stets als Stand des letzten Irrtums ansieht. Daraus leitet sich ein zentrales Prinzip ab: die Vermeidung von Verschwendung. Die Methoden wie z. B. der PDCA-Zyklus sollen bewirken, dass Verbesserungen in kleinen Schritten, also ebenfalls evolutionär erfolgen können. Dadurch möchte man vermeiden, nicht beim Planen großer Veränderungsinitiativen steckenzubleiben, die nie zur Umsetzung gelangen. Erstrebenswerter erscheinen hingegen leichtgewichtige *Experimente*, die Verbesserungen kontinuierlich möglich machen.

Effizienzoptimierung in der Praxis

Bei der Einführung von Lean wurde in der Vergangenheit der Fokus oftmals einseitig auf die Kosteneffizienz reduziert. „In Japan hat man große Erfolge erzielt, wenn man diesen Prinzipien folgte. Im Westen (...) hat man die Bewegung des Lean Managements kreiert. (...) Man hat sich eben nur ‚Muda' zu Herzen genommen, einzig nur dies und vollkommen extrem" (Dueck 2015).

Die Gefahr einer lokalen Optimierung liegt darin, dass die systemweiten Engpässe nicht offengelegt und globale Hindernisse als nicht änderbar hingenommen werden. Folglich scheitert man daran, dass nach wie vor alle zu beschäftigt sind, vorhandene Prozesse zu reflektieren und Verbesserungen abzuleiten. Das Streben nach einer ganzheitlichen Kultur der kontinuierlichen Verbesserung gerät dann in den Hintergrund, wenn der betrachtete Ausschnitt der Wertschöpfung zu klein ist.

Das Bestreben, Prozesse leichtgewichtiger zu gestalten, stößt gerade anfangs auf die Problematik, dass es Mechanismen in den Unternehmen gibt, die den Fortbestand schwergewichtiger Prozesse schützen. Möchte man z. B. das Reporting-System im Unternehmen verschlanken, ist es keine große Herausforderung, einen neuen, leichtgewichtigen Prozess hinzuzufügen. Die Schwierigkeit liegt darin, das etablierte Reporting-System zu eliminieren, um wirklich effizienter zu werden.

15.3.2 Gemeinsame Werte

Werfen wir einen Blick auf die im Kern liegenden, weniger sichtbaren, aber umso wirksameren Werte und deren Gemeinsamkeiten.

15.3.2.1 Kundenfokus

Beide Welten beinhalten den Wert Kundenfokus. Im Agilen Manifest als „Zusammenarbeit mit dem Kunden" explizit niedergeschrieben, wird er in Scrum durch Praktiken wie öffentliche Review und Planning Meetings umgesetzt. Dadurch wird direktes Kundenfeedback fest in den Prozess integriert. Die Einführung kurzer *Timeboxes* stellt sicher, dass man flexibel auf Kundenanforderungen reagieren kann.

In der Lean-Welt versucht man mittels Werkzeugen, wie z. B. *Upstream Kanban Boards* und *Lead-Time-Analysen,* die Durchlaufzeit über den größtmöglichen Ausschnitt des Wertstroms transparent zu machen und zu senken. Eine starke Betonung des Kundenfokus führt letztendlich über die Senkung der Durchlaufzeiten dazu, dass die Organisation als Ganzes agiler wird.

Eine konsistente Ausrichtung auf den Wert Kundenfokus – von den Prinzipien über die Praktiken bis zu den Methoden – sollte Organisationen als Ganzes agiler machen.

15.3.2.2 Kontinuierliche Verbesserung von innen heraus

Die Haltung, dass Verbesserungen stets durch die Beteiligten selbst zu erreichen sind, ist für beide Welten charakteristisch. Diejenigen, die die Prozesse ausführen, werden dementsprechend als die einzige und beste Quelle der Verbesserung angesehen. Lernprozesse finden idealerweise kooperativ statt und werden nicht auf einzelne Knotenpunkte in der Hierarchie reduziert.

> *„Die Spitzenorganisationen der Zukunft werden sich dadurch auszeichnen, dass sie wissen, wie man das Engagement und das Lernpotenzial auf allen Ebenen einer Organisation erschließt."*
>
> *Senge (2008).*

Ein nachhaltiger, unternehmensweit organisierter Lernprozess wird auf diese Weise zum Rückgrat einer lernenden Organisation. In der Lean-Welt steht dieser Wert über allen anderen: *Kaizen*, eine Kultur der kontinuierlichen Verbesserung, welche alle einbezieht.

15.3.2.3 Zugrunde liegende Modelle

Systemdenken

Der Lean-Ansatz sowie die agilen Modelle bauen auf systemischem Denken auf. Es geht darum, immer ganzheitlich zu denken und Probleme nicht zunächst in Teilprobleme zu zerlegen, um sie zu lösen. Die Grundhaltung des Systemdenkens ist, dass allein die Strukturen, Prozesse und Rahmenbedingungen das Verhalten der Menschen entsprechend steuern. Diese verhalten sich stets so, wie es das System von ihnen verlangt, also systemkonform.

> *„Systemdenken richtet den Blick auf Beziehungen, Interaktionen und Einflüsse zwischen den Komponenten und auf das Verhalten und die Folgen, die aus diesen entstehen."*
>
> Burrows (2015, S. 87).

Menschenbild Y

Das zugrunde liegende Menschenbild fußt beiderseits auf den Vorstellungen von McGregors (McGregor 1960) Typ Y. Das bedeutet, dass man davon ausgeht, dass Menschen nicht faul sind und Anreize brauchen, sondern stets etwas Gutes beitragen möchten zu etwas großem Ganzen. Der Typ Y arbeitet selbstverantwortlich und strebt danach, über sich selbst hinauszuwachsen. In der Praxis erkennt man das oft nicht mehr, da Menschen in hierarchischen Systemen dazu neigen, sich systemkonform zu verhalten. Durch starke Fragmentierung der Verantwortung verliert man den Überblick über das große Ganze. Hierarchische Systeme funktionieren am besten mit Tugenden wie Fleiß und Disziplin beim Ausführen der arbeitsteiligen Aufgaben. Eigenverantwortliches Handeln ist hier nur begrenzt wünschenswert. Jeder Beteiligte verhält sich so, wie es das System von ihm verlangt, und das entspricht eher den Idealen des Typus X.

15.3.3 Gleiche Herausforderungen für Entscheider

In beiden Welten lehnt man deshalb eine Trennung von Denken und Handeln losgelöst vom Zwiebelmodell (Bild 15.2) ab. Die Entscheider beider Welten stehen vor identischen Erwartungen. Sie sollten Menschen sein, die das System managen, nicht die anderen Menschen. „Manage work, not people", so lautet ein populärer Slogan aus der Lean-Denkwelt. Das Gleiche gilt auch für die agile Ideenwelt. Der

Entscheider ist aufgerufen, die systemischen Rahmenbedingungen dahin gehend zu optimieren, dass Verbesserungen leicht identifiziert, analysiert und behoben werden können, anstatt die Probleme selbst heldengleich zu lösen.

Dienende Führungskräfte

Beide Ideenwelten funktionieren nur dann richtig gut und bringen den notwendigen Erfolg, wenn ein systemischer Denkansatz wächst und sich verbreitet. Das bedeutet Kollaboration auf Augenhöhe und Führung auf allen Ebenen. Man stellt sich Entscheider als systemisch dienende Führungskräfte vor. „We get brilliant results from average people managing brilliant processes – while our competitors get average or worse results from brilliant people managing broken processes", so ein Zitat von Katsuaki Watanabe, Toyota (lean.org).

Diesen Paradigmenwechsel in eine Organisation auf allen Ebenen einzuführen, beginnt ganz oben, endet vermutlich nie und muss kontinuierlich gecoacht werden.

Demokratisierung der Unternehmen

Der Bedarf einer Demokratisierung innerhalb der Unternehmen ist – unabhängig von Agil und Lean – eine generelle Forderung der nachkommenden Generationen. Die Branchen, die unter Fachkräftemangel leiden, führen längst einen Wettbewerb um die Besten. Die heiß begehrten Fachkräfte sortieren Unternehmen schlicht aus, wenn ein hoher Grad an Autonomie und Selbstorganisation nicht gegeben ist. Die digitale Revolution beschleunigt diese Veränderung. „Sie beeinflusst (...) wie wir teilhaben, wie wir Einfluss nehmen und wie wir Macht bekommen und ausüben." (Sattelberger 2015, S. 33). Durch die Industrie 4.0 wandelt sich die Arbeitswelt nicht nur in den Softwareschmieden. „Klassische Produktionshierarchien werden sich auflösen von zentraler Steuerung hin zu dezentraler Selbstorganisation. In dieser neuen Organisation wachsen (...) die Aufgaben traditioneller Produktionsarbeiter mit denen von Wissensarbeitern weiter zusammen", prognostiziert Sattelberger (2015, S. 34). Die agile Bewegung adressiert das Thema Selbstorganisation längst als Schlüssel für den Erfolg der Idee. Wenn es dazu kein Commitment bei allen Entscheidern gibt oder starke Partikularinteressen vertreten werden, können auch mächtige Bottom-up-Bewegungen wirkungslos verpuffen.

Dezentralisierung von Entscheidungen

Ein systemischer Denkansatz verlangt von den Entscheidern, daran zu arbeiten, sich selbst immer mehr überflüssig zu machen, sodass ihre Organisationseinheiten möglichst eigenständig agieren können. Eine konsequente Ausrichtung auf den Kunden und den Markt verlangt danach, dass Entscheider die Organisation und deren Einheiten in die Lage versetzen, möglichst viele Entscheidungen selbstorganisiert zu treffen. Nicht mehr der „Held", der viel weiß und deswegen entscheidet, genießt hohes Ansehen, sondern derjenige, welcher dafür gesorgt hat, dass auch ohne ihn das Wissen fließt und Entscheidungen getroffen werden.

Führung auf allen Ebenen durch Vorleben

Wenn man den Grad der Selbstorganisation erhöhen will, ist das unweigerlich mit dem Teilen von Verantwortung verbunden. In stark hierarchischen Unternehmen ist das eine große Herausforderung. Der klassische Denkansatz ist, einer einzelnen Person die Verantwortung zu übertragen, um vorwärtszukommen. Der Nachteil ist, dass man im gleichen Moment alle anderen der Verantwortung entzieht. Management-3.0-Methoden können dabei helfen, den Weg hin zu mehr Verantwortung in der Breite zu gestalten. Das Vorleben dieser Werte und Prinzipien durch möglichst viele Entscheider kann hier der entscheidende Schlüssel sein, um Unsicherheiten und Angst vor Machtverlust entgegenzuwirken.

Vision und Ausrichtung

Ein hoher Grad an Selbstorganisation und Autonomie darf allerdings nicht dazu führen, dass alle Beteiligten ziellos aneinander vorbeiarbeiten. Die Entscheider in modernen Unternehmen sind gut beraten, dieses Thema durch eine kollaborativ entstandene und lebendige Vision zu besetzen. Wer sind wir und wozu sind wir hier? Gerade die nachkommenden Generationen erwarten heutzutage Antworten auf diese Fragen. Eine einheitliche Ausrichtung sollte sich von der Produkt- und Prozessvision herunterbrechen lassen bis auf die Ebene der Kennzahlen, die man versucht, zu erreichen. In der Lean-Welt existieren Managementmethoden wie z. B. Hoshin Kanri (vgl. Kudernatsch 2013), mithilfe derer es auch große Unternehmen mit mehreren Hierarchieebenen schaffen, Unternehmensziele kollaborativ zu bearbeiten.

■ 15.4 Unterschiede

Kommen wir auf die signifikanten Unterschiede. Diese resultieren womöglich alle aus dem Umstand, dass das Agile 50 Jahre jünger ist als das in den 1950ern entstandene, immer weiterentwickelte Lean-Weltbild. Widmen wir uns zunächst dem, was man von außen betrachtet als Erstes als Unterschiede wahrnimmt.

15.4.1 Sichtbare Unterschiede

Vor allem zwei Aspekte unterscheiden sich sichtbar von außen gemäß dem Zwiebelmodell (vgl. Bild 15.2). Zum einen die Art und Weise, wie man Methoden und Praktiken einführt. Das erfolgt im agilen Ansatz oft auf einem eher revolutionären

Weg, indem man sich an bestimmten Blaupausen, sogenannten Blueprints, orientiert. In der Lean-Welt dominiert ein evolutionäres Vorgehen, und der Respekt vor dem Bestehenden wird hervorgehoben.

Der andere sichtbare Unterschied rührt von den agilen Timeboxes her, welche eine Start-Stopp-Philosophie beinhaltet, während in der Lean-Welt der kontinuierliche Fluss von Arbeit bedeutender ist.

15.4.1.1 Agile Blueprints versus Respekt

Was sind die ersten Schritte, wenn man sich dazu entschlossen hat, in eine der beiden Ideenwelten einzusteigen? Fragt man einen Verfechter aus der agilen Welt, wird man sehr wahrscheinlich Antworten erhalten, die einem den Unterschied zwischen dem heutigen Ist- und einem bestimmten Idealzustand vor Augen führen. Solche helfen bei der Erklärung, was das Wort „agil" überhaupt bedeutet. Ansonsten vermitteln diese Patentrezepte lediglich eine gewisse Sicherheit, wonach wir alle instinktiv streben. Nichtsdestotrotz liegt darin ein eklatanter Widerspruch zum iterativen Ansatz, da die agilen Werte und Prinzipien gleichzeitig für Verbesserungen in kleinen Schritten stehen.

Agile Revolution

Dennoch entstehen immer mehr solcher agiler Blueprints. Scrum, Large-Scale Scrum (LeSS) oder Scaled Agile Framework (SAFe) sind Beispiele für solche Blueprints. Sie hinterlassen den Eindruck, dass es eine Musterlösung gibt, die man lediglich als Veränderungsprojekt umsetzen muss, und dann ist man agil. Einführungsanleitung inklusive.

Gerne entscheiden sich Organisationen im ersten Schritt z. B. dafür, Rollen aus Scrum einzuführen. Das mag anfangs hilfreich sein, um einen Impuls auszulösen, über die vorhandenen Grenzen hinauszudenken. Im Beispiel der Rollen wird dadurch das Problem thematisiert, dass hierarchische Unternehmen meist die Verantwortung für das Produkt, den Prozess und die Menschen in einzelnen Personen bündeln, den Führungskräften. Diese Bündelung ist oftmals eine Ursache dafür, dass man in einer immer komplexer werdenden Welt zu wenig agil reagieren kann. Die Diskussion zu führen, ist somit richtig und wichtig. Allerdings können solche Blueprints auch dazu verleiten, dass man auf das Bestehende herabblickt. Auch wenn dem vielleicht gar nicht so sein mag. Oftmals empfinden das die Menschen als mangelnde Wertschätzung und reagieren daher teilweise auch mit Ablehnung.

 Es ist ein Spagat zu meistern: Einerseits Orientierung geben, wie der Wunschzustand „agil" aussieht, anderseits Respekt zu wahren vor dem offenbar nicht idealen Ist-Zustand. Darauf nicht zu achten, ist fahrlässig, denn fehlende Wertschätzung ist wie Sand im Getriebe auf dem Weg, Menschen für eine Idee zu gewinnen.

Evolutionäres Lean

Fragt man jemanden aus der Lean-Welt nach den ersten Schritten, wird die Antwort weniger die Diskrepanz zwischen Wunsch und Wirklichkeit thematisieren, sondern vielmehr die Fragen zum Status quo. Eines der sieben Lean-Prinzipien akzentuiert ausdrücklich die Haltung gegenüber dem Ist-Zustand, (vgl. Burrows 2015, S. 55 ff.): Respekt für Menschen. Im Methoden-Set Kanban konkretisiert man dies in zwei von drei Grundprinzipien sehr präzise mit den Sätzen

 „Beginne dort, wo du dich gerade befindest!"

Und

„Respektiere den bestehenden Prozess sowie die existierenden Rollen, Verantwortlichkeiten und Berufsbezeichnungen!".

Was für eine Einladung! Wer möchte da nicht mitmachen? Auch die Arbeitnehmervertretungen werden auf diese Weise von Anfang an integriert. Schließlich steht das Prinzip „Respekt für Menschen" wie ein Schutzwall vor der Gefahr, auf Maßnahmen zur Effizienzsteigerung und Arbeitsverdichtung unter dem Deckmantel eines „Lean Managements" überzustülpen.

Oftmals geht es den Innovativen und Visionären (vgl. Bild 15.3) im Unternehmen dann nicht schnell genug. Allerdings sind diese in Anlehnung an Moore (2002) mit einem Sechstel der Menschen in der absoluten Minderheit.

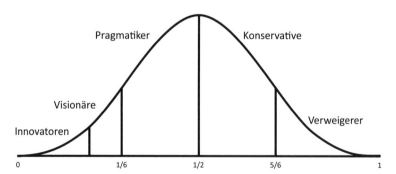

Bild 15.3 Innovation Adoption Lifecycle

 Man muss sich vor Augen führen, dass fünf Sechstel der Menschen durch den Lean-Wert Respekt Veränderungen wesentlich toleranter gegenüberstehen.

Die Energie des vorderen Sechstels kann im besten Fall in der kontinuierlichen Verbesserung kanalisiert werden. Dessen Bereitschaft zur Veränderung erzeugt die notwendige kreative Spannung und treibt Verbesserungen voran. Aber eben ausgehend vom Ist-Zustand und in kleinen Schritten.

Respekt vor dem Prozess, wie er heute funktioniert, egal wie gut oder schlecht. Das erleichtert jede Veränderungsinitiative maßgeblich.

Agile Rollen aus Lean-Sicht

Um im Beispiel der Rollen zu bleiben: Bei einer Veränderungsinitiative mit Lean-Charakter würde man nicht damit beginnen, die Rollen Product Owner und Scrum Master einzuführen. Burrows (2015, S. 71) empfiehlt diesbezüglich sogar explizit: „Fange nicht mit den Rollen an." Stattdessen würde man eher analysieren und messen, wie die Durchlaufzeiten verbessert werden können. Wenn man dabei zum Ergebnis kommt, dass Entscheidungswege schneller laufen, sofern man die Rollen Product Owner und Führungskraft trennt, dann vollzieht man diese Änderung in Bezug auf das Problem.

Lean Cargo-Kult

Lean kennt keinen Idealzustand und es gibt keine Blueprints. Deshalb existiert auch kein universelles Kanban Board. Es schadet nicht, sich z. B. Toyota näher anzusehen, aber das Sichtbare lediglich zu kopieren, wird einen kleinen und keinen nachhaltigen Effekt haben.

Ein etwas aktuelleres Beispiel ist Spotify. Die Mitarbeiter dort sind selbst überrascht davon, dass es Berater gibt, die anderen Unternehmen das „Spotify-Modell" beibringen. Für das Unternehmen selbst war es eine Momentaufnahme, und mittlerweile haben sich die Artefakte mehrfach weiterentwickelt, wie der Autor und Berater Joakim Sundén (2016) in seinem Vortrag berichtete.

15.4.1.2 Agile Timeboxes versus kontinuierlicher Flow

Bei einer Veränderungsinitiative, die das Ziel hat, ein Unternehmen agiler zu machen, ist anfangs – neben der Rollendiskussion – die Einführung von fest definierten Lieferintervallen einer der augenfälligsten Unterschiede. Die agilen Blueprints bringen eigentlich alle diese Praktik mit sich. Dabei kommt die Herkunft der Ideenwelt Agil zum Tragen, denn:

 Agile Methoden und Praktiken sind originär auf die iterativ-inkrementelle Entwicklung eines Produkts oder eines Service ausgelegt.

Cargo-Kult-Timeboxes

Die Notwendigkeit, kürzere Zyklen anzuwenden, sollte gut erklärt werden. Wenn das nicht gelingt, läuft man Gefahr, dass die konsistente Ausrichtung von vornherein nicht gegeben ist. Cargo-Kult ist wieder vorprogrammiert. Dann arbeiten alle

Beteiligten genau so weiter wie bisher, nennen es nur fortan anders, nämlich agil. Diese Mutationen sind nicht selten, was man daran ablesen kann, dass es eigens Bezeichnungen dafür gibt: Water-Scrum-Fall steht z. B. dafür, dass sich außer den kürzeren Lieferzyklen nichts geändert hat. Das ist per se nicht negativ zu bewerten, denn Vorteile sind hier durchaus denkbar. Im Vergleich zu einer echten lernenden Organisation dürfte der Effekt jedoch vernachlässigbar sein.

Agile Timeboxes können den Fluss stören
In der Lean-Welt wird diese relativ künstliche Unterteilung eher kritisch hinterfragt. Sie zwingt schließlich alle Beteiligten dazu, immer wieder zu stoppen und zu starten. Der Mehrwert dieser Unterbrechungen wird jemand mit einer Lean-Haltung skeptisch sehen, denn es stellt zunächst eine Unterbrechung des Arbeitsflusses dar. Idealtypisch arbeitet man in einem kontinuierlichen Fluss. Ein optimaler Arbeitsfluss garantiert kürzere Durchlaufzeiten, und das wiederum erhöht die Kompetenz, schnell auf Veränderungen zu reagieren. Der Mehrwert einer solchen Taktung kann zwar gegeben sein. Allerdings muss sich das in der Lean-Welt schon messen lassen, bevor man es als probates Mittel klassifiziert.

Streben nach Perfektion
Demgegenüber steht ein sehr mächtiges Verhalten, welches gerade im deutschen Ingenieurwesen hohe Anerkennung genießt: das Streben nach Perfektion. Kurze Iterationen und Durchlaufzeitenminimierung drängen die Beteiligten zu pragmatischem Handeln. Ausführliche Pläne und Perfektion im Detail waren seit jeher angelernte Praktiken, die vor allem in der agilen Welt nun weniger wertgeschätzt werden. Planen ist sehr wichtig, aber Pläne sind etwas für den Papierkorb – so oder so ähnlich hören sich bekannte Slogans aus der Lean-Welt an.

15.4.2 Unterschiedliche Hebelwirkungen

Der iterativ-inkrementelle Charakter der agilen Ideenwelt wurde bereits in den vorangegangenen Kapiteln deutlich. Er resultiert zum einen aus der Größe des Ausschnitts der Wertschöpfung, der betrachtet wird. Zum anderen unterscheiden sich beide Welten in der Passgenauigkeit des jeweiligen Kontexts.

15.4.2.1 Lokale versus holistische Optimierung
Die Größe des Wertschöpfungsausschnitts, der verbessert werden soll, ist in der agilen Welt nicht unbedingt ein dominantes Thema. Unabhängig davon, ob es sich um eine IT-Abteilung als kleine Einheit im Unternehmen handelt oder ob der Geschäftszweck des Unternehmens Softwareentwicklung lautet – die agile Bewegung hat originär den Fokus auf dem Produkt.

Fokus auf Optimierung innerhalb bestehender Strukturen

Andere funktionale Einheiten werden zwar nicht ausgeklammert – man nennt sie einfach alle Stakeholder –, aber im Vordergrund steht die lokale Optimierung der Art und Weise, wie Software entwickelt wird. Schließlich handelt es sich um eine Bewegung, die initiativ meistens bottom-up, also als Bewegung von unten nach oben in bestehenden Strukturen abläuft. Die Motivation liegt oft darin, besser mit dem Kunden zusammenzuarbeiten und öfter funktionierende Lösungen zu liefern. Bottom-up ist einerseits ein Vorteil, denn der Aufwand, die Veränderung und deren Notwendigkeit zu erklären, verteilt sich zunächst lateral. Somit werden viele Widerstände bereits frühzeitig bearbeitet. Ab dem Zeitpunkt jedoch, wenn die Veränderungsinitiative in Kontakt zur umgebenden Organisation tritt, verliert dieser Effekt an Wirkung. Je zerklüfteter ein Unternehmen in seiner Aufbauorganisation ist, desto größer werden hier die Widerstände.

Fokus auf Optimierung der Wertschöpfungskette

Lean orientiert sich am Status quo und verordnet mit dem Wert, kontinuierlich zu verbessern entlang des Prinzips, Verschwendung zu vermeiden, einen deutlichen Gegenentwurf. Arbeitsteilung ist per se nichts Schlechtes, sondern stets der letzte Stand des Irrtums. Die Lean-Welt tickt hier grundsätzlich anders. Die gesamte Wertschöpfungskette steht im Fokus, nicht nur die lokale Optimierung einer Einheit. Taiichi Ohno, der ehemalige CEO von Toyota, bringt es prägnant auf den Punkt:

> „All we are doing is looking at the time line, from the moment the customer gives us an order to the point when we collect the cash."

Der Top-down-Ansatz führte in der Konsequenz dazu, dass von Anfang an breit gedacht wird. Das schlägt sich bis heute z. B. in Kanban nieder. Die Empfehlung lautet: Visualisiere den größtmöglichen Ausschnitt der Wertschöpfung und leite darauf basierend Verbesserungen ab.

Lean Startup

In diese Lücke der lokalen Optimierung sprang die Methodenwelt rund um Lean Startup (Ries 2011). Man öffnet den betrachteten Ausschnitt nach links und rechts in der Wertschöpfungskette, um ein Unternehmen ganzheitlich gedacht agil zu machen. Die Start-ups stehen im Wettbewerb um den schlanksten Build-Measure-Learn-Zyklus. Wie kann man die Durchlaufzeiten minimieren, um durch Experimente schneller vom Markt zu lernen als die Konkurrenz?

15.4.2.2 Kompliziert versus komplex

Was die Passgenauigkeit der jeweiligen Instrumente angeht, gibt es ebenso einen Unterschied, der nicht sofort sichtbar ist. Falls hier aber Fehler gemacht werden, können diese sehr teuer werden. Deshalb lohnt ein Blick in die Modelle zur Unterscheidung von kompliziert und komplex.

In Anlehnung an Stacey (1996) unterscheiden sich komplizierte und komplexe Sachverhalte durch einen entscheidenden Faktor: den Typus der Kausalitätsbeziehungen.

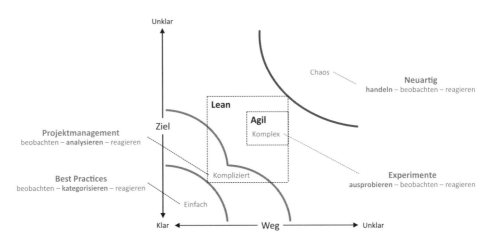

Bild 15.4 Stacey-Matrix inklusive Handlungsempfehlungen

Komplizierte Kontexte besitzen immer lineare Ursache-Wirkungs-Beziehungen. Das bedeutet, dass man stets vorausschauen kann, was passiert, wenn man handelt. Komplizierte Sachverhalte muss man gegebenenfalls aufwendig analysieren, doch sie können vorab durchdacht werden – so wie einfache Sachverhalte. Man kann auf Basis der linearen Kausalität vorhersagen, was passiert, wenn man handelt. Angenommen ein Problem und der Weg, wie es gelöst wird, sind unklar, aber Ursache und Wirkungszusammenhang linear, dann handelt es sich in Anlehnung an Stacey (1996) um ein kompliziertes Problem.

Komplexe Systeme werden hingegen von nicht linearen Ursache-Wirkungs-Beziehungen dominiert. Kruse (2018) beschreibt nicht lineare Ursache-Wirkungs-Beziehungen kurz und bündig: „Das Erfassen der Auswirkungen ist hier weit schwerer als das Erzeugen derer."

Agil – iterativ-inkrementelles Vorgehen als Antwort auf Komplexität

Agile Methoden und Praktiken sind genau aus diesem Grund entstanden (vgl. Bild 15.4). Man hat erkannt, dass Softwareentwicklung etwas ist, bei dem das Ziel und der Weg, wie das Ziel erreicht werden kann, oft sehr unklar und Kausalitäten nicht linear sind. Konkreter: Fast immer sind die Anforderungen, die der Kunde an die Lösung hat, zu Beginn eher unklar. Meist kennt der Kunde seine Anforderungen selbst nicht. Oft lernt er erst mehr über seinen eigenen Bedarf, wenn er regelmäßig in die Entwicklung involviert wird. Das Agile standardisiert diesen Prozess für kleine Experimente in kurzen Zyklen mithilfe der Timeboxes. Ganz im Gegensatz zu Lean. Hier spielt das Timeboxing keine Rolle.

Agiles Vorgehen im komplizierten Kontext

Wenn man in einem Kontext arbeitet, in dem komplizierte, standardisierte Tätigkeiten in einem Kontinuierlichen Verbesserungsprozess lediglich optimiert werden sollen, dann muss genau geprüft werden, ob der iterativ-inkrementelle Ansatz wirklich effizient ist. Im Zweifel – die Unterscheidung von kompliziert und komplex ist nicht trennscharf – ist man wohl stets besser beraten, auf einen Lean-Ansatz zu vertrauen. Die eigenen Prozesse permanent infrage zu stellen und zu verbessern – im Sinne des Kaizens – erscheint kontextunabhängig sinnvoll.

15.4.3 Unterschiedliche Herausforderungen für Entscheider

Unabhängig vom Zwiebelmodell (vgl. Bild 15.2) ergeben sich unterschiedliche Herausforderungen für die Entscheider.

Revolution versus Evolution

Konzentriert man sich auf den Wert Respekt aus der Lean-Welt, ist es einfacher, die Menschen einzubeziehen. Falls man sich zu einer agilen Transition mithilfe von Blueprints entschließt, ist es deutlich aufwendiger, die Veränderungen gut zu erklären, um eine Bereitschaft für Veränderungen zu wecken. Potenziell die Hälfte der Menschen, nämlich die Konservativen und Verweigerer, werden revolutionäre Handlungen kritisch hinterfragen. Eine konsistente Ausrichtung der sichtbaren Methoden und Praktiken auf die Prinzipien und Werte kann hierbei hilfreich sein.

Kontextbestimmung

Agile Methoden und Praktiken fokussieren auf die Entwicklung neuer Produkte oder Dienstleistungen, weniger auf standardisierte Abläufe. Dessen sollte man sich bewusst sein, indem man daraufhin genau prüft: Wie sieht unser Kontext aus? Für die Lösung von komplizierten Problemen sollte kein iterativ-inkrementeller Ansatz gewählt werden, denn der Arbeitsfluss kann in diesem Kontext negativ beeinflusst werden. Für komplexe Kontexte können Timeboxes dabei helfen, sich zu disziplinieren, immer wieder Feedback zum Fortschritt einzuholen, um zu überprüfen, ob man die richtigen Dinge tut und ob das effizient genug ist.

Wichtige Punkte in Kürze

In der Praxis sind die agile und die Lean-Welt mehr oder weniger ineinander übergegangen. Lean ist universeller und fokussiert mehr den kontinuierlichen Fluss. Agil ist speziell für das Lösen komplexer Probleme ausgelegt und fokussiert das iterativ-inkrementelle Vorgehen. Antworten auf die Frage nach den Gemeinsamkeiten und Unterschieden beider Strömungen helfen zwar, einen Überblick zu erhalten. Viel entscheidender ist jedoch:

Eine konsistente Ausrichtung von innen nach außen – ausgehend von den Werten und Prinzipien – erhöht nicht nur die Bereitschaft aller, bei Veränderungen mitzumachen.

Methoden und Praktiken können dadurch kontextbezogen und unabhängig von der Zuordnung zu den beiden Strömungen ihre maximale Hebelwirkung entfalten.

Risiken
- Partikularinteressen und klassische Karrieremodelle sind die größten Hindernisse bei allen Veränderungsinitiativen, denn sie führen meist zu kurzfristigen Entscheidungen und Veränderungen, die am langen Ende teuer werden.
- Agile Methoden und Praktiken sind optimiert für das Lösen komplexer Probleme, z. B. Entwicklung neuer Produkte oder für Akteure in dynamischen Märkten. Sie können negative Effekte bewirken, sofern ein iterativ-inkrementelles Vorgehen einen vorhandenen Arbeitsfluss hemmt.
- Beim Einsatz von agilen Blueprints läuft man Gefahr, keine konsistente Ausrichtung zu erreichen. Folglich droht, mehr als die Hälfte der Menschen hinter der Idee zu verlieren.

Herausforderungen
- Die Dezentralisierung von Entscheidungen mündet in einer Demokratisierung der Unternehmen, die nicht einfach so von alleine passiert, sondern aktiv vorgelebt werden muss.
- Die Führung auf alle Ebenen des Unternehmens zu verlagern, erfordert einen holistischen Blick auf das große Ganze und führt zu neuen Formen der Unternehmensführung, bei denen die kollaborative Entwicklung von Visionen und eine einheitliche Ausrichtung eine entscheidende Rolle spielen.

Benefits
- Eine konsequente konsistente Ausrichtung von innen nach außen im Zwiebelmodell wirkt wie Medizin gegen die krankhaften Cargo-Kult-Szenarien.
- Darauf besonderen Wert zu legen, spart mittel- bis langfristig Geld. Denn die nachträglichen Widerstände können Veränderungsvorhaben entscheidend ausbremsen, ganz im Sinne des berühmten Zitats des Systemdenkers Peter Drucker „Culture eats strategy for breakfast".

- Der anfänglich hoch erscheinende Aufwand, möglichst alle im Sinne eines Konsents einzubeziehen, amortisiert sich kurz- bis mittelfristig.
- Fünf Sechstel der Menschen werden bei Lean besser einbezogen, vorausgesetzt Lean wird nicht als bloße Effizienzsteigerungsmaßnahme getarnt umgesetzt.

Chancen
- Gelingt es, einen Zustand zu erreichen, in dem allen stets bewusst ist, was sich wie wozu verändert, dann kann man sich eines riesigen Fundus an Werkzeugen etc. aus beiden Welten bedienen und echtes Cherry-Picking betreiben.
- Wird eine solche Kultur der kontinuierlichen Verbesserung unternehmensweit konsequent umgesetzt, stehen Tür und Tor offen, die gesamte Organisation „fit for purpose" (Anderson 2018, S. 21) zu machen. Was nichts anderes bedeutet, als dass das Unternehmen als Ganzes agiler wird.

Literatur

Anderson, D. J.; Zheglov, A. (2018): *Fit for purpose*. dpunkt.verlag, Heidelberg

Beck, K. et al. (2001): „Manifesto for Agile Software Development". http://agilemanifesto.org/. Abgerufen am 28.06.2018

Burrows, M.; Eisenberg, F.; Wiedenroth, W. (2015): *Kanban. Verstehen, Einführen, Anwenden*. dpunkt.verlag, Heidelberg

Dueck, G. (2015): *Schwarmdumm: So blöd sind wir nur gemeinsam*. Campus, Frankfurt am Main

Dueck, G. (2017): Flachsinn: Ich habe Hirn, ich will hier raus. Campus, Frankfurt am Main

Kruse, P. (2018): „Interview am Rande der Konferenz The Future of Learning 2008". https://www.youtube.com/watch?v=F5ZBrxU9xEY. Abgerufen am 29.06.2018

Kudernatsch, D. (2013): *Hoshin Kanri*. Schäffer-Poeschel, Stuttgart

McGregor, D. (1960): *The Human Side of Enterprise*. McGraw-Hill, New York

Moore, G. (2002): *Crossing the Chasm: Marketing and Selling Disruptive Products to Mainstream Customers*. HarperCollins, New York

Olson, D. (2015): *The Lean Product Playbook: How to Innovate with Minimum Viable Products and Rapid Customer Feedback*. Wiley, New York

Ries, E. (2011): *The Lean Startup How Today's Entrepreneurs Use Continuous Innovation to Create Radically Successful Businesses*. Crown Publishing, New York

Sattelberger, S.; Welpe, I.; Boes, A. (2015): *Das demokratische Unternehmen*. Haufe, Freiburg im Breisgau

Senge, P. (2008): *Die fünfte Disziplin: Kunst und Praxis der lernenden Organisation*. Klett-Cotta, Stuttgart

Stacey, R. D. (1996): *Strategic management and organisational dynamics: the challenge of complexity*. 2. Auflage, Prentice Hall, Upper Saddle River et al.

Sundén, J. (2016): „Agile Tour Vienna 2016: Tribes, Squads, Chapters, & Guilds: Agile at Scale at Spotify". www.youtube.com

Index

A

A/B-Test 31
Agile Architektur 314
Agile Blueprints 341
Agile Change Canvas 91
Agile Corporate Framework 75
Agile HR Edgellence Model 123
Agiler Coach 64, 78, 146, 153, 161, 175
Agiles Manifest 7, 60, 125, 129, 135, 153, 253, 271, 284, 304, 334
Agilität 2
Agilität, Dimensionen 306
Ambiguity 3, 39
Ambivalenz 3, 39
Ängste 33, 61, 150, 255
Anpassung 9, 18, 211, 272, 287
Anpassungsfähigkeit 17, 61, 108, 272
Arbeitsfluss 251, 262, 335
Architektur 10, 74, 222, 302, 315
Aufgaben 54
Ausprobieren 9, 74, 147, 163, 190
Ausrichtung 340
Autonomie 340
Autonomy 8

B

Backlog-Priorisierung 69
Backlog-Refinement 69
Balance 252, 333, 335
Belohnungssystem 120
Best Practices 4, 155
Beurteilungssystem 119
Bewährungsphase 114
Beweglichkeit 147
Bottom-up 183, 339, 345
Build-Measure-Learn-Kreislauf 18
Build-Measure-Learn-Zyklus 335, 345
Burndown 230
Business Agility 57, 184
Business Model Canvas 31
Business Model Navigator 31

C

Cargo-Kult 76, 210, 328, 329, 332, 343, 348
Cashflow 305
Change Agent Game 198
Change Backlog 94
Change Management 81
Change Master 94
Change Owner 94
Change Team 95
Coaching 153
Coaching-Prozess 167, 177
Collaborate 7
Colokation 309, 310, 317, 324
Command and Control 129, 149, 171, 184, 257, 296
Commitment 276, 291, 332, 335, 339
Complexity 3, 39
Continuous Delivery 311
Continuous Integration 311
Controlling 105
Conversionrate 30
Cost of Delay 263
Cost per Order (CPO) 28, 31
Crossfunktionalität 8, 62, 170, 213, 214, 292, 306, 309
Cross-Team-Koordination 70
Crystal Clear 317, 318, 319, 323, 326
Cumulative Flow Diagram (CFD) 261
Customer Funnel 30
Customer Journey 20

D

Daily 206, 207, 242, 333
Definition of Done (DoD) 206, 207, 235

Delegation Board *298*
Delegation Poker *134, 183, 187, 191, 194, 195, 201*
Deliver *7*
Demokratisierung *339*
Design Thinking *23, 31*
Development Review *120*
Development Team *206, 209, 215, 216, 217, 221*
Dezentralisierung *339*
Dialog *304*
Dienstleister *5, 99, 111, 274*
Dienstleistung *14, 290, 347*
Disciplined Agile Delivery (DAD) *72, 78*
Diversität *10*
Domain-Driven Design *316*
Drei-Horizonte-Modell *305*
Durchlaufzeit *261*
Dysfunktion *217, 218, 220, 223, 229, 234, 329, 336*

E

Earlyvangelists *22*
Effectuation *32*
Effizienz *10, 111, 182, 205, 268, 294, 336*
Eisbergmodell *226*
Empathie *49, 176, 221*
Entrepreneurship *15*
Entscheidung *43, 44, 46, 110, 150, 211, 277, 338, 347*
Entwicklungsdauer *3*
Entwicklungszyklus *212*
Erfolg *35, 54, 187*
Ergebnis *46, 280, 287*
Etablierungsphase *115*
Event *65, 237*

Evolution *62, 110, 222, 255, 296, 321, 336, 341, 342, 347*
Experiment *9, 22, 26, 60, 92, 336*
Experiment Board *32*
Experimentierphase *114*
eXtreme Programming (XP) *168, 178, 206, 209, 314, 316, 319, 323*

F

Fachkräftemangel *2*
Fähigkeit *183, 188*
Feature-Driven Development *322*
Feedback *16, 69, 88, 89, 110, 119, 136, 139, 147, 192, 199, 286, 296, 302, 319, 334*
Fehler *53, 89, 112, 143, 169, 232, 296, 314*
Fehlerkultur *89, 138, 296*
Flaccid Scrum *209, 210*
Flexibilität *66, 91, 101, 114, 290, 304, 305, 306, 324*
Flight-Level-Modell *267*
Flow *86, 252, 257, 320, 321, 343*
Fokus *291*
Fokussierung *32, 258, 280*
Forecast *229, 230*
Framework *30, 57, 62, 185, 211, 248, 272, 317, 323*
Framework, eigenes *74*
Freiheit *112*
Führung *39, 47, 49, 111, 124, 132, 181, 183, 255, 295, 297, 340*
Führung, laterale *149*

G

Generation Y *2, 3, 8, 11*
Geschäftsmodell *2, 13, 103, 132, 153, 285*
Geschichte *200*
Gleichbehandlung *142*
Gleichberechtigung *40, 46, 54*
Gleichwertigkeit *40*
Granularität *285*
Grenzverletzung *146*
Growth Hacking *20, 32*

H

Happiness Door *191, 196, 197, 202*
Happiness Index *191, 196, 202*
Hardening Sprint *66, 237*
Hemmnis *70*
Hindernis *111*
Holokratie *41*
HR-Instrument *117*
Human Resources Management *107*
Hypothese *18, 26*

I

Impact Map *279, 280*
Impact Mapping *105, 278, 280*
Implementieren *92*
Improve *7*
Improvement-Kadenz *265*
Improvu Cards *191, 197*
Impuls *136*
Individuum *153, 198, 336*
Inkrement *63, 85, 110, 157, 282, 283*
Inkrementell *86, 130, 282, 319*

Inkrementell-iterativ 271
Innovation 5, 10, 13, 14, 27, 31, 203, 285, 294
Innovation Adoption Lifecycle 342
Innovationsteam 33, 34, 157, 158, 178
Inspect and Adapt 9, 58, 93, 110, 190, 205, 245, 285, 286, 335
Interaktion 9, 60, 88, 198, 206, 215, 336
Interdisziplinärität 10, 58, 94, 130, 140, 148, 214, 274, 288, 292, 307
Iteration 9, 17, 96, 110, 159, 164, 207, 228, 274, 282, 311, 312, 322, 336
Iterativ 86, 130, 159, 282
Iterativ-inkrementell 105, 272, 282, 343

K

Kaikaku 168, 173
Kaizen 168, 173, 336, 338
Kanban 32, 168, 206, 251, 321
Kanban Board 252, 260, 264, 330
Kanban-Kadenzen 265
Kanban-Team 331
Karriere 114, 117, 121, 329
Karrieremechanismus 121
Key Performance Indicator 28
Kick-off 52, 53, 192
Kohärenz 4, 135
Kohortenanalyse 31
Kommunikation 47, 58, 87, 88, 95, 145, 159, 185, 190, 238, 310, 318
Kompetenz 49, 121, 143, 153, 188, 195, 222, 294, 297, 344

Komplexität 3, 4, 11, 39, 40, 68, 104, 198, 275, 289, 346
Kompliziertheit 347
Konsent 44, 46
Kontext 347
Kontinuierliche Verbesserung 89, 247, 251, 271, 336, 337
Kontrolle 9, 49, 68, 83, 87, 166, 211, 295, 307
Konzeption 16, 91, 157
Koordination 94, 184, 228, 268
Kreativität 45, 290, 309
Kudo Cards 192
Kultur 112
Kulturentwicklung 107
Kunde 62, 308
Kundenerwartung 5
Kundenfokus 111, 337
Kundenlebenszyklus 30, 31
Kundenorientierung 108, 110, 256
Kundenperspektive 111
Kundenprobleme 36
Kundentrichter 30
Kundenversprechen 20
Kundenzentrierung 3, 7, 17, 29, 67, 110, 115, 123, 125, 154
Kundenzufriedenheit 272, 280

L

Lean Startup 13, 31
Lean Thinking 68
Learning by Doing 54
Leistungsfähigkeit 252, 254, 260, 290, 333, 335
Lernen 17, 32, 130, 131, 136, 151, 160, 168

LeSS 66, 144, 243, 247, 341
Lessons Learned 288
Liefertreue 259

M

Macht 41, 43, 46, 110, 193, 296, 297, 335, 339
Management-3.0 181
Management by Objectives 296
Marketing 35
Mastery 8
Meddlers Game 191, 196
Meeting 3, 75, 92, 186, 237, 264, 265, 337
Mehrdeutigkeit 40, 147, 155
Mensch 60, 135, 186, 256, 304, 342
Menschenbild Y 338
Metapher 200
Metrik 28, 69, 70, 104, 280
Mindset 9, 14, 61, 153, 272, 297, 328
Minimum Viable Product (MVP) 20, 21
Misserfolg 28, 35, 140, 142, 143, 160, 183, 245, 274
Mission and Constraints 134, 137, 138, 163, 165, 168
Mitarbeiterzentrierung 123
Mitarbeiterzufriedenheit 262
Monetarisierbarkeit 36
Motivation 8, 49, 87, 120, 135, 143, 187, 202, 209, 277, 290
Moving Motivator 186, 192

Multitasking 123, 262, 291
Mut 96, 115, 150, 160, 292, 323

N

Nachhaltigkeit 269, 276, 278
Netzwerk 46
Nexus 58, 70, 243, 247

O

Objectives and Key Results (OKR) 32
Offenheit 42, 244, 291, 292, 323
One-Piece-Flow 214
Optimierung 70
Organisation 39, 108, 110, 113, 116, 122, 156, 186, 324
Organisationsentwicklung 163
Organisationsgröße 325
Outcome 280
Output 124, 280

P

Pair Programming 170
Pair Working 314
Paradigmenwechsel 142, 162, 176, 208, 260, 339
Partnerschaftlichkeit 40
PDCA-Zyklus 90, 140, 160, 168, 176, 266, 335, 336
Peer Recruiting 122
Peer-Review 170
Perfektion 344
Persona 99, 279
Personal Map 191
Perspektivwechsel 274, 275, 280
Pirate Metrics 30
Pivot 17
Planung 9, 82, 91, 105, 207, 234, 284, 304, 307
PO-Cycle 69
Portfolio 58, 269, 307, 324
Potentially Shippable Product Increment 67, 206, 212
Priorisierung 21, 91, 126, 217, 320
Problem-Solution-Fit 22
Product Backlog 67, 144, 206, 207, 225, 226, 320
Product Backlog Item 68, 206, 207, 225, 235
Product-Market-Fit 26
Product Owner (PO) 67, 73, 102, 149, 173, 206, 215, 217, 320, 343
Product Vision Board 278
Produktentwicklung 8, 20, 165, 181, 205, 217, 305, 320
Produktinkrement 70, 207, 212, 236, 313
Produktivität 1, 70, 167, 181, 220, 290
Projektmanagement 271
Prototyp 86
Prozess 32, 109, 124, 145, 166, 211, 254, 287, 304, 336, 338
Prozessregel 264
Pull-Prinzip 62, 213, 251, 260, 277, 331, 335
Pull-Regel 263
Purpose 8

Q

Qualität 10, 206, 210, 259, 262, 295, 307, 314, 319
Queuing-Theorie 68

R

Rahmenbedingung 14, 40, 87, 109, 272, 289, 291, 296, 304, 338
Rapid Prototyping 32
Reaktion 7, 11, 60, 136, 147
Refinement 69, 206, 207, 238
Reflect 7
Reflexion 89, 182, 192, 224, 316
Regel 53
Reifegrad 107, 113, 167
Release-Management 69
Release-Planung 69
Respekt 292, 323, 332, 341, 342, 347
Retrospektive 31, 68, 93, 118, 139, 206, 211, 245, 288, 316
Review 67, 93, 110, 142, 163, 206, 207, 244, 265, 320
Revolution 347
Revolution, agile 341
Risikominimierung 140, 272, 274
Roadmap 3, 91, 244
Rollen 93, 215, 216, 254, 294, 343
Rückkopplungsschleifen 264
Rule of Three 142, 145, 148, 159, 164, 166
Running Lean 32

S

SAFe 63, 144, 247, 341
Schnelligkeit 32, 58, 82, 171
Schwarmintelligenz 62
Scope 228, 275, 280
Scope Management 274

Scrum 168, 205, 283, 291, 319
Scrum Guide 173, 211
Scrum Master (SM) 108, 149, 173, 206, 209, 215, 223, 294, 320, 343
Scrum of Scrum 243, 247
Scrum@Scale 69
Scrum Team 57, 67, 71, 149, 173, 206, 207, 215
Scrum-Team 149
Selbstbestimmung 8, 49
Selbstorganisation 44, 62, 121, 144, 214, 271, 272, 289, 291, 295, 296, 340
Selbstverantwortung 44, 121, 125, 214
Selbstverpflichtung 291
Servant Leadership 183, 296, 299
Service 256
Service-Delivery-Kadenz 265
Serviceorientierung 8, 269
Shadowing 170
Shared leadership 74
Shu-Ha-Ri-Modell 75
Sicherheit 8, 61, 92, 142, 305, 318
Sinn 91, 135, 136, 197, 276, 296
Skalierung 27, 57, 206, 220, 223, 225, 234, 236, 240, 242, 243, 245, 246, 247
SMART 279
SM-Cycle 70
Soziokratie 40, 41
Split-Run-Test 31
Sprint 9, 63, 91, 102, 206, 207, 228, 283, 320
Sprintabbruch 230
Sprint Backlog 206, 207, 233
Sprint-Kreislauf 92
Sprintlänge 231
Sprint Planning 206, 240
Sprintumfang 231
Sprint Velocity 104
Stacey Landscape Diagram 3
Stacey-Matrix 346
Stakeholder 73, 83, 91, 92, 95, 96, 174, 188, 217, 274, 279, 280, 320
Stolpersteine 53, 137
Story Map 91
Story Point 104
Strategie 111, 123, 277, 280

Strategy Review 265
Struktur 124, 145, 166, 257, 325, 338
Swimlanes 260
System 198, 253
Systemdenken 338
System Thinking 68, 252

T

Target and Track 129, 149, 151, 152, 171
Taskboard 310, 311, 317, 321
Team 134, 148, 168, 215, 323
Team Competence Matrix 195
Team Competency Matrix 294
Teamstruktur 308
Technologie, disruptive 5
Termintreue 262
Testautomatisierung 312
Timeboxes 335, 336, 337, 341, 343, 344, 347
Timeboxing 213
Time-to-Market 1, 10, 259, 327
Top-down 83, 84, 181, 345
TRAFO-Modell 108
Training 170
Transformation 34, 40, 60, 81, 108, 111, 113, 154, 190
Transparenz 29, 40, 42, 62, 67, 70, 87, 142, 208, 252, 284, 287, 295, 296, 335
Triage 239
T-Shaped Skillset 293

U

Überlebensfähigkeit 36, 269, 270
Überprüfung 21, 110, 130, 145, 160, 287
Überzeugungsarbeit 51
Umwelt 2, 82, 108, 198, 314
Unberechenbarkeit 40
Uncertainty 3, 39
Unique Value Proposition 36
Unsicherheit 9, 13, 35, 39, 40, 170, 175, 211, 289
Unternehmenskultur 50, 61, 194, 289, 296
Unwissen 35
User Stories 104, 118, 206, 227, 283

V

Value Proposition *19, 278*
Value Proposition Design *23, 31*
Vanity Metric *29*
Velocity *229*
Velocity Chart *229*
Verantwortung *41, 87, 254, 296, 297*
Verbesserung *45, 53, 181, 210, 252, 258, 263, 266, 321, 332*
Verhalten *338*
Vernetzung *2, 294*
Verschwendung *99, 231, 332, 333, 336, 345*
Vertrag *103*
Vertrauen *49, 54, 61, 87, 103, 112, 139, 187, 295, 296, 297*
Vertriebskanal *36*
Vier-Augen-Prinzip *314*
Vision *69, 271, 272, 275, 276, 277, 281, 340*
Visualisierung *194, 251, 259, 262, 269, 280, 283*
Visual Management *310, 317*
Volatilität *39, 289*
Volatility *3, 39*
Vorbild *52, 139*
Vorleben *340*
VUCA-Welt *3, 39, 40, 123, 184*

W

Wahrnehmung *84, 136*
Wasserfallprinzip *7, 16, 17, 109, 124, 286, 302, 303*
Werte *39, 46, 291, 329, 332, 337*
Wertevermittlung *333*
Wertorientierung *291*
Wertschätzung *39, 47, 48, 120, 121, 296, 341*
Wertschöpfungskette *130, 148, 157, 167, 345*
Widerstände *61, 87, 177, 255, 345, 348*
Win or Learn *131, 138, 140, 142, 150, 169, 170*
WiP-Limits *335*
Wissensarbeit *251, 256, 261, 290, 339*
Wissenstransfer *130, 146, 151, 167, 168, 170, 293, 300*
Workflow *259, 262*
Workhack *288, 299*
Work in Progress (WiP) *141, 233, 259, 261, 269, 321, 323*
Work-Life-Balance *2*
Workshop *52, 91, 166, 178, 192*

Z

Ziele *275, 276, 279, 281*
Zielvereinbarungssystem *118*
Zusammenarbeit *60, 61, 117, 165, 168, 206, 214, 288, 309*
Zwiebelmodell *329*
Zyklus, agiles Arbeiten *9*

Die Herausgeber und Autoren

■ Die Herausgeber

Dr. Michael Lang ist als Führungskraft bei einem der größten IT-Dienstleistungsunternehmen Europas tätig. Zudem ist er Lehrbeauftragter für Projekt- und IT-Management sowie Herausgeber von über zehn Fachbüchern. Michael Lang studierte Wirtschaftsinformatik an der Universität Bamberg und promovierte im Bereich IT-Management an der Universität Erlangen-Nürnberg. Vor seiner aktuellen Tätigkeit war er unter anderem als IT-Inhouse-Consultant bei einem internationalen Unternehmen der Automobilindustrie beschäftigt.

Stefan Scherber ist leitender Berater für Softwareentwicklung bei der DATEV eG, dem IT-Dienstleister für Steuerberater, Rechtsanwälte und Wirtschaftsprüfer. Er hat 25 Jahre Erfahrung in der Entwicklung von Softwarearchitekturen für unterschiedliche Plattformen und Technologien. Dabei liegt sein Schwerpunkt in der Entwicklung von serviceorientierten Plattformarchitekturen für ERP- und CRM-Systeme. Zudem ist Stefan Scherber aktiver Nutzer und Vermittler agiler Methoden wie Scrum (Certified Scrum Master).

Die Autoren

Judith Andresen ist Organisationsentwicklerin, die Teams und Unternehmen bei der Einführung agilen Arbeitens, Denkens und Führens unterstützt (judithandresen.com). Schwerpunktmäßig begleitet sie als agiler Coach Unternehmen in ihren agilen Transitionen. Judith Andresen bloggt und podcastet regelmäßig unter judithandresen.com über die Erlebnisse und Erkenntnisse ihrer Arbeit. Daneben hat sie mehrere Fachbücher im agilen Bereich veröffentlicht (Retrospektiven in agilen Projekten, Agiles Coaching, sminca – der agile Karteikasten).

Dr. Hans-Joachim Gergs studierte Soziologie, Psychologie und VWL und forschte an der Universität Jena zu Management, Führung und Organisationstheorie. Seit 14 Jahren arbeitet er im Bereich Change Management bei der AUDI AG. Ferner lehrt er seit mehr als 15 Jahren in verschiedenen Executive MBA Studiengängen der School of Business der TU München die Themen Change Management und Organizational Behaviour und hat Lehraufträge an der University of London, der Universitäten Heidelberg und Regensburg.

Dr. Judith Grummer ist Unternehmerin und erfahrene Expertin für die modernen Innovations- und Führungsmethoden aus dem Silicon Valley. Mit ihrem Unternehmen aboutvalue begleitet sie mittelständische und internationale Unternehmensgruppen bei der Entwicklung und Umsetzung innovativer Geschäftsmodelle.

André Häusling ist Geschäftsführer der HR Pioneers GmbH, die sich auf agile Personal- und Organisationsentwicklung spezialisiert hat. Die Schwerpunkte der Beratung liegen in der Begleitung von agilen Transformationen, der Durchführung von Führungskräftetrainings sowie der Entwicklung von agilen HR-Organisationen und -Instrumenten. André Häusling ist zudem Autor, Keynote Speaker sowie Initiator der Agile HR Conference. 2015 und 2017 wurde er vom Personalmagazin auf dem Haufe Talent Management Gipfel als einer der 40 führenden Köpfe des Personalwesens ausgezeichnet.

Sabine Herr ist agil mit Leib und Seele. Seit vielen Jahren begleitet die erfahrene Scrum Masterin agile Transitionen und Scrum-Teams. Dabei stehen für sie die Menschen im Mittelpunkt, und es ist ihr wichtig, Potenziale zu erkennen und zu fördern. Ihre Workshops leben durch den starken Praxisbezug und ihre Leidenschaft für agiles Arbeiten. Sabine ist Systemischer Coach (DBVC) und als langjährige Yogini auch privat agil. Sie ist seit Februar 2016 bei der MAERA GmbH als Agiler Coach und Trainerin in der Agile Academy tätig.

Martin Kahl-Schatz ist Consultant bei der HR Pioneers GmbH. Als studierter Soziologe und Erwachsenenpädagoge bringt er seine Expertise in der Entwicklung von neuartigen Instrumenten für Personal- und Organisationsdiagnostik ein und vermittelt in Trainings und Workshops Grundlagen für die Zusammenarbeit im agilen Kontext. Vor seiner Tätigkeit bei HR Pioneers hat er Erfahrung in unterschiedlichen HR-Bereichen im Konzernumfeld gesammelt.

Stephan Lobodda ist Vorstand der Grundig Akademie. Er leitete das Change Management eines Pharmakonzerns und begleitete in dieser Rolle internationale Veränderungsprozesse. Er beschäftigt sich intensiv damit, Führung und Zusammenarbeit in Organisationen für alle Beteiligten wertschöpfender zu gestalten. Gemeinsam mit Christoph Schlachte veröffentlichte er das Buch Führung und Wertschöpfung bei Springer Gabler (E-Mail: stephan.lobodda@grundig-akademie.de).

Valentin Nowotny ist Dipl.-Psychologe, Dipl.-Medienberater und MBA. Als Trainer, Berater und Agile Coach begleitet er größere und kleinere Unternehmen auf ihrem Weg in die agile Transition. Darüber hinaus hat Valentin Nowotny mehr als ein Dutzend Bücher verfasst, ein halbes Dutzend mit dem Wort „Agil" im Titel. Viele davon sind Business Bestseller geworden oder auf dem besten Weg dahin. Er ist Inhaber der Beratungsfirma NowConcept Group, die ihren Sitz in Berlin hat und in der kompletten D-A-CH-Region tätig ist.

Magdalena Richtarski arbeitet bei der MAERA GmbH und unterstützt Kunden bei agilen Arbeits- und Transformationsprozessen. Der Fokus ihrer Arbeit liegt darin, dieses Mindset und die in IT-Umfeldern erprobten Arbeitsmethoden in andere Unternehmensbereiche zu übertragen. Ein besonderer Schwerpunkt ist dabei, Agilität auf Ebene der Organisationsentwicklung zu etablieren.

Peter Rößler packt seit 2015 bei der it-agile GmbH als Agile Coach mit an, um dort Kunden und deren Endkunden nachweislich zu begeistern.

Lars Schatilow, Dr. phil., ist Associate Partner der IBM Deutschland GmbH und verantwortet den Bereich Digital Change & Transformation für die D-A-CH-Region. Er ist zudem Gründer der Beratung der Marke BUTRAN Business Transformation. Schatilow hat eines der ersten Transport-Sharing-Startups gegründet und ist Mitglied im acatech-Expertenbeirat „Smart Service Welt" für die Bundesregierung im Rahmen der Digitalen Agenda für Deutschland.

Fabian Schiller arbeitete bereits 1999 mit agilen Methoden in einem eXtreme-Programming-Projekt. Nach verschiedenen Stationen wechselte er 2010 als Scrum Master und später Lead Agile Coach zu den ERGO Direkt Versicherungen und ist seit 2014 selbständig für diverse mittelständische bis große Kunden als agiler Coach und Trainer tätig. Er ist regelmäßiger Speaker auf nationalen und internationalen Konferenzen und Mitbegründer der „Coach Reflection Day"-Bewegung.

Albert Schlotter ist Fachberater bei der DATEV eG, einem der größten IT-Dienstleister Deutschlands. Nach Erfahrungen mit Kanban, dann Scrum und LeSS coacht er jetzt die kontinuierliche Verbesserung in Top-A-Projekten.

Björn Schotte ist Geschäftsführer und Executive Consultant der MAYFLOWER GmbH, dem Spezialisten für agil entwickelte Individualsoftware. Selbstorganisierte Software-Teams realisieren maßgeschneiderte Software-Plattformen, mit denen Kunden Wettbewerbsvorteile auf ihren Märkten ausspielen. Die MAYFLOWER hilft den Kunden dabei ganzheitlich. (E-Mail: bjoern.schotte@mayflower.de).

Marc Vincent Thun ist Berater für digitale Transformation und unternehmerische Erneuerung bei BUTRAN Business Transformation. Nach Abschluss seines Studiums der Wirtschaftswissenschaften an der privaten Zeppelin Universität in Friedrichshafen am Bodensee und den USA, in dessen Kontext er sich verstärkt mit der Adaption von Scrum außerhalb von IT-Projekten beschäftigte, wechselte Herr Thun an die dänische „Copenhagen Business School", wo er seit September 2018 im Rahmen des Masterstudiengangs „Organizational Innovation & Entrepreneurship" an neuen Möglichkeiten für unternehmerische Erneuerung forscht. Marc Vincent Thun ist zertifizierter Scrum Master und betreut Unternehmen verschiedener Branchen bei der Einführung agiler Projektmethoden als Agile Coach. Seine Begeisterung für neue Technologien und Unternehmertum zeigt er beispielsweise in Form einer organisierten Learning Journey, die seit geraumer Zeit zum festen Portfolio von BUTRAN Business Transformation gehört.

Wolfgang Wiedenroth arbeitet seit 2013 bei it-agile. Als Kanban-Trainer und -Coach unterstützt er Kunden bei der Einführung und Verwendung von Kanban. Er teilt seine Gedanken unter @wwiedenroth und in seinem Blog agilemanic.com mit.

Sven Winkler ist diplomierter Informatiker (FH) und arbeitet als Principal für Agile und Organisationsentwicklung bei der adorsys GmbH & Co. KG in Nürnberg. Er kennt Scrum wie seine Westentasche, da er selbst als Entwickler im Scrum-Team, Scrum Master, Product Owner, Consultant sowie Trainer für Agile mit dem Schwerpunkt Scrum und Agile Coach gearbeitet hat. Neben Scrum und Agile arbeitet Sven an Innovationsthemen mit nutzerzentrierten Techniken wie Design Thinking, Business Model Generation und Lean Startup. In seiner Heimatstadt Nürnberg verbreitet er Wissen rund um Agile in der von ihm mitorganisierten User-Gruppe „Agile Monday", die 2019 ihre hundertste Veranstaltung durchführt.